Sportanatomie und Bewegungslehre

Rolf Wirhed

Sportanatomie und Bewegungslehre

Rolf Wirhed

Übersetzung ins Deutsche
Anja Danguillier und Margret Dotter

3. Auflage
Mit 429 meist farbigen Abbildungen

Schattauer Stuttgart New York

Die Deutsche Bibliothek – CIP-Einheitsaufnahme
Ein Titeldatensatz für diese Publikation ist
bei Der Deutschen Bibliothek erhältlich

Titel der Originalausgabe:
Anatomi och rörelselära inom idrotten
Harpoon Publications AB, Örebro 1999
© Rolf Wirhed, Harpoon Publications AB, Örebro, Sweden
1984 and1999

© of the third German language edition 2001
by Schattauer GmbH,
Hölderlinstr. 3, 70174 Stuttgart, Germany
E-Mail: info@schattauer.de
Internet: http://www.schattauer.de
Printed in Germany

Zeichnungen: Stig Salander und Gamil Gabra
Layout: Cristina Coderch, Stuttgart
Umschlaggestaltung: Bernd Burkart, Stuttgart
Satz, Druck und Einband: Mayr Miesbach GmbH, Miesbach
Gedruckt auf chlor- und säurefrei gebleichtem Papier.

ISBN 3-7945-2081-5

Vorwort

Ich habe einige Jahre lang an der Turn- und Sporthochschule in Stockholm in einem Fach unterrichtet, das sich Bewegungslehre nannte. Das Fach behandelte die mechanischen Gesetze, die den technischen Ablauf sportlicher Übungen erklären. Das Interesse für die Analyse verschiedener Bewegungsphasen ist in den letzten Jahren vor allem in den technischen Zweigen (Leichtathletik, Turnen, Tennis usw.) deutlich gestiegen. Auch im Freizeitsport hat man erkannt, daß man durch die richtigen Bewegungen den Trainingseffekt steigern und das Verletzungsrisiko senken kann. Übungen, die Verletzungen vorbeugen, sind inzwischen für fast jeden Sportler zum festen Bestandteil des allgemeinen Trainings geworden.

Mein persönliches Interesse wurde durch meine Sportbegeisterung sowie durch die Ausbildung in Atomphysik, die u. a. Kenntnisse der Mechanik erfordert, geweckt. Ich habe dieses Wissen durch ein Anatomiestudium in Uppsala vervollständigt, um besser verstehen und beschreiben zu können, wodurch der Körper bei der Ausführung verschiedener Bewegungen gesteuert wird.

Das Buch befaßt sich mit dem Körper unter dem Aspekt der Biomechanik. Es ist ein Anatomiebuch, das sich direkt an den Sportinteressierten wendet. Der Mangel an geeigneter Literatur hat dazu geführt, daß viele Übungsleiter und Trainer nicht über ausreichende anatomische und mechanische Kenntnisse verfügten. In den entsprechenden Kreisen war man sich dieses Mangels sehr wohl bewußt, und bei Kontakten mit verschiedenen Spezialverbänden zeigte sich dann auch ein großes Interesse für diese Art der Literatur.

Ich hoffe sehr, daß die Beispiele und Ideen des Buches für die Leser (Übungsleiter, Trainer, Turnlehrer, Krankengymnasten) praktisch anwendbar sind. Das Buch ist z. B. als Lehrbuch in der Sportpädagogik geeignet. Für naturwissenschaftlich interessierte Schülerinnen und Schüler ist das Buch eine interessante Lektüre für Referate und Trainingsplanung im Bereich des Sports. Nachdem Sie das Buch gelesen haben, werden Sie so viel über Lage und Arbeitsweise der Muskeln, physikalische Kräfte, das Drehmoment, Schwerpunkt und Trägheitsmoment wissen, daß Sie besser beurteilen können, wie und was Sie trainieren sollen. Durch die allgemeinen Kenntnisse in Anatomie und Mechanik werden Sie die Sportart, an der Sie besonders interessiert sind, besser analysieren und verstehen können.

Rolf Wirhed
Universitätsdozent

Inhalt

Einleitung

Der erste Teil des Buches behandelt allgemeine Merkmale der Knochen, Gelenke und Muskeln sowie generelle Richtlinien für das Beweglichkeits- und Krafttraining. Im Anschluß daran werden Anatomie und Funktion der verschiedenen Körperteile beschrieben.

Das Hauptgewicht des Buches liegt auf der Bewegungsanalyse, d. h. auf den biochemischen Aspekten von Übungen, mit denen der Sportler bestimmte Körperteile trainiert. Im letzten Teil werden Bewegungsabläufe wie Absprung, Rotation, Flug, Landung usw. behandelt. Dazu werden Beispiele aus verschiedenen Sportarten gegeben.

Falls Sie das Buch alleine lesen, sollten Sie die beschriebenen Bewegungen und Übungen sofort ausprobieren. Versuchen Sie, die genannten Muskeln bei sich selbst zu fühlen. Sie haben ja den Beweis direkt in der Hand. Auch in Arbeitsgruppen oder im Unterricht sollte das Buch praktisch angewandt werden. Anatomie und Bewegungslehre ist nicht für die Theorie gedacht, sondern für die Praxis.

Lernen Sie Ihren Körper kennen! Sie haben nur einen, und der muß Ihr ganzes Leben lang reichen.

Allgemeine Anatomie der Knochen, Gelenke und Muskeln

A Bau des Skelettes

Dieser allgemeine Abschnitt über die verschiedenen Knochen des Körpers will Kenntnisse vermitteln, die es dem Leser einerseits ermöglichen, sich Literatur über Sportverletzungen anzueignen, und ihm andererseits dabei helfen, die Wirkungsweise verschiedener Übungen auf das Skelett zu verstehen. Die Knochen des Körpers werden aufgrund ihres Aussehens in verschiedene Gruppen eingeteilt. Man unterscheidet zwischen

- kurzen Knochen (Handwurzelknochen, Fußwurzelknochen),
- langen Knochen (Mittelhandknochen, Unterarmknochen, Oberschenkelknochen),
- platten Knochen (Schädelknochen, Brustbein).

Die platten Knochen, wie z.B. die Schädelknochen, entstehen durch unmittelbare Umwandlung des Bindegewebes in Knochengewebe. Diesen Vorgang nennt man direkte Verknöcherung. So ist z.B. beim Neugeborenen der Schädelknochen noch nicht vollständig entwickelt, und man kann die Stellen, an denen die Knochenbildung noch nicht abgeschlossen ist – die sog. Fontanellen –, deutlich fühlen. Die meisten Knochen entstehen jedoch durch indirekte Verknöcherung, und zwar bildet sich im Embryonalstadium ein Knorpelmodell des werdenden Knochens, das dann später in Knochenmaterial umgewandelt wird.

Kurze Knochen werden durch indirekte Verknöcherung gebildet. Die Zellen im Zentrum des wachsenden Knorpelmodelles sterben dabei ab, und in den dabei entstehenden Hohlraum wandern von der den Knorpel überziehenden Haut sog. Osteobla-sten (Knochenbildner) ein. Diese werden nach und nach in Knochenzellen (Osteozyten) umgewandelt (Abb. 1).

Das gesamte Knorpelgewebe wird jedoch nicht verknöchert, sondern gewisse Teile bleiben als Gelenkknorpel bestehen.

Der Gelenkknorpel erhält seine Nahrung vor allem aus der Gelenkflüssigkeit, die sich im Spalt zwischen den Gelenkknorpeln befindet. Teilweise wird ihm auch Nahrung von den Blutgefäßen aus dem unter dem Knorpel liegenden Knochengewebe zugeführt.

Die Knorpelnahrung diffundiert (verteilt sich durch Pressen und Anhäufung) direkt zwischen die Knorpelzellen, ohne von kleinen Blutgefäßen (Kapillaren) transportiert zu werden. Durch geeignete und ausgewogene Belastung während des Wachstums werden die Gelenke ausreichend mit Nahrung versorgt. Dadurch verdicken sich die Knorpel und gewährleisten einen besseren Schutz vor Gelenkschäden, die durch starke Belastung hervorgerufen werden können. Ein Gelenk, das nicht belastet wird, reagiert umgekehrt. Das Knorpelgewebe schwindet.

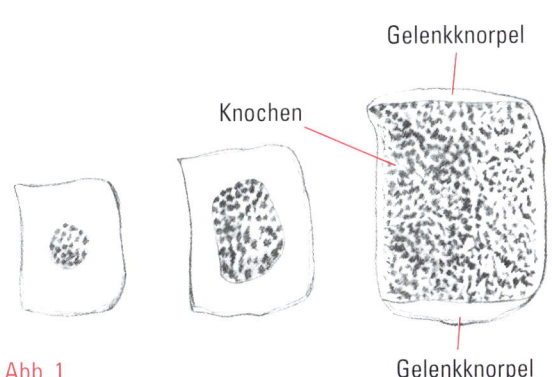

Gelenkknorpel

Knochen

Abb. 1

Gelenkknorpel

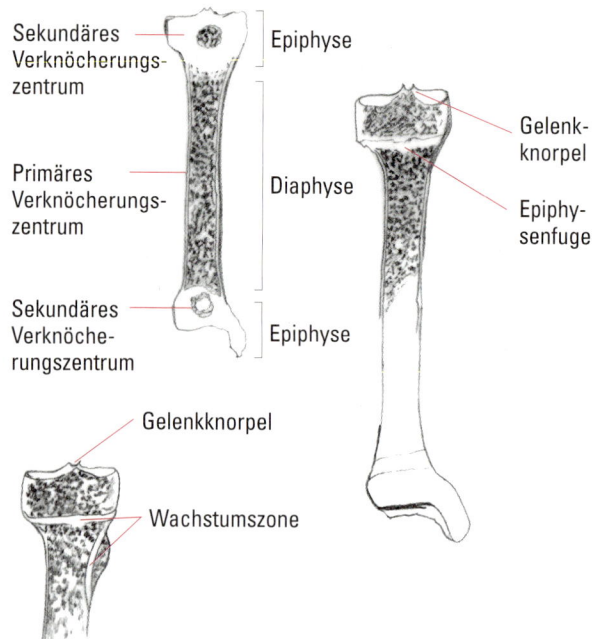

Sekundäres Verknöcherungszentrum

Epiphyse

Primäres Verknöcherungszentrum

Diaphyse

Gelenkknorpel

Epiphysenfuge

Sekundäres Verknöcherungszentrum

Epiphyse

Gelenkknorpel

Wachstumszone

Abb. 2 Wachstumszonen am Schaft des Schienbeinknochens und Wachstumszone unter dem Ansatzpunkt des Kniestreckermuskels.

Auch lange Knochen werden durch indirekte Verknöcherung gebildet, haben jedoch mehrere sog. Verknöcherungszentren. Die Verknöcherung geht so vor sich, daß an beiden Enden des Schaftes jeweils ein Gelenkknorpel und eine Wachstumszone (Epiphysenfuge) bestehen bleiben. Die Epiphysenfugen verknöchern erst, wenn der Mensch ausgewachsen ist (mit ungefähr 20 Jahren). Mit Hilfe eines Röntgenbildes kann man sie bei einem Jugendlichen deutlich erkennen (Abb. 2).

Krankhafte Veränderungen in den Wachstumszonen haben ihre Ursache meist in hormonellen Störungen. Sie können jedoch auch durch falsche oder zu starke Beanspruchung des Skelettes, das prozentual gesehen in den ersten Lebensjahren und in der Pubertät sehr schnell wächst, entstehen. Sporttreibende Jugendliche sollten daher vor und während der Pubertät kein extremes Krafttraining durchführen, sondern zur Belastung beim Training nur den eigenen Körper anwenden. Krafttraining mit speziellen Gewichten und Geräten darf also erst nach der Pubertät durchgeführt werden.

Eine recht häufige Krankheit bei 10- bis 16jährigen ist die sog. Schlatter-Krankheit. Dieses Leiden entsteht durch zu starke Belastung am Ansatzpunkt des Kniestreckermuskels am Schienbein (Tuberositas tibiae). Die Wachstumszone wird gereizt und kann dadurch zu schnell wachsen. Die Vergrößerung ist beim Vergleich mit dem nichtangegriffenen Bein mit bloßem Auge zu erkennen; Betroffene haben oft Beschwerden beim Knien auf einer harten Unterlage. Die Abbildung 3 zeigt den fertigen Knochen im Detail. Mikroskopisch winzige Knochenzellen (Osteozyten) liegen in ein Gewebe eingebettet, das aus Bindegewebsfasern (kollagenen Fasern, die eine hohe Widerstandsfähigkeit gegen Zugkraft aufweisen), anorganischen Salzen (die dem Knochen seine Härte geben) und organischen Verbindungen (die ihm seine Elastizität geben) besteht. Bei einem Neugeborenen ist das Verhältnis zwischen anorganischen und organischen Verbindungen 1:1, während es bei 60- bis 70jährigen Menschen 7:1 ist. Dies erklärt die Elastizität des Skelettes in jungen Jahren und dessen Sprödheit im hohen Alter.

Die Abbildung 3 zeigt, wie die Knochenzellen kreisförmig in mehreren Schichten um einen sog. Havers-Kanal, in dem ein kleines Blutgefäß verläuft, angeordnet sind. Das Blutgefäß führt den Schichten Nahrung zu. Ein solches System nennt man Havers-System oder Osteon.

Die äußerste Schicht eines Knochens setzt sich aus längsverlaufenden, lamellenartigen Schichten zusammen. In jeder Schicht verlaufen die sehr widerstandsfähigen kollagenen Fasern in eine andere Richtung, wodurch die Festigkeit des Knochens erheblich erhöht wird.

Innerhalb der Lamellenschichten besteht der Knochen aus sog. Osteonen. Im Inneren des Knochens zur Markhöhle hin geht der kompakte oder harte Knochen in sog. spongiöses Gewebe über. Dessen Knochenbälkchen sind so angeordnet, daß der Knochen trotz seiner geringen Masse äußerst stabil ist. Die Abbildung 4 zeigt, wie die Knochenbälkchen im Oberschenkelhalsknochen (Collum femoris) angelegt sind, damit dieser Teil des Skelettes den extrem hohen Belastungen, denen er ausgesetzt ist, widerstehen kann.

Muskelsehnen und -bänder setzen im Knochen mit Hilfe von kollagenen Fasern an, die durch die Knochenhaut (Periost) hindurch in den harten Teil des Knochens wachsen. Bei zu starker Beanspruchung kann es vorkommen, daß zwar die Sehne unverletzt bleibt, der Ansatzpunkt im Knochen jedoch zerstört wird und somit ein Teil des Knochens abgebrochen wird.

Dort wo die Ursprungs- oder Ansatzsehnen der Muskeln durch die gefäß- und nervenreiche Knochenhaut verlaufen, kann eine ungeeignete Belastung die Knochenhaut reizen und eine Knochen-hautentzündung (Periostitis) hervorrufen (s. S. 68).

In der Knochenhaut liegen jene Zellen (Osteoblasten), die nach einem Knochenbruch (Fraktur) die Heilung bzw. die Knochenneubildung ermöglichen. Der Knochen wird von unzähligen Blutgefäßen, die über die Knochenhaut in den harten Knochen eindringen, mit Nahrung versorgt. Die Gefäße verteilen sich dann über die Havers-Kanäle im gesamten Knochengewebe. Das Heilvermögen nach einer Verletzung hängt direkt davon ab, wie gut die Blutversorgung des verletzten Teiles ist. So dauert z.B. die Heilung eines Kahnbeinbruches (Knochen in der Mittelhand) oft sehr lange, da er nur von wenigen Gefäßen mit Blut versorgt wird, und die Blutgefäße bei einem Bruch oft selbst verletzt werden.

Wissenschaftliche Untersuchungen haben gezeigt, daß sich die Kapillaren bei regelmäßiger Belastung (Training) sowohl in den Muskeln als auch in den Knochen vermehren. Damit erklärt man sich, daß Verletzungen bei Personen, die regelmäßig Sport treiben, meist schneller verheilen als bei untrainierten Personen.

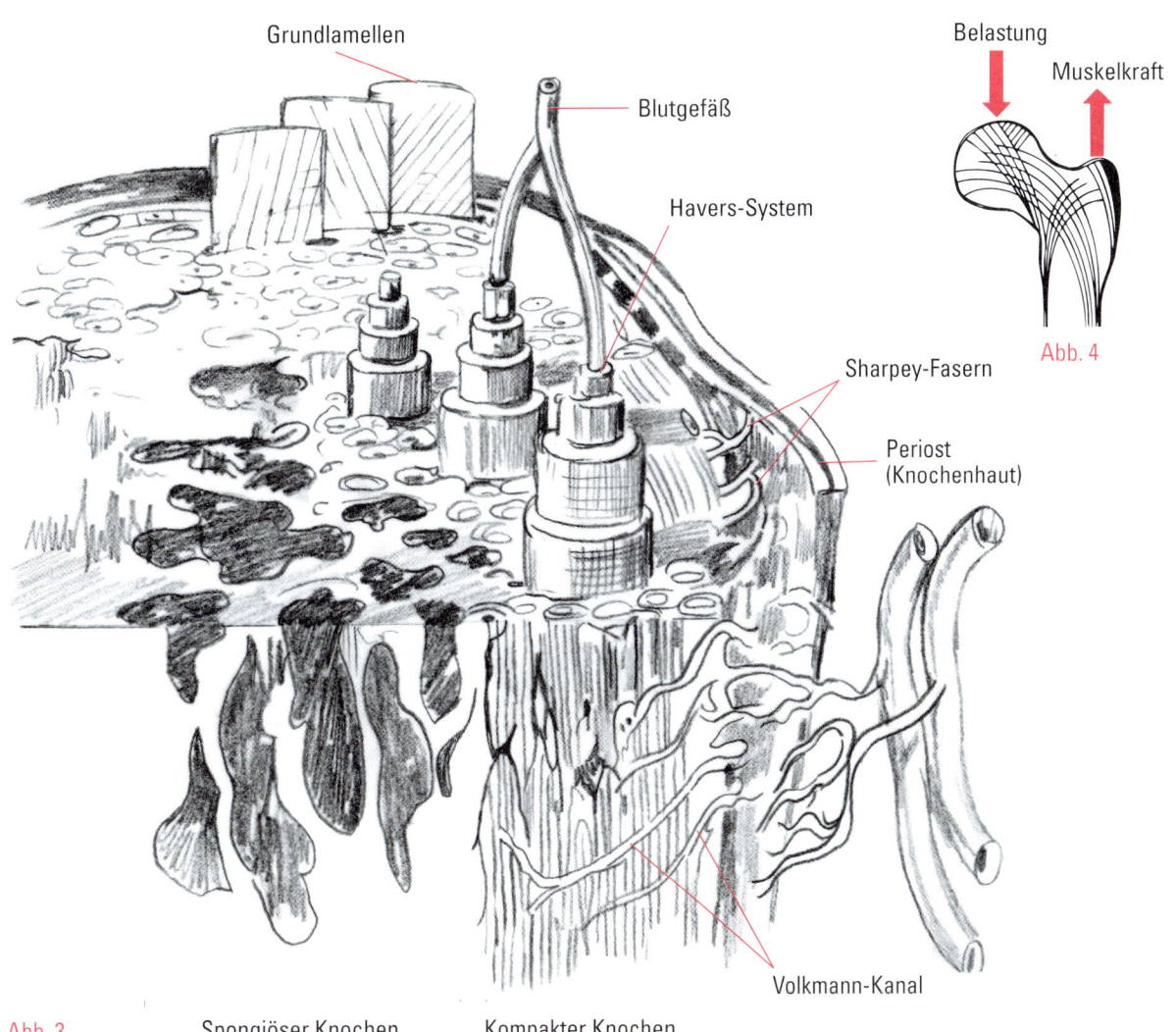

Grundlamellen

Blutgefäß

Havers-System

Sharpey-Fasern

Periost (Knochenhaut)

Volkmann-Kanal

Belastung

Muskelkraft

Abb. 4

Abb. 3   Spongiöser Knochen   Kompakter Knochen

B Fugen und Gelenke

Die verschiedenen Teile des Skeletts sind entweder durch Fugen (unbewegliche Haftverbindungen) oder Gelenke miteinander verbunden.

1. Fugen (Juncturae)

Zwischen Schienbein (Tibia) und Wadenbein (Fibula) liegt eine aus kollagenen Fasern bestehende Membran. Diese das Schien- und Wadenbein verbindende Membran hat zwei Funktionen. Sie ist einerseits der Ursprungsort für viele Muskeln des Unterschenkels (s. S. 67) und überträgt andererseits die Belastung vom Schienbein auf das Wadenbein. Die bei einem Sprung nach unten entstehende Kraft geht über das Sprungbein (Tibia) und wird dann über die Membran in das Wadenbein übertragen. (Das Schienbein wird entlastet.)

Schien- und Wadenbein werden außerdem von zwei starken Bändern unten am Fußgelenk (Syndesmosis tibiofibulare) verbunden. Ein so deutlich abgegrenztes Band dieser Stärke nennt man Ligament (Abb. 5).

Wenn der Fuß mit Gewalt nach oben gegen den Unterschenkel gedrückt wird (Extension), kann sich das keilförmige Sprungbein mit solcher Kraft zwischen Schien- und Wadenbein schieben, daß das vordere der beiden Bänder reißt (Ligamentruptur). Auch der untere Teil der Membran kann dabei reißen (Gabelsprengung).

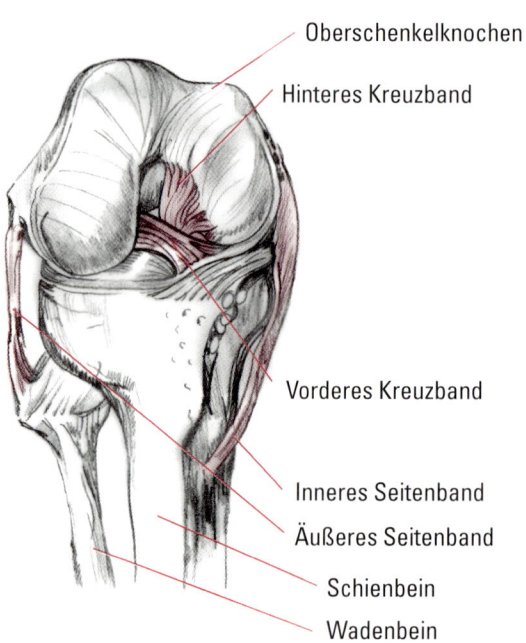

Oberschenkelknochen

Hinteres Kreuzband

Vorderes Kreuzband

Inneres Seitenband

Äußeres Seitenband

Schienbein

Wadenbein

Abb. 6   Das Knie von vorn gesehen (ohne Kniescheibe)

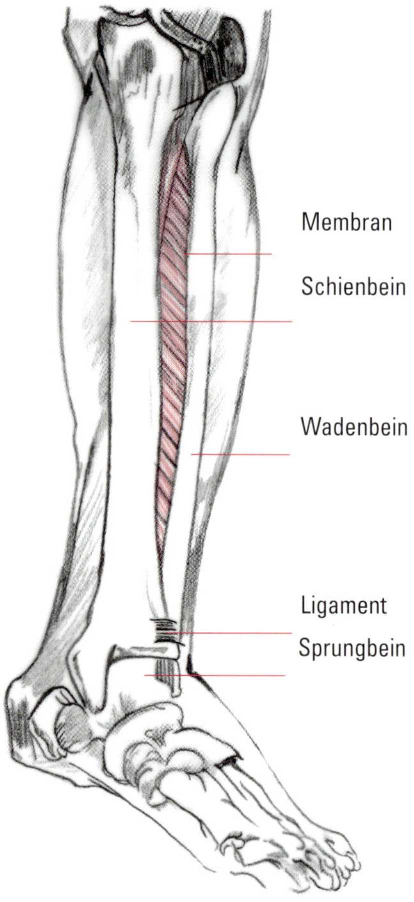

Membran

Schienbein

Wadenbein

Ligament

Sprungbein

Abb. 5

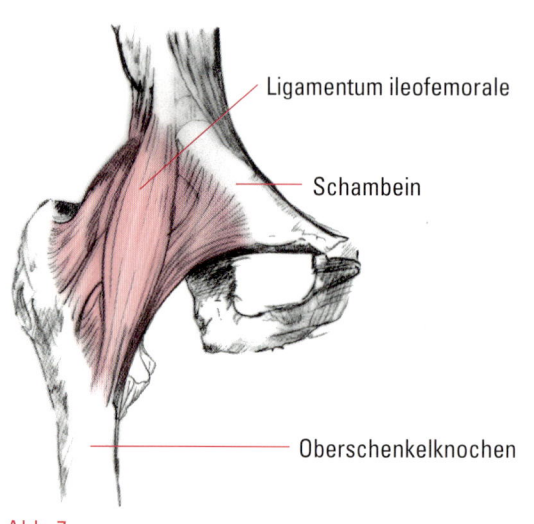

Ligamentum ileofemorale

Schambein

Oberschenkelknochen

Abb. 7

Ein weiteres Beispiel für deutlich abgegrenzte freie Ligamente sind die Kreuzbänder (Ligamenta cruciata) im Inneren des Kniegelenkes (Abb. 7).

Die Verstärkungen in der Kapsel, von der alle Gelenke umgeben sind, gehören zu einer anderen Art von Ligamenten. Sie haben die Aufgabe, zu weit ausladende Bewegungen sowie Bewegungen in bestimmte Richtungen zu verhindern.

Das stärkste Ligament des Körpers (Lig. iliofemorale) ist die Verdickung, die sich in der vorderen Hüftbeinkapsel befindet (Abb. 8) und das Bein daran hindert, zu weit nach hinten zu pendeln. Ligamente können eine Belastung von 5000–10000 N/cm^2 aushalten. Das o. g. Band ist bei einem Erwachsenen mit 3000 N belastbar.

Von den Ligament- und Membranfugen unterscheiden sich die zwischen den Wirbelkörpern liegenden Fugen. Sie haben außer den kollagenen Fasern auch Knorpelzellen und einen weichen Kern. Diese Fugenart, die sog. Faserknorpelfuge, kommt auch zwischen den beiden Schambeinen im Becken vor (Abb. 9).

Einen weiteren Fugentyp stellen die Epiphysenfugen (s. S. 4) und die Nähte zwischen den Schädelknochen dar (Abb. 10).

2. Gelenke (Articulationes)

Bauweise der Gelenke

Die ein Gelenk bildenden Knochen sind immer von einer Gelenkkapsel umgeben. Die Knochenenden sind immer mit Knorpel überzogen. Die äußere Schicht der Gelenkkapsel besteht aus kollagenen Fasern (Membrana fibrosa), die eine hohe Widerstandsfähigkeit gegen Zugkraft aufweisen. Die kräftigen Verstärkungsbänder in der Kapselwand nennt man Ligamente. Man benennt sie entweder nach ihrer Funktion odernach den Knochen, zwischen denen sie sich erstrecken.

In der inneren Schicht der Kapsel liegen Zellen, die eine eiweißhaltige Flüssigkeit produzieren. Diese hat die Aufgabe, die Gelenke zu schmieren und die Knorpelzellen mit Nahrung zu versorgen. Man bezeichnet sie als Synovialflüssigkeit. Die innere Schicht der Kapsel nennt man Synovialhaut (Membrana synovialis).

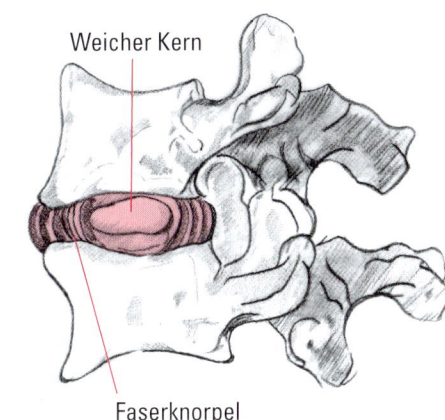

Weicher Kern

Faserknorpel

Abb. 8

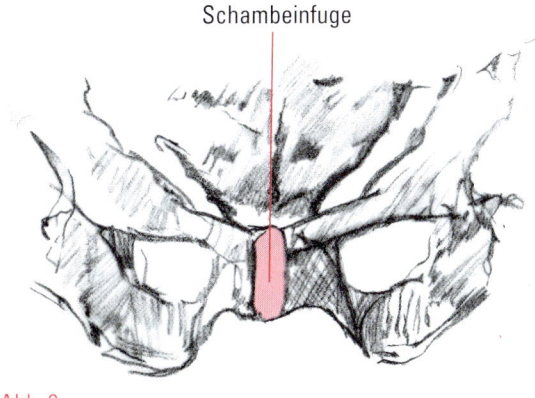

Schambeinfuge

Abb. 9

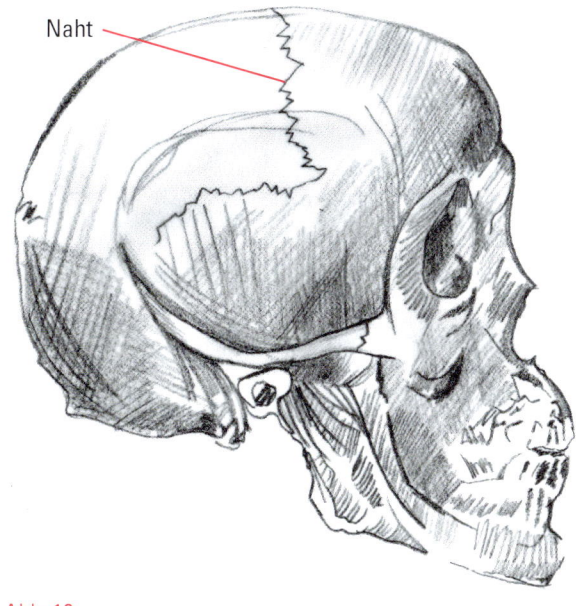

Naht

Abb. 10

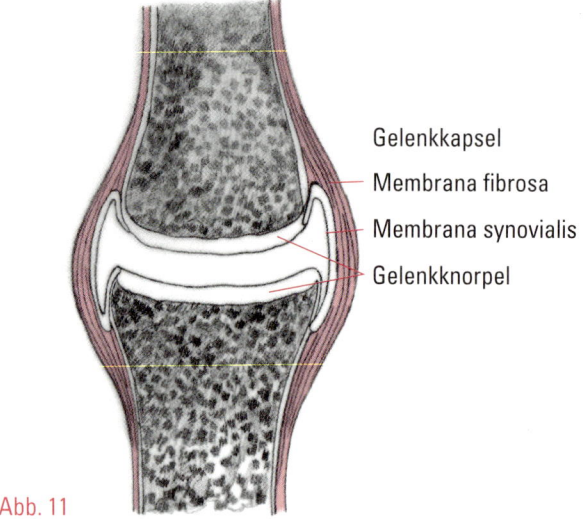

Gelenkkapsel

Membrana fibrosa

Membrana synovialis

Gelenkknorpel

Abb. 11

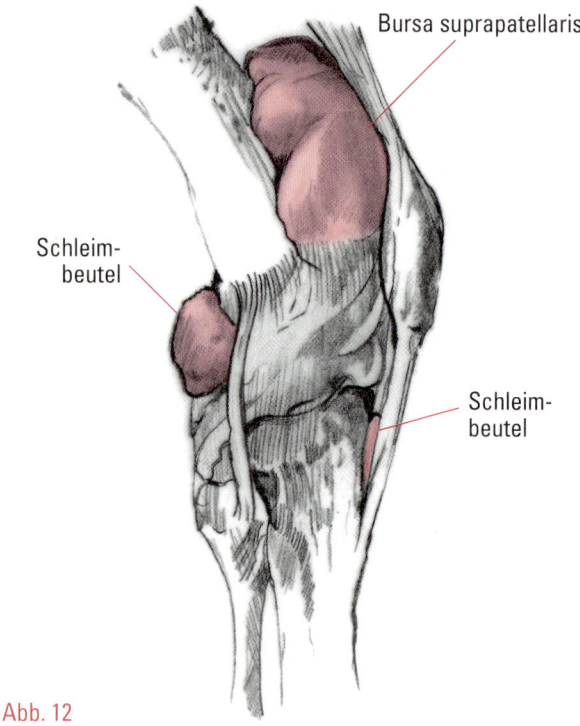

Bursa suprapatellaris

Schleim-
beutel

Schleim-
beutel

Abb. 12

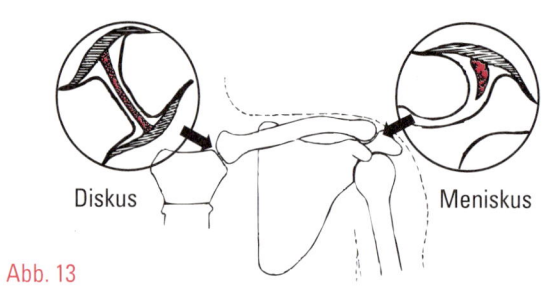

Diskus   Meniskus

Abb. 13

Die beiden Schichten (Membrana fibrosa und Membrana synovialis) werden von einer dünnen Fettschicht getrennt (Abb. 11).

Die Dicke des Gelenkknorpels hängt von der Belastung, der das Gelenk normalerweise ausgesetzt ist, ab. Der Knorpel kann aus der Gelenkflüssigkeit bestimmte Substanzen aufnehmen und sich teilweise verdicken.

Wenn man die Gelenkknorpel nach einer Aufwärmübung mißt, kann man feststellen, daß sie dicker geworden sind. Diese Verdickung geht jedoch 10–30 Minuten nach Beendigung der Aktivität wieder zurück. Bei längerem Training verdickt sich der Knorpel durch Neubildung von weiteren Knorpelzellen. Bei falscher oder zu starker Beanspruchung kann sich der Knorpel abnützen und dadurch ernsthafte Bewegungseinschränkungen im Gelenk hervorrufen.

Einige Gelenke besitzen in direkter Nachbarschaft *Schleimbeutel,* die in ihrem Aufbau den Gelenkkapseln entsprechen (Abb. 12). Mit Hilfe ihrer inneren Schicht (der Synovialhaut) bilden diese Beutel Verschiebungsschichten, die eine sehr geringe Reibung aufweisen. Ihre Hauptaufgabe besteht darin, eine Abnützung der aneinandergleitenden, unterschiedlichen Strukturen des Gelenkes zu verhindern. Außerdem sollen sie dem Gelenk, mit dem sie in bestimmten Fällen in direkter Verbindung stehen, Flüssigkeit zuführen.

Der größte Schleimbeutel des Körpers (Bursa suprapatellaris) liegt zwischen Oberschenkelknochen und Kniestreckermuskel. Bei zu starker Belastung schmerzt er und produziert besonders viel Synovialflüssigkeit. Dadurch schwillt das Knie an und verhindert weitere Belastungen (Erguß im Knie).

Schleimbeutel kann man überall im Körper finden, z. B. zwischen Muskeln, zwischen Sehnen und Muskeln sowie zwischen Sehnen und Knochen, also überall dort, wo es zu Abnützungen kommen kann.

Die ein Gelenk bildenden Knochen passen normalerweise sehr gut ineinander. Meist ist der eine Knochen ausgebuchtet (Gelenkkopf), während der andere wie eine Schale geformt ist (Gelenkpfanne). Passen die Knochen jedoch nicht ineinander, werden die Ungleichheiten mit Einlagerungen einer faserartigen Knorpelsubstanz ausgeglichen. Diese Einlagerungen nennt man *Menisken,* wenn sie nur teilweise in das Gelenk eindringen, und *Disken,* wenn sie den Gelenkspalt vollkommen trennen.

Wenn man beim Sport von Menisken spricht, dann meint man im allgemeinen die des Knies. Doch gibt es z.B. auch Menisken zwischen Schlüsselbein und Schulterblatt (Abb. 13).

Spricht man von Disken, denkt man gewöhnlich an die Einlagerungen zwischen den Wirbelkörpern im Rückgrat (Bandscheiben). Ein weiterer Diskus liegt z.B. zwischen Schlüsselbein und Brustbein (Abb. 13).

Die verschiedenen Gelenkarten

Man versucht oft, die Funktionsweise der verschiedenen Gelenke mit Hilfe von Modellen zu beschreiben. Diese Nachbildungen entsprechen jedoch nicht immer ganz den im Körper vorkommenden Gelenken. Die Abbildungen 14–19 zeigen die verschiedenen Gelenkarten und Beispiele, wo sie im Körper vorkommen. Außerdem beschreiben sie, welche Bewegungen in den Gelenken durchgeführt werden können.

Da die ein Flächengelenk umschließende Gelenkkapsel meist sehr straff ist, wird dessen Bewegungsausmaß als gering, jedoch allseitig beschrieben (daher die Bezeichnung »dreiachsig«).

Viele Gelenke im Körper entsprechen allerdings nicht exakt den o.a. Modellen. Man beschreibt sie daher mit einer Kombination von zwei Modellen oder aber mit einem der Modelle, jedoch mit gewissen Einschränkungen.

Das Kniegelenk ist z.B. ein kombiniertes Scharnier- und Zapfengelenk. Man kann damit den Unterschenkel beugen, strecken und nach innen bzw. nach außen drehen. Die Drehbewegung kann nur bei gebeugtem Knie durchgeführt werden (Abb. 20).

Die Gelenke an den Fingerknochen sind Kugelgelenke mit gewissen Einschränkungen. Gelenkkopf und -pfanne entsprechen beinahe dem Kugelgelenkmodell. Die Gelenkkapsel verhindert jedoch bestimmte Bewegungen. Muskeln, die eine Kreiselbewegung der Finger ermöglichen würden, sind nicht vorhanden.

1achsiges Scharniergelenk

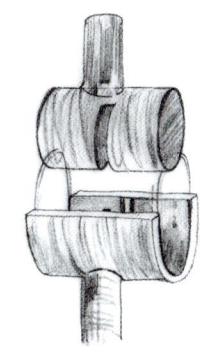

Streckung (Extension) Beugung (Flexion)

Abb. 14

1achsiges Zapfengelenk

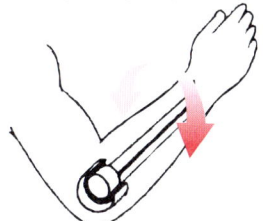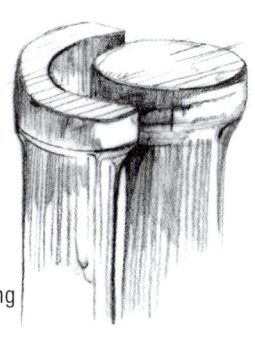

Einwärtsdrehung (Pronation) Auswärtsdrehung (Supination)

Abb. 15

2achsiges Sattelgelenk

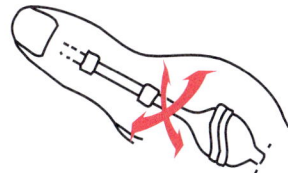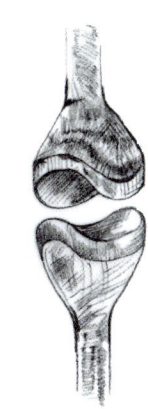

Beugung nach innen (Adduktion) Streckung nach außen (Abduktion)

Abb. 16

2achsiges Eigelenk

Streckung nach außen (Abduktion)

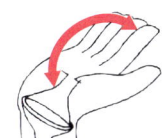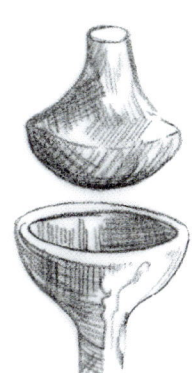

Beugung nach innen (Adduktion)

Abb. 17

3achsiges Kugelgelenk

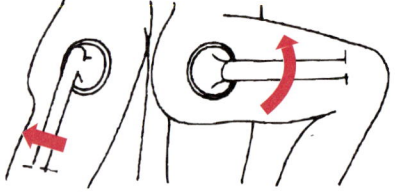

Streckung   Beugung

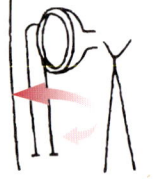

Einwärts-/Auswärtsdrehung

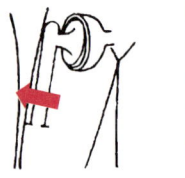

einwärts   auswärts
(Adduktion)   (Abduktion)

Abb. 18

3achsiges straffes Gelenk (Flächengelenk)

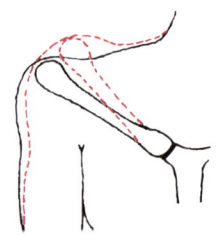

geringes allseitiges Bewegungsausmaß

Abb. 19

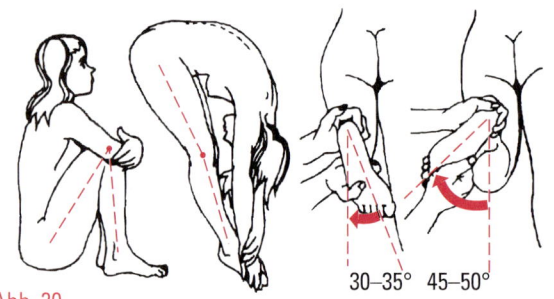

30–35° 45–50°

Abb. 20

Verletzungen

Von jenen Strukturen, die das Gelenk vor Verletzungen schützen, sind die um das Gelenk liegenden Muskeln am wichtigsten. Eine starke und geschmeidige Muskulatur bietet immer den besten Schutz vor Gelenkverletzungen. Durch gewaltsame Bewegungen kann man bei den Muskeln verschiedene Verletzungen hervorrufen. Sie können überdehnt werden, teilweise reißen (partielle Ruptur) oder ganz reißen (Ruptur). Ein überdehntes Gelenkband erhält gewöhnlich nach ein paar Wochen Ruhe seine ursprüngliche Länge und Funktionsfähigkeit wieder zurück.

Wird ein Gelenkband jedoch wiederholt überdehnt, kann es schlaff und in seiner Funktion eingeschränkt werden. Das Gelenk sitzt dadurch so locker, daß es zu ernsthaften Schäden kommen kann. Ein so überdehntes Gelenkband muß daher operativ verkürzt werden. Gerissene Gelenkbänder müssen genäht werden. Nur teilweise gerissene Bänder brauchen dagegen nicht unbedingt operiert bzw. genäht werden, da die gerissenen Teile, wenn sie noch Kontakt miteinander haben, durch Ruhigstellung von selbst heilen können. Das Gelenk muß in diesem Fall eingegipst werden. In letzter Zeit konnten sogar Achillessehnen durch Ruhigstellung geheilt werden. Das Gelenk wurde dabei so eingegipst, daß die gerissenen Sehnenteile aneinanderlagen.

Man kann ein Gelenkband durch Verkleben entlasten. Das Klebeband verhindert Bewegungen, die ein schwaches oder verletztes Gelenkband schädigen können. Im Sport ist ein Verkleben nach schweren Verletzungen angebracht oder zur Vorbeugung, wenn eine große Verletzungsgefahr besteht (z. B. bei hartem Fußballtraining oder in anderen Wettkampfsituationen). Von einem regelmäßigen Training mit Verklebung ist jedoch abzuraten, da die Haut dabei geschädigt werden kann. Außerdem gewöhnen sich die entlasteten Gelenkbänder nach einiger Zeit so an diese Unterstützung von außen, daß sie erschlaffen.

Systematisierung von Bewegungen

Verschiedene Ebenen

Wenn Bewegungen beschrieben werden sollen, wird von einer sog. Grundposition ausgegangen, in der die Person die Handflächen nach innen gedreht hält. Bei der Systematisierung von Bewegungen stellt man sich drei unterschiedliche, rechtwinklig angeordnete Ebenen durch den Körper vor, in denen die Bewegungen erfolgen (Abb. 21).

Die erste Ebene wird Frontalebene genannt. Bewegt man sich von der Ausgangsstellung aus so, daß die Versetzung sich nur in der Frontalebene vollzieht (Abb. 22a), wird diese Bewegung *Abduktion* genannt. Vollzieht sich die Bewegung zurück zur Ausgangsposition, wird die Bewegung *Adduktion* genannt.

Die zweite Ebene ist die sog. *Medianebene.* Bewegungen, die sich in oder parallel zu dieser Ebene vollziehen, werden *Flexion* bzw. *Extension* genannt. Nimmt man von der anatomischen Grundstellung aus die Position ein, die in Abbildung 22b gezeigt wird, ist eine Flexion in all den Gelenken vollzogen, die an der Bewegung beteiligt sind (außer in den Fußzehen).

Alle für die Bewegung verantwortlichen Muskeln sind sog. Flexoren. Um zur Ausgangsposition zurückzugelangen, arbeiten die Antagonisten der Flexoren, die Extensoren genannt werden. Die Bewegungen in den verschiedenen Gelenken werden Extensionen genannt.

Die dritte und letzte Ebene, die benutzt wird, um die Bewegungsfähigkeit des Körpers zu beschrei-

ben, ist die Horizontalebene. Bewegungen in dieser Ebene nennt man *Auswärtsrotation* oder *Einwärtsrotation* (Abb. 23).

In anatomischer Grundstellung sind die Hand und der Unterarm fast maximal auswärts gedreht.

a)

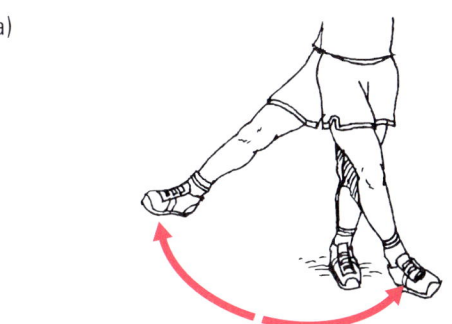

Abduktion Adduktion

b)

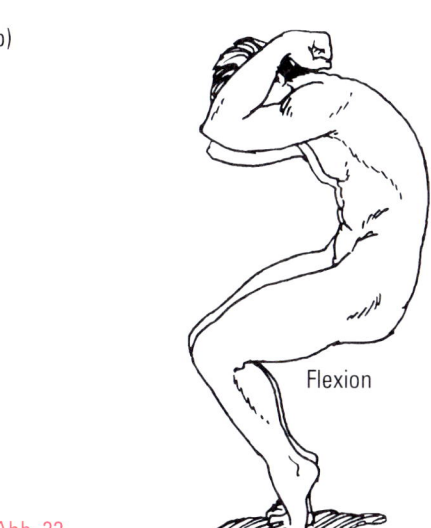

Flexion

Abb. 22

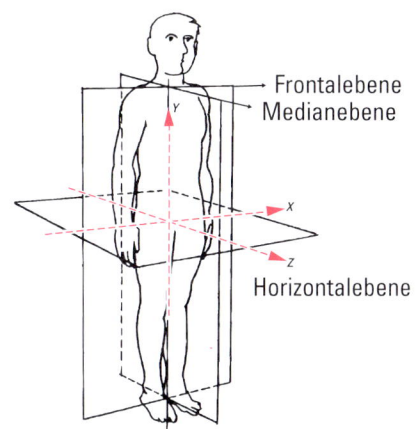

Frontalebene
Medianebene

Horizontalebene

Abb. 21

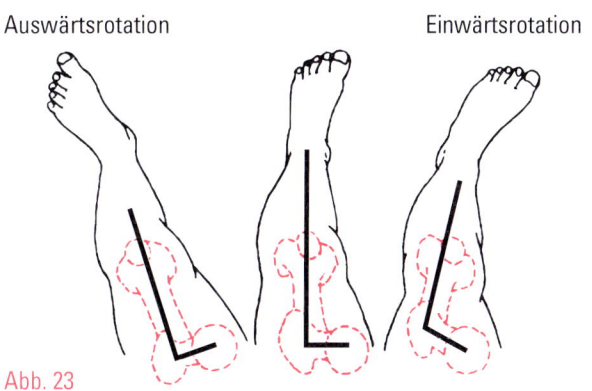

Auswärtsrotation　　　　　　　Einwärtsrotation

Abb. 23

Bewegungsachsen

Gelenke können u. a. dadurch beschrieben werden, daß man erklärt, in wievielen der vorgenannten Ebenen sich Bewegungen vollziehen können. Demzufolge sprechen wir von einachsigen Gelenken, wenn sie Bewegungen nur in einer Ebene erlauben, von zweiachsigen Gelenken, wenn sie Bewegungen in zwei Ebenen und von dreiachsigen Gelenken, wenn sie Bewegungen in sämtlichen drei Ebenen erlauben. In der untenstehenden Abbildung sind die drei Achsen als x-, y- und z-Achse markiert. Um die x-Achse herum vollziehen sich Flexion und Extension, um die y-Achse Auswärtsrotation und Einwärtsrotation und um die z-Achse Abduktion und Adduktion.

Der Musculus sartorius (Abb. 24) ist beispielhaft für einen Muskel, dessen Zugkraft seitlich von sämtlichen beteiligten Bewegungsachsen liegt und dadurch mehrere Funktionen an einem Gelenk erfüllt. Dieser Muskel setzt am vorderen Beckenkamm an, schwenkt nach unten entlang der Innenseite des Oberschenkels und biegt am Ende schräg nach vorne unter dem Knie ab, um auf der vorderen Innenseite des Schienbeins anzusetzen (Abb. 24). Um die verschiedenen Funktionen der Muskeln verstehen zu können, muß man zunächst feststellen,

an welcher Stelle der Muskel die jeweilige Bewegungsachse durchläuft.

An der Hüfte gilt folgendes: Betrachten wir die x-Achse, so verläuft der Muskel vor dieser Achse, was zu einer Flexion des Gelenkes führt. Rund um die y-Achse vollzieht sich eine Rotation nach außen, die dadurch bedingt ist, daß sich die Zugkraft nach hinten bewegt und außerhalb der Achse liegt. Wenn wir die z-Achse betrachten, so sehen wir, daß der Muskel außerhalb dieser Achse liegt. Dies bedeutet, daß die vom Muskel erzeugte Bewegung eine Abduktion ist.

Am Knie gilt folgendes: Der Muskel verläuft hinter der x-Achse, was eine Beugung nach hinten mit sich bringt. Weiterhin verläuft er innerhalb der y-Achse, was im Kniegelenk eine Rotation nach innen bedeutet. Nach der Kontraktion des Muskels und nachdem alle fünf Bewegungen vollzogen sind, nimmt das Bein eine Position wie beim sog. Schneidersitz ein. Der Muskel heißt demnach auch folgerichtig Schneidermuskel, was eine direkte Übersetzung des lateinischen Wortes Musculus sartorius ist. Der M. sartorius ist ein typisches Beispiel für einen langen schmalen Muskel, bei dem leicht ersichtlich ist, daß er an einem Gelenk vorbeiverläuft.

Der M. deltoideus (Abb. 25) ist ein Muskel mit breiter Ansatzfläche, was dazu führt, daß gewisse Teile des Muskels vor der x-Achse verlaufen und andere Teile dahinter. Der Muskel kann daher sowohl beugen (a) als auch strecken (b). Dies wird dadurch ermöglicht, daß Muskeln die Fähigkeit haben, nur einzelne Teile zu kontrahieren und andere Teile ruhen zu lassen. Der Grund hierfür liegt darin, daß Muskelbewegungen von einer großen Anzahl von Nervenzellen gesteuert werden, die sich im Rückenmark befinden, von denen jede einzelne wiederum nur eine gewisse Anzahl Muskelzellen steuert.

Solch eine Nervenzelle mit ihren zugehörigen Muskelzellen wird motorische Einheit genannt (s. S. 26). Motorische Einheiten sind im Muskel so angebracht, daß z. B. nur der Teil des Muskels kontrahiert wird, der eine Beugung hervorruft, wenn bestimmte motorische Einheiten arbeiten. Falls andere motorische Einheiten arbeiten, kann die Kontraktion eines anderen Teils des Muskels zu einer Streckung führen. Bei gewissen Muskelformen und Kombinationen von motorischen Einhei-

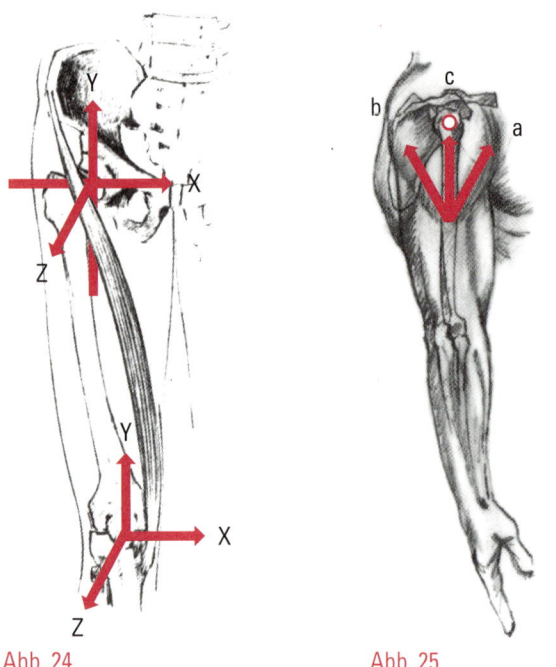

Abb. 24   Abb. 25

ten blockieren Beugung und Streckung einander gegenseitig, so daß nur eine Abduktion vollzogen wird (c).

Dadurch, daß Muskeln mit motorischen Einheiten ausgerüstet und diese an unterschiedlichen Stellen im Muskel angebracht sind, haben Muskeln die Fähigkeit, unterschiedliche Funktionen auszuüben. Die jeweilige Muskelfunktion hängt davon ab, wo sich die mittlere Kraft im Verhältnis zu den unterschiedlichen Bewegungsachsen befindet.

Begriffe, die die Lage im Körper präzisieren

Um die Lage eines Muskels oder eines Knochens im Körper im Verhältnis zur umgebenden Struktur beschreiben zu können, werden gewisse lagebestimmende Begriffe verwendet. Bei der Namensgebung von Muskeln, Sehnen, Bändern und Knochen werden diese Begriffe immer wieder angewendet.

Die Begriffe *anterior – posterior* werden verwendet, um zu beschreiben, daß sich ein Organ im vorderen oder hinteren Bereich des Körpers befindet. Zum Beispiel befindet sich das Schlüsselbein anterior und das Schulterblatt posterior. Die Begriffe *superior – inferior* werden verwendet um Positionen weiter oben und weiter unten zu beschreiben. Die Begriffe lateral – medial geben an, ob sich etwas weit entfernt von, beziehungsweise nah an der Mittellinie des Körpers befindet.

Im Knie befinden sich z. B. zwei Menisken. Derjenige, der sich an der Innenseite des Knies befindet, wird medialer Meniskus genannt, im Gegensatz zum lateralen Meniskus (Abb. 150). Man spricht auch von medialen und lateralen Seitenbändern als Gelenkstabilisatoren. Gerade im Knie ist der mediale Meniskus mit dem medialen Seitenband zusammengewachsen, was teilweise der Grund

dafür ist, daß 80% aller Meniskusschäden den medialen Meniskus betreffen. Der laterale Meniskus liegt freier und kann bei extremen Bewegungen und Belastungen des Kniegelenks leichter zur Seite gleiten.

Weitere lagebestimmende Wortpaare sind: *kaudal – kranial* (zum Schwanz hin – zum Kopf hin), *abdominal – dorsal* (zum Bauch hin – zum Rücken hin), *proximal – distal* (zur Körper- bzw. Organmitte hin – von der Körper- bzw. Organmitte weg). Die am häufigsten vorkommenden Wortpaare sind jedoch die drei zuerst genannten.

C Muskeln

1. Bau der Muskeln

Es gibt drei Arten von Muskeln (Musculi) im Körper: die glatte Muskulatur, die Herzmuskulatur und die *Skelettmuskulatur.* In diesem Buch wird nur die letztere Art, die man auch quergestreifte Muskulatur nennt, behandelt.

Jeder Skelettmuskel ist von einer Bindegewebsschicht umhüllt, die genauso aufgebaut ist wie die äußere Schicht einer Gelenkkapsel (s. S. 7). Ihre Aufgabe ist es, eine Gleitschicht gegenüber den benachbarten Muskeln zu bilden und dem Muskel seine Form zu geben (Abb. 26).

Dieses Bindegewebe wird auch Muskelfaszie oder *Perimysium externum* (peri = um, herum, mysium = Muskel, externum = äußere) genannt. Es besteht hauptsächlich aus kollagenen Fasern. Macht man einen Schnitt durch einen Muskel, erkennt man mit bloßem Auge, daß er aus kleineren Faserbündeln (Myonen) aufgebaut ist. Jedes Bündel ist

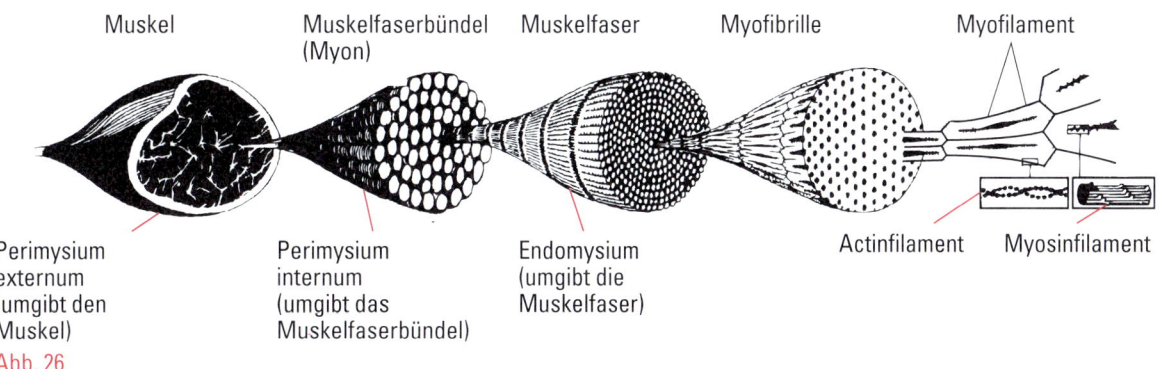

Muskel · Muskelfaserbündel (Myon) · Muskelfaser · Myofibrille · Myofilament

Actinfilament · Myosinfilament

Perimysium externum (umgibt den Muskel) · Perimysium internum (umgibt das Muskelfaserbündel) · Endomysium (umgibt die Muskelfaser)

Abb. 26

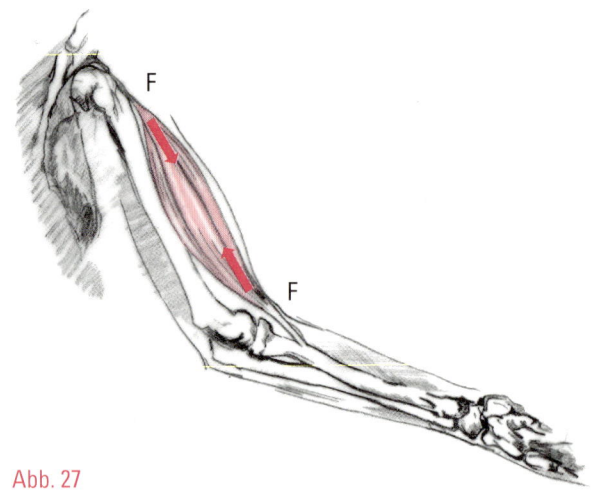

Abb. 27

von einer dünneren Bindegewebsschicht *(Perimysium internum)* umgeben. In dieser Schicht, die sowohl aus kollagenen als auch elastischen Fasern besteht, verzweigen sich Nerven und Blutgefäße, bevor sie dann endgültig die eigentlichen Muskelzellen erreichen. Unter dem Mikroskop kann man erkennen, daß die sog. Myone aus einer großen Anzahl von Muskelfasern bestehen. Jede dieser Fasern wird von einer sehr dünnen Haut aus elastischen Fasern umgeben. Diese Haut nennt man *Endomysium* (endo = innen).

Die Muskelfasern werden auch als Muskelzellen bezeichnet. Ihr Aufbau und ihre Funktion werden in den meisten Physiologie-Büchern ausführlich

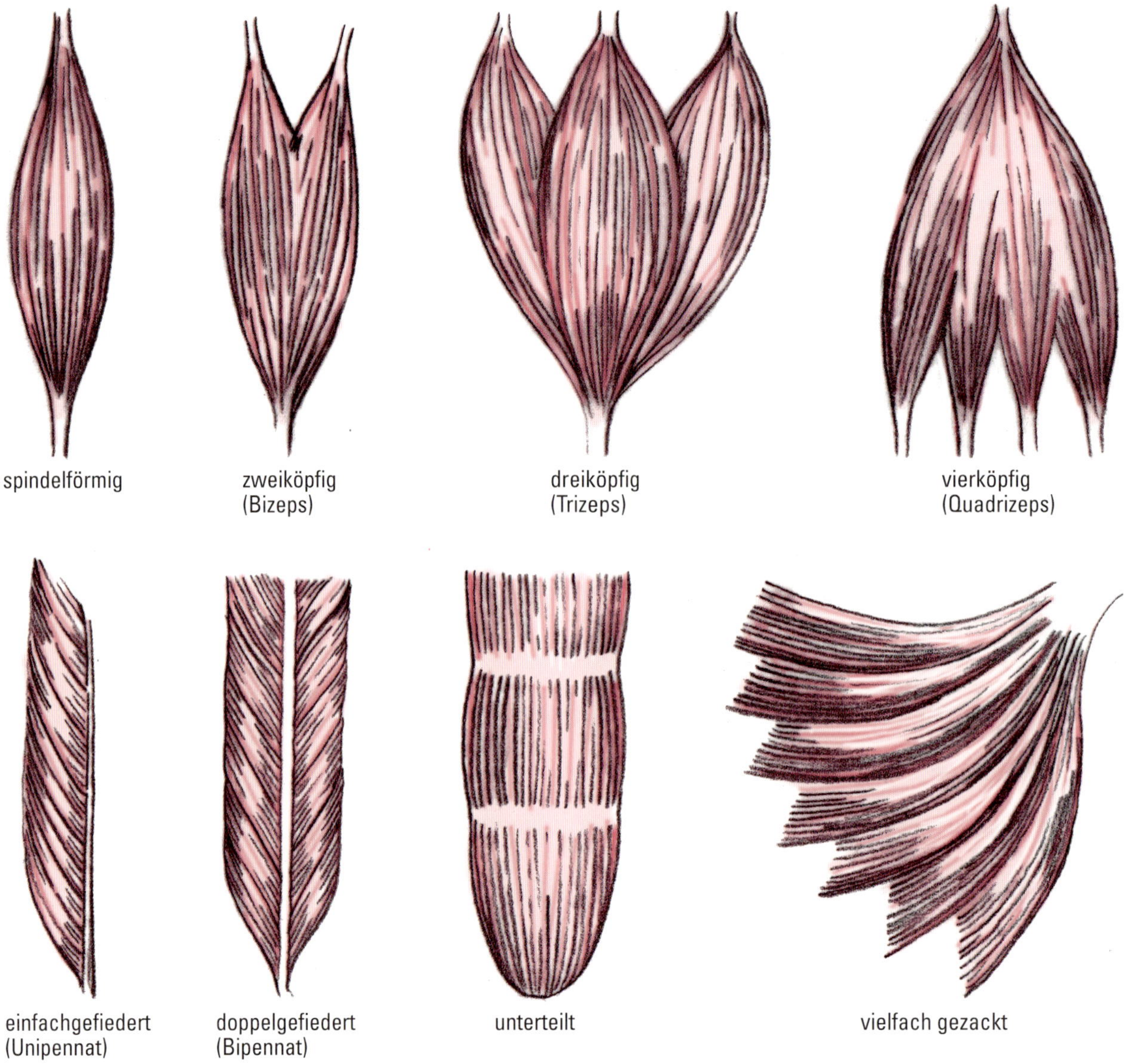

spindelförmig

zweiköpfig
(Bizeps)

dreiköpfig
(Trizeps)

vierköpfig
(Quadrizeps)

einfachgefiedert
(Unipennat)

doppelgefiedert
(Bipennat)

unterteilt

vielfach gezackt

Abb. 28

erklärt. Die folgende Beschreibung ist daher sehr kurz gefaßt.

Unter dem Mikroskop kann man erkennen, daß jede Muskelzelle aus winzigen Komponenten, den sog. Muskelfibrillen oder Myofibrillen (Fibrille = kleine Faser) aufgebaut ist. Die Fibrillen liegen parallel zueinander, und die Muskelzelle sieht quergestreift aus. Der Grund dafür ist, daß die Fibrillen aus noch kleineren, regelmäßig geordneten Komponenten, den sog. Myofilamenten (Filament = kleinere Faser als Fibrille) bestehen.

Die Myofilamente setzen sich kettenförmig aus Eiweißmolekülen zusammen. Das quergestreifte Aussehen entsteht dadurch, daß es zwei Arten von Myofilamenten gibt, und zwar Actin (das dünner und daher durchsichtiger ist) und Myosin (das, da es dicker ist, die dunkleren Felder bildet).

Bei einer Verkürzung (Kontraktion) des Muskels werden die Actinfilamente zwischen die Myosinfilamente hineingezogen. Dies führt zu einer Verkürzung und Verdickung der Myofibrillen. Die die Muskelzellen umgebenden elastischen Fasern wirken auf die Bindegewebsschichten ein.

Die Bindegewebsschichten gehen in die Muskelsehne über. Beim Zusammenziehen des Muskels entsteht ein Kraftpotential, das sich mit exakt gleicher Stärke, jedoch in entgegengesetzte Richtungen (F), auf den Ursprung und den Ansatzpunkt des Muskels verteilt (Abb. 27).

Die Muskeln im Körper können ein vollkommen unterschiedliches Aussehen haben. Die Abbildung 28 zeigt die häufigsten Variationen.

2. Muskelkraft

Ein Muskel kann pro cm² seines Querschnittes eine maximale Kraft von etwa 50 N entwickeln. Mit dem Querschnitt meint man den physiologischen Querschnitt, der wie folgt definiert wird: Wenn die Muskelzellen ausnahmslos in der Längsrichtung des Muskels verlaufen, hängt die Größe seines physiologischen Querschnittes (A) von der Anzahl der Aktin- und Myosinfilamente im Muskel ab (Abb. 29). Beträgt die Fläche 6 cm², liegt die maximale Kontraktionskraft bei 6 × 50 N = 300 N. Verlaufen die Zellen jedoch schräg im Verhältnis zur Längsrichtung des Muskels, muß man die Flächen A1 und A2 messen,

um zu ermitteln, wieviele Aktin- und Myosinfilamente der Muskel enthält.

Der physiologische Querschnitt setzt sich in diesem Fall aus A1 plus A2 zusammen. Ist A1 = 8 cm² und A2 = 4 cm², ist der physiologische Querschnitt des Muskels 12 cm². Die maximale Kraft des Muskels liegt bei 12 × 50 N = 600 N. Ein gefiederter Muskel ist also bedeutend stärker als ein spindelförmiger, obwohl die Muskelmasse vollkommen gleich sein kann. Eine Muskelzelle kann sich um etwa 50% verkürzen. Ein spindelförmiger Muskel kann sich daher in seiner Länge mehr verkürzen als ein gefiederter (Abb. 30).

Spindelförmige Muskeln sitzen im Körper dort, wo der Mensch in der Lage sein muß, ausladende und schnelle Bewegungen auszuführen. Gefiederte Muskeln findet man dagegen dort, wo der Mensch kleine, doch kraftvolle Bewegungen ausführt.

Wie bereits oben erwähnt, hängt die *Kraft* eines Muskels von seinem physiologischen Querschnitt ab. Sein Kontraktionsvermögen steht im Zusammenhang mit der Länge des Muskelbauches in Richtung der Zellen. Zur Beurteilung der Muskelkraft muß man außerdem wissen, wie der Muskel am Gelenk, auf das er wirken soll, ansetzt.

Die Abbildung 31 zeigt, daß ein Muskel, der 4 cm von der Gelenkachse entfernt ansetzt, eine Zugkraft von 700 N benötigt, um eine 7 kg schwere Kugel, die 40 cm vom Gelenk entfernt ist, halten zu können (700 × 4 = 70 × 40). Setzt der gleiche Muskel 5 cm vom Gelenk entfernt an, benötigt er dazu nur eine Zugkraft von 560 N (560 × 5 = 70 × 40).

Die Fähigkeit eines Muskels einen schweren Gegenstand zu heben hängt demzufolge von zwei Faktoren ab: vom physiologischen Querschnitt des Muskels und von der Art und Weise wie der Muskel am Gelenk vorbei verläuft. Man kann einen Muskel besser über seine Fähigkeit, ein Drehmoment auszuführen, beschreiben als über die bloße Angabe seiner Kontraktionskraft (der Begriff Drehmoment wird im Kapitel 2 näher beschrieben). Um eine Bewegung beschreiben zu können, sollte man wissen, daß die Kontraktionskraft eines Muskels auch von dessen Länge im Verhältnis zu seiner Ruhelänge abhängt.

Schneidet man ein Stück aus einem Muskel heraus, um herauszufinden, welche Kraft der Muskel

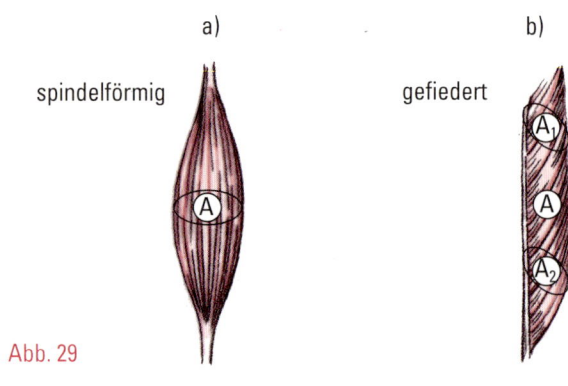

spindelförmig   gefiedert

Abb. 29

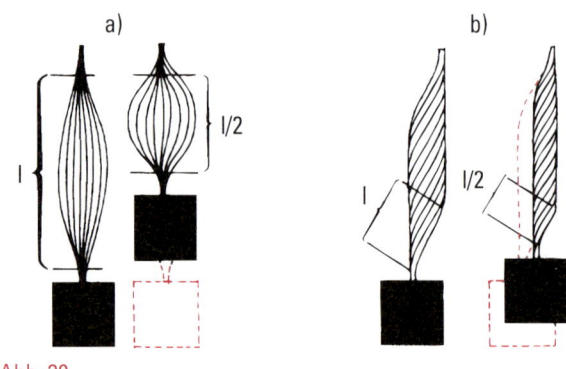

Abb. 30

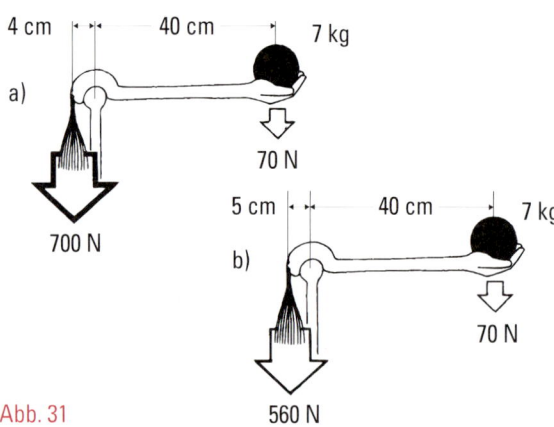

Abb. 31

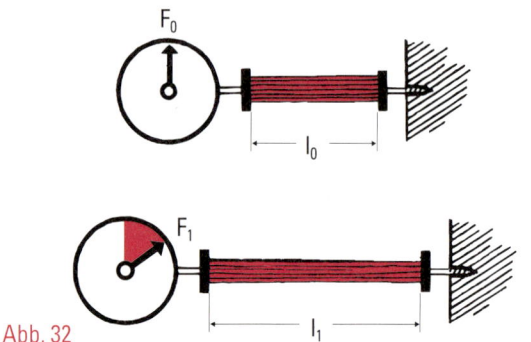

Abb. 32

hervorbringen kann, so wird man feststellen, daß die vom Muskelschnitt hervorgebrachte Kraft um so größer ist, je dicker das zu untersuchende Zellbündel ist. Die Kontraktionskraft hängt in hohem Grade von der Ausgangslänge zwischen Ursprung und Ansatzpunkt ab; maßgeblich ist die Länge des Momentes, in dem der Muskel den Kontraktionsimpuls erhält. Im Körper sind es die Gehirnzellen, die den elektrischen Reiz hervorrufen und die Kontraktion anregen. Im Labor wird der Reiz mittels zweier Elektroden erzeugt, die den für die Reaktion erforderlichen Spannungsunterschied aufbringen.

Nehmen wir an, wir befestigen einen Muskelschnitt mit der Länge l_0 zwischen zwei festsitzenden Platten, von denen eine als Meßgerät dient. Wir haben dann die Möglichkeit die Kraft zu untersuchen, die je nach Abstand zwischen Ursprung und Ansatzpunkt erzeugt werden kann. Abbildung 32 zeigt, wie man durch Dehnung des Muskels über seine Ruhelänge hinaus, die Kraft in der Meßvorrichtung beeinflussen kann. Je mehr der Muskel gedehnt wird, desto mehr Kraft kann erzeugt werden. Man erhält dadurch eine sog. Elastizitätskurve (s. Abb. 36).

Im Gegensatz zu anderen Materialien kann sich ein Muskel von allen Positionen aus kontrahieren. Dies wird durch Actinfilamente ermöglicht, die durch die Knickbewegung der Köpfe, der sog. Brücken (Abb. 33), die Fähigkeit besitzen, entlang den Myosinfilamenten zu gleiten. Das »Gleiten« kann nur während einer bestimmten Strecke erfolgen, danach begegnen Actinfilamente aus der einen Richtung Actinfilamenten aus der anderen Richtung. Dies führt dazu, daß das sog. Sarkomer nur auf bis zu 50% seiner Ausgangslänge kontrahiert werden kann. Ein Sarkomer ist der Abschnitt zwischen zwei Z-Bändern.

In unserem hypothetischen Laborversuch zeigt sich dies dadurch, daß der Muskelschnitt sich nicht zusammenziehen und demnach auch nicht an der Meßanordnung ziehen kann, falls der Abstand zwischen den zwei Platten geringer als 50% der Ausgangslänge des Muskelschnittes wird. Ist dagegen der Abstand a) 75% und b) 100% und c) 120% (Abb. 34), so steigt die Kontraktionskraft gemäß der Kurve in Abbildung 35.

Wird der Muskel gedehnt, d.h. durch äußere Kraft auseinandergezogen (entweder durch Antagonisten des Muskels oder durch eine Bewegung, so daß Ursprung und Ansatz entfernt werden), dann wird die Kontraktionsfähigkeit des Muskels von zwei Faktoren abhängen: erstens vom Bestreben des elastischen Teils des Muskels seine Ursprungslage wieder einzunehmen (Gummibandeffekt) und zweitens vom Kontraktionsvermögen des Muskels, was durch das Gleiten des Actins entlang des Myosins ermöglicht wird. Der Beitrag der Elastizität zum gesamten Kontraktionsvermögen wird durch die gestrichelte Kurve in Abbildung 36 (oberstes Diagramm) dargestellt.

Die rote Kurve zeigt den Kraftanteil, der auf der aktiven Fähigkeit des Zusammenziehens zwischen Actin und Myosin beruht. Die Kurve ist in dem Teil der Kurve gepunktet, in dem die endgültige Kraft zusätzlich unter dem Einfluß der Elastizität steht. Die tatsächliche Kontraktionskraft (untere Kurve) entsteht durch die Addition der beiden Anteile. Da die Elastizität steiler ansteigt als die Actin-Myosin-Kurve abnimmt (im Gebiet $> l_0$), nimmt die Kontraktionskurve zu, wenn der Muskel auseinandergezogen und durch Elektroreiz gezwungen wird, sich statisch zwischen den beiden festen Platten zu kontrahieren. Dies führt dazu, daß die Gesamt-Kontraktionskraft am größten ist, wenn der Abstand zwischen Ursprung und Ansatzpunkt um ca. 20% größer ist als die Ruhelänge des Muskels.

Im Laborversuch zeigt sich, daß bei extremer Dehnung des Muskelpräparates allmählich nur die Elastizitätskraft übrigbleibt. Die Actinfilamente haben dann überhaupt keine Möglichkeit mehr, über die Myosinfilamente zu gleiten. Im Körper dagegen unterbinden in der Regel die Bänder oder die Skelettkonstruktion allzu große Bewegungen, weshalb die meisten Muskeln innerhalb des Kurvenbereiches arbeiten, der mit der durchgehenden roten Linie in Abbildung 35 dargestellt wird.

Was oben beschrieben wurde, kann durch einen kleinen, unwissenschaftlichen Versuch verdeutlicht werden, indem die Stärke eines Handgriffs getestet wird. Die Muskeln, die im Bereich um den inneren Teil des Ellenbogens ansetzen, passieren das Handgelenk und beugen es, dieselben Muskeln erstrecken sich aber noch bis zu den Fingern und ermöglichen so das Greifen. Prüfen Sie Ihre eigene Stärke, indem Sie einen Ihrer Daumen mit der anderen Hand ergreifen und so fest drücken, wie Sie nur können (Abb. 37).

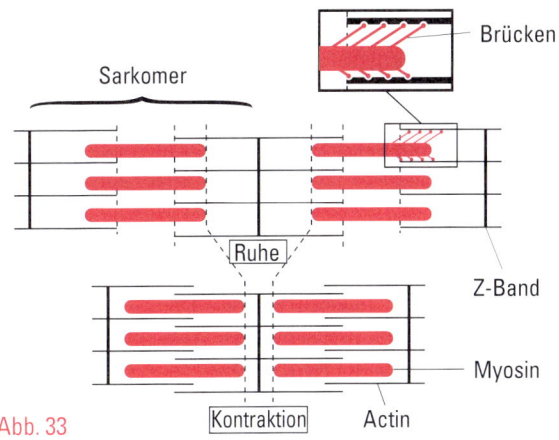

Abb. 33

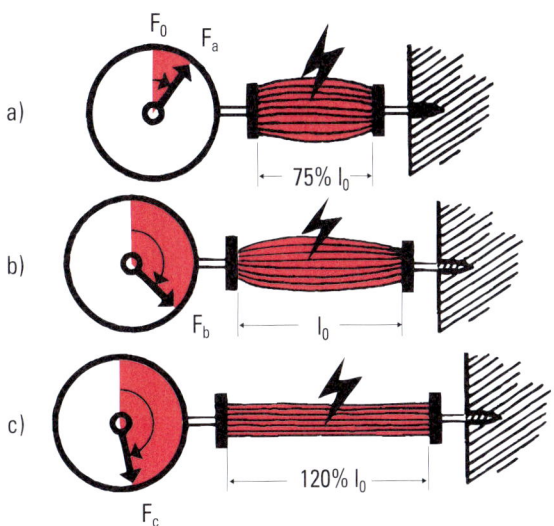

Abb. 34

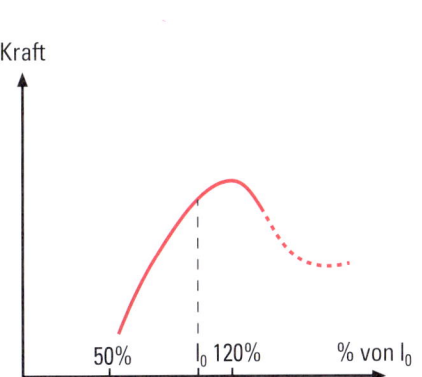

Abb. 35

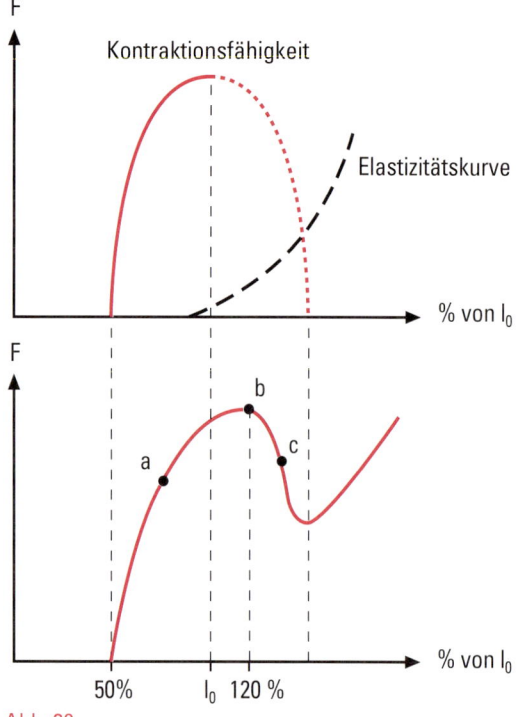

Abb. 36

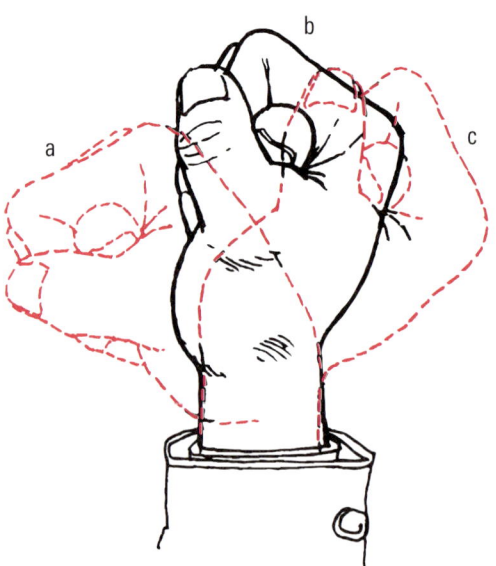

Abb. 37

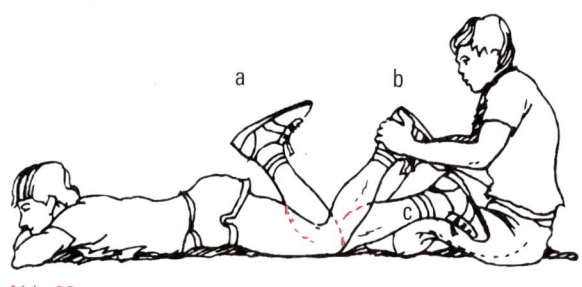

Abb. 38

Wenn Sie das Handgelenk der Hand, mit der Sie Drücken, in die entsprechende Position a), b) oder c) versetzen, so sind Sie im Prinzip an den Punkten a), b) oder c) der untersten Kurve der Abbildung 36 angelangt. Ich könnte fast wetten, daß alle Leser die meiste Kraft in Position b) entwickeln, d. h. mit dem Handgelenk leicht nach hinten gebeugt. In dieser Position sollte man übrigens immer die meisten Geräte ergreifen, z. B. Hammer, Badmintonschläger, Golfschläger usw.

In einem weiteren Test (Abb. 38) setzt man sich hinter eine Person, die ihre Unterschenkel wie in der Abbildung dargestellt anzieht. Man wird bald feststellen, daß die Kraft in Position a) gering ist, am stärksten in b) und etwas geringer in c). Da der Muskelhebel am Gelenk nicht in allen drei Positionen der gleiche ist, ist auch dieser Test ein wenig unwissenschaftlich. Dennoch kann man sich durch diesen Versuch ein Bild davon machen, wie sich die Muskelkraft in verschiedenen Stellungen verändert und ein Gefühl dafür entwickeln, daß ein Muskel ein Stärkeprofil hat. Im Stärkeprofil wird die Leistungsfähigkeit eines Muskels in unterschiedlichen Teilen seiner Bewegungsbahn systematisch erfaßt. Dies wird ausführlich in Kapitel 2 beschrieben.

Ein weiteres Beispiel für das Stärkeprofil eines Muskels erhält man durch die Einnahme der Position, die in Abbildung 39 gezeigt wird. Fühlt man die Achillessehne, so stellt man fest, daß es schwierig ist, sie zu spannen, da Ursprung und Ansatzpunkt für den Zwillingsmuskel der Wade zu nah beieinander liegen. Winkelt man den Fuß aber nach oben, ist dies leichter möglich. Bei einem Hochsprung muß der Wadenmuskel kontrahiert und damit die Ferse vom Boden abgehoben werden. Dies tritt erst dann ein, wenn die Streckung des Knies praktisch vollzogen ist. Je gestreckter das Knie ist, desto länger und stärker wird der Wadenmuskel. Dies hängt den oben aufgezeigten Kurven entsprechend vom Abstand zwischen Ursprung und Ansatzpunkt ab.

Es gibt noch eine weitere Wechselbeziehung, die man kennen sollte, um verstehen zu können, wie ein Muskel arbeitet, und um auch einfache Bewegungsanalysen machen zu können. Es geht dabei um den Zusammenhang zwischen der entfalteten Kraft und der Kontraktionsgeschwindigkeit.

Dieser Zusammenhang wurde vor allem mit Hilfe eines sog. Cybex-Stuhls (Abb. 40) systematisch erfaßt. Dieser Stuhl ist so konstruiert, daß die Versuchsperson (Vp) sitzt und mit dem Unterschenkel gegen ein Kissen drückt, das mit einer Hebelvorrichtung verbunden ist, dessen Bewegungsachse genau vor dem Knie liegt.

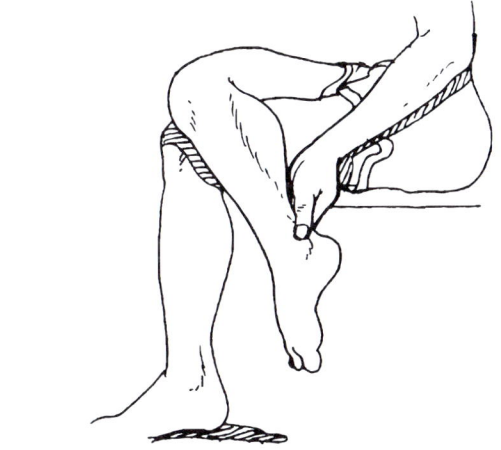

Abb. 39

Wenn die Vp gegen das Kissen drückt, so dreht sich der Hebel um seine eigene Achse. Auf dem Hebel ist ein Meßinstrument befestigt, das die Kraft anzeigt, mit der der Streckmuskel des Knies kontrahiert wird. Mit dieser Vorrichtung kann z.B. die maximale statische Kraft der Vp bei einem Kniegelenkwinkel von 90° gemessen werden. Der Apparat ist so konstruiert, daß man mit Hilfe eines Motors den Hebel mit unterschiedlichen Geschwindigkeiten antreiben kann. Die Hebelbewegung kann z.B. auf 60°/s eingestellt werden.

Man bittet nun die Vp maximal gegen das Kissen zu drücken, während der Hebel sich mit der vorgefaßten Geschwindigkeit bewegt. Liest man dann die Kraft ab, wenn der Unterschenkel sich in solch einer Position befindet, die dem Kniewinkel von 90° entspricht, so kann man die statische Kraft mit der Kraft bei einer Winkelgeschwindigkeit von 60°/s vergleichen. Durch Veränderung der Winkelgeschwindigkeit von 0° bis 720°/s kann man die Abhängigkeit der konzentrischen Kraft von der Winkelgeschwindigkeit im Gelenk ermitteln.

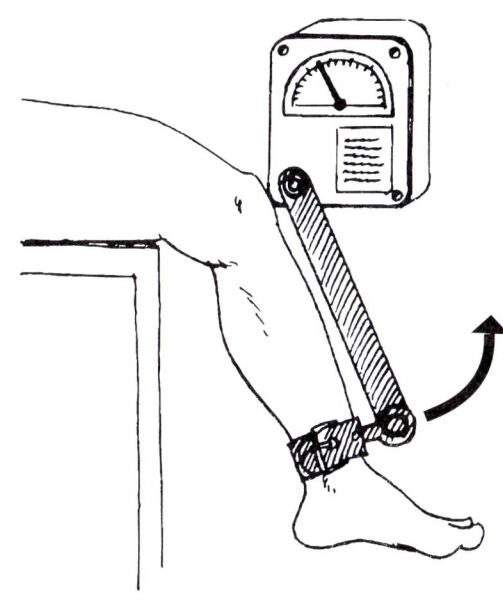

Der Apparat kann auch gegen die Bewegungsrichtung gedreht werden, wobei die Vp versucht zu bremsen, d.h. exzentrisch arbeitet. Die Ergebnisse werden in Abbildung 41 dargestellt (bezügl. der Begriffe exzentrisch und konzentrisch s. S. 22)

Abb. 40

Ergebnisse aus Tierversuchen deuten darauf hin, daß die Bremskraft die isometrische Höchstleistung um bis zu 80% übersteigen kann. Bei Humanversuchen unter Laborbedingungen hängt die Kurve für exzentrische Arbeit gewöhnlich sehr von der Motivation und der Angst sich zu verletzen ab. Die Ergebnisse sind meist recht flach; der Anstieg über die isometrische Höchstleistung hinaus ist meist sehr gering.

Auf einfache Weise kann dieser Sachverhalt folgendermaßen erklärt werden: Nehmen wir an, ein Tausendfüßler soll sich mit langsamer Geschwindigkeit geradeaus nach vorne bewegen. Die meisten Füße können in diesem Fall gleichzeitig

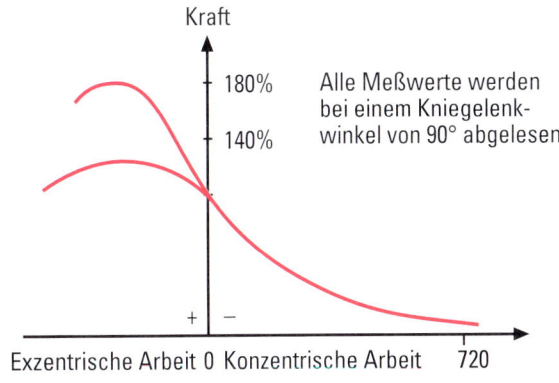

Abb. 41

Bodenkontakt haben und bei der Krafterzeugung mithelfen. Die Füße können die Anzahl der Brückenkupplungen zwischen Actin und Myosin darstellen. Bei höherer Geschwindigkeit wird die Anzahl der Füße mit Bodenkontakt geringer sein und dadurch auch die Krafterzeugung geringer. Bei sehr hoher Geschwindigkeit wird die Bewegung der Beine zu langsam sein, um zusätzliche Kraft für die Bewegung aufbringen zu können. Die maximale Höchstgeschwindigkeit ist dann erreicht.

Bei exzentrischer Arbeit kann man sich bildlich vorstellen, daß der Tausendfüßler alle Füße am Boden hat und daß er sich mit aller Kraft gegen die Bewegung sträubt. Meiner Meinung nach liegt die wichtigste Erklärung hierfür darin, daß der Körper bei einer Bremsbewegung eher fähig ist, mehr motorische Einheiten zu mobilisieren. Eine Bremsbewegung ist nämlich gleichzeitig oft eine Bewegung, die Verletzungen verursachen würde, falls diese nicht schnell und effektiv genug ausgeführt werden könnte.

Stellen wir uns vor, man springt mit aller Kraft nach oben. Die Muskeln arbeiten konzentrisch mit Kräften, die durch Pfeil A in der Abbildung 42 dargestellt sind (s. a. Abb. 43).

Angenommen die Sprunghöhe ist 50 cm. Bei der Landung werden die gleichen Muskeln verwendet wie beim Absprung, diesmal arbeiten sie aber exzentrisch. Hierbei werden Kräfte gemäß Pfeil B freigesetzt. Diese sind stärker und können daher die Bewegung abbremsen, bevor man zu tief sinkt und sich z. B. an den Knien verletzt. (Wäre die Kurve spiegelverkehrt gewesen, wäre man wahrscheinlich versehentlich zu hoch gesprungen und hätte sich bei der Landung des öfteren verletzt, was wohl kaum zum Nutzen für das Überleben der Rasse gewesen wäre.)

Man kann den gegebenen Zusammenhang zwischen Kraft und Kontraktionsgeschwindigkeit ausnützen, um Bewegungen effektiver zu machen. Nehmen wir an, eine Person soll ihren Fuß so schnell wie möglich nach vorne bewegen (»kicken«). Der Unterschenkel wird in diesem Fall mit Hilfe des Streckmuskels (M. quadriceps femoris) am Knie beschleunigt. Das Bein muß nun abgebremst werden bevor es die Endposition erreicht, sonst wird das Knie überdehnt und beschädigt (Abb. 44).

Die bremsenden Muskeln sitzen auf der Kehrseite des Knies (Hamstrings) und arbeiten bei der Bremsbewegung exzentrisch. Wenn diese Muskeln

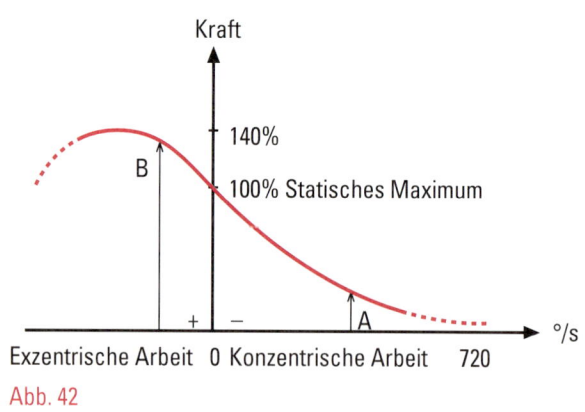

Abb. 42

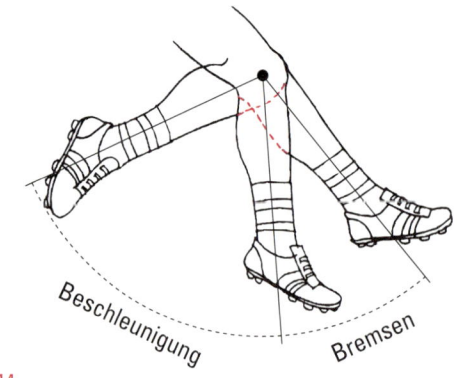

Abb. 44

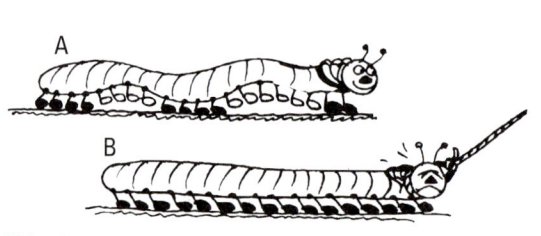

Abb. 43

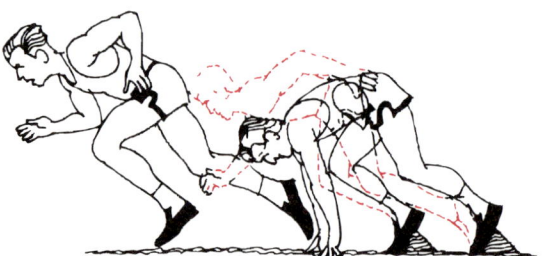

Abb. 45

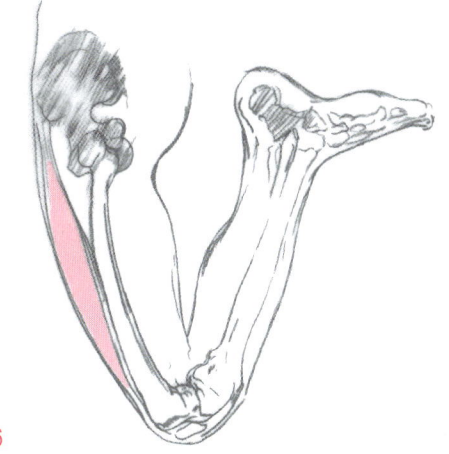

Abb. 46

Abb. 47

beim Bremsen schwächer als die Knie-streckmuskeln bei der Beschleunigung wären, dann müßte die Beschleunigungsphase in einem frühen Stadium abgebrochen werden, sonst würde die Zeit für die Bremsbewegung nicht ausreichen. Zum Zeitpunkt des Beschleunigungsabbruchs würde dies eine geringe Geschwindigkeit am Unter-schenkel bedeuten.

Sind die Bremsmuskeln dagegen sehr stark ausgeprägt (was sie auch durch die exzentrische Anwendung sind), so können diese einen viel späte-ren Zeitpunkt der Bewegung abwarten bis sie in Funktion treten und die Beschleunigungsbewegung mit einer gelenkschützenden Bremsbewegung abfangen. Dies ermöglicht eine längere Beschleu-nigungsstrecke für die Kniestrecker und dadurch auch eine höhere Höchstgeschwindigkeit in der Bewegung.

Möchte man bei einer Bewegung eine maximale Kraft erreichen, gehört es zur »guten Technik«, daß man den Muskel unter den günstigsten Ver-hältnissen arbeiten läßt. Der Hüftmuskel, der beim kräftigen Abdrücken mit den Beinen am meisten beansprucht wird, ist der große Gesäßmuskel (M. glutaeus maximus, S. 48) (Abb. 45).

Beim Gehen auf ebener Erde ist kein kräftiges Abdrücken erforderlich, und man ist in der Hüfte gestreckt. Kommt man jedoch an eine starke Stei-gung, beugt man sich automatisch nach vorn. Man vergrößert damit den Abstand zwischen Ursprung und Ansatzpunkt für den Muskel, wodurch er eine effektivere Länge erhält (120% von l_0, s.o.) und mit der Arbeit in einer exzentrischen Phase beginnt.

Die gleiche Technik wendet man an, wenn man beim Schlittschuhlaufen, Laufen oder Radfahren das Tempo beschleunigen möchte.

Bei einem harten Schuß beim Fußball muß man sich zuerst in der Hüfte weit nach vorn beugen, da sich der Muskel, der das Bein im Knie streckt (Abb. 46, s. S. 56), auch über das Hüftgelenk er-streckt. Damit er eine große Kraft entwickeln kann, muß der Abstand zwischen Ursprung und Ansatz-punkt größer als l0 sein.

Beim Werfen möchte man eine wichtige Mus-kelgruppe, den sog. großen Brustmuskel (M. pecto-ralis major, Abb. 47 s. S. 89) verlängern. Er wird im Verhältnis zum Arm über ein starkes Drehen des Oberkörpers gestreckt. Gleichzeitig erweitert man durch kräftiges Einatmen den Brustkorb.

3. Unterschiedliche Arbeitsweisen der Muskeln

Man unterscheidet zwischen *dynamischer* und *stati-scher* Muskelarbeit.

Unter dynamischer Arbeit versteht man, daß der Muskel eine Kraft auf Ursprung und Ansatzpunkt ausübt, während sich seine Lage verändert. Wirkt die Kraft des Muskels so, daß sich Ursprung und Ansatzpunkt einander nähern, spricht man von *konzentrischer* Arbeit (der Muskel verkürzt sich, kontrahiert sich). Findet der Krafteinsatz des Mus-kels statt, während sich Ursprung und Ansatzpunkt voneinander entfernen (d.h. der Muskel möchte eine Bewegung in einem Gelenk bremsen), spricht man von *exzentrischer* Arbeit (der Muskel möchte sich verkürzen, wird jedoch durch äußere Kräfte auseinandergezogen).

Beim Herablassen arbeiten die Beugemuskeln des Ellenbogens exzentrisch

Beim Hängen arbeiten die Beugemuskeln des Ellenbogens statisch

Beim Nach-oben-Ziehen arbeiten die Beugemuskeln des Ellenbogens konzentrisch

Abb. 48

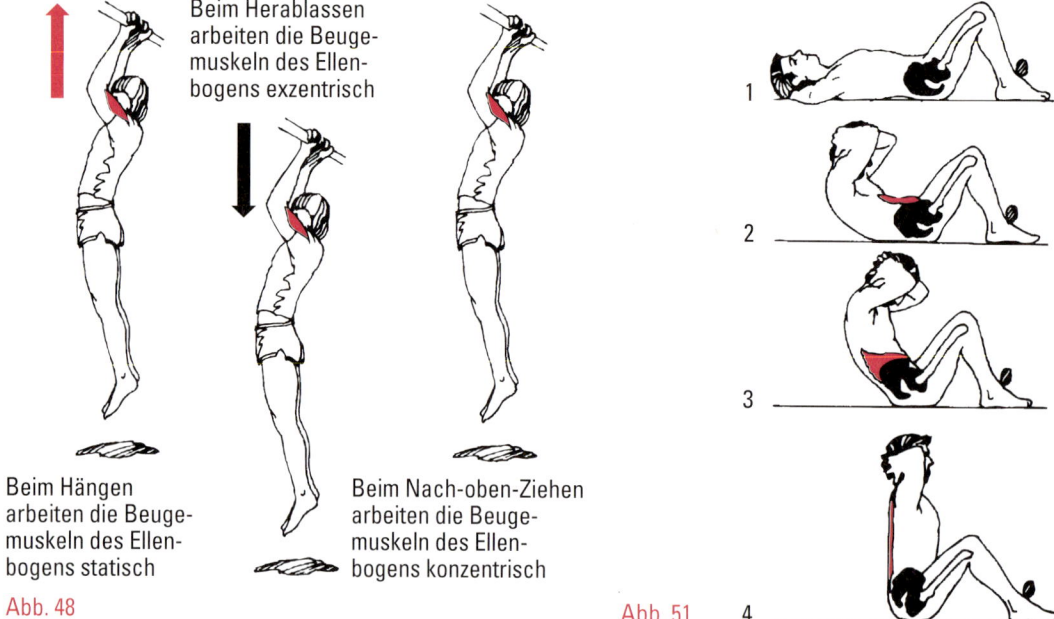

Abb. 51

nach oben

Konzentrisch für den Armstrecker

nach unten

Exzentrisch für den Armstrecker

unbeweglich

Statisch für den Armstrecker

Abb. 49

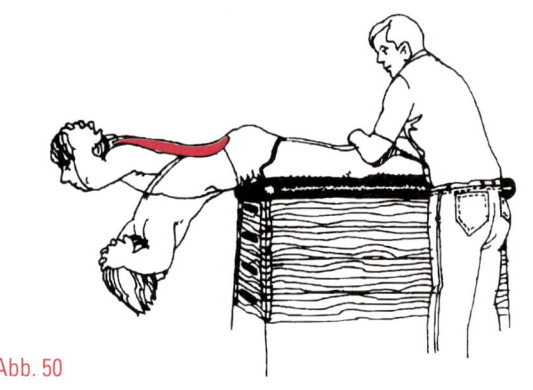

Abb. 50

Wenn sich ein Muskel kontrahiert, ohne daß eine Bewegung im Gelenk stattfindet, spricht man von einer *statischen* (oder *isometrischen*) Arbeitsweise des Muskels (Abb. 48 u. 49).

Die Abbildung 50 zeigt eine Übung, bei der die Rückenmuskulatur im Lendenabschnitt konzentrisch arbeitet (die Bewegung findet hauptsächlich im Lendenabschnitt statt), während Nacken- und Brustmuskulatur statisch arbeiten. Beim Nach-unten-Gehen arbeiten die Muskeln im Lendenabschnitt exzentrisch, um die Bewegung zu bremsen (zu Rückenmuskulatur s. S. 76).

Die Abbildung 51 zeigt die aufeinanderfolgenden Vorgänge, wenn man sich aus dem Liegen aufsetzt.

1–2: Konzentrische Arbeit vor allem für den geraden Bauchmuskel (s. S. 79).

2–3: Statische Arbeit für die Bauchmuskeln, konzentrische für die Hüftbeuger (s. S. 52).

3–4: Kaum Arbeit für die Bauchmuskeln, konzentrische für die Hüftbeuger.

4:   Statische Arbeit für den Rückenstrecker.

Weiß man, wo die Muskeln ihren Ursprung und Ansatzpunkt haben, kann man die beim Ausgleichssport, Wettkampfsport, Krafttraining, Beweglichkeitstraining usw. angewandten Übungen besser analysieren. Physiologische Studien haben gezeigt, daß ein Muskel, der konzentrisch trainiert wird, sein Vermögen, statisch und exzentrisch zu arbeiten, nicht bedeutend erhöht. Man glaubt, daß dies seine Ursache darin hat, daß das Arbeitsvermögen des Muskels sowohl von der Größe der Muskelmasse als auch vom Nervenimpulsfluß zum Muskel hin abhängt. Diese beiden Komponenten sind also ausschlaggebend für die Effektivität des Muskels. Ein guter Sportler oder Trainer muß seine Sportart analysieren können und seine Übungen an die Anforderungen der Bewegungen anpassen.

4. Muskeln und Nervensystem

Schutzreflexe des Muskels

Der Muskel wird durch zwei Arten von Nervenzellen – den sog. Muskelspindeln bzw. Sehnenspindeln – vor unnötigen Verletzungen geschützt.

Muskelspindeln

Die Muskelspindeln sitzen parallel angeordnet zwischen den Muskelzellen und sind über den gesamten Muskel verstreut. Sie folgen passiv den Bewegungen der benachbarten Muskelzellen.

Werden die Muskelzellen gedehnt, dehnen sich auch die Muskelspindeln. Wird der Muskel zu stark gedehnt, so daß das Risiko eines Muskelrisses entsteht, sendet die Muskelspindel ein Kontraktionssignal aus. Dadurch zieht sich der Muskel zusammen und kann nicht mehr »kaputtgestreckt« werden. Diesen Schutzmechanismus nennt man Streckreflex. Wenn der Arzt mit einem Gummihammer an die Sehne unterhalb der Kniescheibe (Ligamentum patellae) klopft (Abb. 52), werden die Muskelzellen im Kniestreckermuskel (s. S. 57) gedehnt. Der Muskel schützt sich durch Kontraktion gegen diese unerwartete Dehnung, d.h. man streckt das Bein im Knie etwas mehr. Die Verzögerung zwischen dem Schlag des Hammers und dem Strecken des Beines ist ein Maß für die Zeit, die die Nervenimpulse brauchen, um von der Muskelspindel zum zentralen Nervensystem (ZNS) und wieder zurück zu den Muskelzellen zu gelangen.

Der Schwerpunkt des Kopfes liegt bei einem erwachsenen Menschen vor dem Gelenk zwischen Kopf und oberstem Halswirbel. Der Kopf will also nach vorn kippen, wird jedoch durch eine ständige

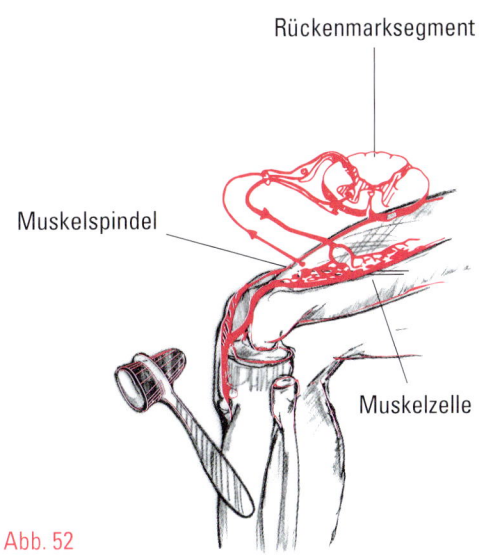

Rückenmarksegment

Muskelspindel

Muskelzelle

Abb. 52

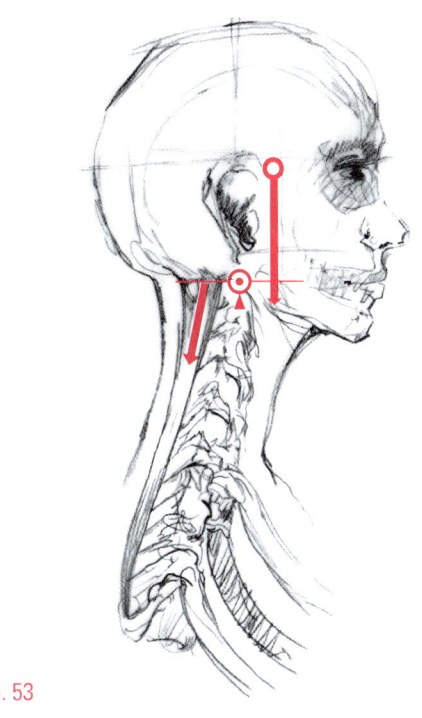

Abb. 53

Spannung in den Nackenmuskeln aufrecht gehalten (Abb. 53). Schläft man im Sitzen ein, entspannen sich die Nackenmuskeln, und der Kopf fällt nach vorn. Die Muskelspindeln werden dabei plötzlich gedehnt, was zu einem unbewußten Aufrichten des Kopfes führt. (Man wacht mit einem Ruck auf.) Dieser Schutzreflex hat sicherlich schon das Leben unzähliger müder Autofahrer gerettet und zahlreiche Zuhörer bei langweiligen Vorlesungen wachgehalten.

Der Schutz der Muskelspindeln setzt bei unerwarteten Muskeldehnungen ein, läßt aber ein gewolltes, nicht allzu schnelles Strecken des Muskels zu. Man kann ja z.B. den Kopf nach vorne fallen lassen, ohne daß der Reflex ausgelöst wird. Möchte man einen Muskel strecken, muß dies so langsam vor sich gehen, daß der Streckreflex nicht ausgelöst wird. Man hat nachgewiesen, daß man einen Muskel, der zuerst kontrahiert und dann langsam gestreckt wurde, noch etwas mehr dehnen kann.

Diese Prinzipien sollten beim sog. Beweglichkeits- oder Geschmeidigkeitstraining genauestens beachtet werden. Sie werden auf Seite 30 näher beschrieben.

In Abbildung 54 sind die spiralförmigen Fäden zu sehen, auf die der Name Spindel zurückzuführen ist. Von diesen spiralförmigen Fäden aus werden Reize zu den Hinterhornzellen des Rückenmarks übermittelt, die jede Information von außen aufnehmen. Diese Reize werden afferente Reize genannt und informieren kontinuierlich über die Lage, die Stärke und daher auch die Geschwindigkeit mit der sich die Muskelspindeln bewegen.

Durch die Parallelkupplung der Muskelspindeln mit den umgebenden Muskelzellen ist diese

Bewegung der Muskelspindeln identisch mit der Bewegung des Muskels. Ist die Bewegung zu schnell und gerät der Körper dadurch in eine Extremposition, wird die Bewegung reflexmäßig gebremst, indem aktivierende Signale von den motorisch steuernden Vorderhornzellen freigesetzt werden.

Andere Signale geben Informationen über die Kraft, mit der der Muskel kontrahiert wird, auch an das zentrale Nervensystem weiter, so daß eine Korrektur von einem zu stark oder zu schwach kontrahierten Muskel durch Aus- oder Einschaltung bestimmter motorischer Einheiten vorgenommen werden kann.

Reize von den Vorderhornzellen an die Muskelfasern, werden efferente Reize genannt. Gewisse Bewegungsmuster sind vererbt und im Nervensystem vorprogrammiert, sie werden gewöhnlich Reflexe genannt. Dies bedeutet, daß gewisse Reaktionen ausgeführt werden, ohne daß die Ursache dafür wahrgenommen wurde. Tritt man z.B. auf einen scharfen Gegenstand (Abb. 55), vollzieht sich automatisch eine Bewegung mit Armen und Beinen so, daß das Gewicht auf den anderen Fuß verlagert wird und der Fuß, der den Fehltritt verursachte, weggezogen werden kann.

Dies geschieht sogar bevor der Schmerzimpuls das Gehirn erreicht, wo der Schmerz erst registriert wird. Wenn stattdessen der Schmerzimpuls im Gehirn für die Ingangsetzung der notwendigen Maßnahme des Fußwegrückens verantwortlich wäre, dann würde dies mehr Zeit in Anspruch nehmen und folglich zu einer größeren Verletzung führen.

Wenn neue Bewegungen einstudiert werden, vollziehen sich Korrekturen zunächst langsam und bewußt, d.h. das Gehirn erhält Informationen, die erst verarbeitet werden, bevor eventuelle fehlerkorrigierende Maßnahmen ergriffen werden können. Dies braucht Zeit. Je öfter die Bewegung wiederholt wird, desto weniger Korrekturen müssen von den motorischen Zellen des Gehirns durchgeführt werden. Allmählich werden die Korrekturen rein reflexmäßig vom Rückenmark gesteuert. Die Bewegung ist dann automatisiert worden.

Der Teil des Gehirns, der für die Weiterleitung der Reize an die Muskelfasern verantwortlich ist, wird motorisches Zentrum genannt. Diese Gehirnzellen sind im Bereich der Furche zwischen Vorder-

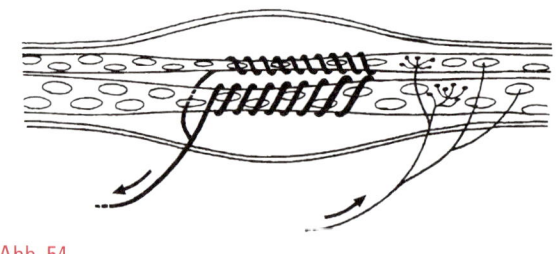

Abb. 54

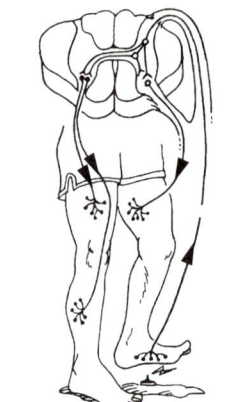

Abb. 55

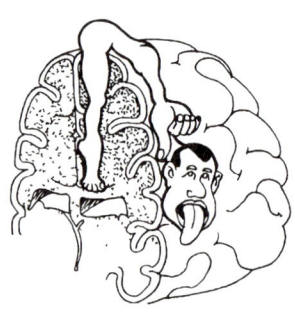

Abb. 56

und Zwischenhirn konzentriert. Das in der Abbildung 56 eingezeichnete Männchen veranschaulicht die Anzahl der Zellen, die für die Steuerung der verschiedenen Körperteile nötig sind. Es ist zu erkennen, daß es die Daumenmuskeln sind, die die meisten Nervenzellen in Anspruch nehmen. Vielleicht war es gerade die Fähigkeit zum Greifen, die dazu führte, daß der Mensch sich zu dem technischen Geschöpf entwickelte, das er heute ist.

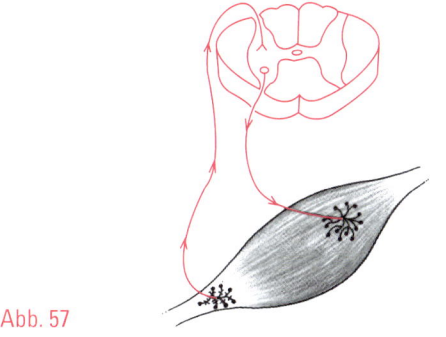

Abb. 57

Sehnenspindeln

Im Übergang zwischen Muskel- und Sehnengewebe befinden sich die Sehnenspindeln (Abb. 57). Sie werden auch Golgi-Organe genannt. Im Gegensatz zu den Muskelspindeln geben die Sehnenspindeln inhibitorische Reize ab, d.h. Reize, die zum Abbruch der Muskelkontraktion führen. Sind die aktivierenden Reize der Muskelspindeln in der Überzahl, wird der Muskel kontrahiert. Sind die hemmenden Reize der Sehnenspindeln in der Überzahl, wird die Kontraktion gestoppt.

Abb. 58

Die Abbildungen 58 und 59 beschreiben zwei Ereignisse, bei denen die Reflexe grundsätzlich unterschiedliche Auswirkungen zur Folge haben. Die Muskel- und Sehnenspindeln schützen den Muskel vor Verletzungen, erreichen dies allerdings auf unterschiedliche Art und Weise.

Nehmen wir an, der Arm wird in einer schnellen Bewegung nach hinten in Extremposition gebracht, um einen maximalen Wurf zu erzielen. Wenn die Rückwärtsbewegung des Armes im Extrembereich zu schnell ist und daher die Gefahr für einen Muskelriß besteht, dann geben die Muskelspindeln Impulse (sie reagieren auf die Lage) und der Muskel kontrahiert sich, so daß der Arm vor dem Erreichen der kritischen Position gebremst wird.

Nehmen wir weiterhin an, daß ein Badmintonspieler einen Schritt nach hinten macht, um einen Ball zu erreichen. Gleichzeitig möchte er einen harten Smash schlagen. Sein ganzes Körpergewicht bewegt sich nach hinten und nach unten. Der Muskel (M. triceps surae) kontrahiert sich in dieser Situation jedoch maximal, damit der Spieler nicht mit der Ferse am Boden nach unten absinkt, sondern sich stattdessen nach vorne in Schlagrichtung bewegen wird (Abb. 59).

Die Sehnenspindeln messen die Kraft, der die Sehne ausgesetzt ist, und senden Reize aus, die die Muskelkontraktion stoppen, wenn die Kraft so stark

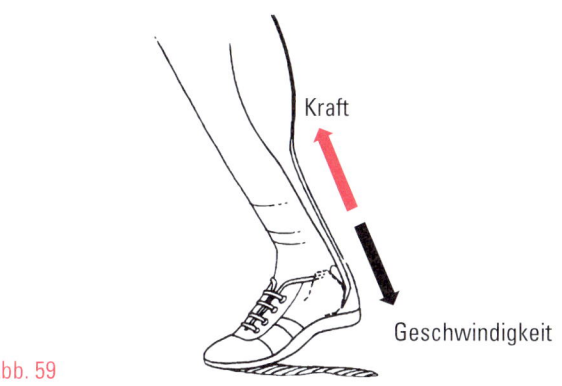

Kraft

Geschwindigkeit

Abb. 59

zu werden droht, daß die Gefahr eines Sehnenrisses besteht. Falls der Muskel ausreichend Zeit hat, die Kontraktion zu beenden, wird die Ferse zum Boden absinken, der Spieler verfehlt den Schlag und auch den Punkt. Was ist das aber schon gegenüber einer verletzten Achillessehne?

Um die Gelenke herum sowie im Bereich des Bindegewebes befinden sich weitere Nervenzellen, die wichtige Informationen für die Feineinstellung der Bewegungen und für den Schutz vor Körperverletzungen vermitteln. Abbildung 60 stellt drei verschiedene Nervenzellen dar, von denen jede eine ganz spezifische informative Aufgabe erfüllt.

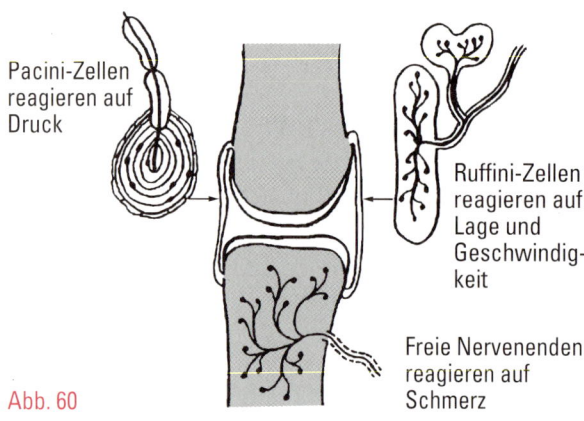

Pacini-Zellen reagieren auf Druck

Ruffini-Zellen reagieren auf Lage und Geschwindigkeit

Freie Nervenenden reagieren auf Schmerz

Abb. 60

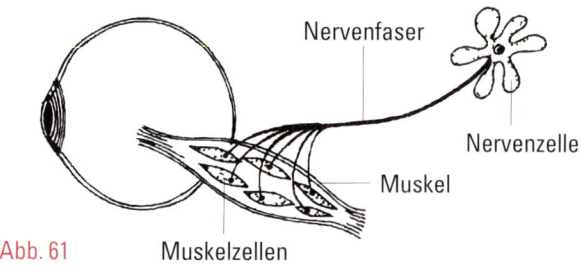

Nervenfaser

Nervenzelle

Muskel

Abb. 61   Muskelzellen

Die Schmerzrezeptoren kommen in Gelenkkapseln, im Bindegewebe und in der Knochenhaut reichlich vor. Ein Tritt gegen das Schienbein kann z.B. eine sehr starke Schmerzwahrnehmung auslösen. Liegt aber keine Verletzung vor, kann der Getretene schon nach einigen Sekunden wieder ganz schmerzfrei sein. Ein Fußballspieler, der sich vor Schmerzen am Boden wälzt, und unmittelbar danach, wenn das Spiel fortgesetzt wird, wieder aufrichtet und normal zu rennen beginnt, muß nicht unbedingt eine Veranlagung zur Schauspielerei haben.

Die motorische Einheit

Damit man den Wert der verschiedenen Übungen beim Krafttraining richtig einschätzen kann, sollte man die folgenden grundlegenden Tatsachen kennen:

Ein Muskel besteht aus unzähligen Muskelzellen, die wiederum eine Anzahl sog. motorischer Einheiten bilden. Eine motorische Einheit besteht aus einer Nervenzelle, die mit dem Gehirn in Verbindung steht, und den von ihr innervierten Muskelfasern (Abb. 61). Setzen sich die motorischen Einheiten aus nur wenigen Muskelfasern zusammen, spricht man von einem feinmotorischen Muskel. Bestehen die Einheiten aus vielen Zellen, nennt man den Muskel grobmotorisch.

In den Muskeln, die die Bewegungen des Auges steuern, besteht jede motorische Einheit aus fünf bis zehn Zellen. Im großen Gesäßmuskel (s. S. 48) schätzt man die Anzahl der Zellen in jeder Einheit auf ein paar Tausend.

Wird eine motorische Einheit aktiviert, kontrahieren sich *sämtliche* zur Einheit gehörende Zellen

mit maximaler Kraft. Wird ein Muskel dazu gezwungen, sich mit einer gewissen Kraft zu kontrahieren, wird die Arbeit von einer bestimmten Anzahl motorischer Einheiten geleistet. Steigert man die Kontraktionskraft, müssen weitere motorische Einheiten rekrutiert werden. Es sind immer die gleichen motorischen Einheiten, die bei leichter Belastung aktiviert werden. Es sind immer die gleichen Einheiten, die dann, wenn die Belastung erhöht wird, hinzugezogen werden. Und es sind immer die gleichen motorischen Einheiten, die bei maximaler Beanspruchung zuletzt aktiviert werden.

Bei leichtem Training werden nur jene Muskelzellen beansprucht, die zu den zuerst aktivierten motorischen Einheiten gehören. Möchte man den gesamten Muskel trainieren, muß man ihn maximaler Belastung aussetzen.

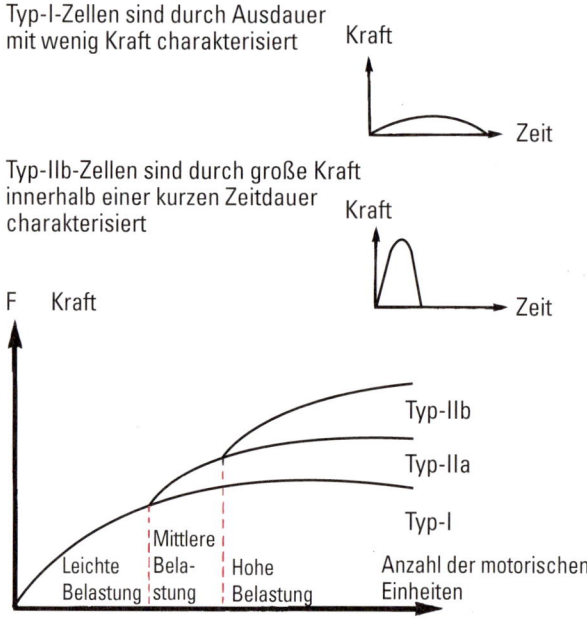

Typ-I-Zellen sind durch Ausdauer mit wenig Kraft charakterisiert

Kraft

Zeit

Typ-IIb-Zellen sind durch große Kraft innerhalb einer kurzen Zeitdauer charakterisiert

Kraft

Zeit

F   Kraft

Typ-IIb

Typ-IIa

Typ-I

Leichte Belastung

Mittlere Belastung

Hohe Belastung

Anzahl der motorischen Einheiten

Abb. 62

Es gibt zwei Arten von Muskelzellen, und zwar unterscheidet man zwischen langsamen (Typ I) und schnellen (Typ II) Muskelzellen (Abb. 62). Charakteristisch für die langsamen Zellen ist, daß sie ihre Energie aerob, d.h. mit Hilfe des Sauerstoffs gewinnen. Die schnellen Zellen gewinnen dagegen ihre Energie hauptsächlich anaerob, d.h. ohne Sauerstoffzufuhr mit in den Muskeln gelagerter Energie (Glykogen). Ein Zwischenprodukt dieses Vorganges ist die sog. Milchsäure. Der prozentuale Anteil dieser Zelltypen ist bei den Menschen unterschiedlich. Normalerweise gehören 50% der Fasern zum Typ I und 50% zum Typ II. Es gibt jedoch große individuelle Unterschiede. Außerdem haben die verschiedenen Muskeln eine unterschiedliche Faserzusammensetzung.

In den letzten Jahren hat man herausgefunden, daß man die Zellen vom Typ II in zwei Untergruppen einteilen kann, und zwar in Typ IIa und Typ IIb. Der Typ IIa kann seine Eigenschaften durch besonderes Training so verändern, daß er mehr dem Typ I ähnelt, also seine Energie mit Sauerstoff gewinnt und damit mehr Ausdauer hat.

Man hat auch festgestellt, daß bei der Beanspruchung eines Muskels die Typ-I-Zellen zuerst aktiviert werden, danach Typ IIa und zuletzt Typ IIb. Bei kleineren Beanspruchungen werden also nur die Typ-I-Zellen trainiert.

Die Typ-IIa-Zellen vereinen die besten Eigenschaften der beiden anderen Zelltypen in sich, d.h. große Kraft und Ausdauer. Es ist äußerst wichtig, daß man diese Zusammenhänge kennt, wenn man für eine bestimmte Sportart trainiert. Man muß sich jedoch darüber im klaren sein, daß die Muskelzellen sich so langsam zusammenziehen, daß sie in sportlicher Hinsicht nicht zu Bewegungen beitragen. »Schnelle« Bewegungen beim Sport, wie z.B. Golfschlag oder Smash beim Tennis, sind im Vergleich zur Kontraktionsgeschwindigkeit der Typ-I-Zellen sehr langsame Bewegungen.

In den letzten Jahren wurden viele Studien durchgeführt, um in verschiedenen Muskeln die Zusammensetzung von langsamen und schnellen Muskelzellen zu untersuchen. Man hat auch versucht, die Veränderung verschiedener Zellen während unterschiedlicher Trainingsmethoden zu beschreiben. Man wollte feststellen, ob sich schnelle Zellen durch Training in langsame Zellen umwandeln können und umgekehrt.

Die Beantwortung solcher Fragen ist sehr schwierig. Es ist bekannt, daß die Faserzusammensetzung eines Muskels in unterschiedlichen Teilen des Muskels verschiedenartig aufgebaut ist. Dies bedeutet, daß eine Muskelbiopsie an einer bestimmten Stelle und in einer bestimmten Tiefe ein anderes Ergebnis erbringen kann als eine Muskelbiopsie an einer anderen Stelle im gleichen Muskel.

Bei einer Muskelbiopsie wird ein kleiner Teil des Muskels herausgeschnitten, um später mit verschiedenen chemischen Methoden analysiert zu werden. Es kann z.B. ermittelt werden, ob es sich um einen Muskel vom Typ I oder Typ II handelt. Eine Muskelbiopsie ist ein relativ großer Eingriff in den Muskel. Aus ethischen Gründen sollte ein Muskel deshalb nicht durch beliebige Mengen von Probeschnitten perforiert werden. Es ist außerdem schwierig festzustellen, ob eventuelle Veränderungen in der Faserzusammensetzung, z.B. nach langem, ausdauerndem Training, auf die Wirkung des Trainings zurückzuführen sind, oder vielleicht darauf, daß die Biopsieprobe etwas tiefer oder neben der vorigen Probe entnommen wurde.

Typ-I-Zellen werden von einer speziellen Art von Nervenzellen gesteuert, die kleiner ist, Typ-II-Zellen dagegen von einer anderen, größeren. Da Nervenzellen sich nicht verändern, kann nicht davon ausgegangen werden, daß eine langsame Zelle sich in eine schnelle Zelle verwandeln könnte. Es wird allerdings angenommen, daß Muskelzellen, die anfangs ohne Anspruch auf gute Sauerstoffversorgung arbeiten, nach sehr langem und ausdauerndem Training »lernen« können, mit Sauerstoff zu arbeiten. Sie haben dann Typ-I-Eigenschaften erworben. Dies hat zur Folge, daß die Milchsäureproduktion abnimmt und die Zellen dadurch länger ohne Erschöpfungstendenz arbeiten können. Es wird ebenfalls angenommen, daß umgekehrt Typ-I-Zellen nach langem Training befähigt werden können, bei der Energieproduktion mit einer geringeren Sauerstoffzufuhr auszukommen. Es ist festgestellt worden, daß von den verschiedenen Typ-II-Zellen die Typ-IIa-Zellen bei unterschiedlichen Trainingsarten am anpassungsfähigsten sind.

Noch interessanter ist die Frage, ob eine gewisse vererbte Zelltypusverteilung das Interesse für die Sportausübung steuert. Das untenstehende Dia-

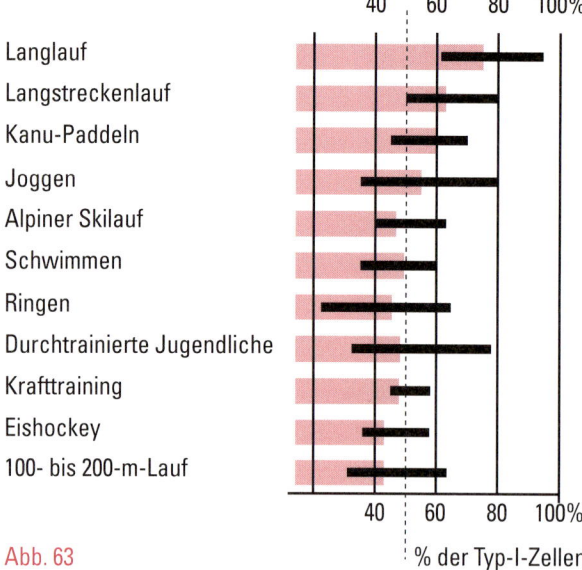

Abb. 63

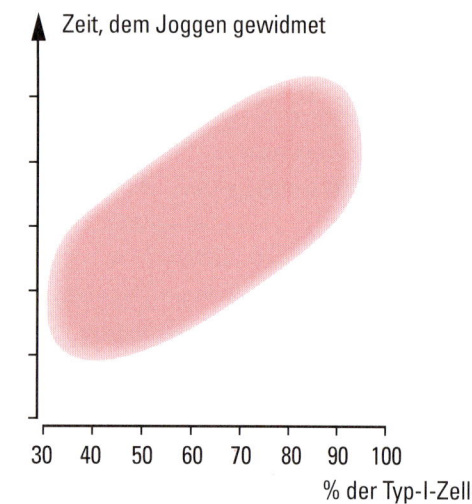

Abb. 64

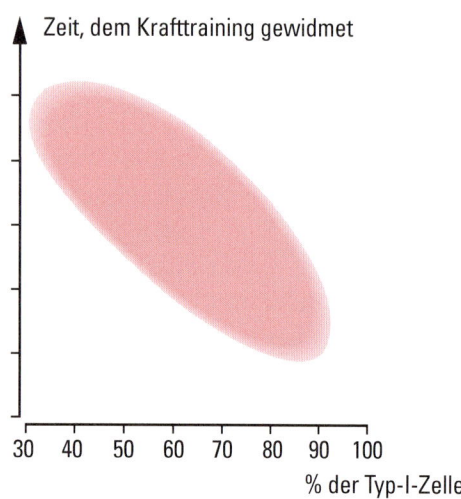

Abb. 65

gramm zeigt die Fasertypverteilung bei Hochleistungssportlern verschiedener Sportarten. Eine Überzahl an Typ-I-Zellen ist bei Sportarten mit hoher Ausdaueranforderung festzustellen (Abb. 63); weiterhin ist eine Überzahl an Typ-II-Zellen bei Sportarten mit hoher Kraft- oder Schnelligkeitsanforderung deutlich zu erkennen.

Es könnte sein, daß das Interesse für Konditionstraining außerhalb des Spitzenleistungssports vielleicht zum großen Teil von der Eignung der Muskeln für die jeweilige Aktivität gesteuert wird. Einige Untersuchungen weisen darauf hin, daß ein relativ deutlicher Zusammenhang zwischen einem hohen Prozentanteil an Typ-I-Zellen und dem Interesse fürs Joggen besteht (Abb. 64).

Ein anderer Zusammenhang stellte sich bei einer Untersuchung heraus, bei der die Aktivitäten von Personen in einem Fitneßstudio analysiert wurden, in dem hauptsächlich Krafttraining angeboten wurde. In diesen Räumen hielten sich Personen auf, die zum überwiegenden Grad Typ-II-Zellen besaßen (Abb. 65).

Es stellt sich die Frage, welchen Grund es hierfür gibt. Hat ein Ungleichgewicht in der Zellverteilung das Interesse für eine gewisse Trainingsart bedingt oder hat das Interesse für ein gewisses Training die Zellverteilung gesteuert? Gemäß dem obigen Gedankengang ist es naheliegend anzunehmen, daß vererbte Eigenschaften das Interesse an einer Sportart bedingen.

Unterschiedliche Arten von Training verändern die Fähigkeit der Muskelzellen Arbeit zu leisten. Es ist erwiesen, daß nach einer langen, ausdauernden Arbeit mit relativ niedriger Intensität Typ-I-Zellen u.a. mit folgenden Veränderungen reagieren:

1. Das Kapillarnetz im Muskel nimmt, vor allem im Bereich der Typ-I-Zellen, zu. Dadurch wird die Fähigkeit zur Zufuhr von sauerstoff- und energiespendenden Produkten an die arbeitenden Zellen erhöht.
2. Die Anzahl der Mitochondrien in der Zelle nimmt zu. Dadurch erhöht sich die Fähigkeit zur Energieproduktion im erforderlichen Maße. (Mitochondrien produzieren die für die Kontraktion der Zellen erforderliche chemische Substanz ATP.)
3. Die Anzahl von Wiederholungsübungen mit Kräften unterhalb des Maximalniveaus nimmt zu. (Die gleiche Bewegung kann mehrere Male

ohne Ermüdungserscheinungen ausgeführt werden.)

4. Die Größe der Zellen verändert sich nicht (oder nur sehr wenig), deshalb nimmt die Krafterzeugung der Zellen auch nicht zu. (Man wird nicht stärker.)

Ein Training mit hoher Belastung beeinflußt hauptsächlich die Typ-II-Zellen. Es handelt sich dabei hauptsächlich um folgende Veränderungen:

1. Die Zellgröße (Querschnitt) nimmt zu. (Es kann mehr Kraft erzeugt werden und man wird stärker.)

2. Die Fähigkeit der Zellen, ohne Sauerstoffzufuhr zu arbeiten, nimmt zu. (Man kann härter und länger arbeiten, ohne daß zu viel Milchsäure eine effektive Arbeit unterbindet.)

Demzufolge nimmt man an Stärke zu, wenn Muskelzellen höheren Belastungen ausgesetzt werden als gewöhnlich. Man ist der Auffassung, daß es zwei Ursachen für diese Kraftzunahme gibt. Erstens funktioniert das Zusammenspiel zwischen Nervenbahnen und Muskeln besser (man erlernt die Bewegung und benutzt dabei nicht nur die richtigen, sondern auch mehr motorische Einheiten). Zweitens nimmt die Kontraktionsfähigkeit aufgrund des größeren Muskelquerschnitts zu (Abb. 66).

Zusätzlich zu den oben erwähnten Veränderungen der Muskelzellen entwickeln auch Sehnen und Bindegewebsschichten die Fähigkeit, mit höheren Belastungen fertig zu werden. Muskelzellen wachsen jedoch schneller als Sehnen, weshalb ein zu schnelles Auftrainieren zu Beschwerden der Sehnen und ihrer Anbindung ans Knochengewebe führen kann. Schmerzen und Schwierigkeiten, Bewegungen voll auszuführen, sind deshalb Warnzeichen, die ernst genommen werden müssen. Ein weiteres Ergebnis eines richtig dosierten Trainings ist eine Densitätszunahme des Knochengerüstes. Das Skelett wird stabiler, was einen besseren Schutz gegen Osteoporose bewirkt.

Untenstehende Diagramme zeigen, wie Muskelgewebe, Sehnen und Knochen auf Zugkraft reagieren.

Den Kurven in Abbildung 67 ist zu entnehmen, daß das viskoelastische Muskelgewebe mit starker Verlängerung auf relativ geringe Zugkraft reagiert. Erst bei sehr großer Zugkraft fängt das Muskel-

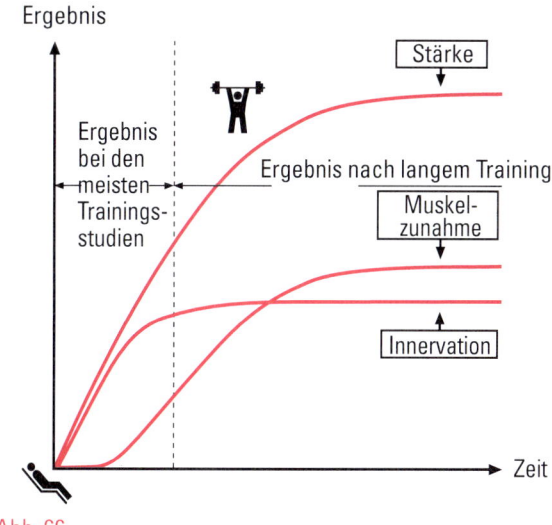

Abb. 66

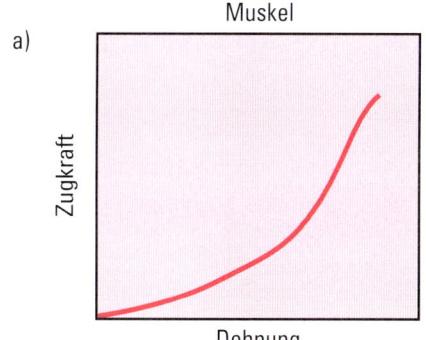

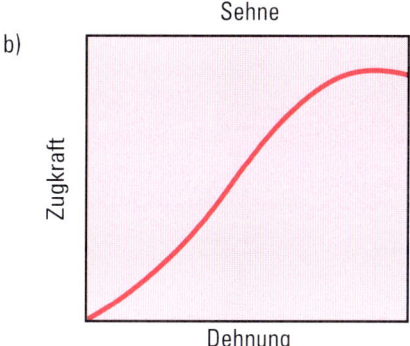

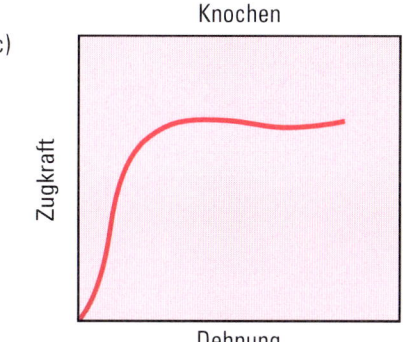

Abb. 67

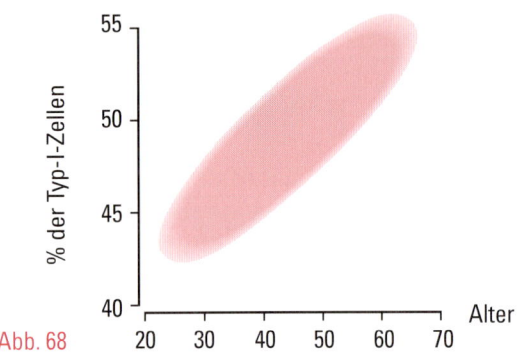

Abb. 68

gewebe an, stumpf zu werden. Sehnen sind widerstandsfähiger, und Knochen geben bei mäßiger Belastung nur ganz wenig nach.

Bei großer Zugkraft lassen sich jedoch sowohl Sehnen als auch Knochen intensiv dehnen, bevor es zu einem Bersten des Gewebes kommt. Man kann vermuten, daß es bei einer hohen Belastung des Systems eher zu einem Muskelriß kommt, als zu einem Sehnenriß oder einem Knochenbruch. Muskelrisse haben kürzere Heilungszeiten als Sehnenrisse oder Knochenbrüche und sind deshalb für den Körper eine »günstigere« Verletzung als abgerissene Sehnen oder gebrochene Knochen.

Neuerdings wurde festgestellt, daß eine Anpassung der Muskeln, Sehnen und des Skeletts an höhere Anforderungen durch regelmäßiges Training auch in sehr hohem Alter erreicht werden kann. Eine Gruppe im Durchschnittsalter von 90 Jahren trainierte ihre Beinstreckmuskulatur während acht Wochen. Die Kraft in der Gruppe nahm auf mehr als 170% zu. Wenn Muskeln gebraucht werden, verzögert sich also ihr »Altern«. Es sind die Muskelzellen vom Typ IIb, die in erster Linie aus Altersgründen inaktiv werden. Die Kurve in Abbildung 68 zeigt, wie sich die Zellverteilung in einem der Kniestreckermuskeln (M. vastus lateralis) mit steigendem Lebensalter verändert. Es ist der Kurve zu entnehmen, daß der Prozentanteil an Typ-I-Zellen ansteigt, was auf das Absterben von Typ-II-Zellen mit steigendem Alter zurückzuführen ist.

D Beweglichkeitstraining

1. Elastische Dehnungen und verschiedene Arten des Stretching

Damit die natürliche Beweglichkeit in den Gelenken erhalten und das Verletzungsrisiko beim Sport herabgesetzt wird, muß ein Trainingsprogramm immer passende und richtig ausgeführte Beweglichkeitsübungen enthalten. Ein Muskel, der nur kräftemäßig trainiert wird, verkürzt sich. Dadurch erhält er einen kürzeren Arbeitsweg, wodurch wiederum sein Vermögen, die erhöhten Kraftressourcen richtig auszunützen, herabgesetzt wird. Auf kraftbetonte Übungen für eine Muskelgruppe sollten daher immer Beweglichkeitsübungen (Dehnungsübungen) für die gleiche Muskelgruppe folgen. Bei den Dehnungsübungen muß man wiederum zwischen *elastischen Dehnungen* und dem sog. *Stretching* unterscheiden.

Elastische Dehnungen sind solche Übungen, bei denen man z.B. ein Bein oder einen Arm rhythmisch bis zu einer Endstellung pendelt. Dieses Pendeln hat nichts mit dem Stretching der Muskeln zu tun. *Elastische Dehnungen* sollen beim Aufwärmen und Aufweichen angewandt werden. Mit *Stretching* kann man hingegen eine Muskelgruppe auf eine besondere und schnelle Art verlängern und damit die Beweglichkeit der Gelenke vergrößern. Sowohl elastische Dehnungen als auch Stretchingübungen sollen also zur Förderung der allgemeinen Beweglichkeit angewandt werden. Nehmen wir z.B. an, daß wir die Beweglichkeit des Armes vergrößern wollen, damit wir ihn so weit wie möglich nach hinten führen können (Schwimmen, Werfen, Turnen).

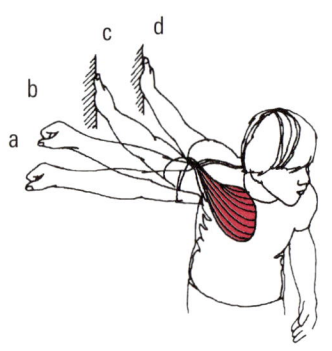

Abb. 69

a) Wenn man den Arm mit Schwung nach hinten führt, kommt man ungefähr bis zur Position a. Man hat zwar den Arm mit Hilfe der Muskeln an der Schulterrückseite in Schwung gebracht, er wird jedoch abgebremst, bevor er eine Endstellung erreicht hat (Abb. 69).

Das Abbremsen der Bewegung läßt sich dadurch erklären, daß die Muskelspindeln in den betroffenen Muskeln an der Vorderseite des Gelenkes Warnsignale an das ZNS senden. Das ZNS sendet daraufhin Kontraktionssignale an die Muskeln zurück, damit durch die Bewegung des Armes keine Zellen zerstört werden. Anstatt sich zu dehnen, werden die Muskeln an der Gelenkvorderseite dazu gezwungen, sich durch Kontraktion zu schützen. Diese Art von Dehnung baut zwar die exzentrische Kraft auf, fördert jedoch keineswegs die Geschmeidigkeit. Führt man die Dehnungen kraftvoll und in unaufgewärmtem Zustand durch, kann es zu kleineren Rissen kommen. *Leichte* Dehnungen eignen sich hingegen sehr gut zur Muskelaufwärmung.

b) Führt man den Arm langsam so weit wie möglich zurück, kommt man im allgemeinen weiter nach hinten als mit den oben beschriebenen Dehnungen. Wie weit die Bewegung dabei ausgeführt werden kann, hängt von der Geschmeidigkeit der Muskeln an der Gelenkvorderseite und von der Kraft der Muskeln, die an der Rückseite des Gelenkes ziehen, ab. Diese Methode nennt man *aktives Stretching*.

Man arbeitet aktiv mit den Antagonisten (den Muskeln auf der anderen Seite des Gelenkes) der Muskeln, die man dehnen möchte und versucht die Muskeln, die gedehnt werden sollen, dabei so gut wie möglich zu entspannen.

c) Unter *passivem Stretching* versteht man, daß man mit Hilfe von äußeren Kräften (also nicht mit den eigenen Muskeln an der Schulterrückseite) Muskeln dehnt, also z.B. den Arm noch weiter nach hinten drückt. Man kann z.B. dabei jemand anderen um Hilfe bitten. Man kann auch, indem man sich mit der Hand gegen eine Wand stützt, den Arm mit Hilfe der Beine nach hinten pressen. Mit passivem Stretching kann man Muskeln immer besser dehnen als mit aktivem.

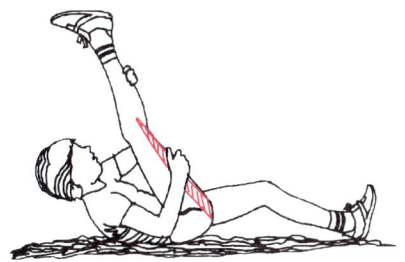

Abb. 70

d) Die beste Methode, eine Endstellung zu erreichen, ist, die Muskeln zuerst über das passive Stretching (c) so weit wie möglich zu dehnen (die Muskelgruppe, die gedehnt werden soll, muß dabei so entspannt wie möglich sein). Danach versucht man etwa sechs Sekunden lang die Muskelgruppe zu kontrahieren, während die äußeren Kräfte (Kamerad, Beine, Wand) verhindern, daß eine Bewegung im Gelenk stattfindet. Der Muskel wird also statisch angespannt, wodurch der Muskelbauch etwas verkürzt und die kollagenen Fasern in den Sehnen etwas gestreckt werden (Abb. 70).

Entspannt man sich danach wieder (2–4 s), kann man anschließend durch passives Stretching noch weiter kommen. Die Methode, durch Kontraktion das Vermögen zu erhöhen, den Muskel anschließend noch mehr zu dehnen, nennt man *PNF-Methode* (Proprioceptive neuromuscular facilitoring). Diese Methode wird von Krankengymnasten angewandt, wenn sie einem verletzten Muskel wieder zu seiner natürlichen Länge verhelfen wollen. Sie wird auch Kontraktions-Entspannungs-Dehnungs-Methode genannt. Durch die Kontraktion werden die Sehnenspindeln so beeinflußt, daß sie bei der nachfolgenden Entspannung hemmende Signale an die Muskeln senden. Man soll daher die Übung die ganze Zeit über in der Nähe der Endstellung ausführen und eventuelle Bewegungen so langsam wie möglich durchführen, damit die Muskelspindeln daran gehindert werden, Kontraktionssignale an den Muskel abzugeben.

Die Abbildung 71 a zeigt, was passiert, wenn man versucht einen Muskel, der kontrahiert ist, zu dehnen. Die äußere Kraft wirkt dabei nur auf die Muskelzellen und bewirkt keine Dehnung; es kann sogar zu winzigen Muskelrissen kommen.

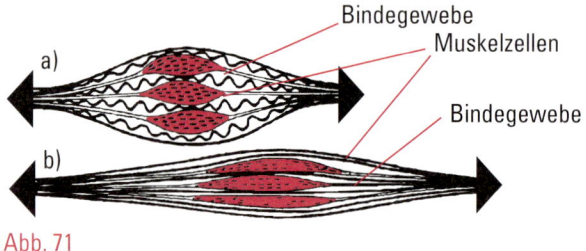

Bindegewebe
Muskelzellen
Bindegewebe

Abb. 71

Die Abbildung 71b zeigt, daß man bei einem entspannten Muskel an den im Muskel verlaufenden Bindegewebesträngen zieht. Das Bindegewebe ist bei schnellen Belastungen (Ruck, elastische Dehnungen) unbeweglich und hart, gibt jedoch bei langanhaltenden Belastungen (30 s lang mit entspanntem Muskel in der Endstellung verharren) nach.

2. Beispiele für das Beweglichkeitstraining

Die folgenden Beispiele sollen noch ausführlicher beschreiben, wie man eine Muskelgruppe wirkungsvoll dehnt, d.h. die Beweglichkeit in einem Gelenk erhöht.

Für fast alle Sportler ist es äußerst wichtig, daß sie im Hüftgelenk beweglich sind. Eine Muskelgruppe, die leicht verletzt wird und ein wirkungsvolles Bewegungsmuster verhindert, sind die sog. *Schenkelanzieher*. Sie haben ihren Ursprung im vorderen und unteren Teil des Schambeines und

setzen an der Rückseite des Oberschenkelknochens (Abb. 72) an. Setzt man sich in den Schneidersitz, mit den aneinandergelegten Fußsohlen so nahe wie möglich am Körper, hängt es ausschließlich von der Länge der Schenkelanzieher (Adduktoren) ab, wie weit man die Knie auf den Boden drücken kann (Abb. 73).

Im Schneidersitz mit den Knien auf- und abzuwippen, entspricht der Methode a) (s. S. 29). Die Knie mit Hilfe der Muskeln an der Außenseite der Hüfte (Abduktoren, s. S. 48 u. 49) nach unten zu ziehen, entspricht b), d.h. dem aktiven Stretching der Schenkelanzieher. Die Knie mit Hilfe der Hände nach unten zu drücken, entspricht der Methode c), d.h. dem passiven Stretching der Schenkelanzieher. Mit den Händen zu drücken, mit den Knien etwa sechs Sekunden dagegenzupressen, die Muskeln zu entspannen und anschließend mit den Händen wieder etwa zehn Sekunden lang bei entspannten Schenkelanziehern zu drücken, ist die wirksamste, d.h. die PNF-Methode (d) (s. S. 31).

Den *geraden Schenkelmuskel* (M. rectus femoris, s. S. 57) streckt man gemäß der PNF-Methode auf die folgende Art: Nehmen Sie den Fuß in die Hand, beugen Sie das Knie so stark wie möglich, und versuchen Sie, sich in der Hüfte so aufrecht wie möglich zu halten. Versuchen Sie dann, das Kniegelenk zu strecken, aber drücken Sie mit der Hand dagegen (6 s), der Schenkelmuskel wird dadurch statisch kontrahiert (Abb. 74).

Entspannen Sie die Muskeln anschließend (2 s). Drücken Sie dann die Hüfte langsam nach vorn und

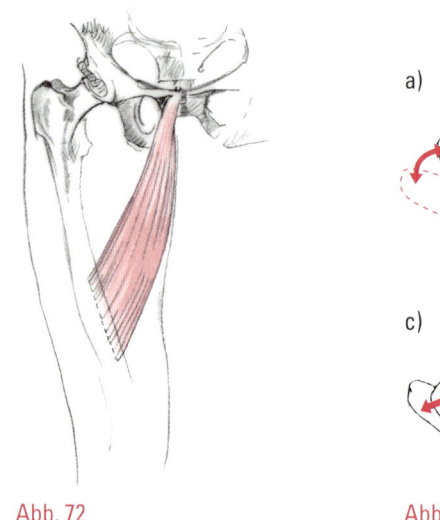

Abb. 72

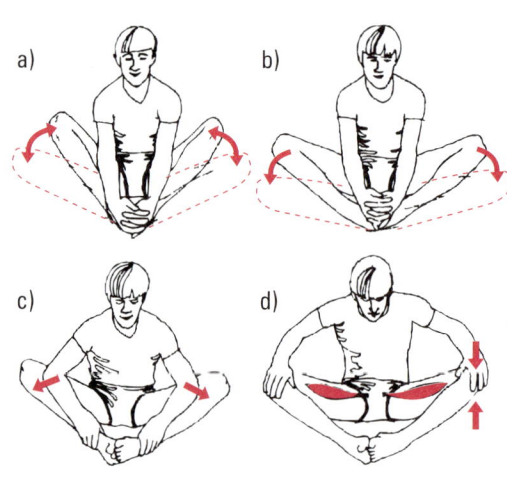

a)   b)

c)   d)

Abb. 73

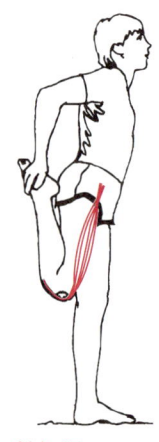

Abb. 74

bleiben Sie zehn Sekunden in dieser Stellung. Wiederholen Sie diese Übung ein paarmal. Es hat sich erwiesen, daß z. B. beim Fußball die Zahl der Muskelverletzungen bedeutend gesenkt werden kann, wenn man regelmäßig Beweglichkeitsübungen in das normale Trainingsprogramm miteinbezieht. Eine gemäß der PNF-Methode richtig ausgeführte Dehnungsübung dauert etwa 20 s. Ein Ballspieler muß bei jedem Trainingsdurchgang fünf verschiedene Muskelgruppen ungefähr dreimal durcharbeiten, um einen guten Trainingseffekt zu erzielen. 20 s × 5 × 3 = 300 s. Das macht also pro Training nicht mehr als fünf Minuten aus. Viele Trainer glauben, daß sie für Beweglichkeitsübungen keine Zeit haben. Weiß man jedoch, wie man diese Übungen macht und welchen Nutzen sie haben, können solche Zweifel mit Sicherheit ausgeräumt werden. Die Voraussetzung dafür ist, daß der Trainer sich Wissen über Ursprung, Ansatzpunkt und Funktion der Muskeln aneignet. Die entsprechenden Stellungen für das Stretching werden nach jeder anatomischen Beschreibung eines Körperteiles in Abbildungen dargestellt (z. B. Hüfte, s. S. 54 u. 55).

E Krafttraining

Man unterscheidet verschiedene Arten der Kraft (Abb. 75):

Die dynamische Kraft unterteilt man außerdem in konzentrische bzw. exzentrische Kraft (s. S. 22).

Die meisten Zellarten im Körper haben die Fähigkeit, sich zu vermehren. Dies gilt allerdings nicht für die quergestreiften Muskelzellen. Ihre Anzahl ist größtenteils erblich bedingt. Beim Kraft-

training erhöht man also nicht die Zahl der Muskelzellen, sondern die Zahl der Myosin- und Actinfilamente, die für die Kontraktionsfähigkeit des Muskels verantwortlich sind. Man vermutet jedoch, daß eine gewisse Zellteilung möglich ist. Die Muskelzellen folgen, wie die meisten Zellen im Körper, dem Überkompensationsprinzip. Dies bedeutet, daß Teile der belasteten Strukturen beim Training abgebaut werden, woraufhin der Körper neues Material, das mengenmäßig das abgebaute etwas übersteigt, aufbaut. Möchte man also rationell trainieren, muß man den nächsten Trainingsdurchgang dann beginnen, wenn die Überkompensation ihren Höhepunkt erreicht hat (Abb. 76).

Zu kurz aufeinanderfolgende Trainingsdurchgänge oder zu hartes Training ohne besonders lange Ruhepausen führen dazu, daß der Wiederaufbau der verbrauchten Strukturen niemals das frühere Niveau erreicht. Auf diese Weise baut man den Körper langsam ab, man ist »übertrainiert«.

Der Körper braucht im allgemeinen 24–48 Stunden, um sich zu erholen (nach extrem hartem Training etwa 72 Stunden). Man muß also dreimal wöchentlich relativ hart trainieren, um die Körperkraft schnell zu steigern.

Ein nennenswerter Kraftrückgang tritt erst nach fünf bis sechs Tagen ohne Training ein. Ungefähr ein Trainingsdurchgang pro Woche dürfte also reichen, um die vorhandene körperliche Kraft aufrechtzuerhalten.

Wie bereits erwähnt, sollten Jugendliche vor und während der Pubertät beim Krafttraining nur ihren eigenen Körper als Belastung verwenden. Da es für 11- bis 13jährige Kinder schwer ist, komplizierte Übungen durchzuführen, sollten Übungen, die Anforderungen an das Koordinationsvermögen stellen, in dieser Altersgruppe vermieden werden. Ein Training mit leichten Gewichten kann durchgeführt werden, damit sich die Jugendlichen an

● Statische maximale Kraft
● Statische Ausdauerkraft

● Dynamische maximale Kraft
● Dynamische Ausdauerkraft

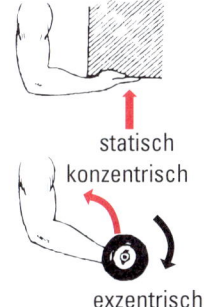

statisch
konzentrisch

exzentrisch

Abb. 75

Abb. 76

die Geräte gewöhnen und die richtige Trainings-
technik einüben. Wie bereits im Zusammenhang
mit den motorischen Einheiten erwähnt (s. S. 26),
erhöht man die Kraft durch starke Belastung (alle
motorischen Einheiten müssen aktiviert werden).
Der Richtwert liegt normalerweise bei 80–90%
dessen, was man maximal leisten kann. Man ver-
bessert dabei das Vermögen, dynamisch maximale
Arbeit zu leisten. Möchte man die dynamische
Ausdauerkraft erhöhen, muß man mit Belastungen
arbeiten, die 25–50% der maximalen Leistung entsprechen. Das Ausdauertraining hat zur Folge, daß
sowohl die maximale Kraft als auch die Schnelligkeit der betroffenen Muskelgruppe beeinflußt wird.
Die Schnelligkeit wird bei Belastungen zwischen
50 und 80% der maximalen Leistung trainiert
(Abb. 80).

Nach ihrer Farbe (weiß und rot) unterscheidet
man zwei Hauptarten von Muskelzellen (s. S. 26).
Ihre Bezeichnung haben sie nach den Farben, die
sie bei der Spezialpräparierung für mikroskopische
Untersuchungen annehmen. Die weißen Muskelzellen werden auch schnelle Zellen (Typ II) genannt,
die roten langsame (Typ I).

Die weißen Muskelzellen enthalten viel Actin-
und Myosinfilamente (s. S. 13). Die roten Zellen
sind zwar aus relativ wenigen Actin- und Myosinfilamenten aufgebaut, dafür enthalten sie umso
mehr von jenen Komponenten, die den Muskel mit
Energie versorgen.

Der unterschiedliche Aufbau der Zellen bewirkt,
daß eine weiße Muskelzelle zwar stark und schnell
ist, aber leicht ermüdet. Eine rote Zelle zeichnet
sich dagegen vor allem durch Ausdauer aus. Jeder
Muskel im Körper enthält sowohl rote als auch
weiße Fasern. Die Zusammensetzung ist erblich
bedingt, kann aber durch besonderes Training teilweise »verändert« werden. Die verschiedenen
Sportarten erfordern unterschiedliche Arten der
Kraft, worauf man bei der Wahl der Übungen achten muß. Gewichtheber z.B. benötigen eine starke
und schnelle Muskulatur. Ihr Training darf daher
nur äußerst wenige dynamische Ausdauerübungen
enthalten. Reines Konditionstraining setzt sowohl
die Stärke als auch die Schnelligkeit der trainierten
Muskeln erheblich herab.

Beim Krafttraining verwendet man die Begriffe
Set und Rep (engl. set = Satz, repetition = Wieder-
holung). Ein Set besteht aus einer Übung, die mehrere Male hintereinander ausgeführt wird. Es kann
z.B. aus sechs aufeinanderfolgenden Reps bestehen. (Wissenschaftliche Untersuchungen haben gezeigt, daß genau sechs Wiederholungen zum
schnellsten Kraftzuwachs führen.)

Mehrere Reps bei geringer Belastung fördern
die Ausdauer. Wenige Reps bei hoher Belastung
trainieren die maximale Kraft.

Bei einer Übung, die den großen Brustmuskel
(s. S. 89) stärken soll, muß man also ein Gewicht
wählen, das man mit leicht gebeugten Armen
(damit das Ellenbogengelenk nicht zu sehr beansprucht wird) sechsmal heben und senken kann.
Danach ruht man zwei bis drei Minuten aus. Während der Ruhepause kann man eine ähnliche Übung
für eine ganz andere Muskelgruppe, z.B. die Kniestrecker, durchführen. Die Übung für den Brustmuskel wird im Anschluß daran wiederholt, d.h.
das zweite Set mit wiederum sechs Reps. Werden in
einer Übungsanweisung fünf Sets und sechs Reps
vorgeschrieben, bedeutet dies insgesamt 30mal
heben mit fünf zwei- bis dreiminütigen Pausen
zwischen den Sets.

Man kann die Belastung bei dieser Übung vari-
ieren, und zwar abhängig davon, wie stark man
die Arme beugt (siehe Beschreibung des Hebel-
gesetzes im Abschnitt Mechanische Grundregeln,
S. 36). Daß ein Muskel exzentrisch stärker ist als
konzentrisch, merkt man daran, daß es leichter ist,
das Gewicht zu senken als es langsam zu heben.
Will man also die exzentrische Kraft erhöhen, muß
man die Gewichte mit fast geraden Armen senken
und mit gebeugten Armen heben (Abb. 77).

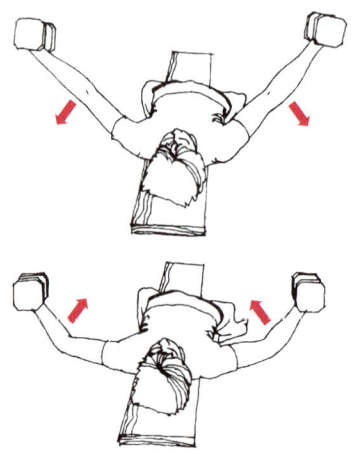

Abb. 77

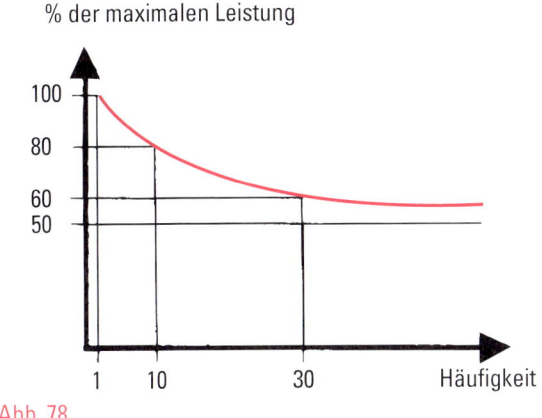

Abb. 78

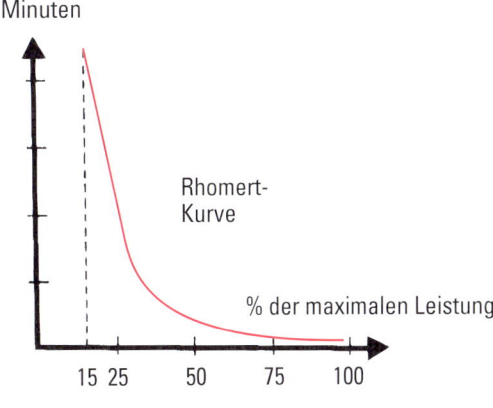

Abb. 79

Es gibt eine experimentell ermittelte Kurve (Abb. 78), aus der ersichtlich wird, wie oft man eine Bewegung ungefähr durchführen kann. Man muß dabei eine Belastung wählen, die um einen gewissen Prozentsatz unter der maximalen Leistung liegt.

Eine weitere Kurve (die Rhomert-Kurve, Abb. 79) zeigt, wie lange man eine isometrische Kontraktion durchführen kann, wenn diese die isometrisch maximale Leistung um einen bestimmten Prozentsatz unterschreitet.

Das sog. Pyramidentraining ist eine Trainingsmethode, die die Muskelkraft schnell aufbaut. Man erhöht dabei die Belastung in jedem Set und vermindert gleichzeitig die Zahl der Reps, so daß das letzte Set aus nur einer maximalen Leistung besteht (s. a. Abb. 80).

Set 1: 6 Reps mit 70% der maximalen Leistung,
Set 2: 5 Reps mit 70% der maximalen Leistung,
Set 3: 4 Reps mit 75% der maximalen Leistung,
Set 4: 3 Reps mit 85% der maximalen Leistung,
Set 5: 2 Reps mit 90% der maximalen Leistung,
Set 6: 1 Rep mit 95–100% der maximalen Leistung.

Es sollte darauf hingewiesen werden, daß sich die Muskelkraft schneller erhöht als die Kraft bei Sehnen, Gelenkbändern und Knorpeln. Ein zu hartes Training kann daher Verletzungen in den Muskelansatzpunkten und in den Gelenken hervorrufen.

Abb. 80 Belastung und Häufigkeit der Übungen, um verschiedene Arten von Kraft zu trainieren. Einzelne Kraftübungen werden im Anschluß an jeden Abschnitt beschrieben, der die Anatomie eines Körperteiles behandelt (z. B. Kniegelenk, S. 55).

	Ausdauer	Schnelligkeit	Maximale Kraft
% der max. Leistung	25–50 %	50–80 %	80–100 %
Zahl der Reps	mehr als 40	etwa 10	1–6
Zahl der Sets	5	4	3

2 Grundregeln der Mechanik

A Drehmoment und Stärkeprofil

Damit man den Aufbau des Skelettes und die Wirkungsweise der Muskeln auf die verschiedenen Körperteile verstehen kann, muß man gewisse Eigenschaften der Kräfte kennen und wissen, was mit dem Begriff Drehmoment gemeint ist.

Eine Kraft wird mit einem Pfeil, der ihre Größe und Richtung angibt, dargestellt und mit dem Buchstaben F (engl. force) bezeichnet (Abb. 81).

Wenn ein Körper 5 Kilogramm (5 kg) wiegt, beträgt die Anziehungskraft der Erde auf den Körper 50 Newton (50 N) (Abb. 82).

Wenn eine Kraft aus einem gewissen Abstand *(l)* auf einen Punkt einwirkt, übt sie im Hinblick auf den Punkt ein gewisses Drehmoment aus. Das Drehmoment wird mit dem Buchstaben M bezeichnet und folgendermaßen berechnet: die Größe der Kraft (F) wird mit der Länge des Hebels *(l)* multipliziert, $M = F \times l$. Das Drehmoment ist somit das Produkt aus einer Kraft und der senkrechten Entfernung zu seiner Achse (Abb. 83).

Die Größe des Drehmomentes gibt an, wie sehr ein Gegenstand danach strebt, gedreht zu werden. Das Drehmoment ist also ein Produkt aus zwei Faktoren, das in seiner Größe bei gleicher Kraft von der Hebellänge abhängt. Das bedeutet, daß die gleiche Kraft einen Körper mehr oder weniger drehen kann, abhängig davon, wo sie angebracht ist.

■ **Beispiel 1.** Durch ein und dieselbe Kraft entsteht ein bestimmtes Drehmoment, ein größeres in **Beispiel 2** und das größte in **Beispiel 3**. Nehmen wir an, daß die Kraft in den Beispielen 50 N beträgt und daß $l_1 = 0{,}20$ m, $l_2 = 0{,}30$ m und $l_3 = 0{,}50$ m ist. Das Drehmoment beträgt dann gemäß $M = F \times l$: $M_1 = 10$ Nm, $M_2 = 15$ Nm, $M_3 = 25$ Nm (Abb. 84).

Die Zahlen 10, 15 und 25 geben an, wieviel der Griff des Schraubenschlüssels »sich drehen möchte«. Das Drehmoment 25 Nm kann auf vielerlei Art zustande kommen.

■ **Beispiel 4.** Eine Alternative zu Beispiel 3 ist, daß man mit 100 N in einem Abstand von 0,25 m zur Drehachse am Griff zieht. $M_4 = 100$ N $\times$ 0,25 Nm = 25 Nm (Abb. 85).

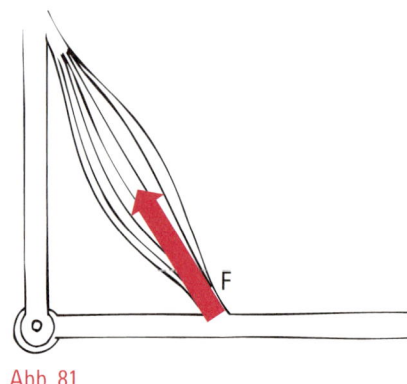

Abb. 81

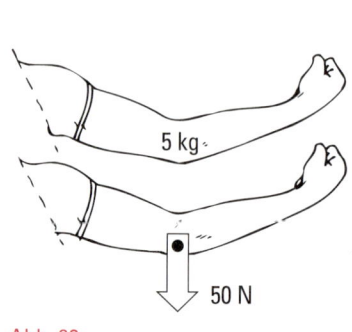

Abb. 82

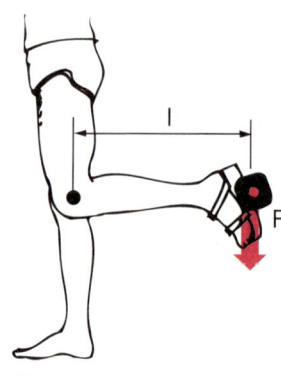

Abb. 83

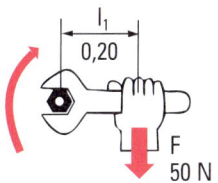

$M_1 = 50\,N \times 0{,}20\,m = 10\,Nm$

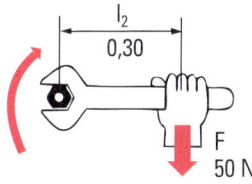

$M_2 = 50\,N \times 0{,}30\,m = 15\,Nm$

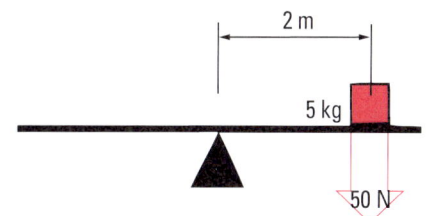

Abb. 86

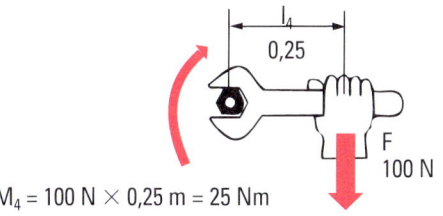

$M_3 = 50\,N \times 0{,}50\,m = 25\,Nm$

Abb. 84

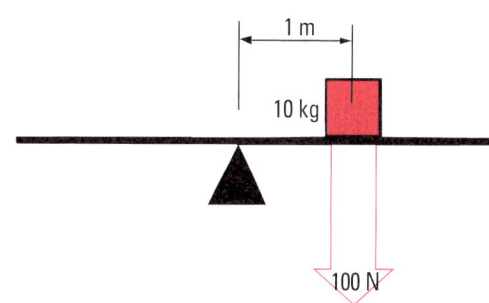

Abb. 87

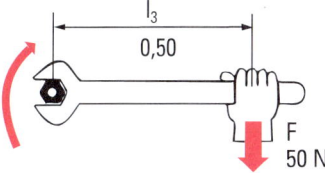

$M_4 = 100\,N \times 0{,}25\,m = 25\,Nm$

Abb. 85

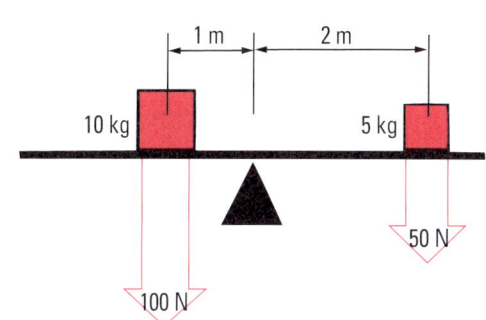

Abb. 88

■ **Beispiel 5.** Legt man ein 5-kg-Gewicht 2 m von der Mitte entfernt auf eine Wippe, ergibt dies $M_5 = 50\,N \times 2\,m = 100\,Nm$ (Abb. 86).

■ **Beispiel 6.** Das Drehmoment 100 Nm kann auch dadurch entstehen, daß man ein 10-kg-Gewicht 1 m von der Mitte entfernt auf die Wippe legt. $M_6 = 100\,N \times 1\,m = 100\,Nm$ (Abb. 87).

■ **Beispiel 7.** Legt man die beiden Gewichte gleichzeitig auf je eine Seite der Wippe, entsteht ein Gleichgewicht, d.h. die beiden Drehmomente gleichen sich gegenseitig aus (Wippbrettprinzip). $100 \times 1 = 50 \times 2$ (Abb. 88).

Die Muskeln beeinflussen die verschiedenen Körperteile auf ähnliche Weise (Abb. 89).

■ **Beispiel 8.** F_m = Muskelkraft, l_m = Länge des Hebelarmes des Muskels, F = Schwerkraft des Balles, l = Abstand des Balles vom Zentrum des Gelenkes.

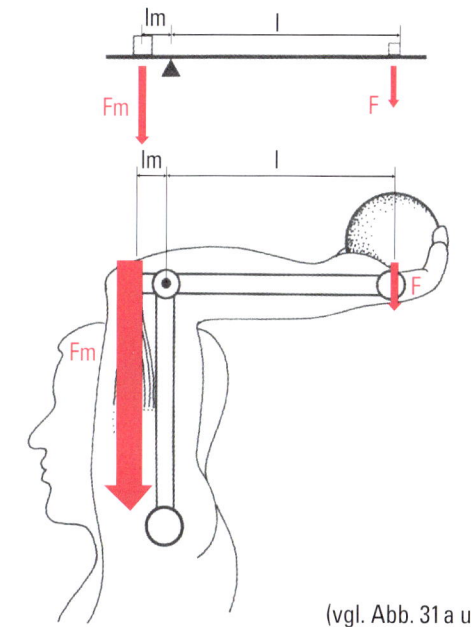

Abb. 89

(vgl. Abb. 31 a u. b)

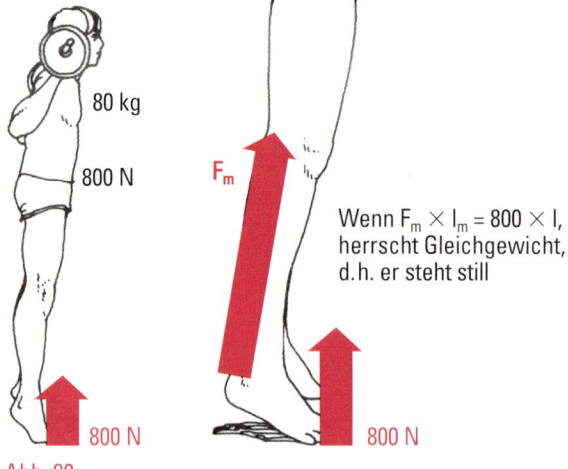

80 kg

800 N

F_m

Wenn $F_m \times l_m = 800 \times l$, herrscht Gleichgewicht, d.h. er steht still

800 N

800 N

Abb. 90

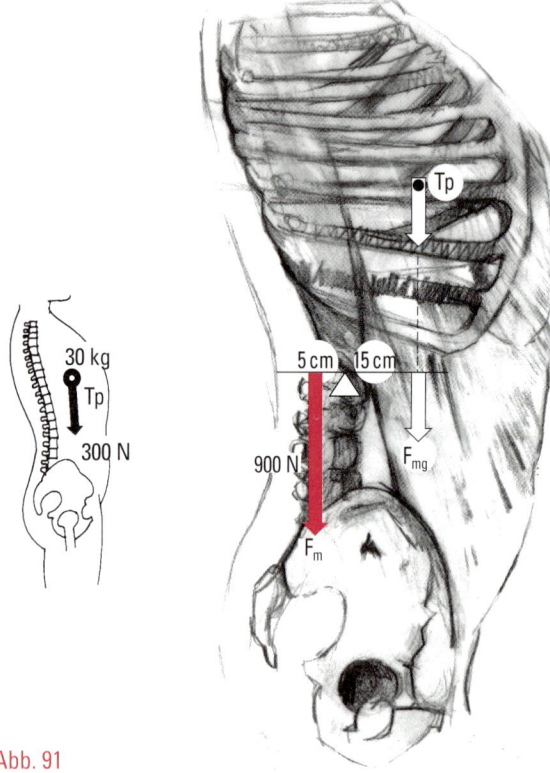

30 kg
Tp

300 N

5 cm   15 cm

900 N

F_{mg}

F_m

Tp

Abb. 91

Man kann das Ellenbogengelenk mit einer Wippe vergleichen, bei der die äußere Kraft (F) auf die eine Seite und die innere Kraft (F_m) auf die andere Seite wirkt. Der Arm wird stillgehalten ($F_m \times l_m = F \times l$).

■ **Beispiel 9.** Gleichgewicht besteht, wenn $F_m \times l_m = F \times l$. Ist $F_m \times l_m$ größer, bewegt man sich nach oben (man stellt sich noch mehr auf die Spitzen). Ist $F_m \times l_m$ kleiner, kann man nicht länger auf

den Spitzen stehen, und man sinkt nach unten. Die Zahlen beziehen sich auf einen Menschen der 80 kg wiegt (Abb. 90).

■ **Beispiel 10.** Das Gewicht des Oberkörpers (30 kg) wird von der Zugkraft der Rückenmuskeln ausgeglichen. Liegt das Gewicht des Oberkörpers dreimal so weit vor den Wirbelkörpern, muß die Zugkraft der Rückenmuskeln dreimal so groß sein wie das Gewicht des Oberkörpers (Abb. 91).

Ganz allgemein gilt, daß sich die Körperteile in die Richtung bewegen, in der das Drehmoment am größten ist.

■ Die **Beispiele 11–13** zeigen Gelenke, bei denen Belastung und Muskel auf der gleichen Seite des Gelenkes liegen, jedoch in unterschiedliche Richtungen wirken (Abb. 92–94). Für alle drei Abbildungen gilt $F_m \times l_m = F_{mg} \times l$.

■ **Beispiel 14.** Auf den Unterarm (1 kg) wirkt die Schwerkraft mit 10 N ein. Wenn der Schwerpunkt 20 cm vom Gelenk entfernt liegt, ist das Drehmoment 10 N $\times$ 20 cm. Wenn der »Muskel«, der den Arm im Ellenbogen beugt, 5 cm vom Gelenk entfernt ansetzt, muß $F_m \times 5 = 10 \times 20$ Nm sein, damit man den Arm stillhalten kann (Abb. 95).

Die Abbildungen zeigen verschiedene Arten von Gelenken und wie der Körper die Aufgabe bewältigt, Bewegungen zu verhindern (bzw. durchzuführen).

■ **Beispiel 15.** Wenn zwei Personen A und B verschiedene Ansatzpunkte für den wichtigsten Beugemuskel des Armes haben, besitzen sie auch unterschiedliche Voraussetzungen für Kraft und Schnelligkeit (Abb. 96).

Nehmen wir an, daß der Muskel bei A so ansetzt, daß sein Hebel bei einem 90°-Winkel im Ellenbogen 4 cm lang ist.

Der Ansatzpunkt des Muskels bei B ist etwas weiter vom Ellenbogen entfernt, so daß der rechtwinklige Abstand zur Kraftrichtung des Muskels bei einem 90°-Winkel im Ellenbogen 6 cm beträgt.

Wenn die Kraft F_m bei beiden Personen gleich groß ist, ist das Drehmoment bei B um 50% größer als bei A. B ist also stärker als A (Abb. 97).

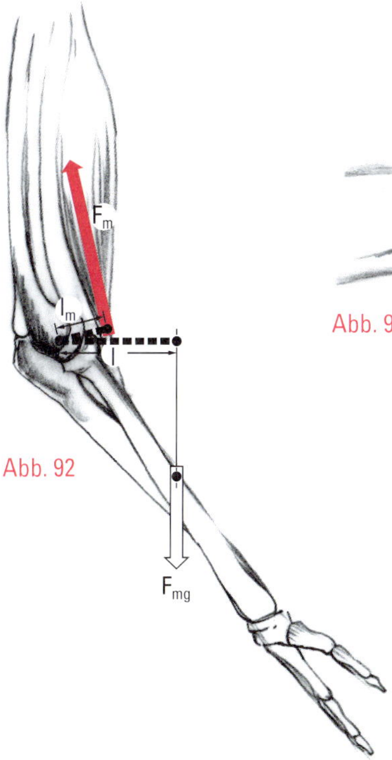

F_m

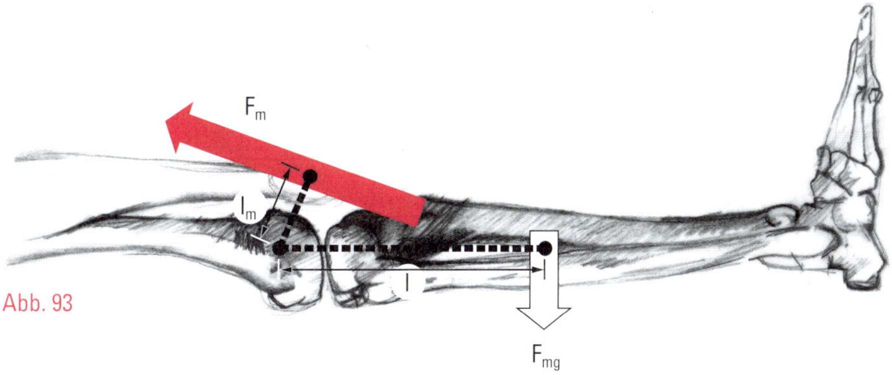

Abb. 93

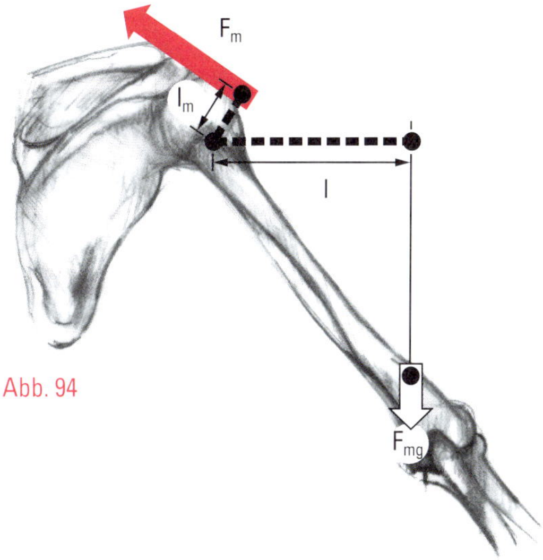

I_m

I

F_{mg}

F_m

I_m

Abb. 92

F_{mg}

F_m

I_m

I

Abb. 94

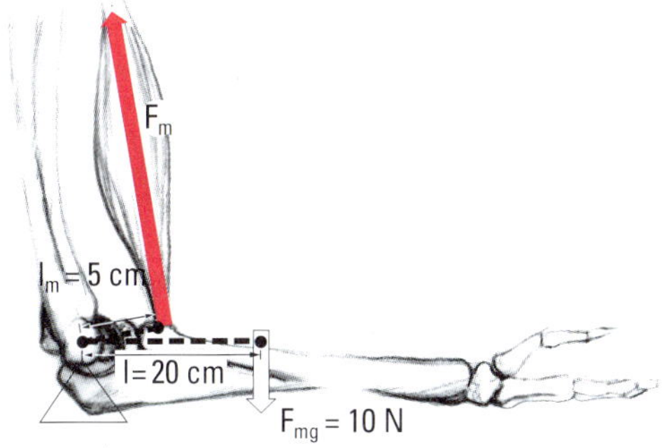

F_{mg}

F_m

$I_m = 5$ cm

$I = 20$ cm

$F_{mg} = 10$ N

Abb. 95

a)

F_m

I_m

$I_m = 4$ cm

b)

F_m

I_m

$I_m = 6$ cm

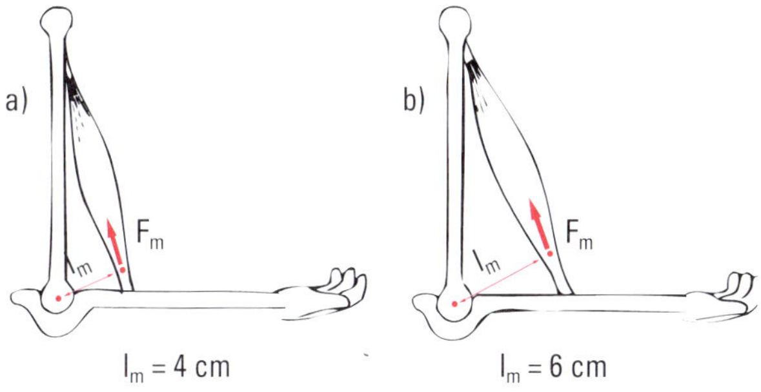

Abb. 96

Wenn sich der Muskel bei beiden Personen um 3 cm verkürzt, bewegt sich der Unterarm bei A innerhalb eines größeren Winkels als bei B. A ist also schneller als B.

Die Fähigkeit des Muskels zur Kraftentwicklung (F_m) kann sehr stark durch Krafttraining beeinflußt werden. Die Lage der Ansatzpunkte der Muskeln ist jedoch angeboren und ändert sich nicht. Jeder

Abb. 97

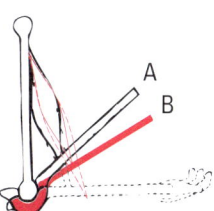

A

B

Mensch ist also für gewisse Aktivitäten mehr und für andere weniger geeignet, zumindest was absolute Spitzenleistungen betrifft.

Die Kräfte, die an Sehnen und Bändern angreifen, sind passive Kräfte (Abb. 98). Dies bedeutet, daß sie durch äußere Kräfte (Abb. 99) oder durch Muskelkräfte (Abb. 100) hervorgerufen werden. Wenn man einen kleinen Teil einer Sehne unter Krafteinwirkung betrachtet, sieht man, daß sie ein Stück weit gedehnt wird. Man kann einen Kraftpfeil in die eine oder in die andere Richtung zeichnen, je nachdem, ob man hervorheben möchte, daß der Muskel zieht oder daß der Ansatzpunkt im Knochen dagegenwirkt (Abb. 98).

Nehmen wir an, daß man mit leicht gebeugtem Knie steht und daß einer der Kniestrecker mit einer Kraft von 1000 N gespannt ist (Abb. 101). Auf den Ursprung wirkt dabei die nach unten gegen das Knie gerichtete Kraft 1000 N (a). Die Kniescheibe wird gleichzeitig von der Kraft 1000 N (c) nach oben in Richtung Oberschenkel gezogen. Ein Bindegewebsstrang irgendwo im Innern des Muskels wird mit der Kraft 1000 N (b) gedehnt. Auch die Spannung in der Sehne zwischen Kniescheibe und Schienbein beträgt 1000 N. Die Kraft, die auf die Kniescheibenspitze, den Ansatzpunkt der Sehne und einen Punkt der Sehne wirkt, beträgt, wie aus Abbildung 102 zu ersehen ist, ebenfalls 1000 N. Die o.a. Erklärungen, wie man Kräfte darstellen und Muskelkräfte mit Hilfe des Wippbrettprinzipes berechnen kann, kommen im Kapitel 3, in dem der Körperbau beschrieben wird, zur Anwendung.

Vor einer detaillierten Beschreibung der verschiedenen Muskeln und Gelenke des Körpers, werden wir zunächst zeigen, wie man mit Hilfe des Drehmomentbegriffes besser verstehen kann, was beim Krafttraining eigentlich passiert. Als Beispiele werden wir einige der gewöhnlichsten Muskeln und die am häufigsten vorkommenden Krafttrainingsapparate verwenden.

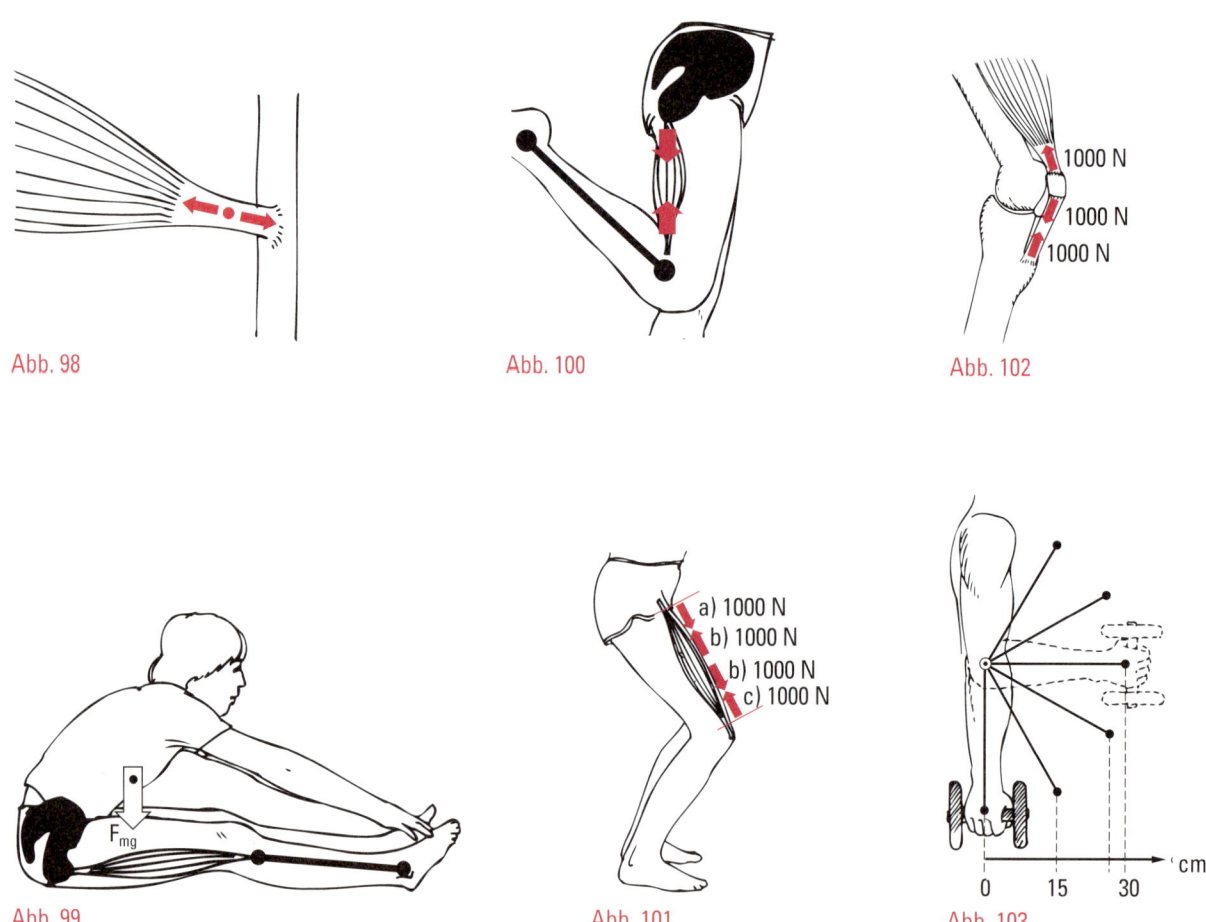

Abb. 98

Abb. 100

1000 N
1000 N
1000 N

Abb. 102

F_{mg}

Abb. 99

a) 1000 N
b) 1000 N
b) 1000 N
c) 1000 N

Abb. 101

0   15   30   cm

Abb. 103

Beim »Bizeps curl«, d.h. beim Heben einer Hantel gemäß Abbildung 103, wird das Ellenbogengelenk einer äußeren Belastung ausgesetzt, die dem Produkt aus Hantelgewicht und rechtwinkliger Entfernung zwischen Gelenk und Drehachse entspricht.

Während dieser Bewegung vergrößert sich der Abstand von 0 auf maximal 30 cm, wenn der Unterarm die waagerechte Ebene passiert. Der Abstand reduziert sich dann wieder auf 0 cm, wenn sich die Hantel senkrecht über dem Ellenbogengelenk befindet.

Dies kann in einem Diagramm dargestellt werden, in dem die Mindestbelastung beschrieben wird, die der Armbeugemuskel aufbringen muß, um mit ruhigem Tempo die Bewegung ausführen zu können. Solch eine Kurve wird Belastungskurve oder äußeres Drehmoment genannt (Abb. 104).

Wenn die maximale Leistungsfähigkeit des Armbeugemuskel in unterschiedlichen Bereichen der Bewegungsbahn gemessen wird, erhält man eine Kurve, die Stärkeprofil oder Kraftprofil des Muskels genannt wird.

Für die Beugemuskulatur im Ellenbogengelenk kann das Kraftprofil z.B. mit Hilfe eines Zugapparates bestimmt werden. In jeder gewünschten Meßposition wird der gesamte Unterarm als Hebel benutzt und die maximale Kraft, die die jeweilige Person entwickeln kann, wird mit Hilfe des Apparates gemessen. Das Produkt aus Kraft und Länge des Unterarmes stellt dann das maximale Drehmoment dar.

Der Wert wird für jede neue Meßposition unterschiedlich ausfallen. Dies für einzelne, statische Meßpositionen durchzuführen, ist recht einfach. Man braucht dazu nur einen guten Dynamometer (Abb. 105). Komplizierter ist es, die gleiche Bestimmung zu machen, wenn der Muskel mit einer gewissen Geschwindigkeit kontrahiert wird. Dies kann mit Hilfe eines Cybex-Stuhls durchgeführt werden (Beschreibung s. S. 19).

Das Stärkeprofil für die Beugemuskulatur im Ellenbogengelenk gleicht bei statischen Positionen oder langsamen Bewegungen in etwa der Darstellung in Abbildung 104.

Eine Krafttrainingsübung ist dann gut, wenn die Belastungskurve mit dem Stärkeprofil der belasteten Muskeln einigermaßen übereinstimmt. Wenn es möglich ist, eine Hantel mit der Bizepsmuskulatur zu heben, stimmen diese überein.

Wird das Gewicht der Hantel so angepaßt, daß die Belastungskurve vorwiegend etwas unterhalb der Stärkeprofilkurve zu liegen kommt, dann markiert die Fläche zwischen den beiden Kurven die Reservekraft, die zu jedem Zeitpunkt der Bewegung noch zur Verfügung steht. Häufig wird die Meinung vertreten, daß ein Muskel bei sechs bis acht Wiederholungsübungen mit 80% seiner Höchstleistung belastet werden soll. Stimmen die Kurven miteinander überein, wird die Übung in allen Teilen der Bewegung effektiv. Stimmen sie nicht miteinander überein, wird die Übung ineffektiv und schwierig durchzuführen. Das Ergebnis des Trainings wird meist von geringem Erfolg sein und des öfteren zu Verletzungen führen.

Ein Gerät wie in Abbildung 106 a dargestellt bewirkt ein äußeres Drehmoment, wie es in der Kurve rechts zu sehen ist.

Drehmoment in % bei Beugung des Ellenbogens

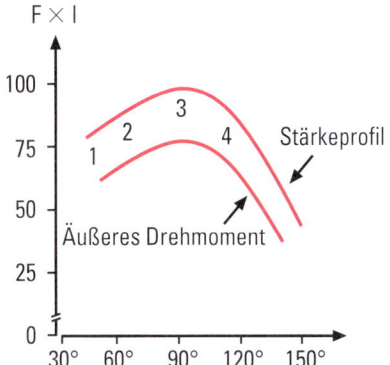

Abb. 104

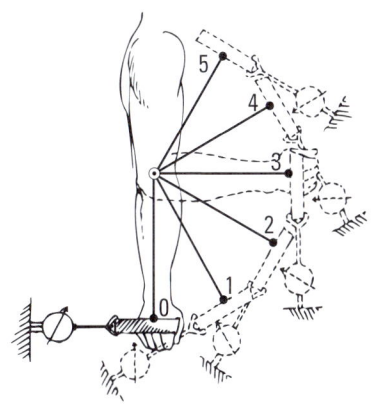

Abb. 105

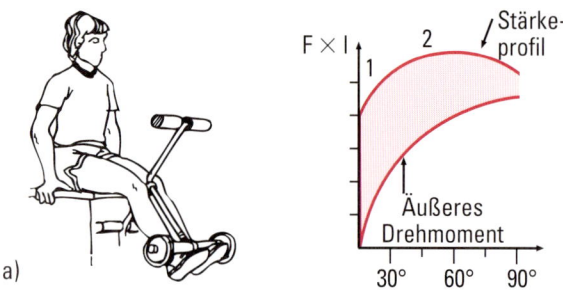

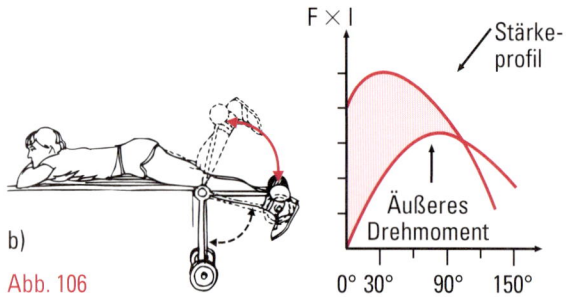

Abb. 106

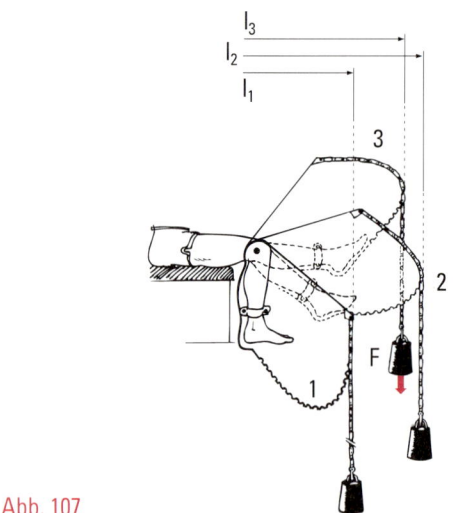

Abb. 107

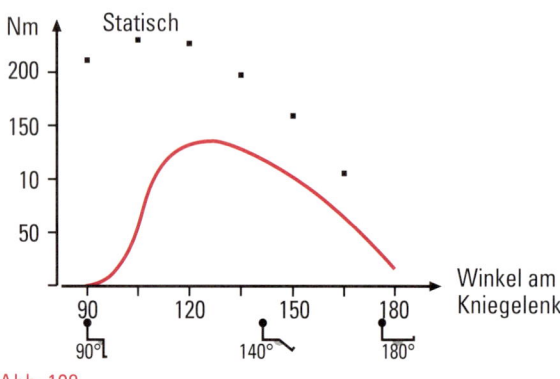

Abb. 108

Wird das Gerät für die Kniestreckermuskulatur verwendet, deren Stärkeprofil im gleichen Diagramm dargestellt ist, so erfüllt das Gerät seine Funktion. Wird es aber für die Beugemuskulatur im Knie entsprechend dem Stärkeprofil in Abbildung 106b verwendet, treten sicherlich Probleme auf. Anfangs »greift« die Übung nicht, und in der Endphase wird sie fast nicht durchführbar, da die Belastung für die Muskulatur zu groß ist. Das Ergebnis wird sein, daß man am Anfang der Übung, wenn noch Kraftreserven vorhanden sind, die Bewegungsübung übertreibt und über die Mittelphase der Übung hinausgeht, um zum Schluß der Übung gezwungen zu sein, das Gewicht loszulassen, ohne die Übung zu Ende führen zu können. Der Trainingseffekt der Übung wird schlecht und die Gefahr einer Verletzung groß.

Neuere Typen von Krafttrainingsgeräten berücksichtigen solche Probleme in hohem Maße. Oft werden asymmetrische Zahnräder verwendet, um eine Belastungskurve zu erhalten, die dem Stärkeprofil der zu trainierenden Muskelgruppe entspricht.

Abbildung 107 zeigt ein Gerät, das sich so gut wie möglich an die Stärke der Kniestrecker anpaßt. Mit einem Bolzen wird die Gewünschte Belastung angehängt, und mittels einer Zugvorrichtung wird die Kette herangeholt, die über einem Zahnrad die Kraft an dem Arm übertragen soll, die den Unterschenkel belastet.

Das Zahnrad kann nun so gestaltet werden, daß die Belastung sich »genau« dem Stärkeprofil des Muskels anpaßt. Man muß nur darauf achten, daß die senkrechte Entfernung von der Achse des Zahnrades rechtwinklig zur Zugrichtung der Kette so groß wird, wie man es sich wünscht.

Ist der Wert $F \times l_0$ genau so hoch wie die maximale Kraft, die eine Person genau in dieser Lage aufbringen kann, muß die Person mit 100% ihrer Kraft zupacken, um das Gewicht an dieser Position vorbei heben zu können.

Stimmen auch die Werte $F \times l_2$ und $F \times l_3$ mit der Maximalleistung der Person überein, so wird das Gerät in allen Lagen einen perfekt passenden Widerstand aufbringen. Für ein effektives Krafttraining wird die Kraft F in allen Lagen beispielsweise auf 80% des Maximums herabgesetzt.

Die Meßwerte in Abbildung 108 zeigen, welches Drehmoment vom Kniestreckermuskel in verschiedenen Winkeln erzeugt werden kann; die Meßpunkte beziehen sich auf sechs verschiedene, statische Positionen, die Kurve auf eine Bewegung mit 60°/s. Die Werte wurden mittels Cybex-Stuhl (s. S. 19) ermittelt. Ein Trainingsgerät für die Kniestreckermuskulatur sollte ein Zahnrad wie oben beschrieben haben, damit die Belastung einer Kurvenform entspricht, die ungefähr mit der Kurve für 60°/s übereinstimmt. Dies entspricht in etwa der normalen Geschwindigkeit bei einem Krafttraining gemäß der Methode 80% × 6 Wiederholungen × 3 Sätze.

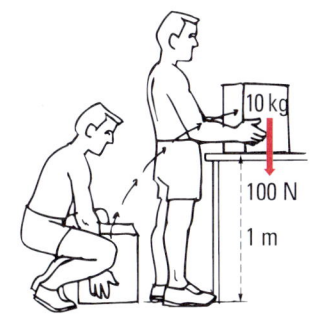

Abb. 109

B Definition von Arbeit (W) und Leistung (P)

1. Arbeit

Hebt man einen Gegenstand von 10 kg vom Boden und setzt ihn auf einem 1 m hohen Tisch ab, hat man physikalisch gesehen eine Arbeit von 100 Nm (Newtonmeter) geleistet.

Arbeit (W) wird als das Produkt aus Kraft (F) und der mit dieser Kraft zurückgelegten Strecke (s) definiert.

Abb. 110

$$W = F \times s$$

In unserem Beispiel wird ein Gegenstand mit einer Masse (m) von 10 kg von einer Schwerkraft beeinflußt, die aufgrund der Anziehungskraft (g) der Erde 10 × 9,81 N beträgt (g steht für den ersten Buchstaben aus dem Wort Gravitation und beträgt 9,81 N). Allgemein gilt für die Schwerkraft eines Gegenstandes: $F_{mg} = m \times g$, die Einheit ist Newton. In unserem Fall mit dem 10 kg schweren Gegenstand ergibt sich demnach für die Schwerkraft 10 × 9,81 oder vereinfacht 10 × 10 = 100 N. Die angehobene Strecke, ist 1 m. Die Arbeit ist demnach 100 × 1 = 100 Nm (Abb. 109).

Arbeit wird auch geleistet, wenn ein Gegenstand entlang des Bodens gezogen wird. Man zieht in diesem Fall mit einer Kraft, die lediglich die Reibungskraft zwischen Gegenstand und Unterlage überwinden muß (Abb. 110).

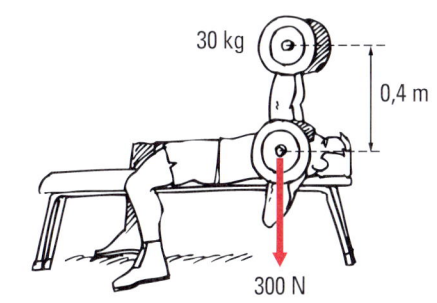

Abb. 111

Die geleistete Arbeit hängt außerdem von der Strecke (s) ab, entlang der der Gegenstand gezogen wird. Gemäß der Definition wird die Arbeit mit W = F × s (F = Reibungskraft, s = Strecke) berechnet. Wenn man diese beiden Beispiele in Muskelarbeit übersetzt, ist folgendes festzustellen:

a) Bei einer Drückbank gemäß Abbildung 111 wird eine Arbeit von 300 N × 0,40 m = 120 Nm geleistet.

b) Bei einem Schritt die Treppenstufe hinauf gemäß Abbildung 112 wird eine Arbeit von 600 N × 0,20 m = 120 Nm geleistet.

c) Bei einer Pedalumdrehung auf einem Ergometerfahrrad legt das Rad eine gewisse Strecke

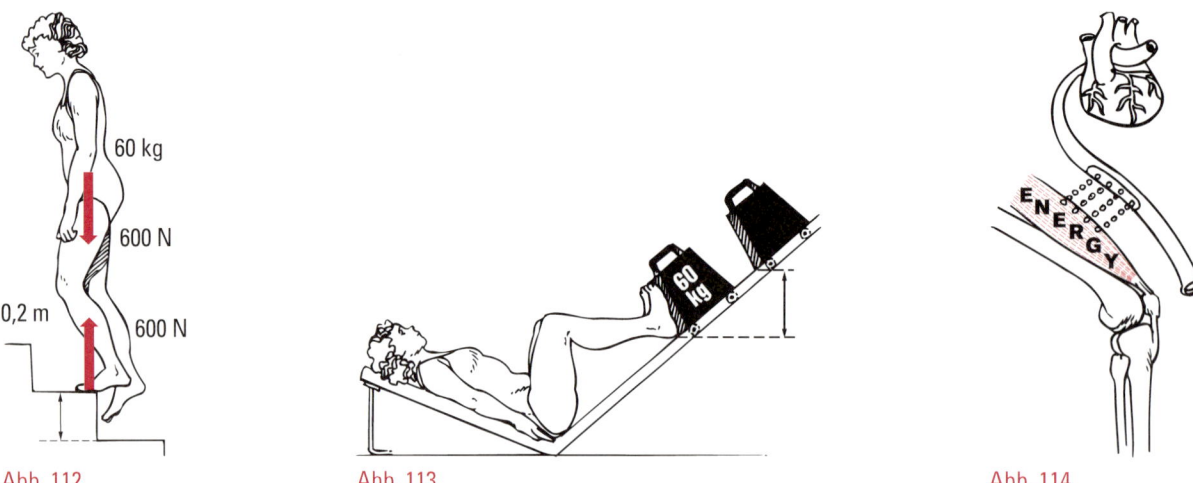

Abb. 112   Abb. 113   Abb. 114

zurück, die davon abhängig ist, wie die Zahnräder dimensioniert sind. Das Rad wird durch eine Vorrichtung so belastet, daß sich die gewünschte Reibungskraft einstellt. Man kann die Einstellung so vornehmen, daß eine Pedalumdrehung einer Arbeit von z. B. 120 Nm entspricht. Nehmen wir an, der Umfang des Rades beträgt 1 m und eine Pedalumdrehung führt dazu, daß das Rad sechs Umdrehungen macht, also 6 m zurücklegt. Stellt man nun die Reibungskraft auf 20 N ein, so wird die Arbeit $W = F \times s = 20 \times 6 = 120$ Nm geleistet.

d) Bei einer Pedalumdrehung auf einem Ergometerfahrrad legt das Rad eine gewisse Strecke zurück, die davon abhängig ist, wie die Zahnräder dimensioniert sind.

e) Arbeitet man an einer Beinpresse, wie sie in Abbildung 113 dargestellt ist, so wird eine Arbeit geleistet, die dem Produkt aus dem Gewicht des Gegenstandes ($m \times g$) und der Höhe (h), die der Gegenstand angehoben wurde, entspricht. Man sieht dabei von der eventuellen Reibungskraft ab, die beim Gleiten des »Wagens« entlang der Schiene entsteht. Wenn die Belastung 60 kg und der Höhenunterschied 0,2 m beträgt, so wird folgende Arbeit geleistet: $W = F \times s = m \times g \times h = 60 \times 9{,}81 \times 0{,}20 = 60 \times 10 \times 0{,}20 = 120$ Nm

Beim Krafttraining spricht man auch vom Ausdauertraining mit relativ niedriger Belastung, das zum Ziel hat, die Fähigkeit der Muskeln für eine langandauernde Arbeit zu erhöhen. Physiologen

können anhand der geleisteten Arbeit ermitteln, wieviel Sauerstoff verbrannt und folglich auch wieviel Blut vom Herz an die arbeitenden Muskeln herangepumpt werden muß. Dadurch können im Ausdauertraining alle sauerstofftransportierenden Funktionen trainiert werden. Nach langandauerndem Training mit einer Arbeitsbelastung zwischen 60 und 80% der maximalen Herzkapazität können folgende Wirkungen nachgewiesen werden (Abb. 114):

● stärkeres Herz,
● erhöhte Blutmenge, die mit jedem Pulsschlag gepumpt wird,
● bessere Versorgung des Blutes mit Sauerstoff,
● erhöhte Sauerstoffaufnahme in den Muskeln,
● dichteres Kapillarnetz in den Muskeln,
● größere Anzahl Mitochondrien in den Muskeln (Energieproduzenten),
● vergrößertes Blutvolumen im Körper,
● Vorhandensein von Enzymen, die positiv auf die Fähigkeit der Typ-II-Zellen einwirken, um Energie ohne Milchsäurebildung zu produzieren.

2. Leistung

Wenn in Physik und Physiologie von Arbeit ($W = F \times s$) die Rede ist, wird normalerweise auch die während der geleisteten Arbeit verstrichene Zeit berücksichtigt. Wenn die gleiche Arbeit in 5 statt 15 min ausgeführt wird, bedeutet dies, daß das Herz viel schneller pumpen muß, um ausreichend Nahrung und Sauerstoff bereitzustellen. Damit die

Schnelligkeit der geleisteten Arbeit berücksichtigt wird, wurde der Begriff Leistung eingeführt. Leistung (P) (von engl. power) wird als Arbeit pro Zeit definiert:

$$P = W/t$$

Die Einheit für Arbeit ist Newtonmeter (Nm) und die Einheit für Zeit ist Sekunden (s). Demzufolge wird die Einheit für die Leistung Newtonmeter pro Sekunde (Nm/s), was auch Watt (W) genannt wird.

Will man die eigene Kondition testen, fährt man gewöhnlich auf einem Ergometerfahrrad, bei dem die »Belastung« auf z.B. 150, 200 oder 300 W eingestellt wird, je nachdem, wie durchtrainiert man ist. Die Zielsetzung ist, die Testperson mit solch einer Leistung zu belasten, daß sein Herz gezwungen wird, mit etwa 150 bis 170 Schlägen pro Minute zu arbeiten. Die Person muß außerdem lange arbeiten können, ohne daß sich dabei die Werte verändern. Sie hat dann das sog. »steady state« erreicht. In detaillierten Tabellen kann dann je nach erbrachter Leistung die Höhe des maximalen Sauerstoffaufnahmevermögens pro Kilogramm Körpergewicht und Minute für die Person abgelesen werden.

Beim Krafttraining mit hohen Belastungen, das die Muskelstärke und das Muskelvolumen erhöhen soll, ist es normalerweise nicht wichtig, wieviel Arbeit geleistet wird, sondern eher, wie hoch die erbrachte Leistung ist. Von Interesse ist hierbei die Höhe der Drehmomente, denen der Muskel ausgesetzt ist, und die Anzahl der durchgeführten Wiederholungen. Abbildung 115 gibt die Anzahl der Wiederholungen an, die im Verhältnis zur Leistung (in % der Maximalleistung) ausgeführt werden können.

Dieser ungefähre Zusammenhang zwischen Anzahl der Wiederholungen und Auslastung ist für verschiedene Krafttrainingsmodelle ausschlaggebend gewesen. Beim sog. Schnelligkeitstraining liegt die Belastung meist um 60% der maximalen Leistung. Ein Grund hierfür könnte sein, daß der Muskel ungefähr bei diesem Prozentsatz seine höchste Leistungsentwicklung hat. Dies kann dadurch festgestellt werden, daß man die Geschwindigkeit mißt, mit der eine Person eine Hantelscheibe mit unterschiedlicher Belastung hochdrückt. Drückt die Person 5 kg und eine

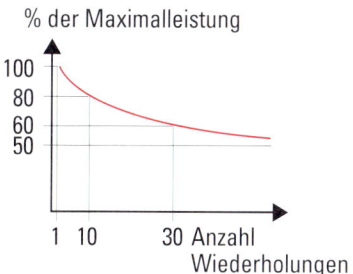

Abb. 115

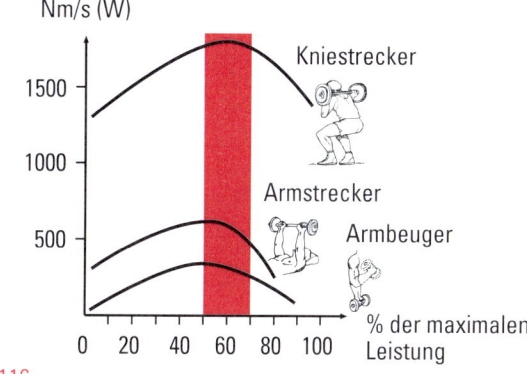

Abb. 116

Strecke von 0,5 m in 0,2 s, dann ist die Leistung

$$P = 50\,N \times 0{,}5\,m/0{,}2\,s = 125\,W$$

Drückt die gleiche Person 10 kg hoch, verlängert sich die Zeit vielleicht auf 0,25 s, was einer Leistung von

$$P = 100\,N \times 0{,}5\,m/0{,}25\,s = 200\,W$$

entspricht.

Bei Belastungen nahe dem Maximum wird das Tempo zu niedrig, was zu einer niedrigeren Leistung führt. Bei einer Untersuchung von drei unterschiedlichen Muskelgruppen gemäß Abbildung 116 wurden folgende Leistungen ermittelt, die im Verhältnis zur maximalen Leistung der Versuchspersonen für jede Übung berechnet wurden.

Für sämtliche drei Muskelgruppen wurde die maximale Leistung (roter Balken) erreicht, wenn die Belastung etwa 60% der maximalen Hebeleistung der Person betrug. Anders ausgedrückt ist man bei dieser Art der Belastung am »explosivsten«. Man kann daher mit gutem Grund annehmen, daß das Schnelligkeitstraining mit Belastungen in dieser Größenordnung am effektivsten ist.

Anatomie und Funktion des Beines

3

Um die verschiedenen Bewegungsarten analysieren zu können, muß man den Aufbau des Bewegungsapparates kennen. Wir werden daher Ursprung, Ansatzpunkt und Funktion der größeren Muskeln behandeln und die Bewegungsmöglichkeiten der Gelenke und ihre Einschränkungen betrachten.

A Hüfte

Von den Muskeln, die für die Bewegungen in der Hüfte verantwortlich sind, entspringen einige am Rückgrat, die meisten jedoch am Becken. Einige von ihnen passieren das Kniegelenk. Wir müssen uns also in groben Zügen mit den in Abbildung 117 dargestellten Skeletteilen vertraut machen.

Das *Becken* (Pelvis) ist der Sammelbegriff für den Knochengürtel, der von den beiden Hüftbeinen und dem Kreuzbein gebildet wird. Bei Erwachsenen sind die Kreuzbeinwirbel zu einem großen Knochen, dem sog. Kreuzbein zusammengewachsen. Vier Steißbeinwirbel bilden auf gleiche Weise das sog. Steißbein.

Das *Hüftbein* (Os coxae) geht aus drei verschiedenen Knochenbildungszentren hervor (Abb. 118), und zwar aus dem
1. Darmbein (Os ilium),
2. Sitzbein (Os ischii),
3. Schambein (Os pubis).

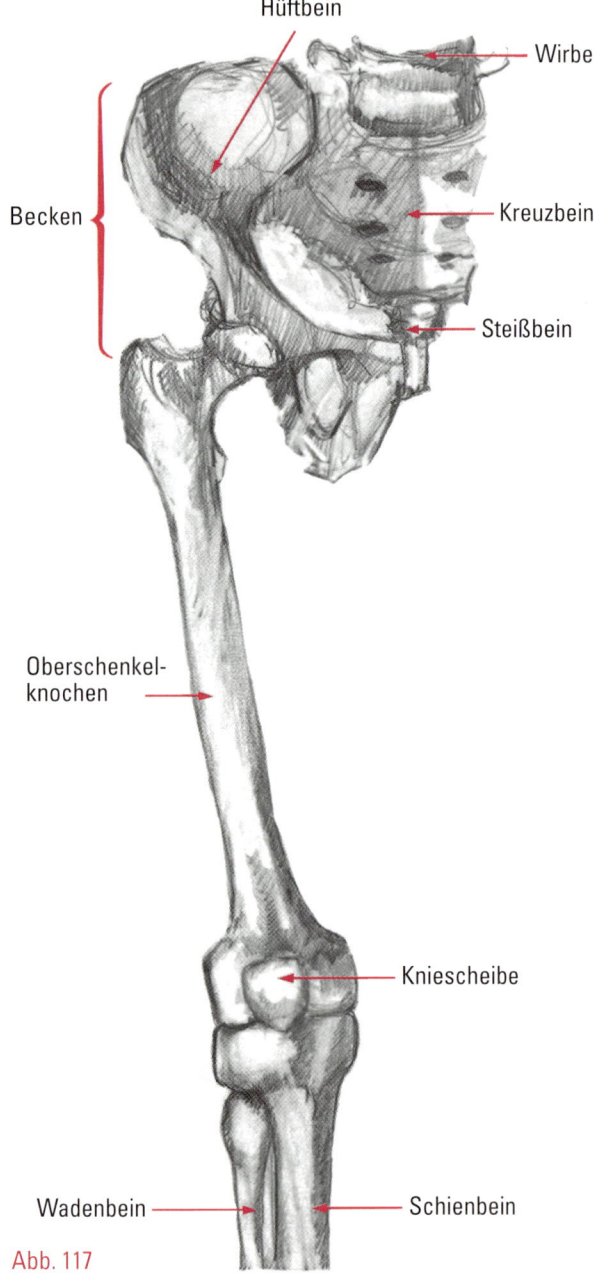

Hüftbein

Wirbel

Becken

Kreuzbein

Steißbein

Oberschenkel-knochen

Kniescheibe

Wadenbein

Schienbein

Abb. 117

47

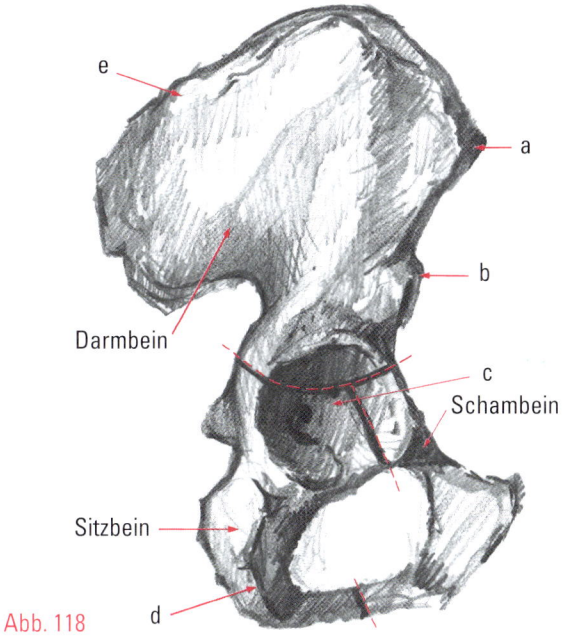

e

a

Darmbein

b

c

Schambein

Sitzbein

Abb. 118   d

Alle Erhöhungen, Vorsprünge, Vertiefungen usw. haben verschiedene Namen. Wir nennen hier nur einige, die mit wichtigen Muskeln in Verbindung stehen:

a Oberer vorderer Darmbeinstachel (Spina iliaca anterior superior),

b unterer vorderer Darmbeinstachel (Spina iliaca anterior inferior),

c Hüftbeinpfanne (Acetabulum),

d Sitzbeinhöcker (Tuber ischiadicum),

e Hüftbeinkamm (Crista iliaca).

Die *Kniescheibe* (Patella, Abb. 119) ist oben flach (a) und nach unten zu spitz (b). Ihre Innenseite ist von einer 6–7 mm dicken Knorpelschicht bedeckt, deren Oberfläche sich an die knorpelüberzogene Fläche der Oberschenkelknochen (Abb. 120) anpaßt.

Rechter Oberschenkelknochen von vorne gesehen

Rechter Oberschenkelknochen von hinten gesehen

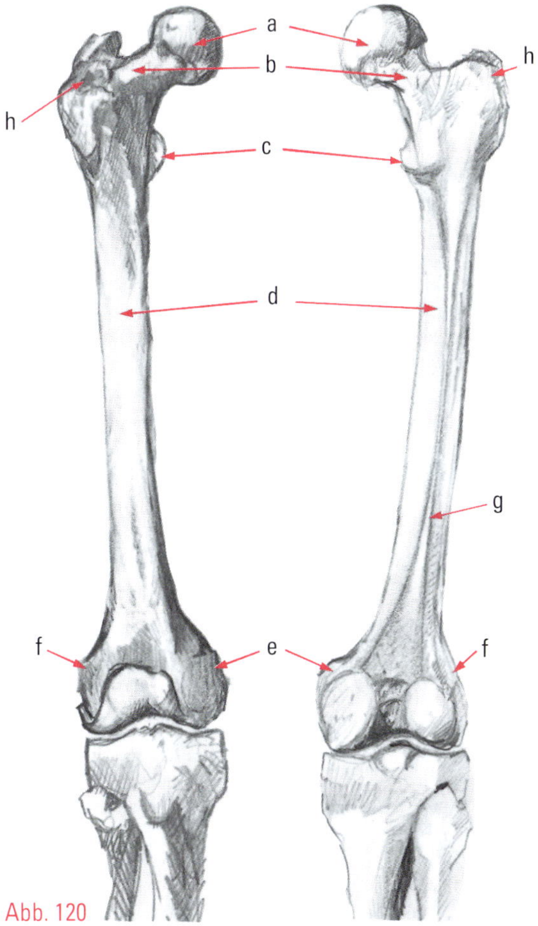

a

b

h

h

c

d

g

f   e   f

Abb. 120

Der Oberschenkelknochen (Femur)
a = Oberschenkelkopf (Caput femoris)
b = Oberschenkelhals (Collum femoris)
c = kleiner Rollhügel (Trochanter minor)
d = Oberschenkelschaft (Corpus femoris)
e = innerer Gelenkknorren (Condylus medialis)
f = äußerer Gelenkknorren (Condylus lateralis)
g = Oberschenkelleiste (Linea aspera)
h = großer Rollhügel (Trochanter major)

Rechter Unterschenkel von vorne gesehen

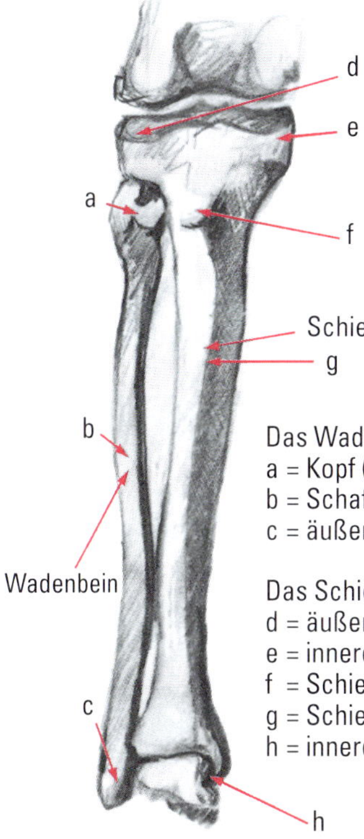

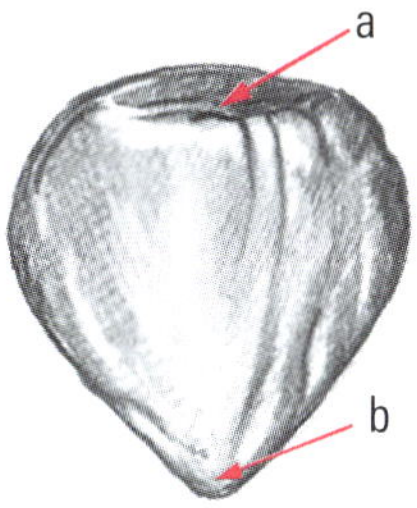

d

e

a

f

a

Schienbein

g

b

b

Wadenbein

c

h

Abb. 119

Das Wadenbein (Fibula)
a = Kopf (Caput)
b = Schaft (Corpus)
c = äußerer Fußknöchel (Maleolus lateralis)

Das Schienbein (Tibia)
d = äußerer Schienbeinknorren
e = innerer Schienbeinknorren
f = Schienbeinrauhigkeit (Tuberositas tibiae)
g = Schienbeinkante (Margo anterior)
h = innerer Fußknöchel (Maleolus medialis)

Das *Hüftgelenk* ist ein sog. Kugelgelenk, das Bewegungen in alle Richtungen zuläßt (s. S. 10) (Abb. 121). Ein starkes Pendeln des Beines nach hinten und nach außen wird jedoch durch gewisse Verstärkungen in der Gelenkkapsel verhindert. Ein Nach-hinten-Pendeln wird von einem sehr starken Band in der Gelenkkapsel verhindert. Es zieht sich vom Darmbein hinunter zum Schenkelbein und wird Ligamentum iliofemorale (a) genannt. Ein Nach-außen-Pendeln wird vom Lig. pubofemorale (b) verhindert.

Die Abbildungen 122 a und b zeigen Bewegungen, bei denen eine große Beweglichkeit in der Hüfte erforderlich ist.

Es ist nicht bekannt, ob Dehnungen in die gezeigten Richtungen zu schädlichen Nebenwirkungen führen. Wenn man das Unvermögen, das Bein weit nach hinten zu schwingen, dadurch kompensiert, daß man sich eine Überbeweglichkeit im Lendenrücken verschafft, hat man sich im wahrsten Sinne des Wortes „den Strick selbst gedreht". Eine solche Überbeweglichkeit führt nämlich oft zu Problemen, die sich in mehr oder weniger starken Rückenschmerzen äußern.

B Hüftmuskeln

Die wichtigsten, das Hüftgelenk umschließenden Muskeln sind (Abb. 123–126)
1. die Gesäßmuskeln,
2. die Schenkelanzieher,
3. die Hüftbeuger.

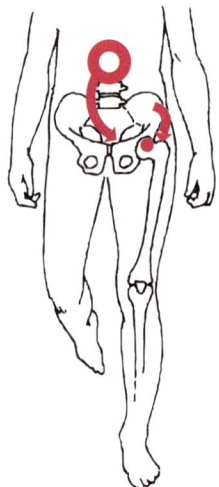

Abb. 123

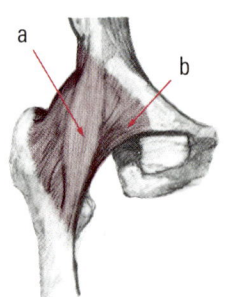

Abb. 121

a)   b)

Abb. 122

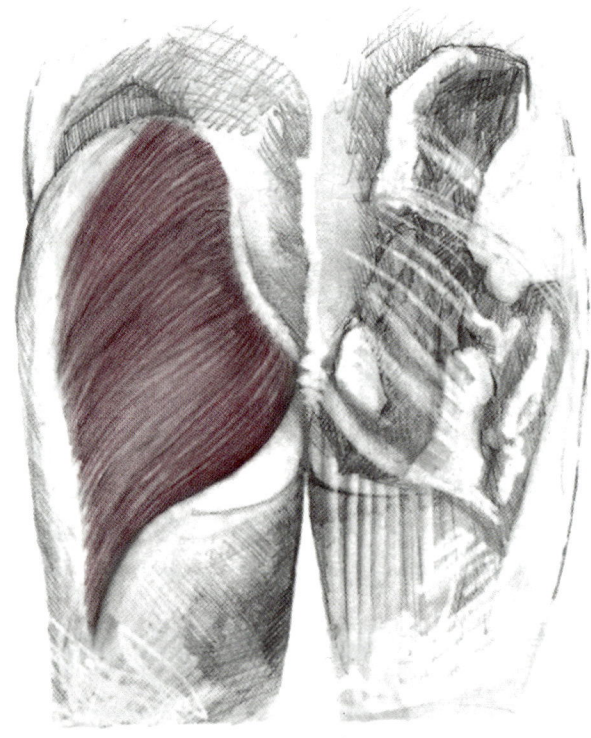

Abb. 124   Großer Gesäßmuskel.

1. Gesäßmuskeln

Hier sind zu nennen:
- großer Gesäßmuskel (M. glutaeus maximus) (Abb. 124),
- mittlerer Gesäßmuskel (M. glutaeus medius) (Abb. 125),
- kleiner Gesäßmuskel (M. glutaeus minimus) (Abb. 126).

Die drei Muskeln setzen alle am großen Rollhügel (Trochanter major) an. Der mittlere und der kleine Gesäßmuskel haben einen so großen Ursprungsbereich, daß sie den Oberschenkel, außer zur Mitte hin (Adduktion), in alle Richtungen bewegen können. Die Muskeln sind beim Gehen und Laufen aktiv und äußerst wichtig zur Stabilisierung des Hüftgelenkes, sobald nur ein Fuß mit dem Boden Kontakt hat. Durch diese Stabilisierung wird ein Zur-Seite-Kippen des Oberkörpers verhindert.

Stark beansprucht wird diese Muskelgruppe beim Bergauflaufen (der große Gesäßmuskel ist für das starke Abdrücken verantwortlich) und beim Bergablaufen (mittlerer und kleiner Gesäßmuskel stabilisieren die Hüfte).

M. glutaeus medius und M. glutaeus minimus arbeiten dabei exzentrisch, d. h. sie hindern den Oberkörper daran, bei jedem Schritt nach vorn einzuknicken (Abb. 123). Man kann diese Muskeln trainieren, indem man auf einem Bein hüpft oder läuft oder indem man auf einem Bein steht und die entgegengesetzte Hüftseite hebt und senkt. Weitere Übungen für M. glutaeus medius und minimus sind:
a) man liegt auf der Seite und hebt das obere Bein (Abb. 127 a),
b) man richtet sich, während die Beine festgehalten werden, mit dem Oberkörper so weit wie möglich auf (Abb. 127 b).

Der *große Gesäßmuskel* (M. glutaeus maximus, Abb. 128) wird beim kräftigen Abdrücken des Beines angewandt, wobei er auch zur Streckung im Knie beiträgt. Diese Doppelfunktion ist möglich, weil ein Teil des Muskels an der Außenseite des Oberschenkels ansetzt (Tuberositas glutaea, Streckung in der Hüfte) und ein Teil in einen sehr kräftigen Sehnenstrang an der Außenseite des Oberschenkels (Tractus iliotibialis) übergeht. Dieser

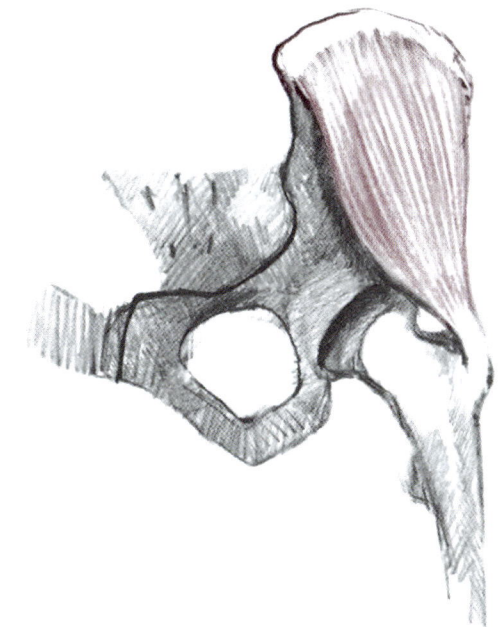

Abb. 125   Mittlerer Gesäßmuskel.

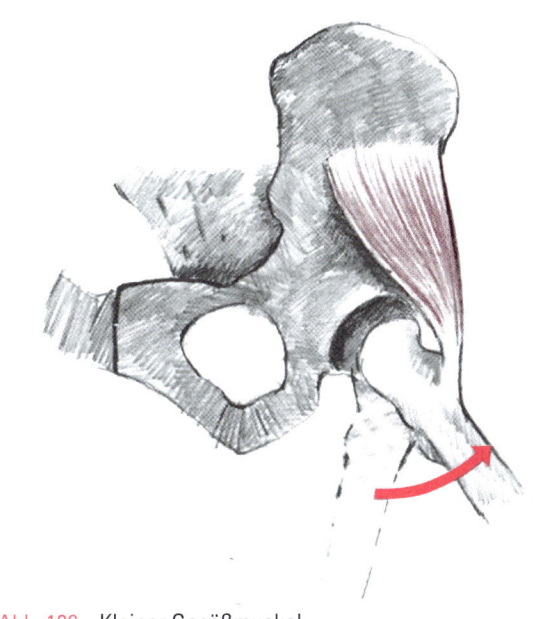

Abb. 126   Kleiner Gesäßmuskel.

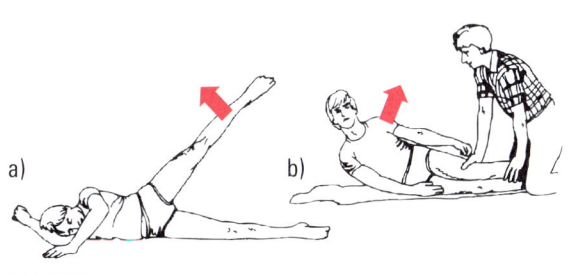

Abb. 127

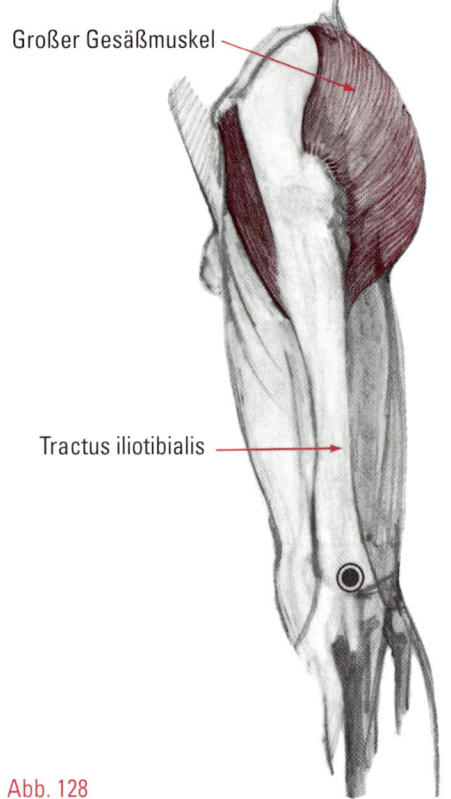

Großer Gesäßmuskel

Tractus iliotibialis

Abb. 128

Sehnenstrang zieht wiederum vor der Bewegungsachse des Knies vorbei und findet seinen Ansatz am Schienbein. Man kann ihn als eine platte, 3–4 cm breite Sehne an der Außenseite des Beines oberhalb des Kniegelenkes fühlen. Das Kräftepotential des großen Gesäßmuskels ist bei gebeugter Hüfte größer, da der Abstand zwischen Ursprung und Ansatzpunkt dabei verlängert ist (s. S. 17).

Je mehr Kraft man benötigt, desto weiter muß man sich nach vorn beugen. Der Muskel wird am besten mit Bewegungen trainiert, bei denen eine gleichzeitige Hüft- und Kniestreckung stattfindet (Abb. 129).

Am Nach-hinten-Führen des Beines (Hüftstreckung) sind außer dem großen Gesäßmuskel auch die vom Sitzbeinhöcker (Tuber ischiadicum) ausgehenden Muskeln beteiligt. Sie setzen alle am Unterschenkel an und beugen das Bein im Kniegelenk (s.S. 61).

2. Schenkelanzieher (Adduktoren)

Die Schenkelanzieher führen das Bein nach innen. Sie werden nach ihrem Ursprungsbereich, ihrer Größe oder ihrem Aussehen benannt (Abb. 130–134).

Alle Schenkelanzieher entspringen am Schambein (Os pubis) und setzen an der Rückseite des Oberschenkels, an der sog. Oberschenkelleiste (Linea aspera), an. Sie arbeiten kräftig, sobald der Fuß, z. B. beim Laufschritt, vom Boden abhebt und sich nach vorn zu bewegen beginnt. Bei dieser *Vorwärtsbewegung dreht sich das Bein* im Verhältnis zur Hüfte *nach außen*, eine Bewegung, die durch das Ansetzen der Adduktoren an der Rückseite des Schenkelbeines ermöglicht wird. Überanstrengungen durch kräftige Bewegungen, wie z.B. ein Spannschuß beim Fußball, das Nach-vorn-Führen des freien Beines beim Schlittschuhlaufen, hartes Lauftraining usw., können zu Beschwerden im Ursprungsbereich der Schenkelanzieher führen (Verletzungen im Leistenbereich). Solche Verletzungen werden durch passendes Kraft- und vor allem durch

Abb. 129

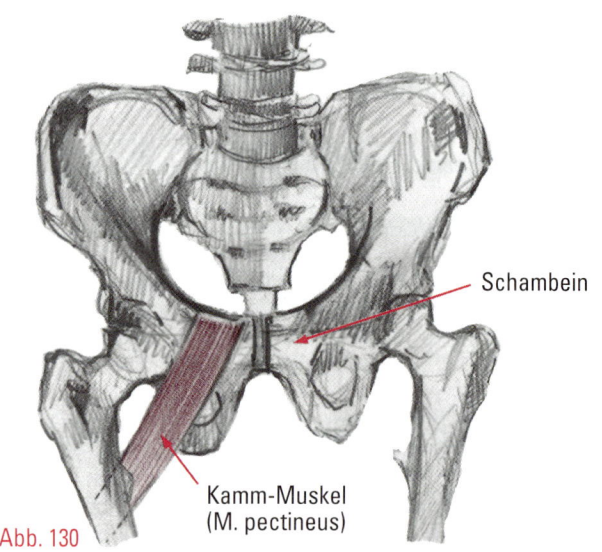

Schambein

Kamm-Muskel
(M. pectineus)

Abb. 130

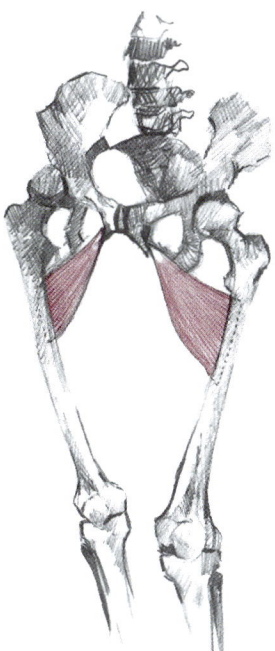

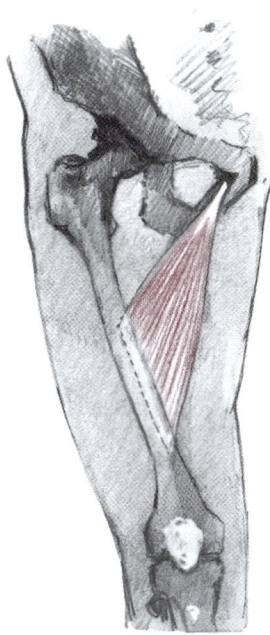

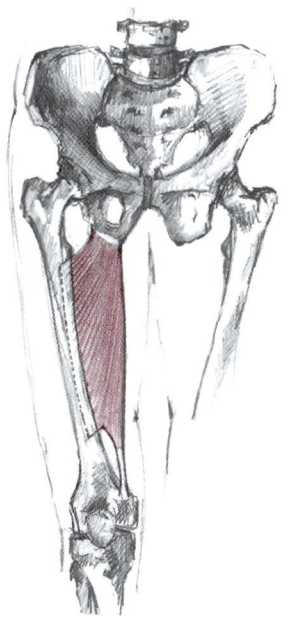

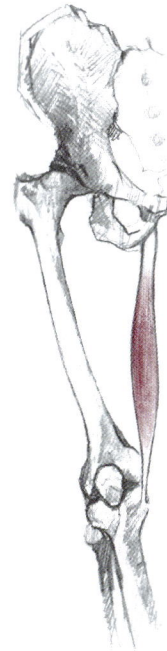

Abb. 131
Kurzer Schenkelanzieher
(M. adductor brevis).

Abb. 132
Langer Schenkelanzieher
(M. adductor longus).

Abb. 133
Großer Schenkelanzieher
(M. adductor magnus).

Abb. 134
Schlanker Muskel
(M. gracilis).

Geschmeidigkeitstraining vermieden (s. S. 22). Krafttraining kann z. B. mit den folgenden Übungen durchgeführt werden (Abb. 135 u. 136).

Das Auswärtskreisen wird durch eine Anzahl kleiner Muskeln, die aus dem Inneren des Beckens kommen, ermöglicht. Die Muskeln passieren die Rückseite des Oberschenkels und setzen an dessen Außenseite am großen Rollhügel (Trochanter major) an. Sie werden u.a. beim Schlittschuhlaufen viel angewendet (Abb. 137).

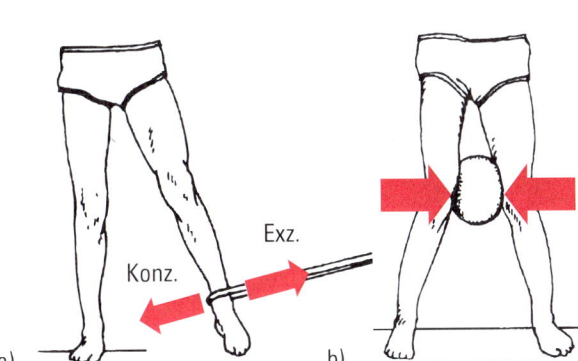

Abb. 135
a) Konzentrisches Training beim Heranführen des Beines zur Mitte. Exzentrisches Training, wenn man das Bein langsam wieder nach außen führt.
b) Zum statischen Training drückt man den Ball zusammen.

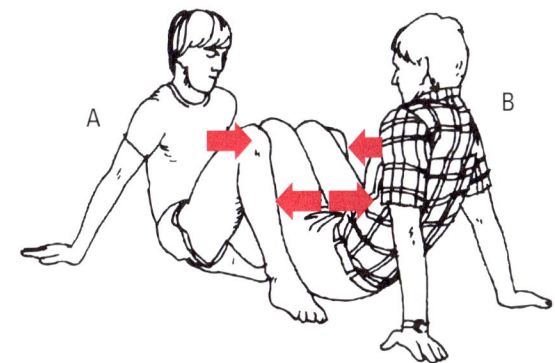

Abb. 136
A trainiert die Adduktoren (Schenkelanzieher)
B trainiert die Abduktoren (Schenkelspreizer)

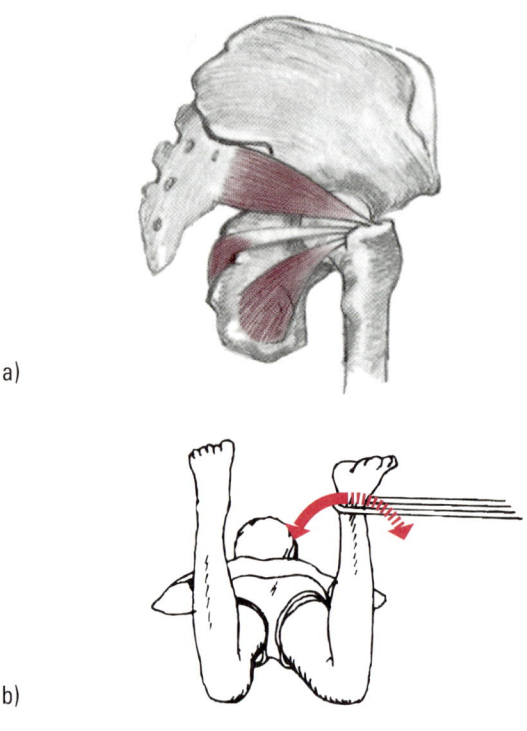

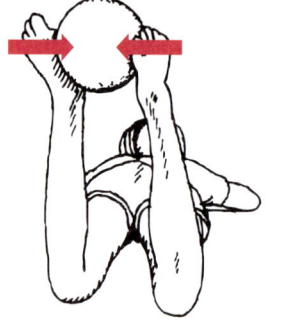

a)

b)

c)

Abb. 137
a) Großer Rollhügel (Trochanter major).
b) Beispiel für dynamisches Training der Auswärtsdreher.
c) Beispiel für statisches Training der Auswärtsdreher. Legen Sie sich auf den Bauch und versuchen Sie, den Ball „zusammenzudrücken".

3. Hüftbeuger

Ein kräftiges Beugen in der Hüfte wird sowohl vom Darmbeinmuskel (M. iliacus) als auch vom großen Lendenmuskel (M. psoas major) ermöglicht (Abb. 138). Diese Muskeln haben unterschiedliche Ursprünge, aber einen gemeinsamen Ansatzpunkt und werden daher oft als ein Muskel mit dem Na-

men Lenden-Darmbein-Muskel (M. iliopsoas) bezeichnet.

Bei einer Kontraktion des Lenden-Darmbein-Muskels kann folgendes geschehen:
- Wenn die Beine fixiert sind, bewegt sich der Rumpf zu den Beinen hin, z.B. in der Schlußphase beim Aufsetzen aus dem Liegen (Abb. 139).
- Wenn der Rumpf fixiert ist, bewegen sich die Beine zum Rumpf hin, z.B. wenn man an einer Stange hängt und versucht, die Knie an die Brust zu heben (Abb. 140).

Der *Lenden-Darmbein-Muskel* (M. iliopsoas) ist der weitaus kräftigste der Hüftbeuger. Er wird u.a. bei den in Abbildung 141 gezeigten Bewegungsabläufen besonders stark beansprucht.

Für den Alltagsgebrauch besteht keine Notwendigkeit, diese Muskelgruppe besonders zu trainieren. Sie wird beim Gehen, Laufen, Treppen-

Großer Lendenmuskel

Darmbeinmuskel

b

a

c

Abb. 138
a = Ursprung für den M. iliacus (Innenseite des Darmbeines)
b = Ursprung für den M. psoas (unterer Teil des Rückgrates)
c = Ansatzpunkt der Muskeln – der kleine Rollhügel (Trochanter minor)

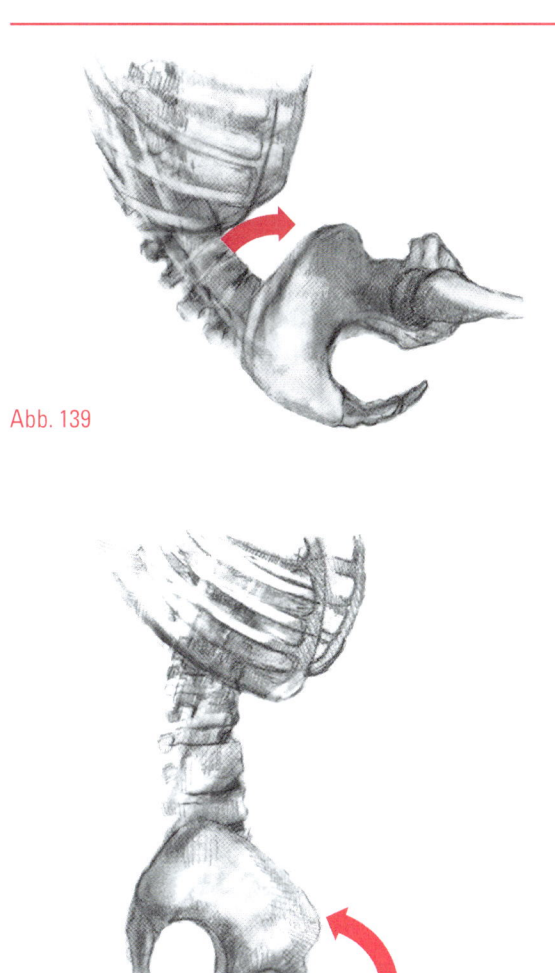

Abb. 139

Hürdenlauf   Hochsprung   Laufen

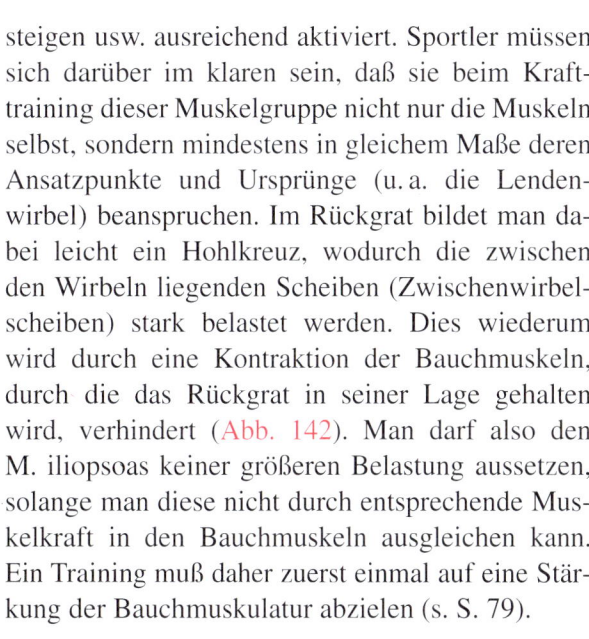

Abb. 140

Speerwerfen und Sit-ups

Abb. 141

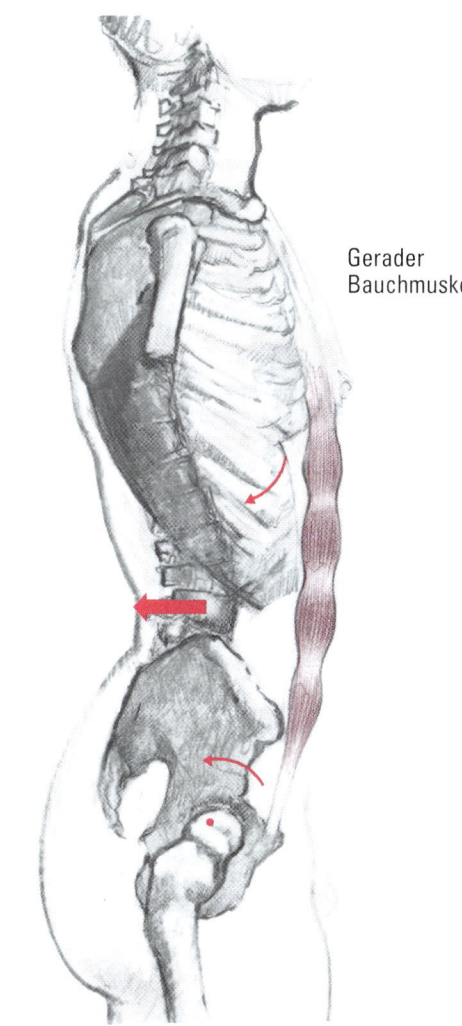

Gerader
Bauchmuskel

steigen usw. ausreichend aktiviert. Sportler müssen sich darüber im klaren sein, daß sie beim Krafttraining dieser Muskelgruppe nicht nur die Muskeln selbst, sondern mindestens in gleichem Maße deren Ansatzpunkte und Ursprünge (u. a. die Lendenwirbel) beanspruchen. Im Rückgrat bildet man dabei leicht ein Hohlkreuz, wodurch die zwischen den Wirbeln liegenden Scheiben (Zwischenwirbelscheiben) stark belastet werden. Dies wiederum wird durch eine Kontraktion der Bauchmuskeln, durch die das Rückgrat in seiner Lage gehalten wird, verhindert (Abb. 142). Man darf also den M. iliopsoas keiner größeren Belastung aussetzen, solange man diese nicht durch entsprechende Muskelkraft in den Bauchmuskeln ausgleichen kann. Ein Training muß daher zuerst einmal auf eine Stärkung der Bauchmuskulatur abzielen (s. S. 79).

Abb. 142

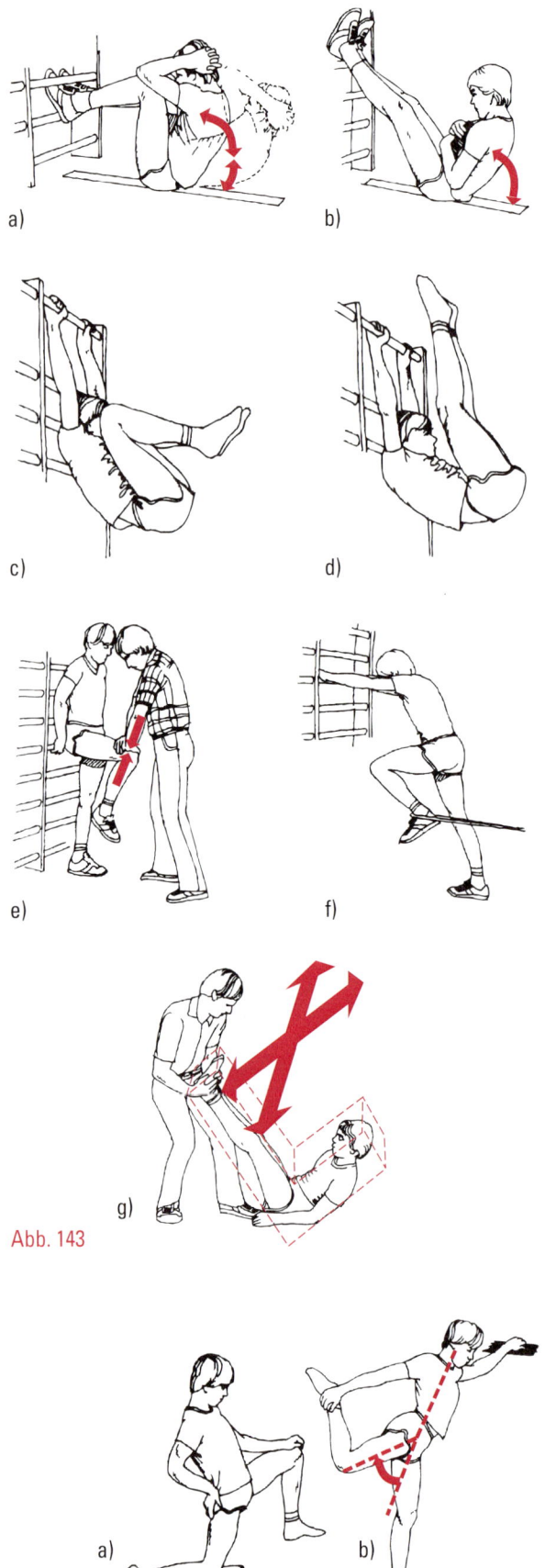

a)

b)

c)

d)

e)

f)

g)

Abb. 143

Abb. 144

a)

b)

Im Anschluß daran kann man ein Spezialtraining für die Hüftbeuger durchführen. In Abbildung 143 werden einige Übungen gezeigt, mit denen Sportler, die über eine *guttrainierte Bauchmuskulatur* verfügen, die Hüftbeuger trainieren können. (Vorbeugendes Bauchmuskeltraining wird auf S. 80 beschrieben.)

a) Sit-ups mit gebeugten Beinen, eventuell mit einer Belastung in Form von zwei gegen die Brust gehaltenen Gewichten (2 kg, 5 kg). Das erste Drittel des Aufsetzens ist ein reines Bauchmuskeltraining. Der Rest der Bewegung findet im Hüftgelenk statt und stärkt somit den M. iliopsoas.

b) Bei gestreckten Beinen ist die Übung noch anstrengender, und zwar abhängig davon, wie groß der Widerstand der Muskeln an der Rückseite des Oberschenkels ist.

c) Man liegt auf einer schiefen Ebene oder hängt an einer Stange und hebt entweder die Knie an den Kopf oder

d) (zur stärkeren Belastung) die gestreckten Beine so hoch wie möglich. Beim Herablassen arbeitet man, zur Erhöhung der exzentrischen Kraft, gegen die Abwärtsbewegung an.

e) Man steht mit dem Rücken zur Sprossenwand und hebt das Knie. Eine zweite Person drückt von oben leicht dagegen, um einen äußeren Widerstand zu erzeugen.

f) Man befestigt ein Gummiband am Fuß und zieht das Knie mehrmals hintereinander schnell nach oben.

g) Die Hüftmuskeln werden statisch trainiert, wenn man mit einem 90°-Winkel in der Hüfte auf dem Rücken liegt. Eine zweite Person umfaßt die Beine an den Fesseln und versucht mit ausladenden Bewegungen in verschiedene Richtungen, den Liegenden so weit zu bringen, daß er den Winkel zwischen Beinen und Oberkörper nicht länger halten kann.

Damit der M. iliopsoas gedehnt wird, muß der Abstand zwischen Ursprung und Ansatzpunkt bei entspannter Muskulatur so groß wie möglich sein. Man dehnt den Muskel, wenn man wie in der Abbildung 144a kniet und dabei, bei größtmöglichem Abstand zwischen den Beinen, die Belastung auf das vordere Bein legt. Verfügt man über einen starken und kurzen M. iliopsoas und schwache

Muskeln an der Rückseite des Oberschenkels, neigt man dazu, das Becken leicht nach vorn zu strecken. Dies führt zu Rückenbeschwerden und zu einer Haltung, die einen „Bierbauch" vermuten läßt.

Eine weitere Dehnungsübung für den M. iliopsoas (Abb. 144b): Stehen Sie auf einem Bein und ziehen Sie das andere Bein mit der Hand nach hinten, so daß der Oberschenkel hinter einer gedachten, durch den Oberkörper verlaufenden Linie liegt. Machen Sie dabei kein Hohlkreuz, sondern lassen Sie die Bewegung in der Hüfte ablaufen. Versuchen Sie, im Knie einen so großen Winkel wie möglich zu haben, damit die Bewegung nicht von einem anderen Muskel, dem geraden Oberschenkelmuskel (M. rectus femoris, s. S. 57), gebremst wird.

Eine dritte Dehnungsübung geht aus Abbildung 145 hervor. Der Helfer hebt das gestreckte Bein nach hinten oben unter gleichzeitiger Fixation des Beckens und verhindert damit eine Mitbewegung der Lendenwirbelsäule. Diese Übung soll nur von Personen ausgeführt werden, welche zuvor Instruktionen von medizinisch ausgebildetem Personal erhalten haben.

Der Schneidermuskel (M. sartorius) ist der längste Muskel des menschlichen Körpers und verläuft vom vorderen oberen Beckenhöcker (Spina iliaca anterior superior) in einer schwachen S-Krümmung zur Innenseite des Kniegelenks, wo er am inneren Schienbeinkopf (Condylus medialis tibiae) ansetzt (Abb. 146). Durch die Vielfalt der Funktionen kann dieser Muskel nur schwer in eine der größeren Muskelgruppen des Oberschenkels eingereiht werden.

Die altertümliche Schneidersitzstellung erklärt am besten die Arbeitsweise des Muskels, nämlich Beugung, Adduktion und Außendrehung der Hüfte mit gleichzeitiger Beugung und Innendrehung des Kniegelenks; daher auch sein Name.

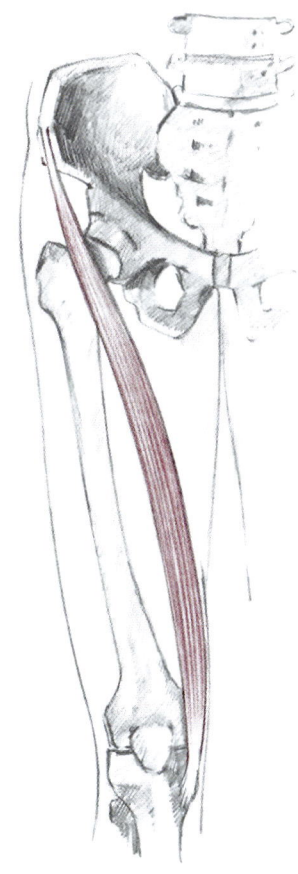

Abb. 146

Abb. 145

C Kniegelenk

Das Kniegelenk hat einen äußerst komplizierten Aufbau und muß daher näher beschrieben werden. Man kann das Bein im Kniegelenk strecken und beugen und den Unterschenkel nach innen und außen drehen. Die beiden letzten Bewegungen sind jedoch nur bei gebeugtem Knie möglich. Je stärker man das Knie beugt, desto leichter kann man den Unterschenkel und damit den Fuß drehen. Die Bewegungen im Knie könnten auf folgende Weise ablaufen (Abb. 147):
a) Der Oberschenkelknochen (Femur) rollt auf dem Schienbein (Tibia) nach hinten, oder
b) der Oberschenkelknochen gleitet auf dem gleichen Punkt auf dem Schienbein.

Tatsächlich finden beide Bewegungsabläufe statt: die Bewegung a) erfolgt, bis das vordere Kreuzband (Lig. cruciatum anterius) vollkommen gestreckt ist, anschließend setzt die Bewegung b) ein.

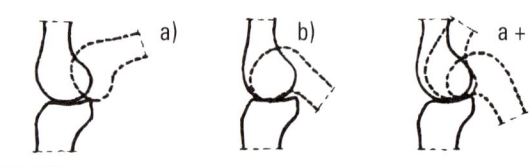

Abb. 147

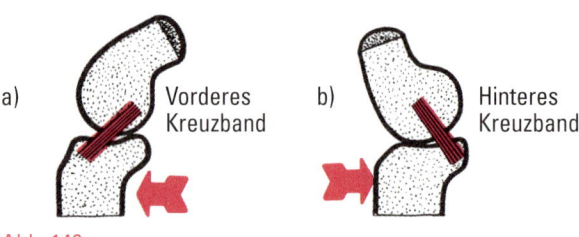

a) Vorderes Kreuzband

b) Hinteres Kreuzband

Abb. 148

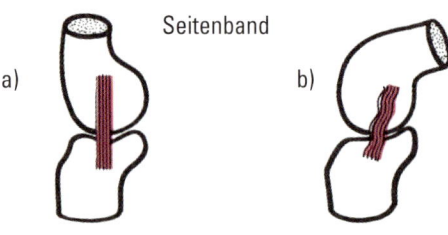

Seitenband

a)　　　b)

Abb. 149

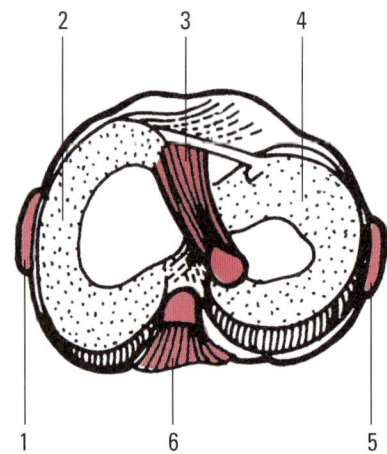

Abb. 150
Rechtes Schienbein von oben gesehen.
1 = inneres Seitenband
2 = innerer Meniskus
3 = vorderes Kreuzband
4 = äußerer Meniskus
5 = äußeres Seitenband
6 = hinteres Kreuzband

Das vordere Kreuzband (Abb. 148a) verhindert also Bewegungen, bei denen sich der Oberschenkel nach vorne bewegt. Eine häufige Verletzung beim Fußball ist das Reißen des vorderes Kreuzbandes, wenn der Spieler von hinten in den Unterschenkel getreten wird. Das hintere Kreuzband (Abb. 148b) wird verletzt, wenn der Unterschenkel nach hinten gedrückt oder wenn das Knie stark überstreckt wird.

Die Aufgabe der Seitenbänder (Ligamenta collateralia) besteht darin, zu verhindern, daß sich das Knie seitlich verschiebt (Abb. 149). Sie sind bei gestrecktem Knie gespannt, bei gebeugtem Knie jedoch schlaff. Dies bedeutet, daß man den Unterschenkel bei gebeugtem Knie so weit nach außen drehen kann, bis die Seitenbänder wieder gespannt sind. Nach innen kann man ihn normalerweise weniger weit drehen, da die Kreuzbänder sich dabei im Inneren des Knies „umeinanderschlingen" und damit der Bewegung entgegenarbeiten (s. Abb. 150).

Der untere Teil des Oberschenkelknochens ist kegelförmig, während der obere Teil des Schienbeines platt ist. Die Kontaktflächen der beiden Knochen wären also sehr klein, wenn sie nicht von einer dicken Knorpelschicht überzogen wären und nicht die sog. Menisken zwischen ihnen liegen würden. Die obere Fläche der Menisken paßt sich schalenförmig an die kegelartige Form des Oberschenkels an. Ihre untere Fläche ist indessen so flach wie das Schienbein. Die Belastung auf das Kniegelenk verteilt sich daher auf eine relativ große Fläche.

Bei der Beugung und Streckung im Kniegelenk gleiten die Menisken so hin und her, daß sie sich am besten an die Form der Oberschenkelknorren an-

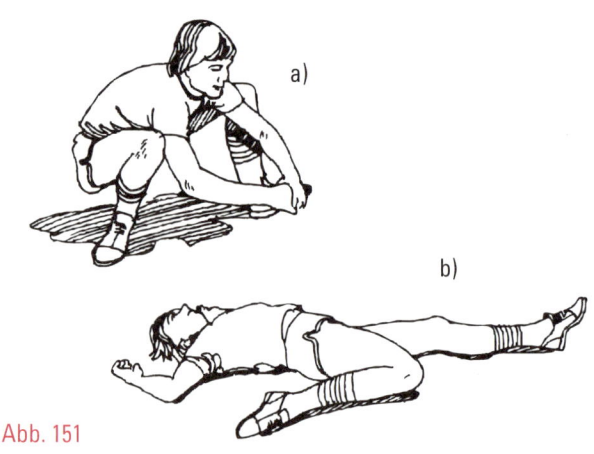

a)

b)

Abb. 151

passen. Da der innere Meniskus mit dem inneren Seitenband zusammengewachsen ist, wird er bei „unnatürlichen" Stellungen mit starker Belastung sehr leicht verletzt.

Eine sehr häufige Verletzungsursache ist, daß man zuerst eine Stellung einnimmt, in der das Knie gebeugt und der Unterschenkel nach außen gedreht ist. Wenn man dann das Kniegelenk nach innen beugt, wird das innere Band gedehnt und kann dabei den Meniskus, der zwischen Oberschenkel und Unterschenkel festsitzt, zerreißen. Aus diesem Grund sollte man Bewegungen vom Typ a) (in der Hocke hüpfen oder im Entengang gehen) sowie b) (zur Förderung der Beweglichkeit in der Hürdenstellung liegen) vermeiden (Abb. 151).

Auf folgende Weise kann man testen, wie der gerade Oberschenkelmuskel arbeitet:

Man steht mit aufrechtem Oberkörper auf einem Bein und hebt das andere Bein in eine waagrechte Lage (Abb. 154b). Wie weit kommt man mit dem Bein hoch? Sind die Muskeln an der Rückseite des Oberschenkels (s. S. 61) so weich, daß man das Bein strecken kann? Wie lange hält man in dieser Stellung aus? Ziemlich bald spürt man einen brennenden Schmerz im geraden Oberschenkelmuskel. Der Schmerz hat seine Ursache in der mangelhaften Sauerstoffversorgung bei statischer Arbeit.

Drei weitere große Muskeln setzen an der Kniescheibe an und strecken den Unterschenkel im Kniegelenk auf die gleiche Weise wie der gerade Oberschenkelmuskel (M. rectus femoris). Dies sind die sog. Vastusmuskeln (vastus = groß). Die Abbildung 153a–d zeigt ein rechtes Bein von vorn gesehen.

Gemäß PNF-Methode ist a) die absolut beste Stellung, um den geraden Oberschenkelmuskel zu dehnen (Abb. 154).

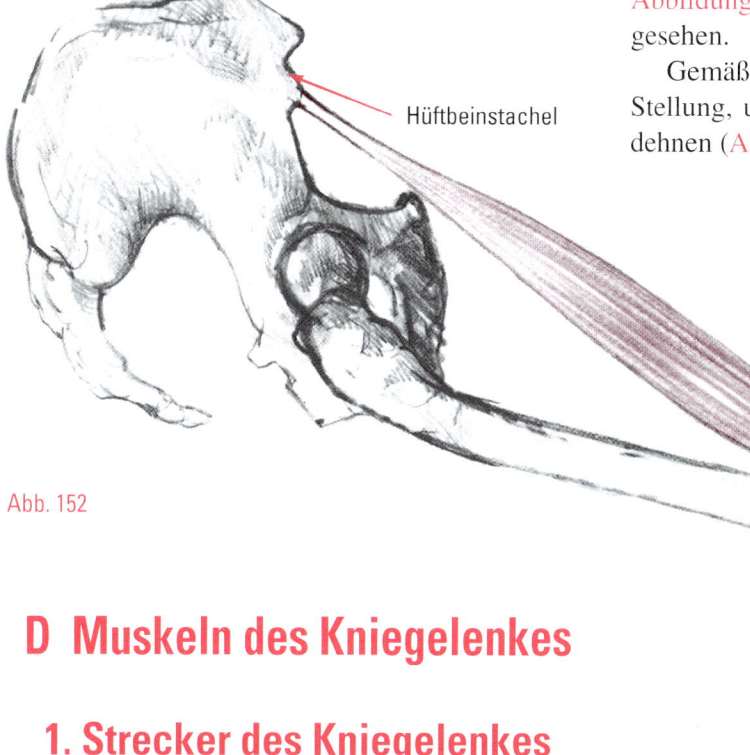

Hüftbeinstachel

Gerader Oberschenkelmuskel

Kniescheibe

Kniescheibenband

Rauhigkeit des Schienbeines

Abb. 152

D Muskeln des Kniegelenkes

1. Strecker des Kniegelenkes

Ursprung, Lage, Funktionsweise

Der gerade Oberschenkelmuskel (M. rectus femoris) hat seinen Ursprung am Becken und kann den Oberschenkel im Hüftgelenk beugen. Er setzt an der Kniescheibe an und kann mit Hilfe der kräftigen Sehne, die von der Kniescheibe zum Schienbein geht, den Unterschenkel im Kniegelenk strecken (Abb. 152).

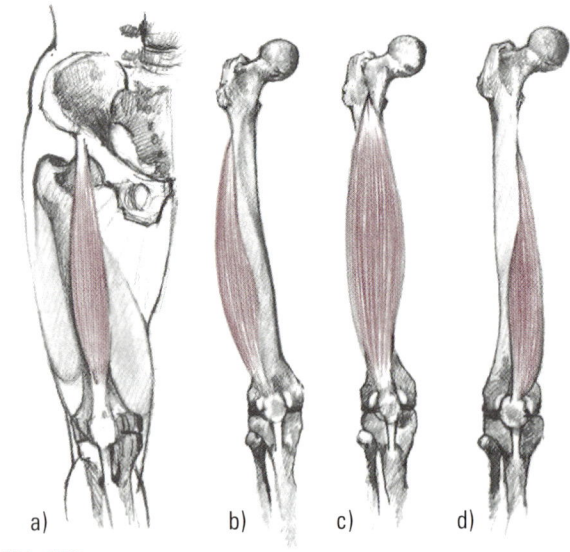

Abb. 153

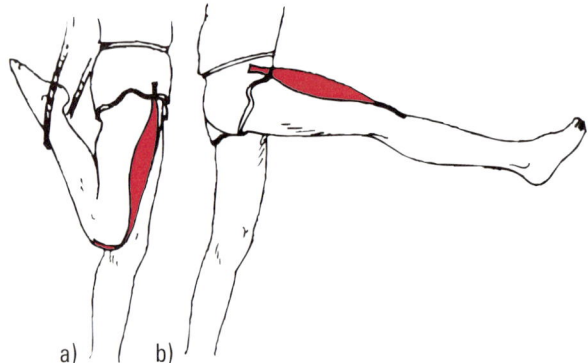

Abb. 154   a) Muskel maximal gedehnt, b) Muskel maximal verkürzt.

Ursprung der Muskeln in Abbildung 153:
a) Der gerade Oberschenkelmuskel (M. rectus femoris), Ursprung: Vorderer unterer Darmbeinstachel.
b) Der äußere Schenkelmuskel (M. vastus lateralis), Ursprung: Rückseite des Oberschenkelschaftes (Linea aspera).
c) Der mittlere Schenkelmuskel (M. vastus intermedius), Ursprung: Vorderseite des Oberschenkelschaftes.
d) Der innere Schenkelmuskel (M. vastus medialis), Ursprung: Rückseite des Schenkelbeinschaftes.

■ **Ansatzpunkt:** Die Muskelfasern finden ihren Ansatz hauptsächlich an der Kniescheibe. Die

Kniescheibe selbst setzt mit Hilfe des Kniescheibenbandes (Lig. patellae) an der Rauhigkeit des Schienbeines (Tuberositas tibiae) an (Abb. 152).

■ **Funktion:** Streckung des Beines bei konzentrischer Arbeit im Kniegelenk. Die Muskeln verhindern bei exzentrischer Arbeit eine Beugung im Kniegelenk.

Diese drei Vastusmuskeln werden zusammen mit dem M. rectus femoris *vierköpfiger Oberschenkelmuskel* (M. quadriceps femoris) genannt. Sie strecken das Bein im Knie und stabilisieren und steuern die Kniescheibe so, daß sie richtig in der Spur zwischen den Oberschenkelknorren gleitet.

Belastungsübungen

Bei den folgenden Übungen wird der M. quadriceps femoris belastet (Abb. 155):
a) Man lehnt mit einem 90°-Winkel in Hüfte und Kniegelenk mit dem Rücken an einer Wand. Der Muskel arbeitet statisch.
b) Man steht so, daß das Gewicht auf dem vorderen Fuß liegt, und hält das Knie des hinteren Beines in der Nähe der Achillesferse des vorderen Beines. Man spürt einen großen Unterschied, je nachdem, ob man absolut stillsteht (statische Belastung) oder ob man leicht auf und ab wippt (kurze Augenblicke der Entspannung und dadurch Blutzufuhr zu den Muskeln).
c) Man geht mit großen Schritten, wobei man bei jedem Schritt nach unten nachgibt. Das Gewicht des Oberkörpers soll dabei weit vorn über dem vorderen Fuß liegen. Beim Abbremsen wird der Muskel exzentrisch trainiert.
d) Man steigt an einer Bank oder an Teilen eines Sprungkastens auf und ab. Wenn die Rückenmuskulatur stark genug ist, kann man als zusätzliche Belastung Gewichte verwenden. Diese Übung trainiert den Muskel dynamisch (hauptsächlich konzentrisch).
e) Man springt aus der Grundstellung hoch (konzentrisch) und nimmt nach der Landung wieder diese Stellung ein (exzentrisch). Die Bewegung muß abgebremst werden, bevor man zu weit nach unten kommt, denn der Winkel im Kniegelenk darf nicht kleiner als 90° sein (s. Abb. 156 u. 157).

a)   b)   c)

d)   e)

Abb. 155

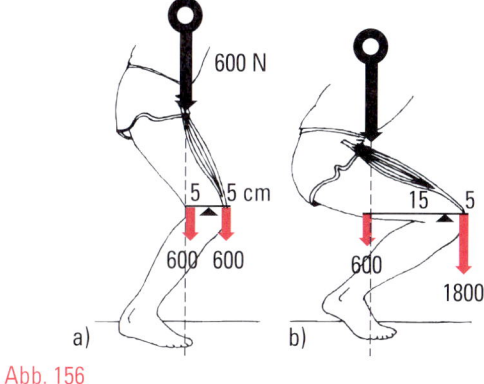

a)   b)

Abb. 156

Die Übungen a) bis e) führen bei gebeugtem Knie zur stärksten Belastung. Je weiter man in die Knie geht, desto größer wird die Belastung. Die Muskeln werden einer starken, jedoch ungefährlichen Beanspruchung ausgesetzt. Der Knorpel an der Rückseite der Kniescheibe kann allerdings verletzt werden, wenn man zu weit in die Knie geht. Die Erklärung dafür ist folgendermaßen: (Wie man die Muskelkräfte zeichnet und wie man sich ihre Wirkung auf Ursprung und Ansatzpunkt vorstellt, wird auf S. 45 beschrieben.)

Beispiele für Belastungen im Kniegelenk (Abb. 156):

a) Wenn man auf einem Bein steht (mit leicht gebeugtem Knie und dem Schwerpunkt 5 cm hinter der Bewegungsachse im Kniegelenk), müssen die Kniestrecker (M. quadriceps) so stark angespannt werden, daß man nicht in sich zusammensinkt und hinfällt. Gemäß dem Wippbrettprinzip muß die Muskelkraft exakt der Schwerkraft entsprechen, wenn der Hebelarm des Muskels zur Bewegungsachse auch 5 cm lang ist.

b) Beugt man sich tiefer, verlagert sich das Knie weiter nach vorn, der Muskel hat jedoch weiterhin einen Hebelarm von 5 cm. Im Beispiel b) muß die Muskelkraft 3 · 600 N betragen, da der Hebelarm der Schwerkraft dreimal so lang ist wie der des Muskels.

Bei einer sehr tiefen Kniebeuge muß die Muskelkraft eventuell vier- bis fünfmal so groß sein wie die Gewichtskraft des Körpers. Die Kraft, die die Kniescheibe in Richtung des Oberschenkels (Femur) nach oben zieht, kann also bis zu 3000 N betragen. Die Kniescheibe wird dabei von Kräften beeinflußt, die sie gemeinsam nach hinten auf den Femur drücken, und zwar mit einer Stärke, die bei kleinem Winkel beinahe doppelt so groß sein kann. In der Abbildung 157 beträgt sie z. B. 5000 N.

Das Risiko für Abnützungen am Knorpel ist sehr groß, wenn Übungen dieser Art regelmäßig wiederholt werden. Die Faustregel, niemals tiefe Kniebeugen mit zusätzlicher Belastung (Gewichte, Tempo, kurze Bremsstrecke) durchzuführen, sollte also wirklich befolgt werden. Aus den o. a. Rechenbeispielen geht hervor, daß die Belastung bei gestrecktem Knie gleich Null ist. Außerdem zeigen sie, daß die Belastung umso größer ist, je tiefer man in die Knie geht (Abb. 157).

Mit Hilfe der EMG (Elektromyographie = Messung der Muskelaktivität) hat man gezeigt, daß der innere Schenkelmuskel (M. vastus medialis) in der Endphase der Beinstreckung die größte Aktivität aufweist. Um diesen Teil der Kniestreckermuskulatur besonders zu trainieren, muß man Übungen

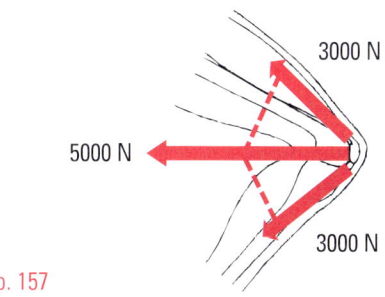

Abb. 157

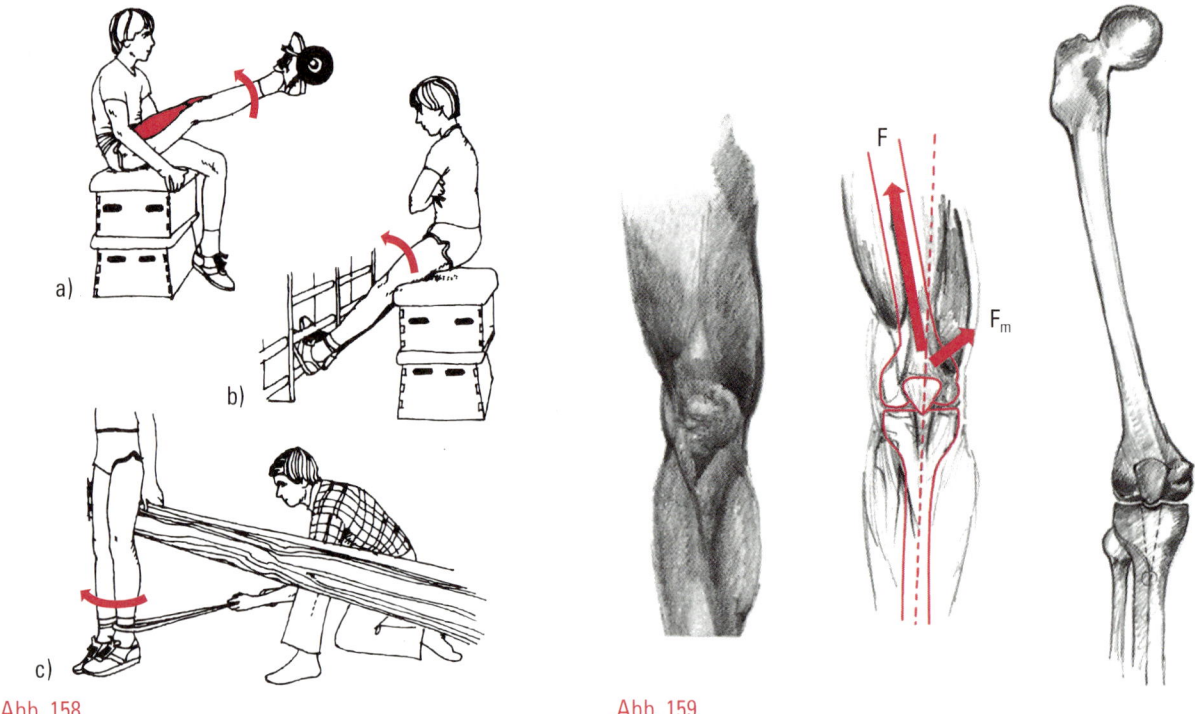

Abb. 158

Abb. 159

entwickeln, die das Bein dann am meisten belasten, wenn das Knie gestreckt ist. Die Übungen a) bis e) auf Seite 59 erfüllen diesen Zweck nicht.

Eine starke Belastung bei gestrecktem Knie ergibt sich jedoch bei folgenden Übungen (Abb. 158):

Alle drei Übungen belasten das Bein bei vollkommen gestrecktem Knie am stärksten (man hält das Knie zur statischen Belastung gestreckt). Sie stärken vor allem den inneren Schenkelmuskel (M. vastus medialis), der sehr wichtig für die Stabilität des Knies ist. Oberschenkelknochen und Schienbein bilden einen bestimmten Winkel zueinander. Die Kniescheibe wird vor allem aus der Richtung des Oberschenkels (gerader, innerer und äußerer Schenkelmuskel) beeinflußt. Sie soll jedoch entlang einer senkrechten Linie gleiten (s. Abb. 159).

Der innere Schenkelmuskel (M. vastus medialis), der in die Richtung des Kraftpfeiles F_m wirkt, soll die Kniescheibe daran hindern, daß sie nach außen gezogen wird und am äußeren Gelenkknorren „scheuert". Nach einer Knieverletzung wird dieser Muskel äußerst schnell geschwächt, und es ist daher das beste, ihn so bald wie möglich durch spezielle Belastungsübungen bei gestrecktem Knie wieder zu stärken.

Die Abbildung 160a–c zeigt einige relativ einfache Übungen, die sich besonders zur Kräftigung dieses Muskels nach Verletzungen eignen. Sie sind alle bei gestrecktem Knie am wirkungsvollsten.

a) Hier ist es das Eigengewicht des Unterschenkels, das der vierköpfige Schenkelstrecker (M. quadriceps femoris) überwinden muß. Mit Hilfe eines Sandsacks oder Gewichten an den Schuhen kann man die Belastung noch erhöhen.

b) Bei dieser Übung wird der Unterschenkel zusätzlich mit einem Gewicht belastet, das der M. quadriceps femoris heben muß. Die Belastung wird sogar noch erhöht, da die Muskeln an der Rückseite des Oberschenkels gedehnt werden und dadurch automatisch das Bein im Kniegelenk beugen wollen. Der Schenkelstrecker muß hier also einen noch größeren Widerstand überwinden als in a).

c) Im Gegensatz zur Übung b), die man im Liegen durchführt, kippt der Sitzbeinknorren bei dieser im Sitzen durchgeführten Übung nach hinten. Dadurch werden die Muskeln an der Rückseite des Oberschenkels noch mehr gedehnt. Die Übung c) ist also anstrengender als die Übung b) und belastet außerdem auch noch die Hüftbeugemuskulatur.

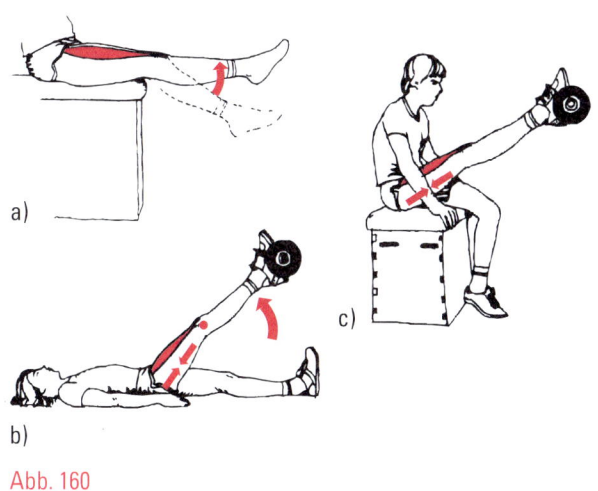

Abb. 160

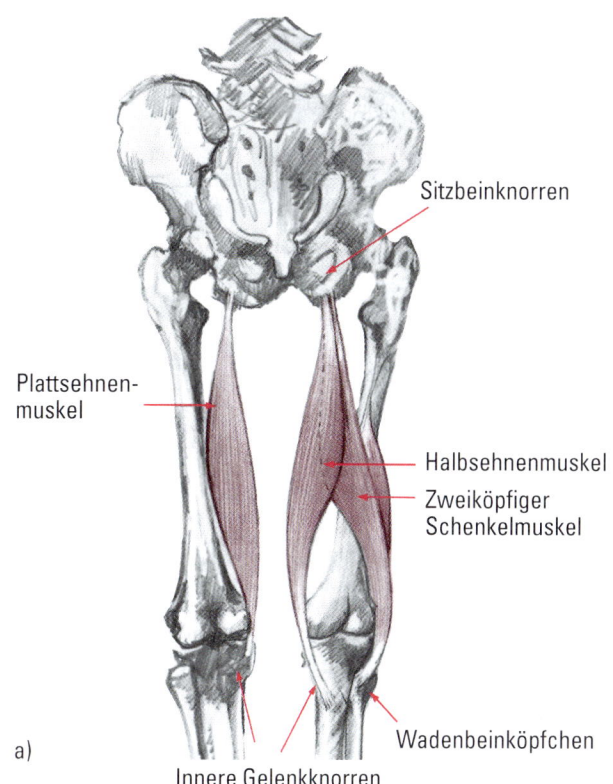

Sitzbeinknorren

Plattsehnen-
muskel

Halbsehnenmuskel

Zweiköpfiger
Schenkelmuskel

Wadenbeinköpfchen

a)

Innere Gelenkknorren

Ein durchtrainierter Elitesportler, wie z. B. ein Hochspringer, sollte das gestreckte Bein im Sitzen mit einem 15-kg-Gewicht am Fuß 45° über die Waagrechte hinaus heben können.

2. Beuger des Kniegelenkes

Ursprung, Lage, Funktionsweise

Um den Wert verschiedener Übungen für die Knie-streckermuskeln (Abb. 161) richtig einschätzen zu können, muß man deren Antagonisten, d. h. die Muskeln an der Rückseite des Oberschenkels, berücksichtigen. Sie alle strecken das Bein im Hüft-gelenk und beugen es im Kniegelenk. Sie haben den gemeinsamen Namen „ischiokrurale Muskeln". Es handelt sich um drei Muskeln, die vom Sitzbein (Os ischii) zum Unterschenkel (Os cruris) verlau-fen.

Alle drei Muskeln entspringen dem Sitzbein-knorren (Tuber ischiadicum). Der zweiköpfige Schenkelmuskel (M. biceps femoris) findet seinen Ansatz am Wadenbeinköpfchen (Caput fibulae) und kann den Unterschenkel so drehen, daß der Fuß nach außen gerichtet wird. Der Halbsehnenmuskel (M. semitendinosus) und der Plattsehnenmuskel (M. semimembranosus) setzen beide am inneren Gelenkknorren des Schienbeins (Condylus medialis tibiae) an und können daher den Unterschenkel nach innen drehen. Als Sammelbegriff verwendet man für diese drei Muskeln gerne das Wort „Ham-strings", was soviel wie Schinkenstrang bedeutet

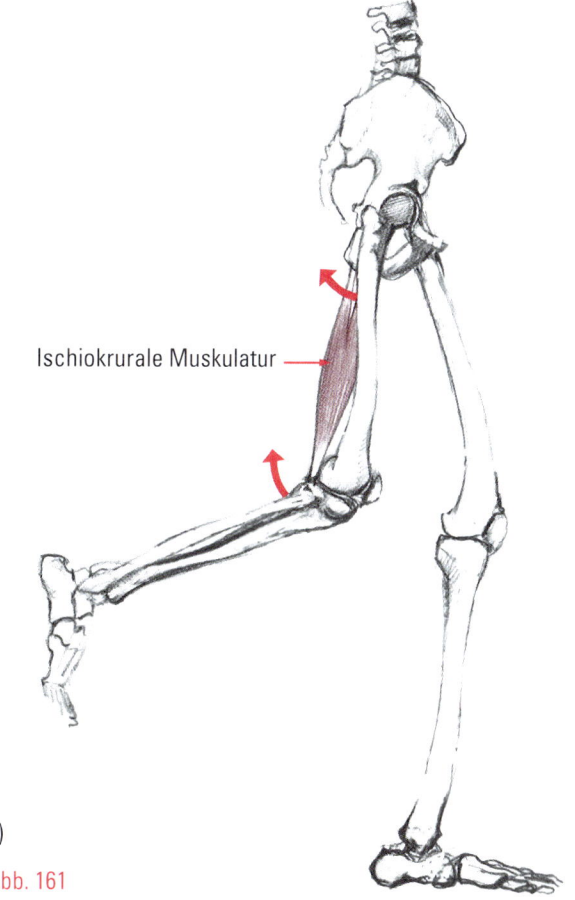

Ischiokrurale Muskulatur

b)

Abb. 161

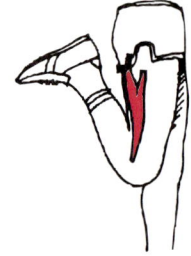 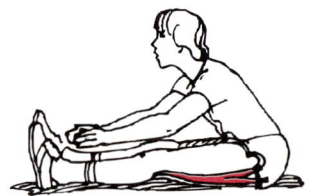

a) Maximal verkürzt   b) Maximal gedehnt

Abb. 162

und auf die Muskelsehnen, die an der Rückseite des Oberschenkels gut zu spüren sind, hinweist.

Der Abstand vom Ursprung bis zum Ansatzpunkt dieser Hüftstrecker- bzw. Kniebeugermuskulatur ist sehr unterschiedlich und hängt vom Winkel im Hüft- bzw. Kniegelenk ab (Abb. 162).

Verkürzte Muskeln an der Rückseite des Oberschenkels führen zur Unbeweglichkeit in der Hüfte. Das Unvermögen, das Becken nach vorne zu beugen, versucht man dann damit auszugleichen, daß man den Rücken im Lendenabschnitt nach vorn beugt. Viele Rückenbeschwerden haben ihre Ursache in zu kurzen „Hamstrings".

Beweglichkeitsübungen für die Kniebeuger

Die Abbildungen 163a–c zeigen einige Stellungen, in denen man mit Hilfe der PNF-Methode (s. S. 31) die Kniebeugemuskulatur dehnen kann.

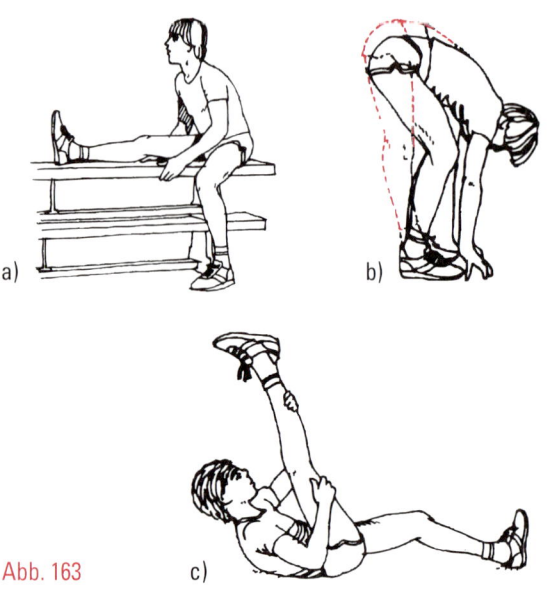

Abb. 163   c)

a) Man nimmt die gezeigte Stellung ein, ohne sich dabei im Lendenrücken nach vorn zu beugen. Der Rücken muß gerade gehalten werden. Stattdessen beugt man sich im Becken so weit nach vorn wie es die Oberschenkelmuskeln zulassen.

b) Man steht mit gebeugten Knien und berührt mit den Händen den Boden. Dann streckt man die Knie, bis man eine gewisse Spannung an der Rückseite des Oberschenkels spürt. Der Rücken wird durch das Aufstützen der Hände am Boden entlastet. Macht man die Übung abwechselnd mit je einem Bein, wird der Rücken durch die Stellung des gestreckten Beines noch mehr entlastet. Diese Übung eignet sich besonders für Personen, die bereits über relativ lange „Hamstrings" verfügen.

c) Man liegt auf dem Rücken und zieht das gestreckte Bein an die Brust.

Kraftübungen für die Kniebeuger

Die folgenden Übungen (Abb. 164) trainieren die Muskeln an der Oberschenkelrückseite kräftemäßig.

a) Ein Kamerad (oder ein Gewichtschuh oder ein Gummiband) leistet Widerstand, so daß man mit gleichmäßigen Vorwärts- und Rückwärtsbewegungen das Knie beugen (konzentrische Muskelarbeit) bzw. ein zu schnelles Strecken des Knies beim Zurückgehen verhindern kann (exzentrische Muskelarbeit). Der Widerstand darf dabei nicht so groß sein, daß man die Hüfte beugen muß, um genügend Kraft für die Bewegungen aufzubringen.

b) Durch eine Beugung der Hüfte mit Hilfe des Lenden-Darmbein-Muskels (M. iliopsoas), d.h. durch ein Nach-vorn-Strecken der Hüfte, erreicht man, daß sich der Abstand zwischen Sitzbeinknorren und Unterschenkel verlängert. Die Beugemuskeln sind also zum Knie hin verlängert und verfügen dadurch über ein größeres Kraftpotential (s. S. 17). Dies bedeutet, daß man den Lendenrücken gleichzeitig in einer ungünstigen Stellung belastet, was leicht zu Schmerzen führen kann. Man muß also die Hüfte nach unten drücken und die Belastung so weit begrenzen, daß man die Bewegung mit der Hüfte auf der Unterlage durchführen kann.

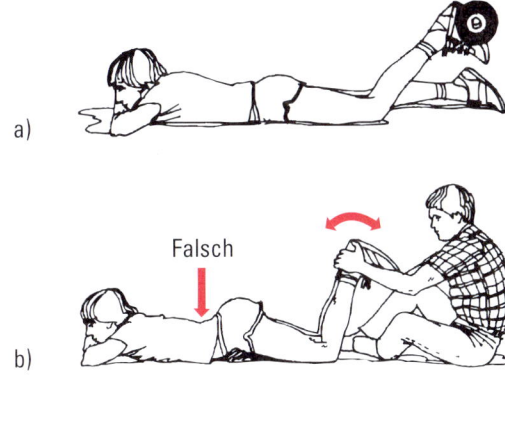

a)

Falsch

b)

Machen Sie einen flachen Rücken

c)

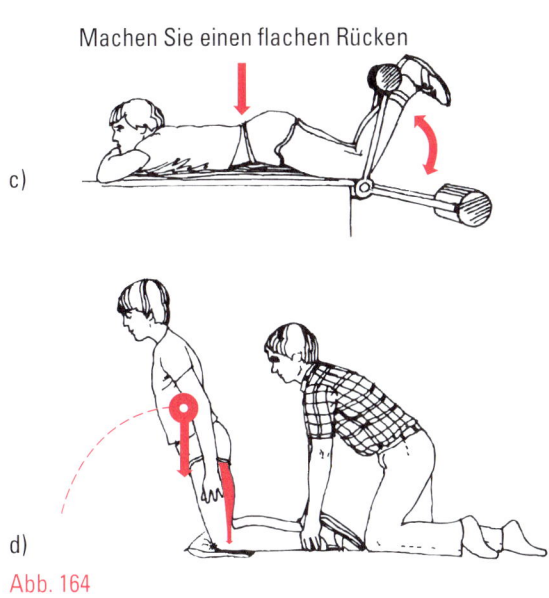

d)

Abb. 164

c) Das gleiche Krafttrainingsgerät, das man zum Training der Kniestrecker anwendet, ist auch für die Kniebeuger geeignet.

d) Sehr anstrengend ist eine Übung, bei der man, während die Unterschenkel festgehalten werden, auf einer weichen Unterlage kniet und den Oberkörper langsam nach vorn sinken läßt, um ihn anschließend wiederaufzurichten. Die Hüfte soll dabei gerade gehalten werden. Man sollte zunächst mit kleineren Bewegungen anfangen, da die Übung die Muskeln stark belastet und bei untrainierten Personen zu Krämpfen führen kann. Bei dieser Übung besteht die Belastung aus dem eigenen Körpergewicht. Je weiter man den Schwerpunkt des Rumpfes vor das Kniegelenk verlagert, desto größer ist das Drehmoment, gegen das die Kniebeugemuskeln ankämpfen müssen.

Zur Verbesserung der Koordination und Schnelligkeit der Muskeln an der Rückseite des Oberschenkels kann man z. B. mit kurzen, schnellen Schritten laufen und versuchen, dabei mit den Füßen das Gesäß zu berühren, oder schnell radfahren (im ersten Gang).

E Unterschenkel und Fuß

1. Unterschenkel

Der Wadenmuskel (M. triceps surae) stellt eine für die Elastizität beim Springen und Laufen äußerst wichtige Muskelgruppe dar. Er besteht aus drei Teilen (Abb. 165): a) dem Zwillingswadenmuskel (M. gastrocnemius) mit seinen zwei Ursprüngen an der Rückseite der Schenkelbeinknorren und b) dem Schollenmuskel (M. soleus), einem platten Muskel, der an der Rückseite des Unterschenkels entspringt. Diese drei Teile laufen in der am Fersenbein (Calcaneus) ansetzenden Achillessehne zusammen.

Der Zwillingswadenmuskel (M. gastrocnemius) beugt das Bein im Knie und wirkt so auf das Fußgelenk, daß man sich auf die Zehen stellen kann (Plantarflexion). Der Schollenmuskel ist nur an den Bewegungen im Fußgelenk beteiligt.

Die Wadenmuskeln werden kräftemäßig gut trainiert, wenn man mit dem vorderen Teil des Fußes 5 cm höher steht als mit der Ferse, sich dann auf die Zehen stellt, um sich anschließend wieder herabsinken zu lassen (Abb. 165c). Man kann diese Übung schnell viele Male hintereinander (dynamische Ausdauer) oder bei starker Belastung fünf- bis sechsmal (maximales Krafttraining) ausführen (s. S. 35). Beim Nach-oben-Drücken werden die Muskeln konzentrisch und beim Herabsinken exzentrisch trainiert. Während einer kurzen Zeitdauer – solange die Ferse den Boden berührt – können sich die Muskeln im ausgedehnten Zustand entspannen. Dadurch kommt es zu einem gewissen Dehnungseffekt.

Für ein reines Dehnungstraining der Wadenmuskeln kann man folgende Übung machen. Man stellt sich an eine Wand (d) oder beugt sich nach vorn (e) und stützt sich mit beiden Händen auf. Danach führt man das Bein mit der Ferse am Boden so weit wie möglich nach hinten. Der Muskel wird gemäß der PNF-Methode aktiviert, wenn man den vorderen Teil des Fußes einige Sekunden lang auf den Boden drückt. Man kann ihn aber auch z. B. gegen einen Baum pressen und sich gleichzeitig mit den Armen leicht nach vorn ziehen, so daß der Wadenmuskel gedehnt wird. Streckt man dabei die Knie, dehnt man den M. gastrocnemius (d, e, f). Beugt man die Knie, dehnt man den M. soleus (g). Letzteres wird jedoch oft versäumt, was zur Folge hat, daß die Wadenmuskeln weiterhin steif sind und Zug ausüben.

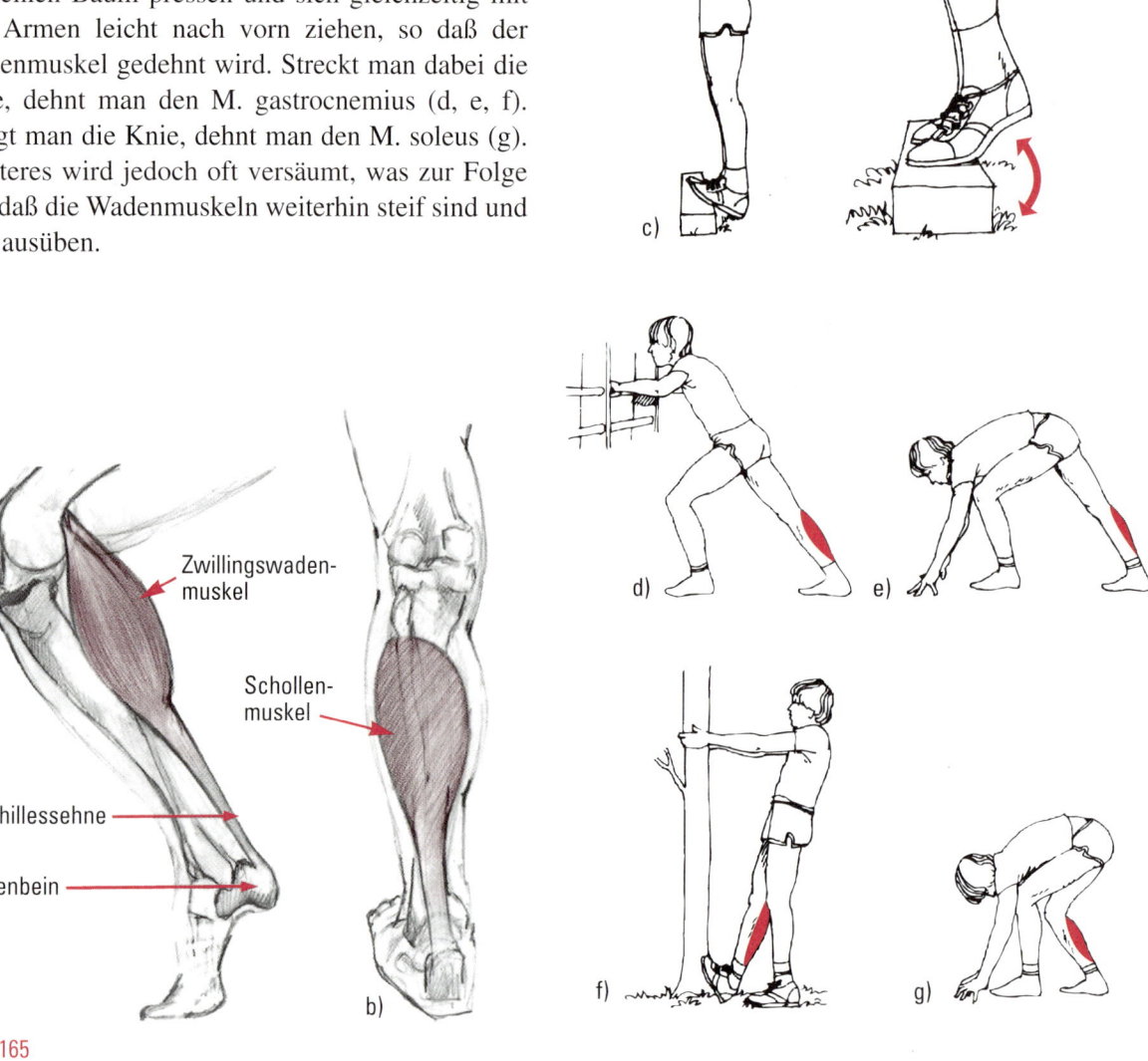

Zwillingswaden-muskel

Schollen-muskel

Achillessehne

Fersenbein

a)

b)

c)

d)

e)

f)

g)

Abb. 165

2. Fuß

Verkürzte Wadenmuskeln können die Ursache dafür sein, daß der Fuß eine Stellung einnehmen möchte, bei der die Zehen nach unten zeigen (Abb. 166). Jene Muskeln, die an der Vorderseite des Beines zwischen Schienbein und Wadenbein sitzen (s. S. 67) und den Fuß nach oben ziehen, müssen in diesem Fall ständig mit erhöhter Spannung arbeiten, damit der Fuß in der Normalstellung gehalten wird. Dieser Spannungszustand kann, vor

allem nach ausgiebigem Training oder Laufen auf harter Unterlage, zu Schmerzen an der Vorderseite des Unterschenkels führen (s. S. 67 u. 68).

Betrachtet man genauer, wie die Achillessehne am Fersenbein sitzt, versteht man, wie mechanisch korrekt die Muskeln im Körper angeordnet sind. Würde die Achillessehne wie in Abbildung 167a ansetzen, würde sich die Wirkung des Hebelarmes, d.h. die Fähigkeit, das Fußgelenk zu drehen, fortlaufend verschlechtern, je mehr man auf den Zehen steht (l_1 vermindert sich zu l_2).

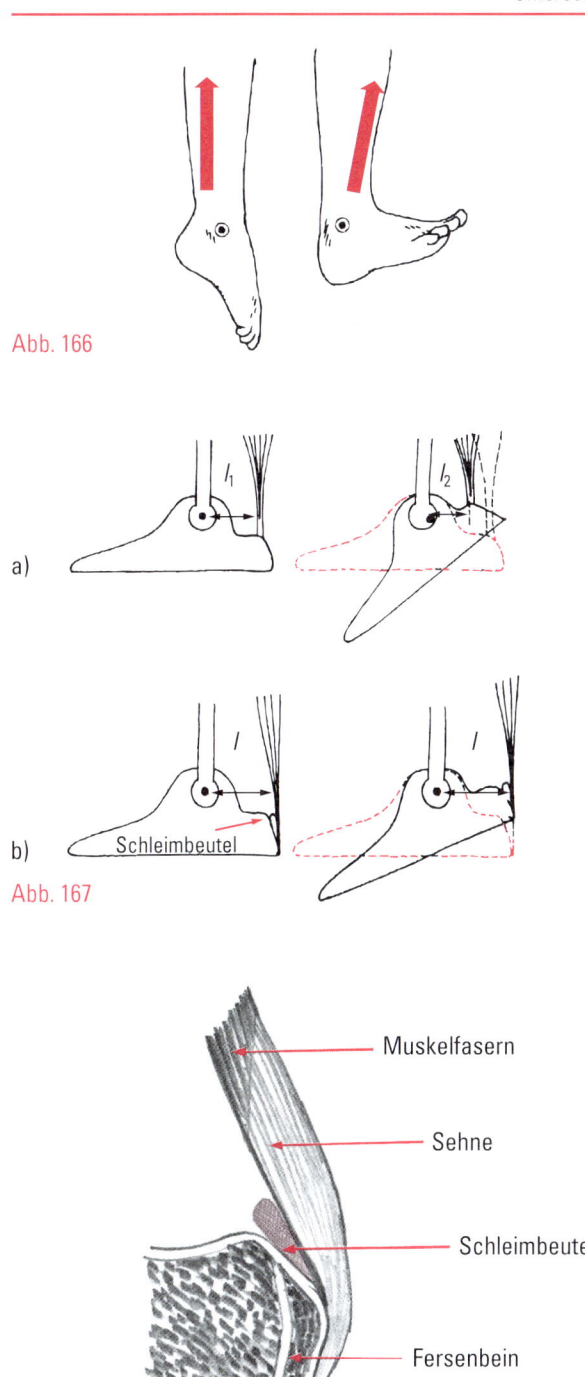

Abb. 166

a)

b) Schleimbeutel

Abb. 167

Muskelfasern

Sehne

Schleimbeutel

Fersenbein

Abb. 168

Da die Achillessehne jedoch ganz unten am Fersenbein ansetzt (Abb. 167b), behält der Hebelarm *l* seine Länge ungefähr bei, und zwar unabhängig davon, ob man auf dem ganzen Fuß steht oder auf den Zehen.

Durch einen Schleimbeutel, der zwischen der Sehne und dem Knochen liegt, wird vermieden, daß die Sehne am Fersenbein scheuert (Abb. 168).

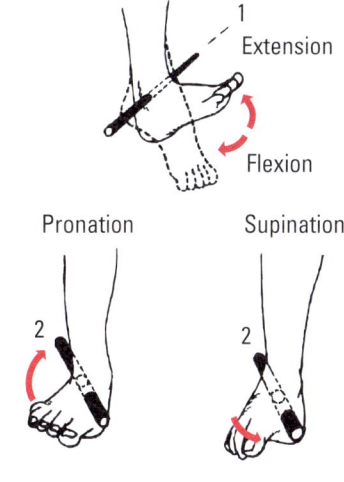

Extension

Flexion

Pronation   Supination

Abb. 169

Bewegungen des Fußes

Der Fuß kann sich um zwei Achsen bewegen (Abb. 169). Die Bewegungen um die Achse 1 werden Flexion und Extension genannt, die Bewegungen um die Achse 2 Supination und Pronation.

Skelett des Fußes

Das Fußskelett wird in Fußwurzelknochen (Ossa tarsi), Mittelfußknochen (Ossa metatarsalia) und in Zehenknochen (Ossa digitorium pedis) eingeteilt (Abb. 170).

Extension und Flexion finden zwischen dem Sprungbein (Talus) und der vom Schienbein (Tibia) und Wadenbein (Fibula) gebildeten Gabel statt. Dieses Gelenk heißt oberes Sprunggelenk.

Supination und Pronation finden zwischen dem Sprungbein, dem Kahnbein und dem Fersenbein (Talus, Os naviculare, Calcaneus) statt. Dieses Gelenk heißt unteres Sprunggelenk.

Supination und Pronation finden gleichzeitig an mehreren Gelenkflächen, die das untere Sprunggelenk bilden, statt.

Die Bewegungen im oberen bzw. im unteren Sprunggelenk sind voneinander unabhängig und werden gewöhnlich von Muskeln gesteuert. Wenn die Muskeln zu ausladende Bewegungen nicht verhindern können, weil sie zu schwach sind oder nicht schnell genug reagieren, werden die Gelenke letztlich durch die Bänder des Fußes geschützt.

Die Bänder entspringen den beiden Fußknöcheln (den Maleolen) und verteilen sich fächerartig

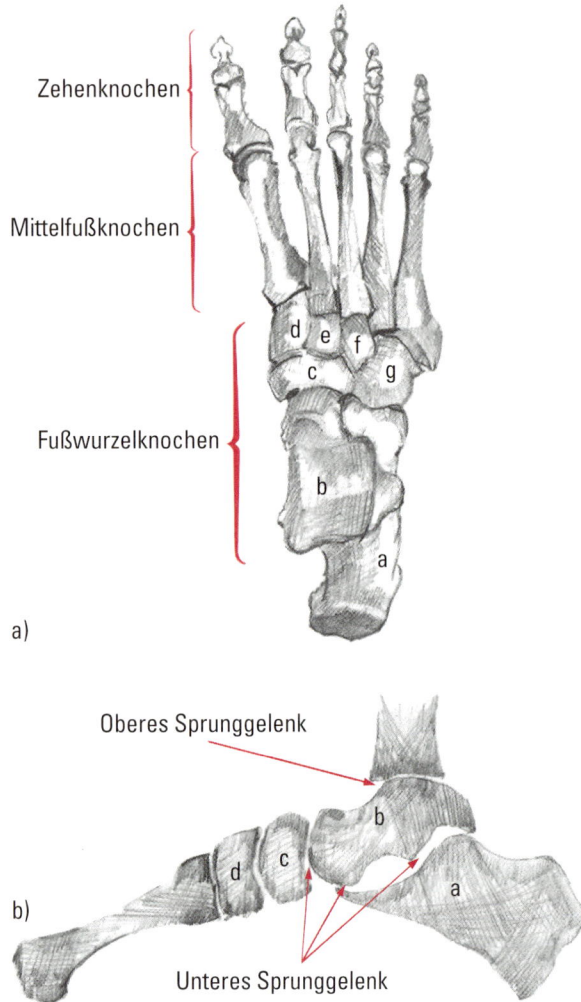

Zehenknochen

Mittelfußknochen

Fußwurzelknochen

a)

Oberes Sprunggelenk

b)

Unteres Sprunggelenk

Abb. 170
Fußwurzelknochen:
a = Fersenbein (Calcaneus)
b = Sprungbein (Talus)
c = Kahnbein (Os naviculare)
d, e, f = Keilbein (Os cuneiforme)
g = Würfelbein (Os cuboideum),

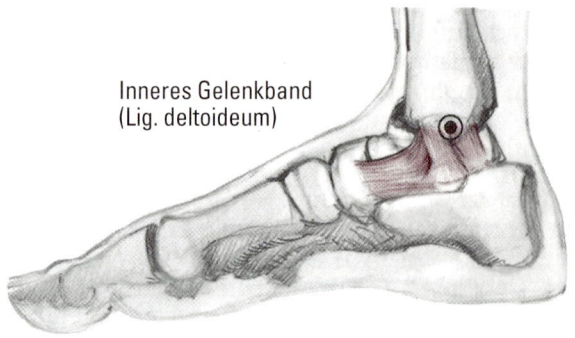

Inneres Gelenkband
(Lig. deltoideum)

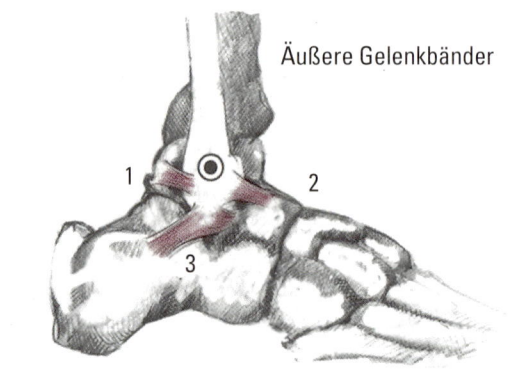

Äußere Gelenkbänder

Abb. 171

nach unten in Richtung der zu den Gelenken gehörenden Fußwurzelknochen. Das Ligament auf der Innenseite des Fußes, das sog. Deltaband (Lig. deltoideum) kommt also vom unteren Teil des Schienbeines (Tibia) und setzt am Fersen-, Sprung- und Kahnbein an. An der Außenseite des Fußes, d.h. vom äußeren Knöchel des Unterschenkels (Fibula) kommend, liegen drei getrennt verlaufende Bänder. Eines geht nach vorn und setzt am Sprungbein an, ein anderes zieht nach unten zum Fersenbein und das dritte verläuft nach hinten zum Sprungbein (Abb. 171).

Der Ursprung des inneren Bandes liegt auf der Bewegungsachse ⊙. Das Band ist daher ständig gespannt. Der Ursprung der äußeren Bänder liegt indessen unterhalb der Bewegungsachse. Daraus ergibt sich, daß das hintere Band bei angewinkeltem Fuß und das vordere Band bei gestrecktem Rist gespannt ist. Bei Verletzungen können entweder Teile des Bandes oder das gesamte Band reißen. Oft hält jedoch das Band, stattdessen werden Teile des Fußknöchels ausgerissen.

Muskeln des Fußes

Die wichtigsten Muskeln der Flexorengruppe (s. S. 63) sind die Wadenmuskeln (M. triceps surae). Sie werden jedoch von den Muskeln, deren Sehnen man hinter den Fußknöcheln erkennen und fühlen kann, unterstützt. Die wichtigsten Muskeln der Extensorengruppe (1, 2, 3 in Abb. 172) liegen an der Vorderseite des Beines zwischen Schien- und Wadenbein. Ihre Sehnen sind auf dem Fußrücken direkt am Schienbein gut zu spüren. Für die Pronation sind vor allem die zwei Muskeln, deren Sehnen man unter dem äußeren Knöchel fühlen kann (4, 5), verantwortlich. Die Supination wird vor allem von den drei Muskeln, deren Sehnen hinter und unter dem inneren Knöchel vorbeiziehen (7, 8, 9), ermöglicht. Die Abbildung 173 zeigt, in welchem Verhältnis sie zu den Bewegungsachsen liegen.

Die Ziffern in den Abbildungen 172, 173 und 175 weisen auf die folgenden Muskeln hin.

1 Vorderer Schienbeinmuskel
   (M. tibialis anterior)
2 Langer Großzehenstrecker
   (M. extensor hallucis longus)
3 Langer Zehenstrecker
   (M. extensor digitorum longus)
4 Langer Wadenbeinmuskel
   (M. peronaeus longus)
5 Kurzer Wadenbeinmuskel
   (M. peronaeus brevis)
6 Dreiköpfiger Wadenbeinmuskel
   (M. triceps surae)
7 Langer Grohzehenbeuger
   (M. flexor hallucis longus)
8 Langer Zehenbeuger
   (M. flexor digitorum longus)
9 Hinterer Schienbeinmuskel
   (M. tibialis posterior)

Für die Beschreibung des Fußes und dessen Funktion ist der Begriff Fußgewölbe wichtig (Abb. 174). Man unterscheidet zwischen:

I. dem inneren (medialen) Fußgewölbe, das auch *Bewegungsbogen* genannt wird,
II. dem äußeren (lateralen) Fußgewölbe, das auch *Stützbogen* genannt wird,
III. dem *Quergewölbe* (oder vorderen Fußgewölbe).

Bei einem Laufschritt folgt die Belastung dem Stützbogen. Achten Sie auf die Abnützung eines Laufschuhes an der Fersenaußenseite bzw. am Großen Zehen. Die Federung findet indessen in den übrigen Gewölben statt. Sie werden von den *Bändern*, der *keilförmigen Konstruktion des Fußes* und den *Muskeln* getragen. Abweichungen vom normalen Aussehen können sich in zu hohen (selten) oder in zu niedrigen Gewölben (Plattfuß) äußern. Letzteres kann dadurch hervorgerufen werden, daß die Bänder durch zu starke Belastung (regelmäßiges Laufen auf harter Unterlage ohne Stütze für die Fußwölbung) gedehnt wurden oder daß die Muskelkraft sich unharmonisch auf die verschiedenen Muskeln verteilt. Die Strukturen, die auf den Bewe-

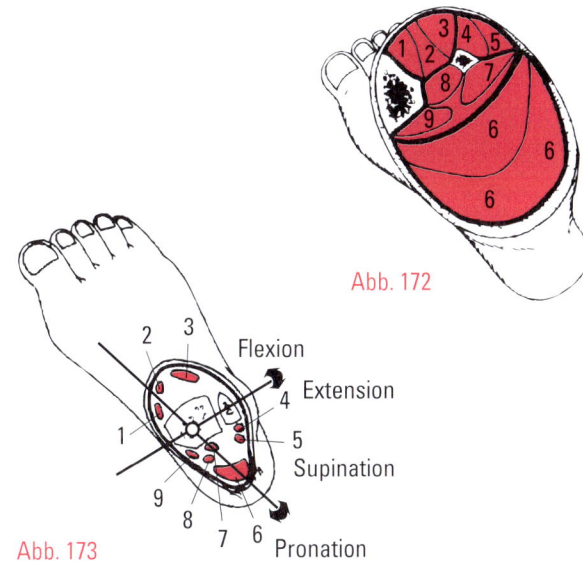

Abb. 172

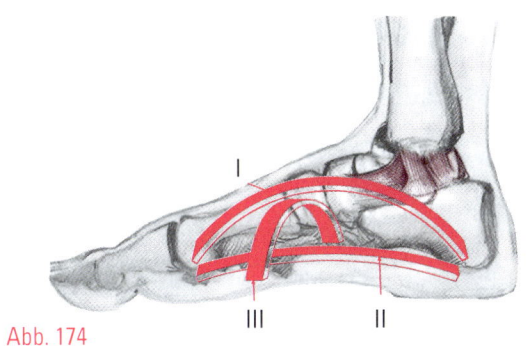

Abb. 173

Flexion
Extension
Supination
Pronation

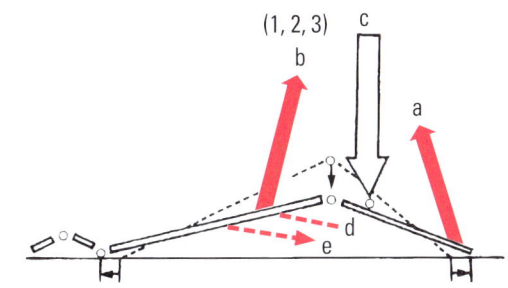

Abb. 174

Abb. 175
a = Wadenmuskeln –
b = Extensormuskeln –
c = Belastung auf den Fuß –
d = Band in der Fußsohle +
e = Fußsohlenmuskel +

gungsbogen wirken, sind in Abbildung 175 dargestellt. Die mit + markierten Strukturen neigen dazu, das Fußgewölbe (Bewegungsbogen) zu heben, die mit – markierten neigen dazu, es zu senken.

Bei Verletzungen des Fußes sind meistens die äußeren Bänder betroffen. Man verletzt sich, weil man aus irgendeinem Grund schief aufgetreten ist. Die meisten Verletzungen können jedoch durch richtiges Schuhwerk vermieden werden. Abgenützte Schuhe (an der Fersenaußenseite) sind oft die Ursache, aber auch Nadelfilzteppiche, bei denen die Reibung so groß ist, daß der Schuh beim geringsten Kontakt mit der Unterlage hängenbleibt. Muskeln, die den Fuß nach außen drehen und die gleichzeitig eine pronierende Wirkung haben, d. h. den Außenrand des Fußes heben, damit der Schuh sich nicht zu früh am Boden festhakt, sind der kurze und lange Wadenbeinmuskel (M. fibularis longus und brevis: 4 und 5). Die Stärke und Reaktionsschnelligkeit dieser Muskeln ist äußerst wichtig. Man kann sie und ihre Antagonisten auf der Innenseite (7, 8, 9) kräftemäßig trainieren, indem man Übungen macht, bei denen man sich auf die Zehen stellt (Abb. 176). Steht man a) mit den Zehen stark nach innen gerichtet und geht nach oben, während man die Balance auf der Außenseite des Fußes hat, sind die Muskeln 7, 8 und 9 angesprochen. Steht man b) mit den Zehen nach außen gerichtet, sind die Muskeln 4 und 5 betroffen (Abb. 177).

Die Schnelligkeit und das Koordinationsvermögen der Muskeln trainiert man, wenn man auf einem wackeligen Gegenstand steht und versucht die Balance zu halten.

Man kontrolliert und trainiert die Fähigkeit, die Stellung des Fußes minimal zu regulieren, indem man mit gebeugtem Knie auf einem Bein steht, die Arme seitwärts herabhängen läßt und die Augen schließt. Die Balance eines Beines, das kurz zuvor verletzt war, ist immer erheblich schlechter, weil die Feinmotorik der Muskeln noch nicht wiederhergestellt ist. Das Risiko für neue Verstauchungen ist sehr groß, wenn man nicht frühzeitig damit beginnt, die Motorik durch spezielles Training wieder aufzubauen.

Knochenhautentzündung

Von einer sog. Knochenhautentzündung werden die meisten Sportler irgendwann einmal betroffen. Die Muskeln, die den Fuß heben (1, 2, 3), sitzen alle an der Vorderseite des Beines zwischen Schien- und Wadenbein und sind von einer Faszie (sog. Bindegewebshaut, Abb. 172) umgeben. Der innere, zwischen Tibia und Fibula liegende Teil der Faszie (Membrana interossea) stellt für gewisse Teile der Muskeln den direkten Ursprung dar. Die restlichen Muskelteile entwachsen direkt den Knochenwänden, wobei sie die in engem Kontakt mit der Faszie stehende Knochenhaut passieren.

Die Knochenhaut (Periost) kann sich aufgrund der Zugkraft der Muskeln oder zu hoher Spannung in der durch die Knochenhaut hindurch am Knochen ansetzenden Faszie vom Knochen lösen. In den winzigen Hohlräumen, die dabei zwischen der losgelösten Knochenhaut und dem Knochen entstehen, kommt es zu kleinen Blutungen und Entzündungen (Periostitis).

Wie bereits früher erwähnt, wird man besonders dann von einer Knochenhautentzündung betroffen, wenn man viel läuft. Setzt man das Lauftraining fort, ohne den Abnützungen Zeit zur Heilung zu geben, wird der Heilungsprozeß erschwert. Schmerzen können auch auftreten, wenn der Sportler sein Training plötzlich ausbaut oder die Unterlage wechselt. Die von der Faszie umschlossene Muskulatur kann sich dabei volumenmäßig mehr vergrößern (mit Blut gefüllt werden), als die Faszie es zuläßt. Durch die dabei entstehenden Spannungen kommt es zu Schmerzempfindungen, die denen einer Knochenhautentzündung ähneln. Einen solchen erhöhten Druck in einem der Muskelfächer nennt man „closed compartment syndrome".

Chirurgisch kann man schwere Fälle der Druckerhöhung erfolgreich behandeln, indem man die Muskelfaszie durch einen längsverlaufenden Schnitt zwischen Tibia und Fibula an der Vorderseite des Beines spaltet. Dadurch nimmt die Spannung im vorderen Muskelfach ab.

Ein Leiden, das der Knochenhautentzündung ähnelt, kann entstehen, wenn man auf einer allzu harten Unterlage läuft. Die bei jedem Schritt auftretenden schnellen und starken Belastungen können im schlimmsten Fall zu winzig kleinen Rissen in

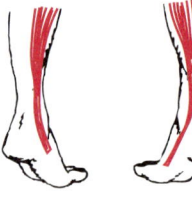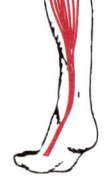

Abb. 176

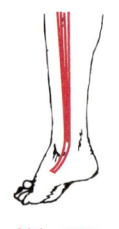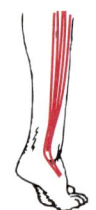

Abb. 177

der äußeren Lamellenschicht des Knochens führen. Dieses Leiden heilt wesentlich schlechter als eine gewöhnliche Knochenhautentzündung.

Schlechte Schuhe beim Laufen führen dazu, daß das innere Fußgewölbe bei jedem Schritt zu stark zusammensinkt. Der vordere Schienbeinmuskel (1), der an der Fußwölbung ansetzt, sinkt dadurch nach unten und zieht zu stark an seinem Ursprungsbereich. Dies geschieht vor allem dann, wenn man beim Laufschritt den *ganzen Fuß* auf den Boden setzt, anstatt den Boden zuerst mit der Ferse zu berühren. Der Schuh muß im Bereich der Fußwölbung aufgepolstert sein, damit ein Absinken des Fußgewölbes verhindert wird.

Anatomie und Funktion des Rumpfes

A Wirbelsäule

Die Wirbelsäule (Columna vertebralis) besteht aus 7 Halswirbeln (Vertebra cervicalis), die mit C1–C7 bezeichnet werden, 12 Brustwirbeln (Vertebra thoracica) Th1–Th12 sowie 5 Lendenwirbeln (Vertebra lumbalis) L1–L5 (Abb. 178).

Zwischen jedem Wirbel (Abb. 179 u. 180) liegt eine Faserknorpelscheibe (Anulus fibrosus) (1) mit einem weichen Kern in der Mitte (Nucleus pulposus) (2). Scheibe und Kern bilden zusammen eine Art Stoßdämpfer und werden Zwischenwirbel- oder Bandscheibe genannt. Die Dicke der Zwischenwirbelscheibe macht ungefähr ein Drittel der Höhe des Wirbelkörpers aus. Legt man zwei Wirbelkörper aufeinander, bilden sich Löcher an den Seiten (Foramen intervertebrale) (3), durch die die vom Rückenmark (4) kommenden Nerven die verschiedenen Körperteile erreichen können.

Ein einzelner Wirbel setzt sich aus den in Abbildung 181 dargestellten, charakteristischen Teilen zusammen:

- Wirbelkörper (Corpus vertebrae) (a)
- Wirbelbogen (Arcus vertebrae) (b)
- Wirbelloch (Foramen vertebrale) (c)
- Querfortsatz (Processus transversus) (d)
- Dornfortsatz (Processus spinosus) (e)
- Gelenkfortsatz (Processus articularis) (f)

Ein Überstrecken der Wirbelsäule nach hinten wird durch das Aneinanderstoßen der Dornfortsätze und durch die Spannung in dem langen, an der Vorderseite der Wirbelsäule verlaufenden Band (1) (Ligamentum longitudinale anterius) verhindert (Abb. 182).

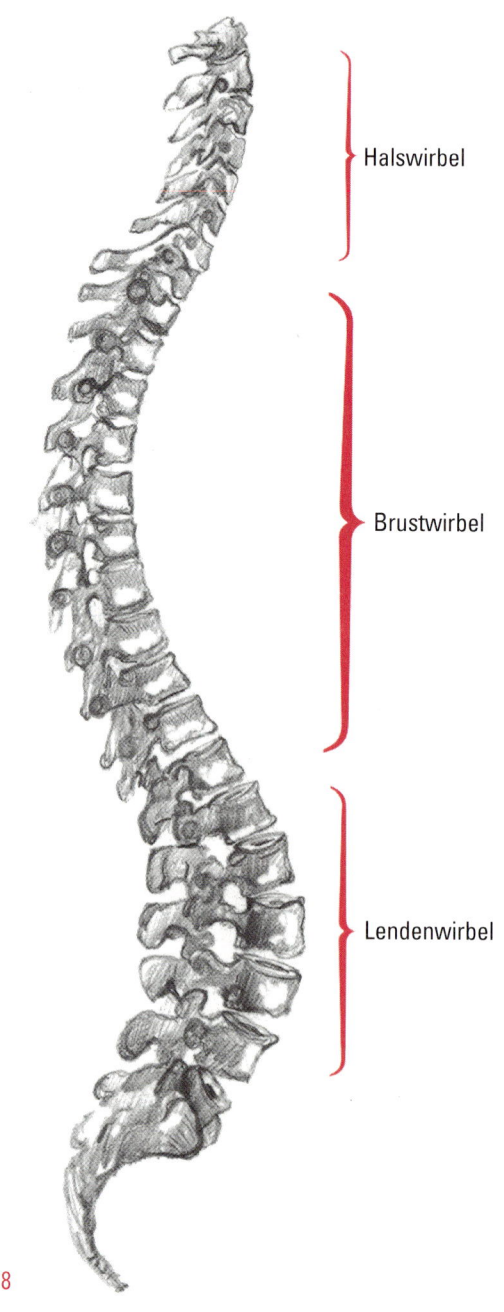

Halswirbel

Brustwirbel

Lendenwirbel

Abb. 178

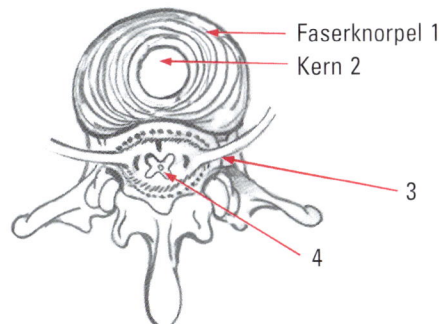

Faserknorpel 1
Kern 2
3
4

Abb. 179 Wirbel von oben gesehen.

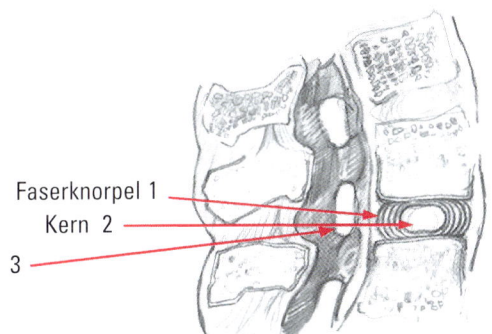

Faserknorpel 1
Kern 2
3

Abb. 180 Wirbelsäule von der Seite gesehen.

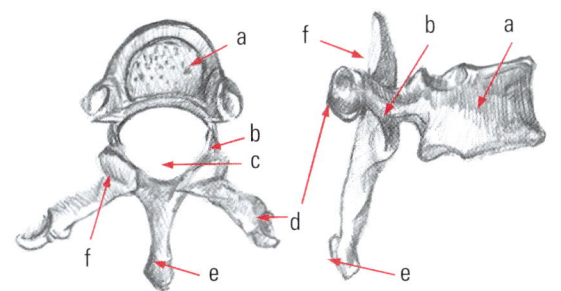

Abb. 181 Wirbel. Links: von oben, rechts: von der Seite gesehen. Erklärung der einzelnen Teile s. Text.

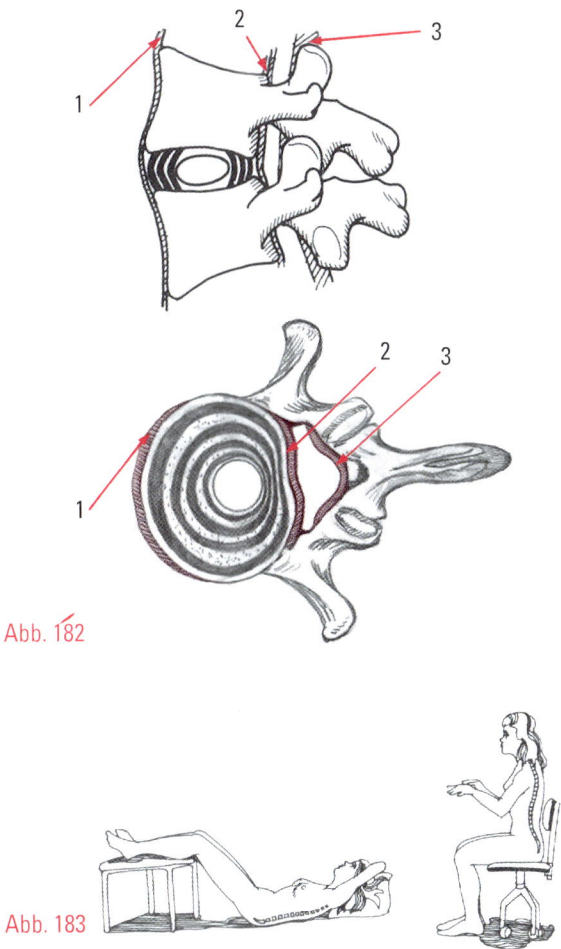

Abb. 182

Abb. 183

Einer Beugung nach vorn arbeiten teils die Rückenmuskeln, teils das elastische Band (3), das zwischen den hinteren Teilen der Wirbelbögen verläuft (Lig. flavum), und teils das Band, das entlang der Rückseite der Wirbelkörper (d. h. im vorderen Teil des Wirbelloches) verläuft, entgegen. Dieses Band (2) heißt Lig. longitudinale posterius.

Rückenbeschwerden beim Sport entstehen meist durch zu starke oder schiefe Belastung oder durch zu schnelle Bewegungen in der Nähe einer Endstellung.

Rückenbeschwerden bei Nichtsportlern beruhen meist auf einer schlechttrainierten Rückenmuskulatur (sowie Bein- und Bauchmuskulatur), einer Abnützung durch häufiges einseitiges Heben, einer sitzenden oder nach vorn gebeugten Arbeitshaltung. Der Druck in den Zwischenwirbelscheiben variiert je nach Körperstellung und äußerer Belastung. Am geringsten ist der Druck im Lendenrücken beim Liegen mit angezogenen Knien (Abb. 183), so daß der M. iliopsoas nicht am Rückgrat zieht (und damit den Druck auf die Zwischenwirbelscheiben verstärkt, s. Abb. 188, 189). Beim Sitzen ist der Druck auf die Zwischenwirbelscheiben größer als beim Stehen, was viele nicht wissen!

Dies hat seine Ursache darin, daß die Rückenmuskeln beim Sitzen härter arbeiten müssen (statisch) als beim Stehen. Der Druck in den Zwischenwirbelscheiben hängt von der über ihnen liegenden Gewichtskraft des Körpers (F_{mg}) sowie von der Kraft (F), mit der sich die benachbarten Muskeln zusammenziehen, ab (Abb. 184).

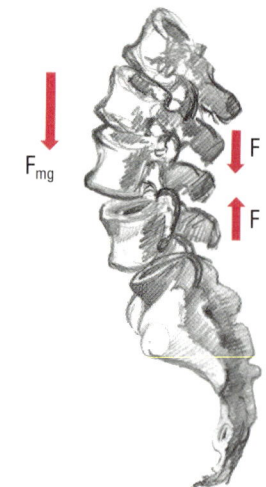

Die zusammenpressende Kraft in der Abbildung 184 wird von F + F_{mg} gebildet. Den Druck (P) errechnet man, indem man die Kraft durch die Fläche der Zwischenwirbelscheibe dividiert. Bei einem Erwachsenen hat die Zwischenwirbelscheibe L3 eine Fläche von etwa $10\,cm^2$. Die Zwischenwirbelscheibe eines jungen Menschen kann mit 800 kg bzw. 8000 N belastet werden. Bei älteren Menschen hat sich indessen die Fähigkeit, Belastungen zu ertragen, um die Hälfte vermindert. Eine junge, unbeschädigte Zwischenwirbelscheibe kann also einen Druck von $800\,N/cm^2$ ertragen. (Vergleichen Sie diese Zahlen mit jenen auf Seite 74 u. 75.)

Wenn man etwas Schweres trägt, steigt natürlich der Druck in den Zwischenwirbelscheiben. Unsymmetrische Belastungen führen zu einem höheren Druck als symmetrische (s. S. 75). Hängt man an einer Sprossenwand, entlastet man den Rücken, da der Druck in den Zwischenwirbelscheiben abnimmt. Die beste Wirkung erzielt man, wenn man *mit aufgestützten Füßen* und gebeugter Hüfte „*hängt*" (M. ilipsoas entspannt = gerader Rücken) (Abb. 185).

Falsch

Richtig

Als Kuriosum kann man erwähnen, daß bei sehr langen und starken Belastungen eine gewisse Menge Flüssigkeit aus dem Kern herausgepreßt wird, wodurch die Körperlänge abnimmt. Ein Gewichtheber kann z.B. nach einem harten Trainingsdurchgang um einige cm kleiner sein. Frühmorgens sind die Zwischenwirbelscheiben etwas dicker als nach einem anstrengenden Tag. Man ist infolgedessen beim Aufstehen etwas länger als wenn man zu Bett geht.

Die Körperlänge eines Menschen nimmt ab, wenn man älter wird, und zwar vorwiegend, weil die Zwischenwirbelscheiben aufgrund des Gewebeabbaus schrumpfen.

Rückenschmerzen können vielerlei Ursachen haben. Der fasrige Teil der Zwischenwirbelsäule kann z. B. springen, wodurch die weiche Masse nach hinten gedrückt und somit das Band, das an der Rückseite der Wirbelkörper entlang des Rückenmarkkanals verläuft, gedehnt wird. Dehnt man das Band, strahlen die schmerzempfindlichen Zellen im Band Schmerzen aus. (In der gesprungenen Zwischenwirbelscheibe selbst gibt es keine schmerzregistrierenden Nerven.) Diese Art von Schmerzen kann vorübergehen, wenn man Belastungen des Rückens durch schweres Heben, nach vorn gebeugte Arbeitshaltung oder durch vieles Sitzen vermeidet. Wenn der weiche Kern zu weit nach hinten gepreßt wird (Abb. 187), kann er auf die Nervenwurzel drücken, die durch das Zwischenwirbelloch nach außen verläuft. Man empfindet dabei Schmerzen in den Muskeln, die mit diesem Nerv in Verbindung stehen. Man kann also z. B. Schmerzen in der Schulter haben, wenn eine Zwischenwirbelscheibe zwischen zwei Halswirbeln verletzt ist. Verspannte Muskeln, kleine Wirbelverschiebungen oder abgenützte Knorpel zwischen Wirbeln können auch einen Druck auf die Nerven hervorrufen und damit zu Schmerzempfindungen führen. Treten die Schmerzen im Bein auf, spricht man von Ischiasbeschwerden, da der Ischiasnerv irritiert ist.

Ein Teil der Nerven, die durch ein Zwischenwirbelloch hinaus zu einem Muskel verlaufen, können bei einer Dehnung des Muskels besonders stark in Richtung des Muskels gezogen und dabei an eine Ausbuchtung an der Zwischenwirbelscheibe gedrückt werden. Dies kann starke Schmerzen im Bein hervorrufen. Ob der Ischiasnerv irritiert ist,

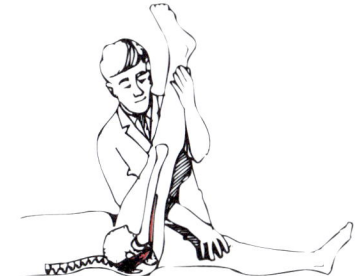

Abb. 186

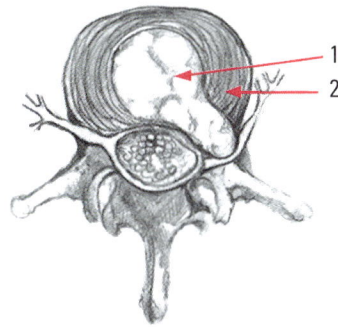

Abb. 187

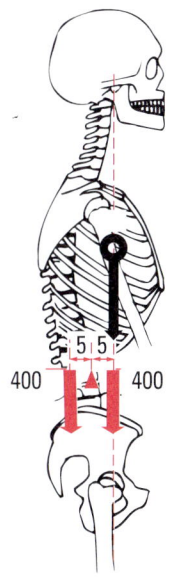

Abb. 188
Beim Stehen verläuft die Lotlinie etwa 5 cm vor dem Zentrum der Zwischenwirbelscheibe L3. Die Rückenmuskeln verlaufen ca. 5 cm hinter dem Zentrum der Zwischenwirbelscheibe. Die Muskelkraft muß also 400 N betragen, damit ein Nach-vorn-Kippen des Oberkörpers verhindert wird. Die auf die Zwischenwirbelscheibe wirkende Kraft beträgt 400 N + 400 N = 800 N.

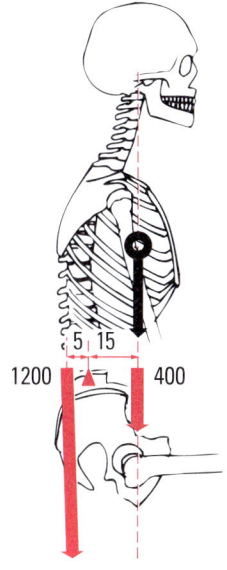

Abb. 189
Beim Sitzen verläuft die Lotlinie etwa 15 cm vor L3. Der Hebelarm der Muskeln ist (wie beim Stehen) 5 cm lang. Zur Aufrechterhaltung des Gleichgewichtes ist also eine Kraft von 1200 N erforderlich. Die auf die Zwischenwirbelscheibe wirkende Kraft beträgt 1200 N + 400 N = 1600 N.

kann man untersuchen, indem man den Betroffenen auf den Rücken legt und das Bein wie in Abbildung 186 hebt. Diese Untersuchungsart nennt man Lasègue-Test. Die Schmerzen dürfen allerdings nicht mit jenen „Schmerzen" verwechselt werden, die dann auftreten, wenn jemand, der untrainiert und steif ist, versucht, durch Dehnungsübungen die an der Rückseite des Oberschenkels sitzende Muskulatur zu dehnen (Hamstrings, s. S. 62).

Der fasrige Teil der Zwischenwirbelscheiben besteht hauptsächlich aus kollagenen Fasern, die sich bei langandauernder Belastung dehnen. Eine gewöhnliche Bruchursache ist daher eine Arbeitshaltung, bei der die Zwischenwirbelscheibe während eines langen Zeitraumes auseinanderziehenden Kräften ausgesetzt ist. Schweres Heben führt zu einem so hohen Druck in der Zwischenwirbelscheibe (Abb. 187), daß der Kern (1) (Nucleus pulposus) den fasrigen Ring (2) (Anulus fibrosus) zersprengen kann.

Beim schweren Heben mit einer gleichzeitigen Drehung des Rumpfes (z. B. Schneeschaufeln) wirkt sich der Druck hauptsächlich rückwärts gegen den Bereich der Zwischenwirbelscheibe aus, der nicht zusätzlich durch Bänder geschützt ist (Abb. 187). Solche Belastungen sind daher besonders ge-

fährlich für Personen, die unter Rückenbeschwerden leiden.

Aus den Beispielen geht hervor, wie man mit Hilfe des Drehmomentgesetzes (s. S. 36) berechnen kann, welchen Belastungen man die Wirbelsäule bei verschiedenen Körperhaltungen, beim Heben oder bei Trainingsübungen aussetzt. Die Person in Abbildung 188 und 189 wiegt z. B. 80 kg, wobei 40 kg oberhalb von L3 liegen. Die Abstände werden in cm und die Kräfte in N gemessen, d. h. 40 kg entsprechen 400 N.

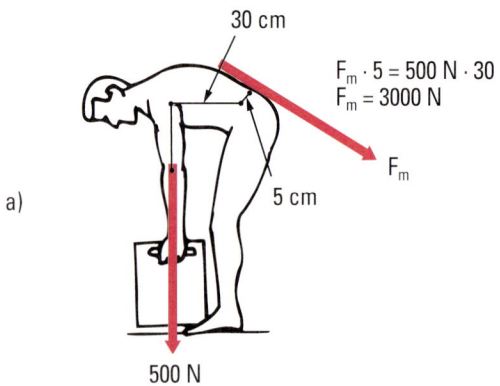

30 cm

$$F_m \cdot 5 = 500\,N \cdot 30$$
$$F_m = 3000\,N$$

F_m

a)

5 cm

500 N

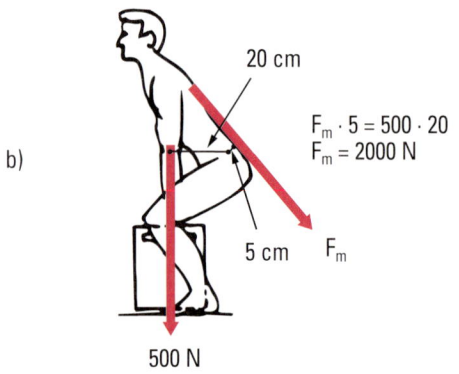

20 cm

$$F_m \cdot 5 = 500 \cdot 20$$
$$F_m = 2000\,N$$

b)

5 cm F_m

500 N

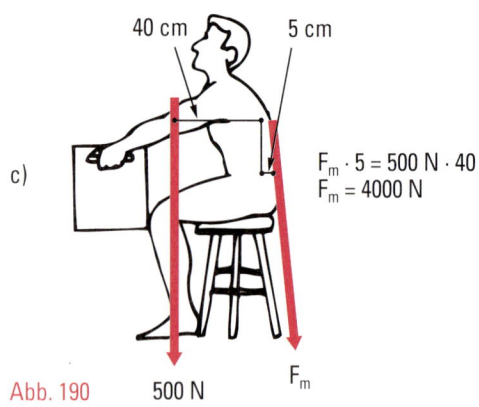

40 cm   5 cm

c)

$$F_m \cdot 5 = 500\,N \cdot 40$$
$$F_m = 4000\,N$$

Abb. 190   500 N F_m

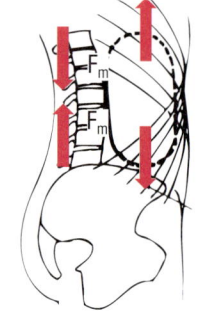

F_m

F_m

Abb. 191

Beim Heben eines Gegenstandes sollte man so stehen, daß der äußere Hebelarm (der Abstand von L3 zum gemeinsamen Schwerpunkt des Körpers und des Gegenstandes) so kurz wie möglich ist. Im Beispiel von Abbildung 190 entsprechen Oberkörper (40 kg) + Belastung (10 kg) 500 N. Die Rückenmuskulatur arbeitet etwa 5 cm hinter L3. Steht man richtig, beträgt der äußere Hebelarm etwa 20 cm (b) gegenüber 30 cm (a), wenn man falsch steht. Beim Sitzen stellen sogar sehr kleine Gewichte große Belastungen für den Rücken dar (c).

Hebt man also im Sitzen (wie in c) „nur" 10 kg, üben die Muskeln einen Druck auf die Zwischenwirbelscheibe aus, der bereits halb so groß ist wie die Belastung, die sie im gesunden Zustand erträgt (8000 N, s. S. 72). Die Zwischenwirbelscheibe wird jedoch durch ein instinktives Anspannen der Bauchmuskeln und des Zwerchfells (s. S. 83) entlastet. Durch dieses Anspannen entsteht ein erhöhter Druck in der Bauchhöhle, der nach oben und unten entlastend wirkt (Abb. 191). Die Zwischenwirbelscheibe, die ein Teil der hinteren Bauchhöhlenwand ist, wird also trotz hoher Belastung vor einem Zusammenpressen geschützt. Die komprimierende Wirkung der Rückenmuskulatur kann auf diese Weise um etwa 40% vermindert werden.

Die o. a. Berechnungen zeigen, wie wichtig es ist, daß man nicht nur über gut trainierte Bauchmuskeln verfügt, damit man den Rücken entlasten kann, sondern auch über starke Beinmuskeln, damit man in der richtigen Stellung, d. h. mit gebeugten Knien heben kann.

Kann man eine Last symmetrisch verteilen, indem man sie mit beiden Händen trägt, ist die Belastung wesentlich geringer als beim einseitigen Tragen.

Die Personen in den Abbildungen 192 und 193 wiegen oberhalb des Wirbels L3 40 kg. Die Belastung beträgt 30 kg. Der Hebelarm der Rückenmuskeln für das Zur-Seite-Beugen ist 5 cm lang (Abb. 194).

Der Rücken wird stark beansprucht, wenn man den Lenden-Darmbein-Muskel (M. iliopsoas, s. S. 52) aktiviert. Der Muskel wird zu statischer Arbeit gezwungen, wenn man an einer Sprossenwand hängt und die Beine gerade nach vorn streckt. Wenn die Beine eines 80 kg schweren Menschen 30 kg wiegen, der Schwerpunkt der Beine 40 cm vom Hüftgelenk entfernt liegt, und der M. iliopsoas mit

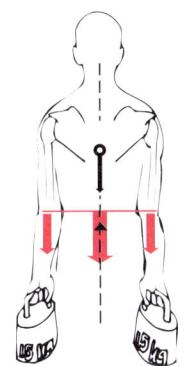

Abb. 192 Symmetrisches Heben.
Gesamtbelastung 150 N + 150 N + 400 N = 700 N (s. auch Abb. 184 + zugehöriger Text, S. 71 u. 72).

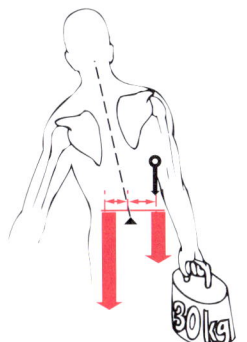

Abb. 193 Asymmetrisches Heben.
Nehmen wir an, daß der gemeinsame Schwerpunkt des Körpers und der Belastung 10 cm neben L3 liegt. (Beachten Sie, daß der Schwerpunkt rechts von L3 liegt, obwohl man sich nach links beugt!) Die Rückenmuskeln müssen dabei mit der Kraft $F_m \cdot 5 = 700$ N $\cdot$ 10 kontrahiert werden. $F_m = 1400$ N. Gesamtbelastung 700 N + 1400 N = 2100 N.

einem 5 cm langen Hebelarm arbeitet, entsteht eine Kraft gemäß der Berechnung in Abbildung 194.

Von dieser Kraft sind etwa 1100 N darauf gerichtet, die Krümmung im Lendenrücken zu vergrößern. Die Kraft, die die Zwischenwirbelscheiben zusammenpreßt, beträgt etwa 2200 N (Abb. 195). Wenn man den Rücken nicht mit Hilfe der Bauchmuskeln gerade hält, kann eine Kraft von 2200 N einen sehr hohen Druck auf bestimmte Teile der Zwischenwirbelscheiben ausüben.

Die Übung ist also nicht für Personen mit schwacher Bauchmuskulatur geeignet. Beim Sport hingegen wird der M. iliopsoas oft erheblich stärker belastet.

Zum Vergleich können wir uns jene Kräfte genauer ansehen, die zum Nach-vorn-Schwingen des Beines beim Sprinten, Hürdenlauf, Hochsprung usw. erforderlich sind. Durch das Eigengewicht des Beines und die auf das Bein wirkende Beschleunigung (vor allem durch den M. iliopsoas) kann die bei der Muskelkontraktion entstehende Kraft bis zu 4000 N betragen (Abb. 196).

Damit man Übungen, bei denen die Rückenmuskulatur beansprucht wird, richtig beurteilen kann, muß man auch die stabilisierende Wirkung der Bauchmuskulatur berücksichtigen. Aus den nachfolgenden Abbildungen geht hervor, über welche Arten von Rücken- bzw. Bauchmuskeln wir verfügen.

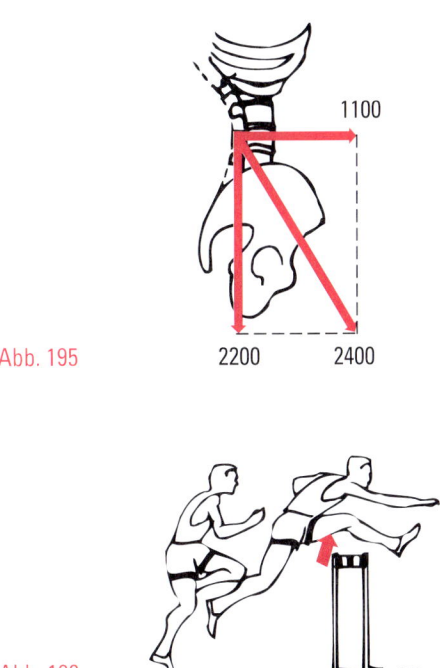

Abb. 195

1100

2200   2400

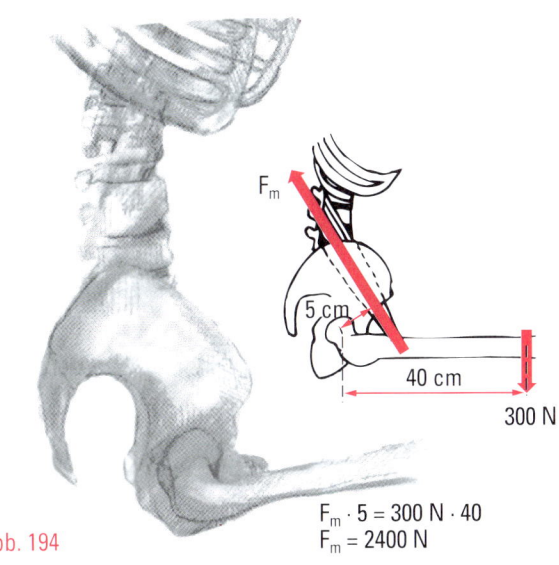

F_m

5 cm

40 cm

300 N

Abb. 194

$F_m \cdot 5 = 300$ N $\cdot$ 40
$F_m = 2400$ N

Abb. 196

B Rückenmuskeln (Erector spinae)

1. Die verschiedenen Muskeln und ihre Funktion

Man kann die Rückenmuskeln schematisch aufteilen in:

- lange Rückenmuskeln (ziehen an mindestens sieben Wirbeln vorbei) (Abb. 197),
- mittellange Rückenmuskeln (ziehen an zwei bis sechs Wirbeln vorbei) (Abb. 198),
- kurze Rückenmuskeln (gehen zum nächstliegenden Wirbel) (Abb. 199).

Die Muskeln arbeiten als Einheit, der M. iliocostalis oder Darmbein-Rippen-Muskel ist jedoch am Seitwärtsbeugen des Oberkörpers mehr beteiligt als die übrigen Muskeln. Die Drehmuskeln oder Mm. rotatores sind indessen, wie der Name bereits sagt, beim Drehen des Rumpfes am wichtigsten. Bei allen Formen des Werfens ist eine Kombination des Sich-zur-Seite-Beugens und des Sich-Drehens von großer Bedeutung (Abb. 200).

Man nimmt an, daß ein sog. Hexenschuß meist durch einen Krampf, der in den Drehmuskeln entsteht, hervorgerufen wird (Abb. 200). Befindet sich ein Muskel in einem Krampfzustand, ziehen sich die benachbarten Muskeln zusammen, um Bewegungen, die den krampfartig verkürzten Muskel verletzten könnten, zu verhindern. Dadurch wird die Blutzufuhr zu diesem Bereich herabgesetzt, wodurch Krämpfe in weiterer Muskeln entstehen usw.

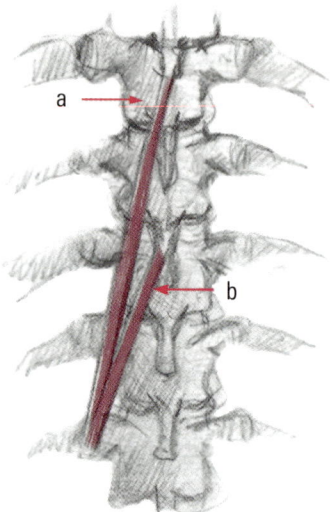

Abb. 198
Die mittellangen Muskeln sind:
a = M. semispinalis (zieht an 4–7 Wirbeln vorbei).
b = M. multifidus (zieht an 2–3 Wirbeln vorbei).

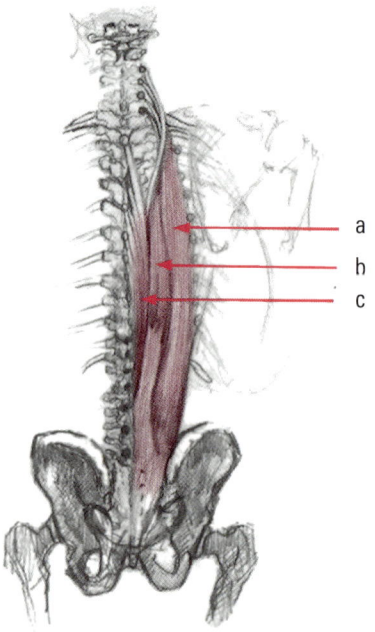

Abb. 197
Die langen Muskeln liegen am weitesten oberflächlich und heißen:
a = M. iliocostalis (vom Hüftbein zu den Rippen).
b = M. longissimus (von den Dornfortsätzen zu den Querfortsätzen und den Rippen).
c = M. spinalis (zwischen den Dornfortsätzen).

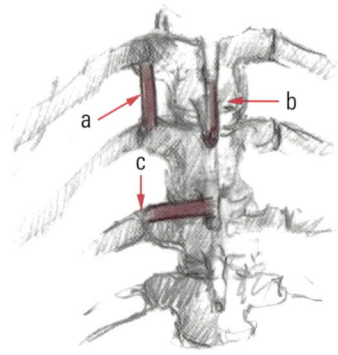

Abb. 199
Die kurzen Muskeln gehen von Wirbel zu Wirbel und heißen:
a = Mm. intertransversarii (zwischen den Querfortsätzen).
b = Mm. interspinales (zwischen den Dornfortsätzen).
c = Mm. rotatores (zwischen Quer- und Dornfortsätzen).

Abb. 200

Um den Krampfzustand aufzulösen, müssen die Muskeln entlastet (Bettruhe) und entspannt werden (Wärme, Massage, Muskelrelaxanzien). Ein Krampf kann durch Überanstrengung, ungewohnte Bewegungen oder kleinere Wirbelverschiebungen infolge von heftigen Bewegungen hervorgerufen werden. Der beste Schutz ist eine gut funktionierende Muskulatur sowohl im Bauch- als auch im Rückenbereich.

2. Rückenübungen

Die folgende Übung (Abb. 201) beansprucht die Drehmuskeln. Man kniet auf allen Vieren und hebt gleichzeitig den rechten Arm und das linke Bein. Auf diese Weise werden die schräg verlaufenden Muskeln, die die rechte Schulterpartie sowie die linke Hüftpartie daran hindern herabzusinken, statisch aktiviert. Damit die Muskeln auch wirklich statisch arbeiten, muß man einige Sekunden lang in dieser Position verharren. Anschließend hebt man den linken Arm und das rechte Bein.

Die Abbildungen 202a–d zeigen weitere Rückenübungen und erklären ihre Wirkung.

a) In dieser Übung soll der Oberkörper *langsam* auf und ab bewegt werden. Bei gut trainierten Jugendlichen kann man, zur Aktivierung der Drehmuskeln, in der oberen Stellung zusätzlich Drehungen zur Seite durchführen. Die Belastung auf den unteren Teil des Rückens wird verstärkt, wenn man die Arme ausgestreckt nach vorne hält. Beugen Sie den Hals *nicht* zu weit nach hinten. Gehen Sie mit dem Oberkörper *nicht* zu hoch.

b) Heben Sie je ein Bein, um die Hamstrings, den M. glutaeus maximus sowie den unteren Teil der Rückenmuskulatur zu trainieren. Machen Sie die Übung *langsam. Verharren* Sie zum statischen Training in der höchsten Stellung. Kombinieren Sie *nicht* die Übungen a) und b).

c) Liegen Sie mit dem Becken außerhalb des Sprungkastens. Heben Sie den Oberkörper mit geradem Rücken *bis zur Waagrechten.* Beim Nach-oben-Gehen werden sämtliche Rückenmuskeln zu statischer und die Rückenmuskeln im Lendenbereich zu konzentrischer Arbeit gezwungen, während sie beim Herabsinken exzentrisch trainiert werden. Durch die Stellung der Arme kann man die Übung dosieren: geringe Belastung, wenn man die Arme seitlich am Körper hält, starke Belastung, wenn man sie hinter dem Nacken verschränkt. Man kann auch leichte Gewichte verwenden.

d) Die gleiche Übung wie in c, man geht jedoch in die Waagrechte, indem man sich Wirbel für Wirbel *nach oben rollt.* Die Rückenmuskeln arbeiten beim Aufrichten (in der Reihenfolge L5, L4–C1) konzentrisch und beim Herabsinken (in der Reihenfolge C1–L5) exzentrisch.

a)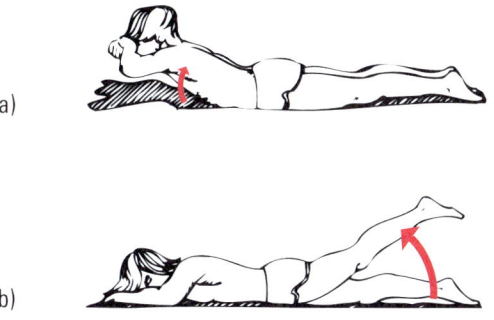

b)

c) 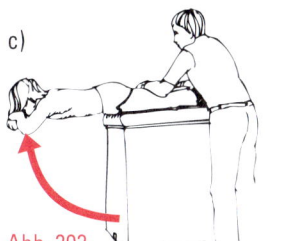 d)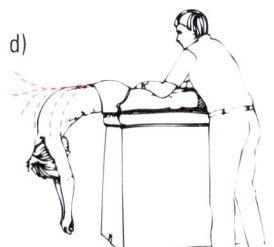

Abb. 201

Abb. 202

Abb. 203

Abb. 204

Abb. 205

Abb. 206

Die Abbildungen 203 a–f) zeigen Stellungen, bei denen man sich ohne Belastung nach vorn beugt. Die Muskeln entspannen sich dabei und werden gedehnt.

Bei den o. a. Stellungen vermindert sich außerdem durch die Streckung des Rückens (Traktion) der Druck in den Zwischenwirbelscheiben.

Zum Training der Rückenmuskeln (Abb. 204) kann man auch den Oberkörper mit gestreckten Beinen und geradem Rücken bis zur Waagrechten nach vorn beugen (1). Anschließend gibt man in den Knien etwas nach, wobei man sich gleichzeitig im Rücken nach vorn beugt (2).

Danach richtet man sich auf (3), indem man sich vom Lendenrücken aus Wirbel für Wirbel aufrollt. In der ersten Phase (1) werden die Rückenmuskeln statisch belastet. Die Belastung nimmt zu, je mehr man sich der Waagrechten nähert. Man kann die Belastung zusätzlich verstärken, indem man in der Waagrechten Schwimmbewegungen mit den Armen macht und dadurch den Schwerpunkt des Oberkörpers noch weiter von der Hüfte entfernt. Beugt man sich über die Waagrechte hinaus nach vorn, vermindert sich die Belastung auf die Rückenmuskeln und wird stattdessen vom Lig. longitudinale posterius (s. S. 71) aufgenommen. Dies sollte von älteren Personen sowie von Personen mit Rückenbeschwerden vermieden werden. Beim Aufrollen (3) werden sämtliche Rückenmuskeln zu konzentrischer Arbeit gezwungen (vgl. Abb. 202 d).

Man hört oft, daß das Rumpfkreisen (Abb 205 a) eine gefährliche Übung sei, wofür es allerdings keinen Beweis gibt. Es wird außerdem oft mit sog. Hula-Hula-Bewegungen verwechselt (Abb. 205 b).

Beim Rumpfkreisen wird der Oberkörper (der Rumpf) in großen Kreisen bewegt, während Hüfte und Beine stillgehalten werden. Macht man die Bewegung im aufgewärmten Zustand relativ langsam, bestehen keinerlei Verletzungsrisiken. Man kann jedoch auch nicht behaupten, daß die Übung besonders gesund ist.

Hula-Hula-Bewegungen fördern die Beweglichkeit im Hüftgelenk. Füße und Kopf werden stillgehalten, während sich die Hüfte in einer Kreisbahn bewegt.

Was den Nacken anbelangt, sollte man ein sog. Kopfkreisen vermeiden. Man riskiert nämlich dabei, mit *allzu schnellen* Bewegungen jene Stellen zu passieren, an denen sich Bänder und Gelenkknorpel abnützen. Die Abbildung 206 zeigt den ungefährlichen Bereich für die Bewegungen des Kopfes. Man kann den Nacken so weit seitlich nach hinten beugen wie in den übrigen Richtungen. Die schraffierten Flächen markieren die gefährlichen Zonen, die man meiden sollte. Langsam und unter Kontrolle kann man jedoch sehr gut den äußeren Grenzen für das Bewegungsausmaß der Nackenwirbel folgen und damit ihre Beweglichkeit trainieren.

C Bauchmuskeln (Abdominalmuskeln)

Gut funktionierende Bauchmuskeln (sie sind die Antagonisten der Rückenmuskeln) entlasten und stabilisieren die Wirbelsäule bei Bewegungen, die für den Rücken anstrengend sind, wie z.B. schweres Heben. Die Beispiele auf Seite 74 und 75 zeigen, daß die Rückenmuskeln beim Heben, Stehen, Sitzen usw. immer trainiert werden. Bei den meisten Menschen sind daher die Bauchmuskeln im Verhältnis zur Rückenmuskulatur zu schwach. Ein allgemeines Bauchmuskeltraining ist also für alle Menschen empfehlenswert (Abb. 207a). Sportler müssen hingegen ihre Bauchmuskeln mit stark belastenden Übungen trainieren (Abb. 207b). Danach können sie die Stärke der Hüftbeuger (M. iliopsoas, M. rectus femoris) und Rückenstrecker weiter aufbauen. (Geeignete Übungen s. S. 54.)

Damit man weiß, welche Übungen man wählen soll und wie man sie ausführt, muß man zuerst die Funktion der Bauchmuskeln verstehen. Außerdem ist es wichtig, daß man den Zusammenhang zwischen den Rücken-, Bauch- und Hüftbeugermuskeln kennt.

Es gibt vier verschiedene Arten von **Bauchmuskeln** (Abdominalmuskeln).

a) Der **gerade Bauchmuskel** (M. rectus abdominis, Abb. 208) hat seinen Ursprung am Schwertfortsatz des Brustbeines und setzt am oberen Rand des Schambeines an. Bei einer Kontraktion des Muskels beugt man sich in den Lenden- und Brustwirbeln nach vorn. Liegt man auf dem Rücken (wie in Abb. 207a) und richtet den Oberkörper so weit wie möglich auf, ohne dabei

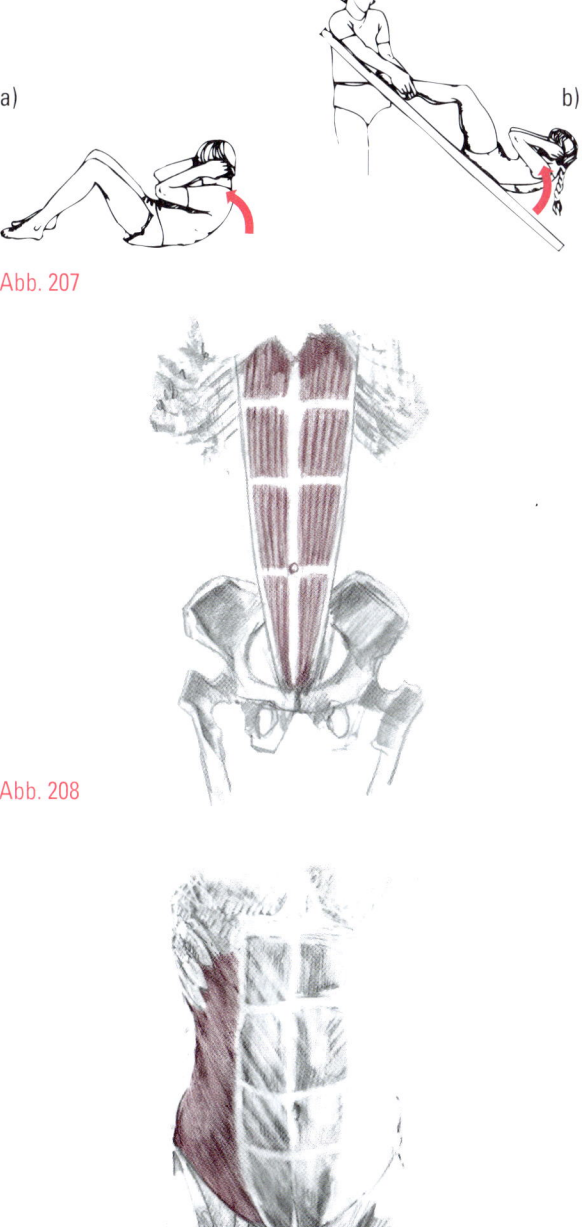

a)   b)

Abb. 207

Abb. 208

Abb. 209

das Becken nach vorn zu beugen (keine Bewegung im Hüftgelenk), hat man den Bauchmuskel maximal verkürzt.

b) Der **äußere schräge Bauchmuskel** (M. obliquus externus abdominis, Abb. 209) kommt vom vorderen unteren Teil des Brustkorbes, geht bald in einen den geraden Bauchmuskel bedeckenden Sehnenstrang über und setzt dann an der gegenüberliegenden Hüftseite und am Leistenband an.

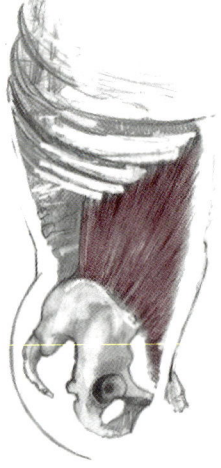

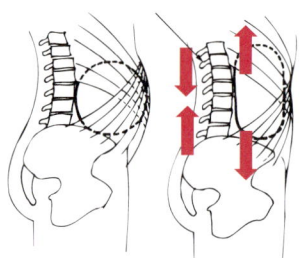

Abb. 213

Abb. 210　　　　Abb. 211

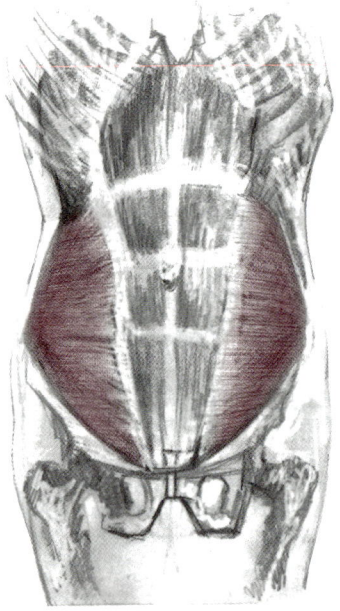

Abb. 212

Muskel beansprucht werden, wenn man die rechte Schulter zur linken Hüfte dreht.

d) Der **quere Bauchmuskel** (M. transversus abdominis, Abb. 212) ist an keiner Bewegung direkt beteiligt, sondern beeinflußt ausschließlich die Figur (preßt die Eingeweide nach innen). Er ist außerdem an der Erhöhung des Bauchdruckes beim sog. Bauchpressen beteiligt (Abb. 213). Sämtliche Bauchmuskeln können durch Kontraktion den Bauchdruck (der die Bauchhöhle auseinanderdrückt) erhöhen. Auf diese Weise werden die Zwischenwirbelscheiben beim Heben entlastet (s.S. 74).

Die folgende Abbildung (Abb. 214) stellt einen Querschnitt durch den Körper dar und zeigt, in welchem Verhältnis Rücken- und Bauchmuskulatur zueinander stehen.

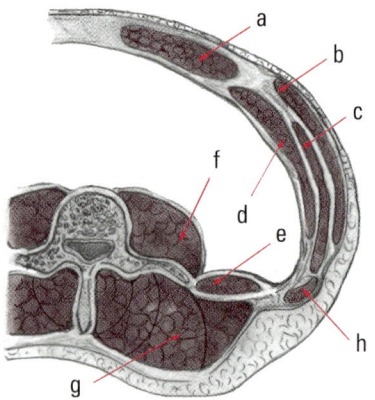

Abb. 214
a = Gerader Bauchmuskel (M. rectus abdominis).
b = Äußerer schräger Bauchmuskel (M. obliquus externus abdominis).
c = Innerer schräger Bauchmuskel (M. obliquus internus abdominis).
d = Querer Bauchmuskel (M. transversus abdominis).
e = Viereckiger Lendenmuskel (M. quadratus lumborum).
f = Lenden-Darmbein-Muskel (M. iliopsoas).
g = Rückenstrecker (M. erector spinae).
h = Breiter Rückenstrecker (M. latissimus dorsi) (s.S. 90).

c) Der **innere schräge Bauchmuskel** (M. obliquus internus abdominis, Abb. 210) entspringt dem Hüftbein und dem Leistenband und geht bald in einen Sehnenstrang über, der hauptsächlich unterhalb des geraden Bauchmuskels vorbeizieht. Der Sehnenstrang setzt anschließend an der gegenüberliegenden Seite des Brustkorbes an.
Die schrägen Bauchmuskeln unterstützen die geraden Bauchmuskeln in ihrer Arbeit und können außerdem den Rumpf drehen. Bei schrägen Sit-ups (Abb. 211) erhöht sich die Belastung auf die schrägen Bauchmuskeln so, daß der rechte äußere schräge sowie der linke innere schräge

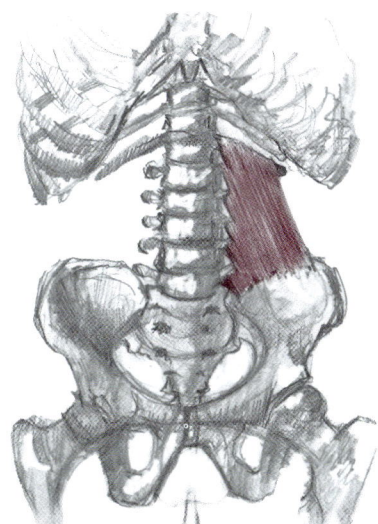

Abb. 215

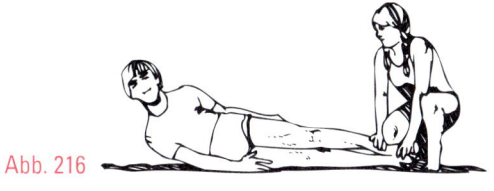

Abb. 216

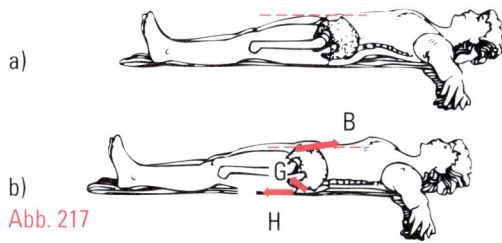

a)

b)
Abb. 217

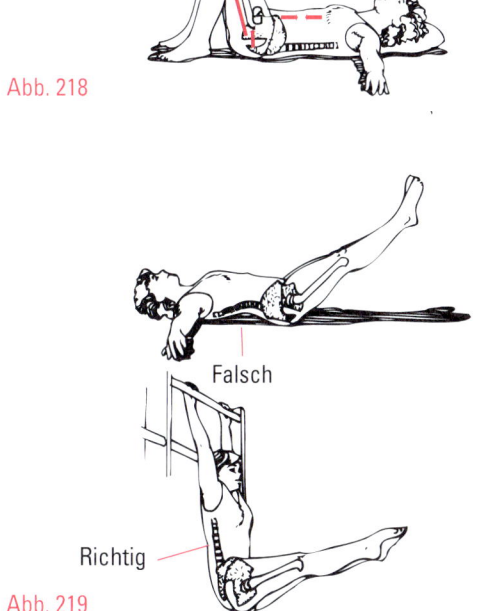

Abb. 218

Abb. 219

In diesem Zusammenhang muß auch der wichtigste seitwärts beugende Muskel erwähnt werden. Er heißt **M. quadratus lumborum** (Abb. 215) und ist am Zur-Seite-Beugen im Lendenrücken beteiligt (Abb. 216). Vergleichen Sie Bewegungen, die in der Hüfte stattfinden und damit die Abduktorenmuskeln aktivieren (s. S. 49).

Wenn man auf dem Rücken liegt, hat man eine gewisse Krümmung im Lendenabschnitt, die durch den natürlichen Verlauf der Wirbelsäule und eine eventuelle Spannung im M. iliopsoas hervorgerufen wird (Abb. 217a). Man kann den Rücken nach unten auf die Unterlage drücken (b), indem man das Becken mit Hilfe der Bauchmuskeln (B), der Glutäusmuskeln (G) und der Hamstrings (H) nach hinten beugt. Dies ist jedoch schwer, wenn man kurze Rücken- und Iliopsoasmuskeln hat. Einfacher geht es, wenn man die Knie leicht beugt und den Kopf etwas hebt. Auf diese Weise entspannt man den M. iliopsoas und erleichtert somit ein Nach-vorn-Beugen des Rückgrates (Abb. 218).

Wenn man auf dem Rücken liegt und die gestreckten Beine vom Boden hebt, kommt der Rücken leicht in eine Stellung, in der die Krümmung im Lendenabschnitt weitaus größer ist als beim Stehen. Dies hat seine Ursache darin, daß die Kraft, mit der der M. iliopsoas die Beine anhebt, so auf den Rücken wirkt, daß die Krümmung sich vergrößert (s. a. Abb. 194 u. 195).

Übungen, bei denen man die gestreckten Beine hebt oder einer Hüftbewegung entgegenarbeitet (s. S. 54), dürfen nur so lange ausgeführt werden,

wie man den Rücken mit Hilfe der Bauchmuskeln stabilisieren kann (Abb. 219). Sie sind für bereits trainierte Personen gedacht und sollen eigentlich die Hüftbeuger stärken, bewirken jedoch gleichzeitig ein statisches Bauchmuskeltraining.

Möchte man ausschließlich die Bauchmuskeln trainieren, muß man darauf achten, daß die Bewegungen nur in der Wirbelsäule und nicht in der Hüfte stattfinden. Die gebräuchlichste Übung zum Training der Bauchmuskulatur sind Sit-ups. Um zu vermeiden, daß man dabei den M. iliopsoas zur Hilfe

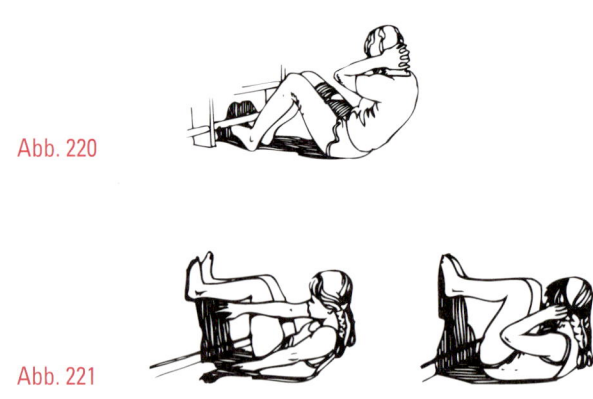

Abb. 220

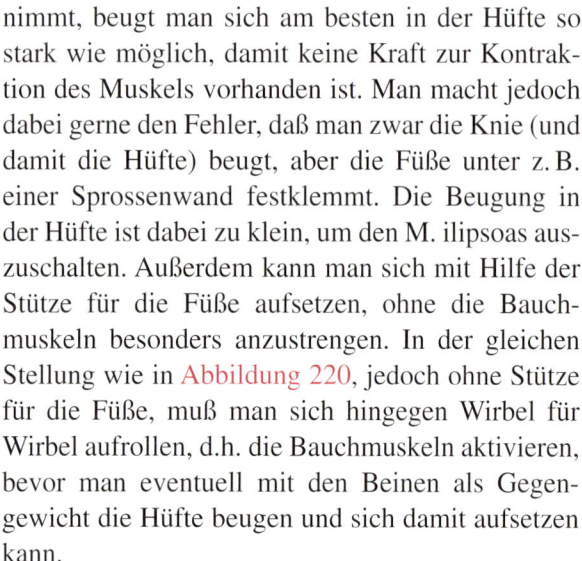

Abb. 221

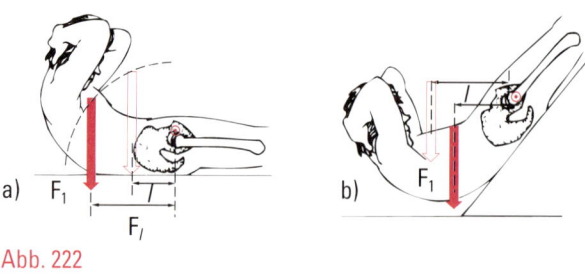

a) F₁   F₁   b)   F₁

Abb. 222

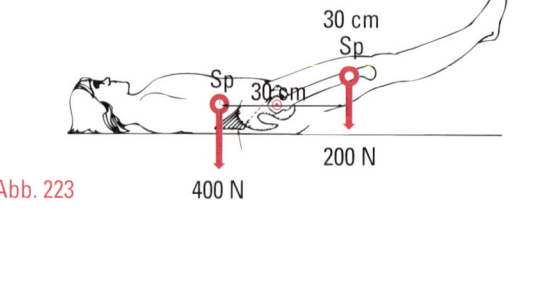

30 cm
Sp
Sp   30 cm
200 N

Abb. 223   400 N

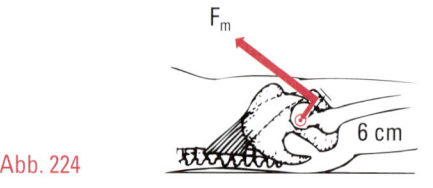

F_m

6 cm

Abb. 224

nimmt, beugt man sich am besten in der Hüfte so stark wie möglich, damit keine Kraft zur Kontraktion des Muskels vorhanden ist. Man macht jedoch dabei gerne den Fehler, daß man zwar die Knie (und damit die Hüfte) beugt, aber die Füße unter z. B. einer Sprossenwand festklemmt. Die Beugung in der Hüfte ist dabei zu klein, um den M. ilipsoas auszuschalten. Außerdem kann man sich mit Hilfe der Stütze für die Füße aufsetzen, ohne die Bauchmuskeln besonders anzustrengen. In der gleichen Stellung wie in Abbildung 220, jedoch ohne Stütze für die Füße, muß man sich hingegen Wirbel für Wirbel aufrollen, d.h. die Bauchmuskeln aktivieren, bevor man eventuell mit den Beinen als Gegengewicht die Hüfte beugen und sich damit aufsetzen kann.

Am besten werden die Bauchmuskeln trainiert, wenn man in der Hüfte stark gebeugt ist und keine Stütze für die Füße hat. Man kann sich dabei nur halb aufsetzen, und die Bauchmuskeln werden ohne Hüftbeugung maximal kontrahiert (Abb. 221).

Dreht man den Oberkörper mehrmals nach rechts und links, während man in der Stellung wie in Abb. 220 verharrt, trainiert man den geraden Bauchmuskel statisch und erhöht gleichzeitig die Belastung auf die schrägen Bauchmuskeln. Man kann die Übung dosieren, indem man 1. die Arme seitlich vorstreckt (leichte Übung), 2. sie vor der Brust verschränkt oder 3. die Hände an die Ohren hält (schwere Übung). Durch die Verwendung von Gewichten kann man die Belastung zusätzlich erhöhen. Wenn man sich genauer ansieht, wie sich die äußere Belastung während eines Sit-ups ändert (Abb. 222), versteht man, daß der Schwerpunkt des Oberkörpers am Anfang einen gewissen Abstand

zum Hüftgelenk hat, der fortlaufend abnimmt, je weiter man sich Wirbel für Wirbel aufrollt (Abb. 222 a). Die äußere Belastung (F_l) nimmt also ab, je mehr sich die Bauchmuskeln kontrahieren.

Wenn man auf einer schiefen Ebene liegt, nimmt die äußere Belastung zu, je weiter man sich aufrichtet und je mehr sich die Muskeln verkürzen (d. h. schwächer werden). Die Übung ist also sehr anstrengend (Abb. 222 b).

Was strengt mehr an: Sit-ups 1) auf einer schrägen Bank (45° Neigung) oder 2) auf dem Boden liegend mit 10 kg auf der Brust? Probieren Sie es doch aus!

Bei Übungen auf einer schiefen Ebene braucht man eine Stütze für die Füße. Dadurch ist man bereits frühzeitig versucht, den M. iliopsoas zu aktivieren, anstatt sich Wirbel für Wirbel langsam aufzurichten, also mit den Bauchmuskeln zu arbeiten.

Die folgenden Beispiele sollen den Zusammenhang zwischen den äußeren Kräften (Gewicht der Beine und des Oberkörpers) und den inneren Kräften (M. iliopsoas und Bauchmuskeln) erklären.

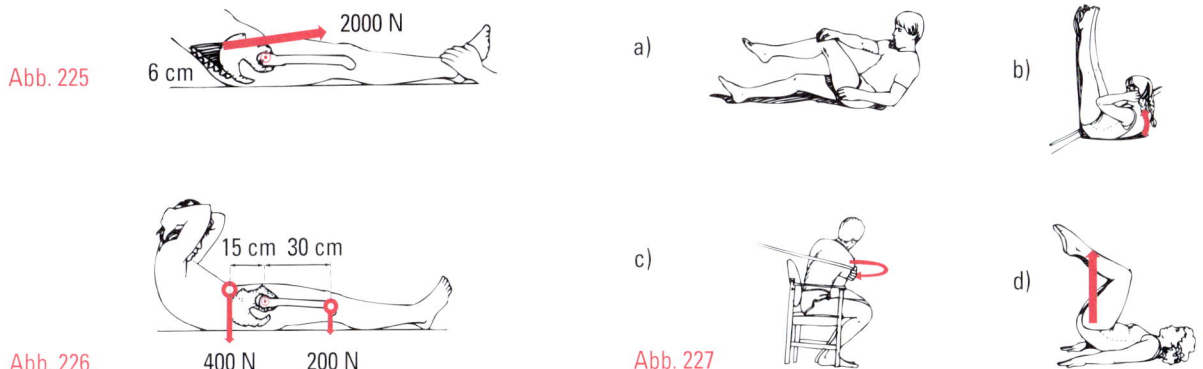

Abb. 225

Abb. 226

Abb. 227

1. Eine 60 kg schwere Person liegt wie in der Abbildung 223. Der etwa 40 kg wiegende Oberkörper soll seinen Schwerpunkt etwa 30 cm oberhalb des Hüftgelenkes haben. Die Beine wiegen 20 kg und haben ihren Schwerpunkt etwa 30 cm unterhalb der Hüfte. Gemäß der Formel $M = F \cdot l$ gilt:
   Drehmoment des Oberkörpers:
   $M = 400 \text{ N} \cdot 30 \text{ cm} = 12000 \text{ Ncm}$
   Drehmoment der Beine:
   $M = 200 \text{ N} \cdot 30 \text{ cm} = 6000 \text{ Ncm}$

2. Die für die Hüftbeugung verantwortliche Muskelgruppe (M. iliopsoas) soll so liegen, daß ihre Zugrichtung im Abstand von 6 cm zur Hüfte verläuft (Abb. 224). Wenn die Muskelkraft des M. iliopsoas 1000 N entspricht, beträgt das auf die Beine wirkende Drehmoment des Muskels 1000 N · 6 cm = 6000 Ncm, d.h. es ist gemäß Abbildung 223 gleich dem äußeren Drehmoment für die Beine. Man kann also damit beginnen, die Beine zu heben. Ist die Muskelkraft größer, kann man die Beine schneller heben.

3. Klemmt man die Beine fest und kontrahiert den M. iliopsoas mit einer Kraft von 2000 N, entspricht das Drehmoment der Muskeln 2000 N · 6 cm = 12 000 Ncm, und man kann den Oberkörper aufrichten (Abb. 225).

4. Möchte man sich ohne Stütze für die Beine aufsetzen, muß man sich mit Hilfe der Bauchmuskeln Wirbel für Wirbel aufrollen, bis der Schwerpunkt des Oberkörpers nur noch 15 cm statt 30 cm von der Hüfte entfernt ist (Abb. 226). Der M. iliopsoas ist jetzt bestrebt, sowohl die Beine als auch den Oberkörper aufzurichten. Beugt man sich im Rücken noch etwas weiter nach vorn,

kann man sich aufsetzen, ohne daß sich die Beine bewegen. Mit gebeugten Beinen ohne Stütze müssen die Bauchmuskeln noch länger arbeiten, bevor die Hüftbeugung stattfinden kann.

Die Abbildungen 227a–d) zeigen einige Varianten des Bauchmuskeltrainings. Man muß immer darauf achten, daß die Bewegung zuerst in der Wirbelsäule stattfindet (leichte Beugung nach vorn), bevor es eventuell zu Bewegungen im Hüftgelenk kommt. Belasten Sie die Beine nur so stark, daß die Bauchmuskeln den Rücken leicht nach vorn gebeugt halten können.

Stretching-Übungen für die Bauchmuskeln sind äußerst selten erforderlich.

D Atemmuskeln

Der Aufbau des Brustkorbes sowie die Funktion der Bauchmuskeln werden hier nur sehr oberflächlich behandelt. Zum eingehenderen Studium wird der Leser auf physiologische Fachliteratur hingewiesen. Der Brustkorb besteht aus 12 Rippen (Costae). Die obersten Rippen stehen über Knorpelteile mit dem Brustbein (Sternum) in Verbindung. Die 11. und 12. Rippe enden frei im hinteren Teil der Brusthöhlenwand (Abb. 228).

Brust- und Bauchhöhle werden durch den wichtigsten Atemmuskel, das sog. Zwerchfell (Diaphragma) voneinander getrennt. Der Muskel nimmt seinen Ursprung an den Lendenwirbeln, an den unteren Rippen sowie am Schwertfortsatz des Brustbeines und wölbt sich kuppelartig (Abb. 229) in der Brusthöhle nach oben. Der obere Teil der Kuppel

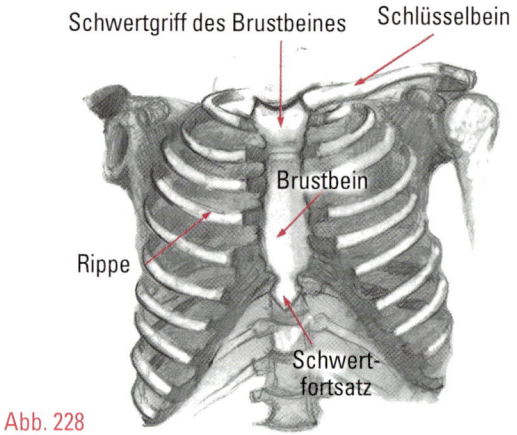

Schwertgriff des Brustbeines   Schlüsselbein

Brustbein

Rippe

Schwert-
fortsatz

Abb. 228

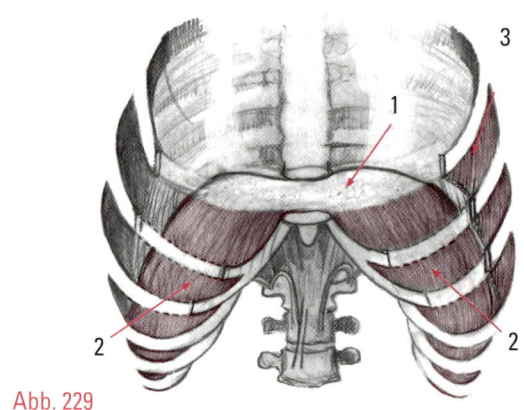

3

1

2   2

Abb. 229

besteht aus einer Sehnenplatte (1), die senkrecht nach unten sinkt, wenn die Muskelfasern (2) kontrahiert werden. Dabei vergrößert sich der Umfang der Brusthöhle (Einatmung), während das Volumen der Bauchhöhle abnimmt. Der Magen wird also herausgestreckt. Man nennt diese Art der Einatmung daher auch Bauchatmung.

Neben seiner Funktion als Atemmuskel ist das Zwerchfell zusammen mit den Bauchmuskeln auch an der Erhöhung des Bauchdruckes beteiligt, was z.B. beim schweren Heben wichtig ist (s. S. 74).

Der Umfang der Brusthöhle kann auch durch ein Anheben der Rippen vergrößert werden, und zwar mit Hilfe der zwischen den Rippen liegenden Zwischenrippenmuskeln (Mm. intercostales externi). Die Fasern in diesen Muskeln sind so gerichtet, daß sie die untere Rippe der darüberliegenden entgegenheben (3). Diese Art des Einatmens wird Brustatmung genannt. Bei starker Atmung haben viele Muskeln die Möglichkeit, die Stellung des Brustkorbes zu beeinflussen (Rücken-, Brust-, Nackenmuskulatur usw.).

Anatomie und Funktion des Armes

A Schultergelenk

Die Bewegungen der Arme werden von vielen Muskeln gesteuert. Drei verschiedene Muskelgruppen ermöglichen die Bewegungsfähigkeit im Schultergelenk.

- Gruppe A.
  Muskeln, die am Schulterblatt entspringen und am Oberarm ansetzen (Abb. 230).
- Gruppe B.
  Muskeln, die vom Rumpf zum Schulterblatt verlaufen (Abb. 231).
- Gruppe C.
  Muskeln, die vom Rumpf kommen und am Arm ansetzen (Abb. 232).

Das *Schulterblatt* (Scapula) (Abb. 233) hat die Form eines Dreiecks. Eine kantige Knochenleiste, die sog. Schulterblattgräte (1) (Spina scapulae) steht nach hinten heraus und teilt die Rückseite des Schulterblattes in zwei Gruben. Das äußere Ende dieser Knochenleiste bildet oberhalb des Schulterblattgelenkes ein flaches Dach (2), die sog. Schulterhöhe (Acromion). Mit dem vorderen Teil der Schulterhöhe bildet das Schlüsselbein (3) (Clavicula) das sog. äußere Schlüsselbeingelenk (4). Das innere Schlüsselbeingelenk (5) (Abb. 234) steht mit dem Brustbein (Sternum) (6) in einer gelenkigen Verbindung. Der äußere Teil des Schulterblattes hat die Form einer flachen Gelenkpfanne (7) (Cavitas glenoidales) und bildet mit dem Oberarmknochen (8) (Humerus) ein Gelenk. Davor, etwas unterhalb des Schlüsselbeines, springt der sog. Rabenschnabelfortsatz vor (9) (Processus coracoideus), der u.a. den Ursprung für den wichtigsten Beugemuskel des Ellenbogens (M. biceps brachii) darstellt.

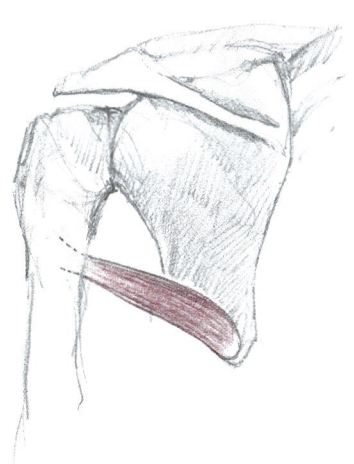

Abb. 230

Das linke Schulterblatt von hinten gesehen.

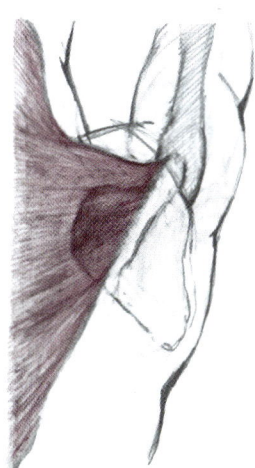

Abb. 231

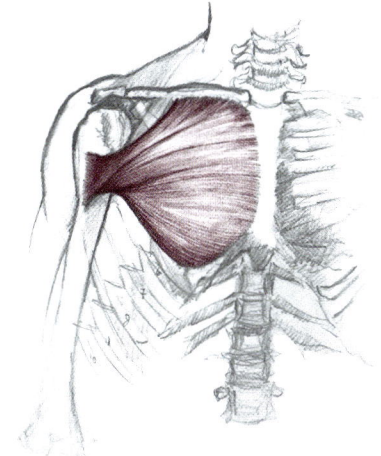

Abb. 232

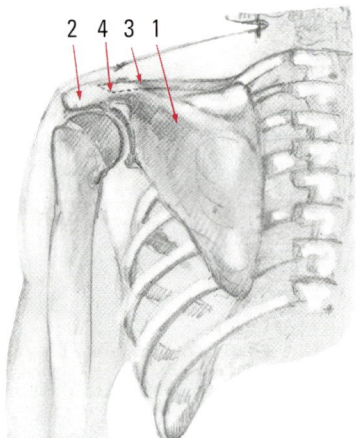

Abb. 233
Linke Seite von hinten gesehen.

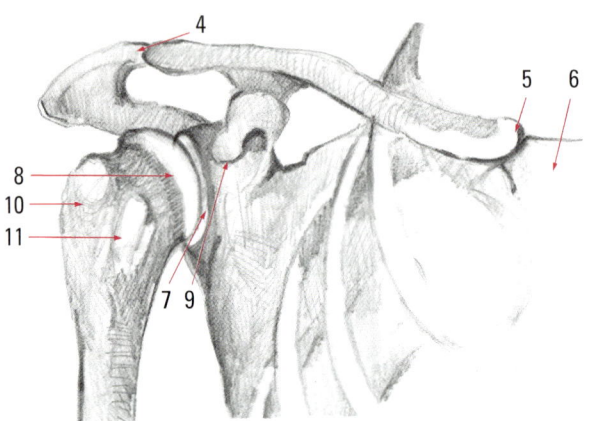

Abb. 234
Rechte Seite von vorn gesehen.

Praktisch das gesamte Schulterblatt stellt einen Ursprungsbereich für verschiedene Muskeln dar. Am Oberarm kann man zwei deutliche Höcker unterscheiden, die in je eine längs des Knochens verlaufende Leiste übergehen. Der größere äußere Höcker (10) (Tuberculum majus) sowie der kleinere äußere Höcker (11) (Tuberculum minus) werden zusammen mit ihren jeweiligen Leisten in diesem Buch als äußerer bzw. vorderer Ansatzbereich bezeichnet. Der Arm kann im Verhältnis zum Schulterblatt wie in einem Kugelgelenk bewegt werden. Bewegungen sind also auf allen Ebenen möglich:

- Vorwärts- oder Rückwärtspendeln (Anteversion – Retroversion)
- Auswärts- oder Einwärtspendeln (Abduktion – Adduktion)
- Auswärts- oder Einwärtsrotation (Supination – Pronation).

Gruppe A

Zur Gruppe A gehören die folgenden fünf Muskeln:

Der **Obergrätenmuskel** (M. supraspinatus, Abb. 235) hebt den Arm nach außen. Er liegt unter dem Deltamuskel (M. deltoideus), einem großen Muskel, der die Konturen der Schulter formt. Der **große Rundmuskel** (M. teres major, Abb. 236) zieht den Arm an den Rumpf heran und dreht ihn einwärts. Er unterstützt den breiten Rückenmuskel (s.S. 90). Im Bereich zwischen den beiden oben beschriebenen Muskeln liegen zwei Muskeln, die zusammen den Arm auswärts drehen (Abb. 237): der **Untergrätenmuskel** (M. infraspinatus) und der **kleine Rundmuskel** (M. teres minor).

Der **Unterschulterblattmuskel** (M. subscapularis) zieht den Arm nach innen und dreht ihn einwärts (Abb. 238). Die gesamte Innenseite des

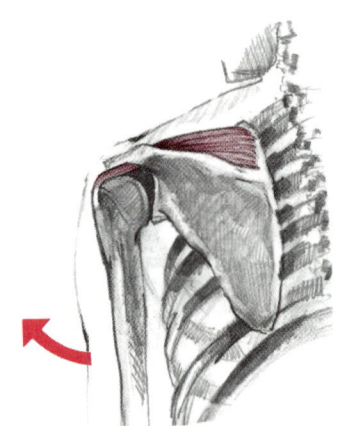

Abb. 235
Obergrätenmuskel. Linke Seite von hinten gesehen.

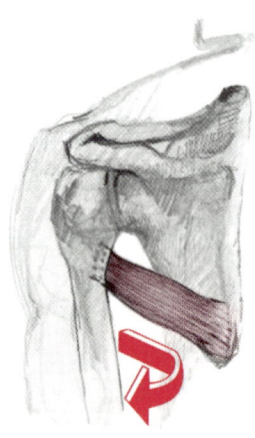

Abb. 236
Großer Rundmuskel. Linke Seite von hinten gesehen.

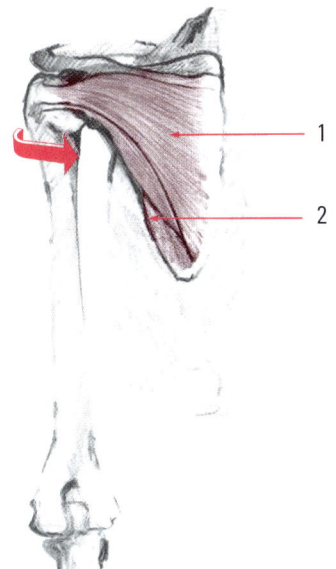

Abb. 237
Untergrätenmuskel (1), kleiner Rundmuskel (2). Linke Schulter von hinten gesehen.

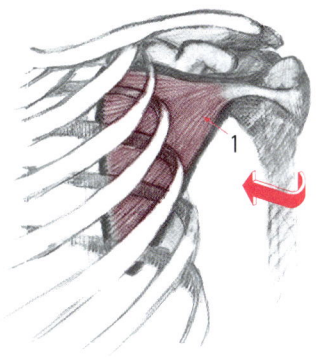

Abb. 238
Unterschulterblattmuskel (1). Linke Schulter von vorn gesehen.

Schulterblattes (an die hintere Wand des Brustkorbes grenzend) wird vom Unterschulterblattmuskel eingenommen.

Gruppe B

Soll der Arm bewegt werden, muß die Gelenkfläche des Schulterblattes so gerichtet sein, daß der Arm die beste Ausgangsstellung zur kraftvollen Ausführung der gewünschten Bewegung hat. Man kann das Schulterblatt heben oder senken (um 10 bis 12 cm), nach außen oder innen führen (Abduktion – Adduktion) (15 cm) sowie auswärts- oder einwärts-

rotieren. Bei einer Auswärtsrotation wird die Gelenkfläche des Schulterblattes auswärts-aufwärts gerichtet (Abb. 240 b).

Ein Heben des Schulterblattes wird durch den Schulterblattheber (M. levator scapulae) und den Rautenmuskel (M. rhomboideus) ermöglicht (Abb. 239). Beim Heben findet gleichzeitig eine gewisse Einwärtsrotation statt. Der Schulterblattheber und der Rautenmuskel werden vom Kappenmuskel (M. trapezius) bedeckt.

Der **Kappenmuskel** (M. trapezius, Abb. 240) hat seinen Ursprung an Hinterhauptrauhigkeit, Nackenband sowie Hals- und Brustwirbel und setzt an der Schulterblattgräte und am äußeren Teil des Schlüsselbeines an. Er führt das Schulterblatt nach innen (adduziert) und dreht es auswärts. Der Kopf wird durch diesen Muskel gedreht und der Nacken nach hinten gebeugt.

Der **seitliche Sägemuskel** (M. serratus anterior) ist für die Stabilität der Schulter sehr wichtig. Er nimmt seinen Ursprung an der 1.–9. Rippe, zieht längs des Brustkorbes nach hinten unter das Schulterblatt und setzt an dessen innerem Rand an (Abb. 241 a).

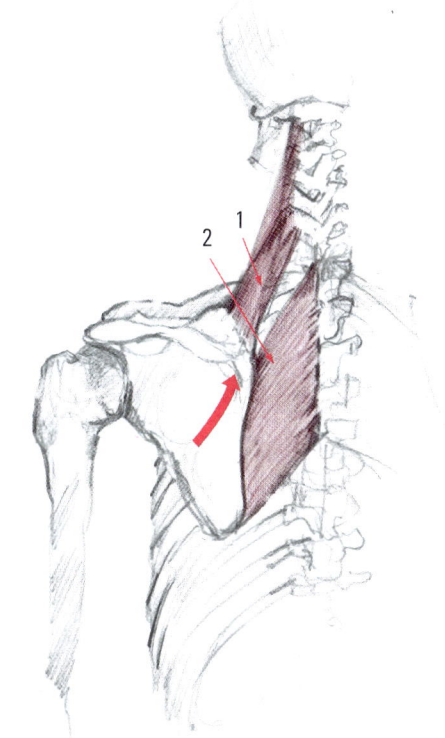

Abb. 239
Schulterblattheber (1), Rautenmuskel (2).

a)

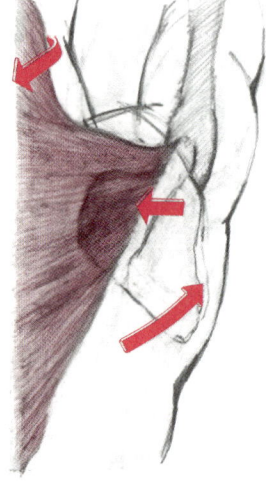

Die Abbildung 241 b) zeigt die Bewegung der Schulterblätter bei einer Kontraktion des Muskels.

Der seitliche Sägemuskel verhindert, daß das Schulterblatt nach hinten gedrückt wird, wenn man sich mit den Armen aufstützt. Indem man sich nach vorn beugt und mit den Armen aufstützt, wird er trainiert (Abb. 241 c).

a)

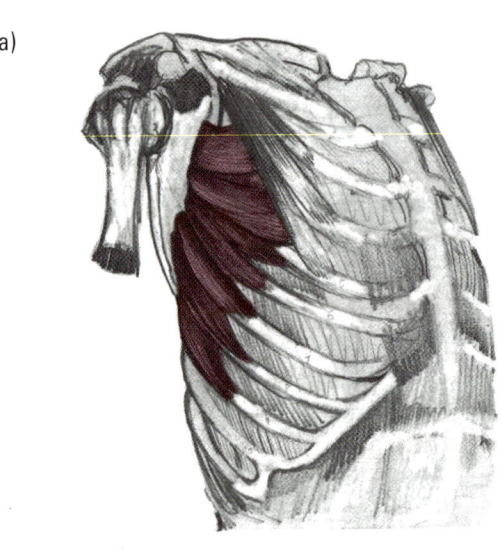

b)

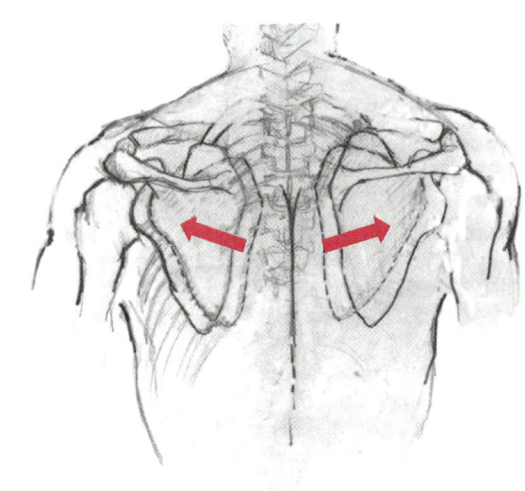

b)

c)

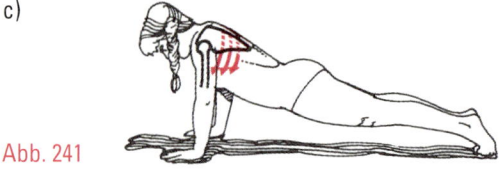

Abb. 240
a) Kappenmuskel.
b) Kappenmuskel. Beugt und dreht den Nacken. Adduziert das Schulterblatt oder dreht es nach außen.

Abb. 241

Gruppe C

Die großen, oberflächlich liegenden Muskeln, die vom Rumpf zum Oberarm verlaufen, sind die wichtigsten Muskeln, was Stärke und Beweglichkeit anbelangt:

Der **große Brustmuskel** (M. pectoralis major) ist in Abbildung 242 dargestellt.

■ **Ursprung:** 1 = Innerer Teil des Schlüsselbeines, 2 = Brustbein, 3 = Teile der Rippenknorpel.

■ **Ansatzpunkt:** 4 = Am äußeren Ansatzbereich des Oberarmes.

■ **Funktion:** Der Muskel, der die Vorderwand der Achselhöhle bildet, bringt den Arm nach innen und dreht ihn einwärts. Er zieht den erhobenen Arm herab und pendelt den herabhängenden Arm nach vorn.

Übungen für den großen Brustmuskel (M. pectoralis major) werden in den Abbildungen 243 bis 246 gezeigt.

Abb. 243. Man legt sich, die Hanteln in den Händen, mit dem Rücken auf eine Bank. Danach hebt man die Hanteln, und zwar mit leicht gebeugten Armen, damit die Ellenbogen nicht überanstrengt werden. Beim Nach-oben-Heben trainiert man den Muskel konzentrisch, beim Herabsenken exzentrisch.

Man kann die Belastung dosieren, indem man den Arm im Ellenbogen mehr oder weniger beugt. Streckt man ihn beim Herabsenken etwas mehr aus, wird der exzentrisch arbeitende Muskel stärker belastet.

Abb. 244. Die gleiche Übung wie in Abbildung 243. man trainiert jetzt jedoch nur den oberen Teil des Muskels, der vom Schlüsselbein ausgeht (und den Arm daran hindert herunterzufallen). Zwei weitere große Muskeln, die an dieser Übung beteiligt sind, sind der Deltamuskel (M. deltoideus, Abb. 247) und der zweiköpfige Armmuskel (M. biceps brachii, Abb. 256).

Abb. 245. Beugen und Strecken der Arme mit einem breiten Abstand zwischen den Händen aktiviert den großen Brustmuskel (Armstrecker, Deltamuskel, seitlicher Sägemuskel, Kappenmuskel). Statisches Training erzielt man, wenn man die Handflächen vor dem Körper aneinanderdrückt. Ändern Sie dabei mehrmals die Stellung der Hände.

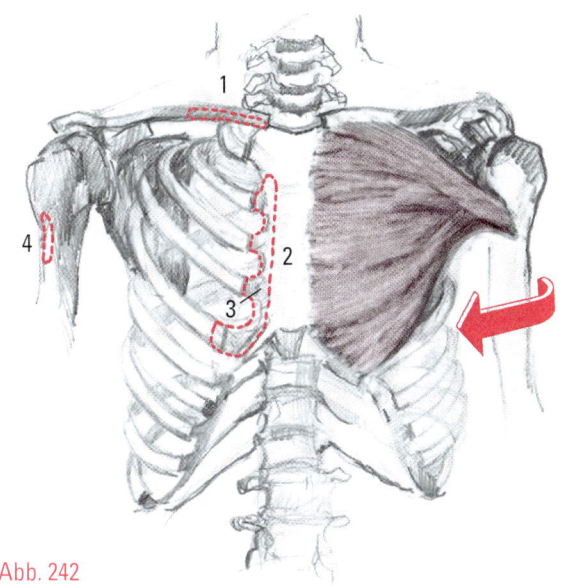

Abb. 242

Abb. 244

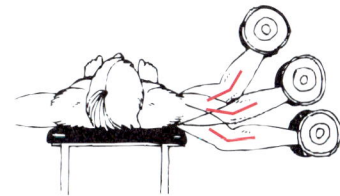

Abb. 243

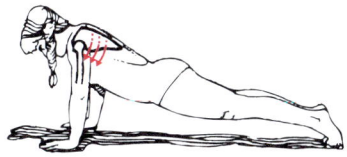

Abb. 245

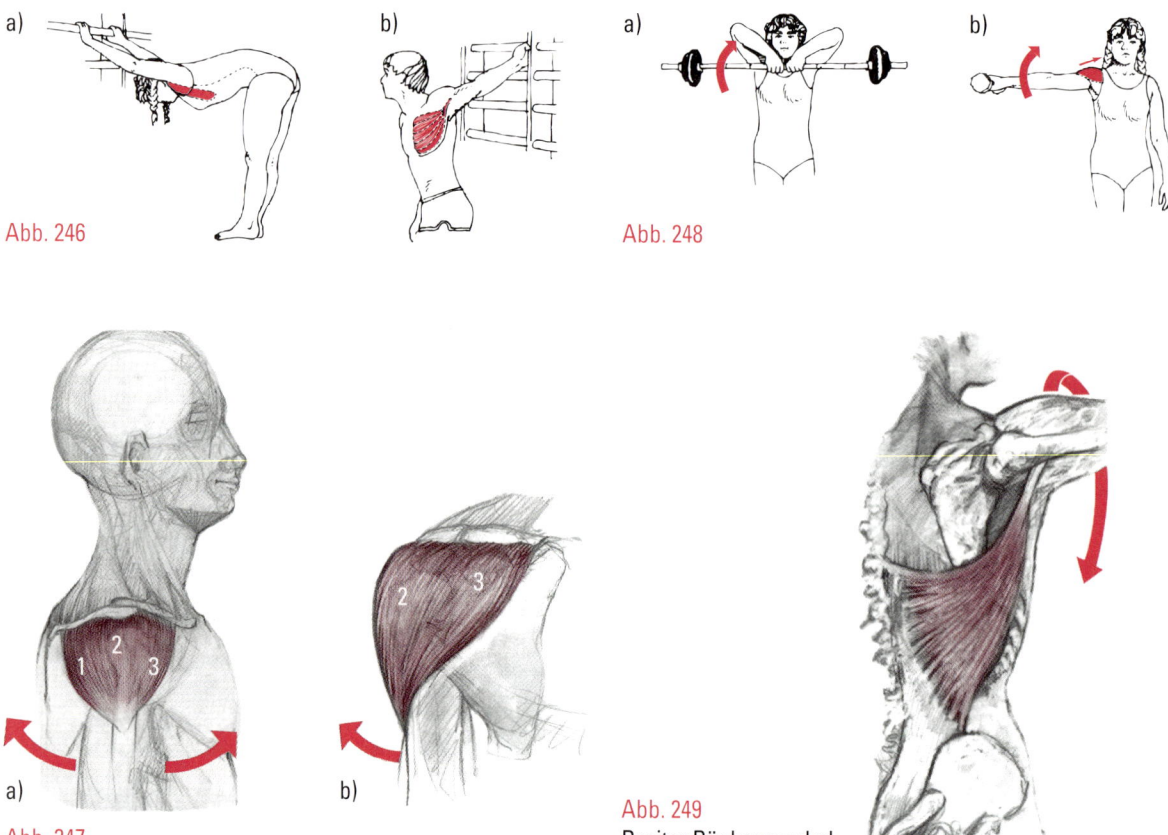

Abb. 246

Abb. 248

Abb. 247

a)

b)

Abb. 249
Breiter Rückenmuskel.

Ein guter Abschluß des Trainings für den großen Brustmuskel sind Dehnungsübungen gemäß der PNF-Methode (Abb. 246 a, b).

Der **Deltamuskel** (M. deltoideus) ist in Abbildung 247 a) und b) dargestellt.
■ **Ursprung:** Am äußeren Teil des Schlüsselbeines sowie an der gesamten Knochenleiste an der Rückseite des Schulterblattes (kann auch zur Gruppe A gezählt werden).
■ **Ansatzpunkt:** An der Außenseite der Mitte des Oberarmknochens (Tuberositas deltoidea).
■ **Funktion:** Da der Ursprung sich um das Schultergelenk wölbt, kann der Muskel an sämtlichen Bewegungen des Armes teilnehmen. Seine wichtigste Aufgabe ist, den Arm auswärts nach oben zu heben (Abduktion) (2). Die vom hinteren Teil des Schulterblattes kommenden Muskelteile schwingen den Arm nach hinten und drehen ihn auswärts (1). Die vom Schlüsselbein ausgehenden Teile pendeln ihn nach vorn und drehen ihn einwärts (3). Der Arm kann auch von auswärts zum Körper geführt werden (Adduktion).

Der Deltamuskel wird in fast allen Übungen, an denen die Arme beteiligt sind, trainiert. Beim Gewichtheben wie in Abbildung 248 aktiviert man den gesamten Muskel. Man sollte ihn dabei jedoch nur so stark belasten, daß man die Gewichte mit fast ausgestreckten Armen sechs- bis achtmal heben und senken kann. Man senkt die Arme im gleichen Tempo wie man sie hebt. (Bei diesen Übungen wird auch der Obergrätenmuskel trainiert, s. Abb. 235.)

Abbildung 249 zeigt den **breiten Rückenmuskel** (M. latissimus dorsi).
■ **Ursprung:** Von der Hälfte des Rückgrates hinunter zum Kreuzbein und seitlich zum Darmbeinkamm.
■ **Ansatzpunkt:** Vorderer Ansatzbereich am Oberarmknochen.
■ **Funktion:** Der Muskel, der die hintere Achselhöhlenwand bildet, zieht den Arm hinter dem Rücken nach innen, d.h. er schwingt ihn nach hinten und dreht ihn einwärts.

In den meisten Bodybuilding-Hallen gibt es einen sog. Latissimusapparat (Abb. 250 a). Man muß ihn so mit Gewichten belasten, daß man seine Gabel sechs- bis achtmal herunterziehen kann (gilt für normales Krafttraining).

Wenn man an einer Stange hängt und sich so hochzieht, daß man mit dem Kopf vor die Stange kommt (b), trainiert man genau die selben Muskeln wie in (a), jedoch mit stärkerer Belastung (gesamtes Körpergewicht). An beiden Übungen sind auch der zweiköpfige Armmuskel (Armbeugung), der Kappenmuskel (Einstellung des Schulterblattes) sowie der große Brustmuskel (Nach-innen-Ziehen des Oberarmes) beteiligt.

Wie man den breiten Rückenmuskel mit Hilfe von Gummibändern trainiert, zeigt Abbildung c). Ein Geschmeidigkeitstraining des Muskels ist im allgemeinen nicht erforderlich. Wenn man sich mit über den Kopf gestreckten Armen stark zur Seite beugt, kann man eventuell fühlen, daß der Muskel der Bewegung entgegenarbeitet.

Die Übungen sind Beispiele für reine Kreiselbewegungen in den Schultern. Man liegt auf einer Bank auf dem Bauch mit dem Ellenbogen nach außen gerichtet, und hebt eine Hantel rückwärts (Einwärtsrotation) bzw. vorwärts (Auswärtsrotation) nach oben (Abb.251).

Die Einwärtsrotation findet hauptsächlich mit Hilfe
- des Unterschulterblattmuskels,
- des großen Brustmuskels und
- des breiten Rückenmuskels statt.

An der Auswärtsrotation sind vor allem
- der Untergrätenmuskel und
- der kleine Rundmuskel beteiligt.

Die Beweglichkeit beim Einwärts- und Auswärtskreisen des Oberarmes kann in der aus Abbildung 252 ersichtlichen Stellung getestet werden.

Die beiden in Abbildung 253 gezeigten Muskeln haben beim Sport wenig Bedeutung, tragen jedoch zur Stabilisierung des Schulterblattes bei.

Die Abbildung 253 zeigt die Lage (a) des kleinen Brustmuskels (M. pectoralis minor), zugehörig zu Gruppe B, sowie (b) des Hakenarmmuskels (M. coracobrachialis), zugehörig zu Gruppe A.

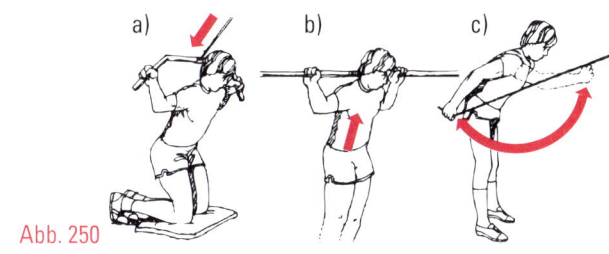

Abb. 250

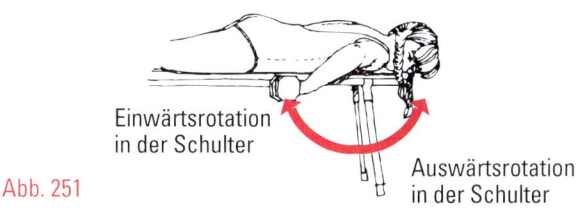

Einwärtsrotation in der Schulter

Auswärtsrotation in der Schulter

Abb. 251

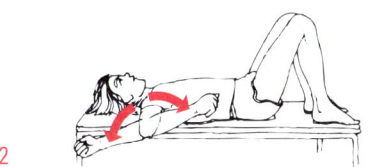

Abb. 252

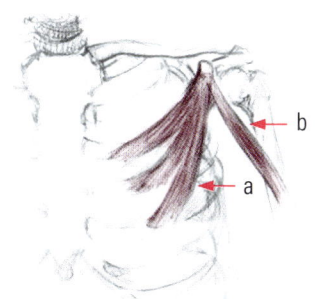

b

a

Abb. 253

B Ellenbogengelenk

1. Bau des Ellenbogengelenkes

Die Bewegungen im Ellenbogen finden in drei voneinander getrennten Gelenken statt:
- einem *Scharniergelenk* zwischen Oberarmknochen (Humerus) und Elle (Ulna),
- einem *Radgelenk* zwischen Elle und Speiche (Radius),
- einem *Kugelgelenk* zwischen Oberarmknochen und Speiche.

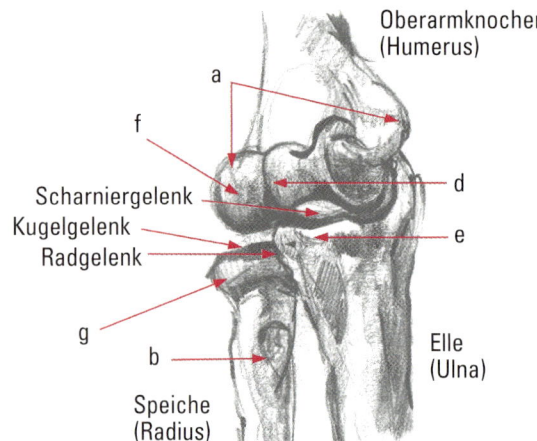

Abb. 254
Rechter Ellenbogen von vorn gesehen (mit nach vorn gerichteter Handfläche).

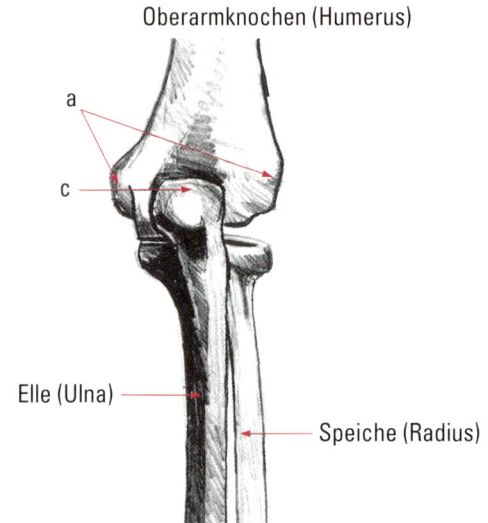

Abb. 255
Rechter Ellenbogen von hinten gesehen.

In den Abbildungen 254 und 255 werden die Vorsprünge und Gelenkflächen dargestellt, die für die Funktion des Ellenbogengelenkes wichtig sind:

a) Die Knochenhöcker des Oberarmknochens (Epikondylen) sind der Ursprung für die Muskeln, die die Hand im Handgelenk bewegen.
b) Die Speichenrauhigkeit (Tuberositas radii) ist der Ansatzpunkt für den M. biceps brachii (s. S. 93).
c) Der „Hakenfortsatz" der Elle (Olecranon) ist der Ansatzpunkt für den M. triceps brachii (s. S. 94).
d) Die Gelenkfläche am Oberarmknochen im Scharniergelenk des Ellenbogens (Trochlea = gekehlte Rolle).

e) Die Gelenkfläche an der Elle im Scharniergelenk des Ellenbogens (Processus coronoideus = Kronenfortsatz).
f) Die Gelenkfläche am Humerus im Kugelgelenk (Capitulum humeri = Humerusköpfchen).
g) Der Speichenkopf (Caput radii), der die Gelenkpfanne im Kugelgelenk bildet.

Gewöhnlich sind der „Hakenfortsatz" der Elle (c) und die Grube, in der dieser Vorsprung bei gestrecktem Arm liegt, bei Männern und Frauen unterschiedlich groß. Daher kommt es bei Frauen häufiger vor, daß das Ellenbogengelenk überstreckt wird, als bei Männern.

2. Beugung des Ellenbogens

Die drei wichtigsten Beugemuskeln sind:

a) Der **zweiköpfige Armmuskel** (M. biceps brachii) (Abb. 256) (Bi = zwei, ceps von caput = Kopf, brachium = Oberarm).
■ **Ursprung:** Rabenschnabelfortsatz (1), oberhalb der Schultergelenkspfanne (2).
■ **Ansatz:** Speichenrauhigkeit (Tuberositas radii) (3).
■ **Funktion:**
A. Beugt den Arm im Ellenbogen.
B. Dreht den Unterarm so, daß die Handfläche nach oben gerichtet wird (diese Bewegung nennt man Supination).
C. Pendelt den Arm nach vorn.

b) Der **Armbeuger** (M. brachialis) (Abb. 257) beugt im Ellenbogen.

c) Der **Oberarm-Speichen-Muskel** (M. brachioradialis) (Abb. 258) beugt im Ellenbogen und kann das Drehen des Unterarmes steuern.

Möchte man die Kraft in den Beugern des Ellenbogens trainieren, muß man beachten, daß der Bizepsmuskel nur dann mit maximaler Kraft arbeiten kann, wenn man z.B. eine Gewichtsstange so in die Hand nimmt, daß die Handflächen nach oben zeigen.

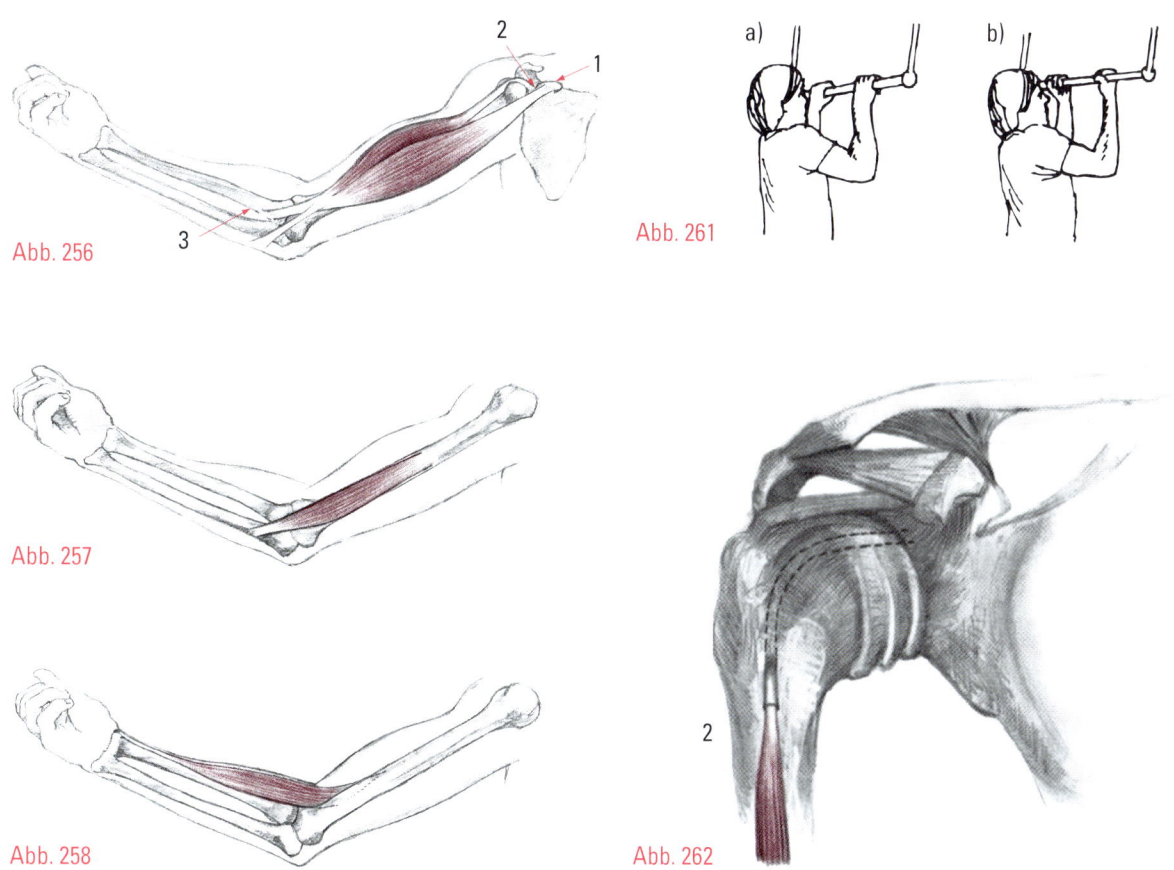

Abb. 256

Abb. 257

Abb. 258

Abb. 261

Abb. 262

In der Abbildung 259 greift man mit den Händen supinierend (von unten) und kann dadurch mit allen Beugemuskeln maximal arbeiten.

In der Abbildung 260 greift man mit den Händen pronierend (von oben), wodurch der Bizepsmuskel nicht mit maximaler Kraft arbeiten kann. Stattdessen werden die übrigen Beugemuskeln stärker belastet. Will man sämtliche Beugemuskeln trainieren, muß man also zwischen beiden Griffweisen wechseln. Die Abbildung 261 a) und b) zeigt Klimmzügewobei der Unterarm a) proniert und b) supiniert ist.

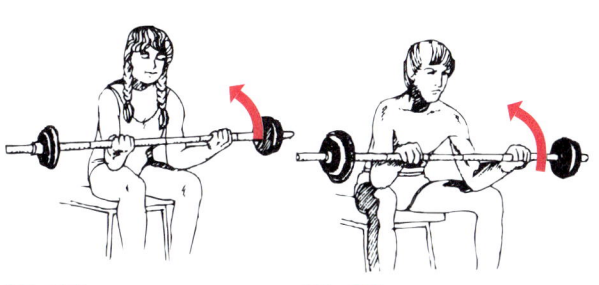

Abb. 259   Abb. 260

Die Ursprungssehne des Bizepsmuskels, die in den Abbildungen 256 und 262 mit 2 markiert ist, verläuft innerhalb der Achselhöhle und tritt durch eine zwischen Tuberculum majus und Tuberculum minus gebildete Rinne aus der Gelenkkapsel heraus (Abb. 234). Aufgrund dieses Verlaufes trägt der Muskel wesentlich zur Stabilisierung des Schultergelenkes bei. Wenn man das Schultergelenk ausgekugelt hat, sollte man daher unbedingt u.a. die Stärke des Bizepsmuskels trainieren, um ein erneutes Auskugeln (Luxation) zu vermeiden.

Die Kraft des Bizepsmuskels hängt u.a. von der Stellung des Oberarmes ab.

Die Zahlen in der Abbildung 263 geben an, über wieviel Kraft man ungefähr vefügt, um etwas zu tragen, etwas an sich heranzuziehen oder sich selbst hochzuziehen.

Aus den Zahlen wird ersichtlich, daß der Mensch eigentlich viel besser dazu geeignet scheint, an Bäumen zu hängen als schwere Einkaufstaschen zu tragen.

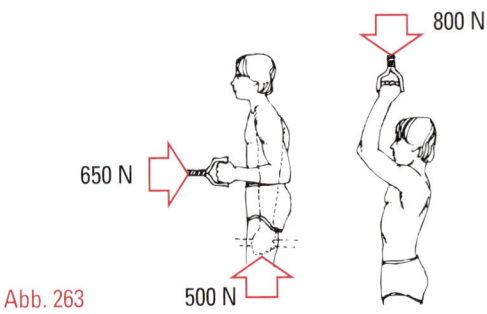

800 N

650 N

500 N

Abb. 263

3. Streckung des Ellenbogens

Der **Streckmuskel des Ellenbogens** (M. triceps brachii) setzt am Ellenhaken (Olecranon) an. Er hat drei Köpfe, wovon einer vom Schulterblatt ausgeht und die beiden anderen an der Rückseite des Oberarmes entspringen.

Die Funktion des Muskels besteht darin, den Arm im Ellenbogen zu strecken und ihn nach hinten zu pendeln.

In Abbildung 264 wird der innere Kopf vom langen Kopf überdeckt.

Die Kraft des Muskels ist unterschiedlich groß in Abhängigkeit von der Lage der Muskeln (S. 39) und des Hebelarmes der Kraft zum Ellenbogengelenk. Zu beachten ist, daß der Ansatzpunkt des

Muskels weit hinten am Hakenfortsatz der Elle sitzt, woraus sich bei allen Stellungen des Ellenbogengelenkes ein vorteilhafter Hebelarm ergibt (Abb. 265).

Bei stark gebeugtem Arm ist der Hebelarm des Streckmuskels am kürzesten (l_1). Gleichzeitig ist die Kraft des Muskels (F_1) am größten. Die geringste Kraft (Drehmoment) hat man bei gestrecktem Gelenk, da die Muskelkraft (F_2) dann sehr gering ist. Die Kraft im Ellenbogengelenk hängt auch von der Stellung des Armes im Verhältnis zum Schulterblatt ab. Bei nach vorn gestrecktem Arm hat der lange Kopf des Streckmuskels eine schlechtere Position (kurzer Abstand zwischen Ursprung und Ansatz) als bei gerade nach oben gerichtetem Arm. Die Abbildung 266 zeigt, wieviel Kraft man ungefähr hat, um einen Gegenstand nach vorn, nach unten oder nach oben zu drücken.

Die Abbildung 267 zeigt Lage und Größenordnung der Oberarmmuskeln (Querschnitt durch den rechten Oberarm).

Die Abbildung 268 zeigt Vorschläge zu verschiedenen Übungen für das Krafttraining des M. triceps brachii.

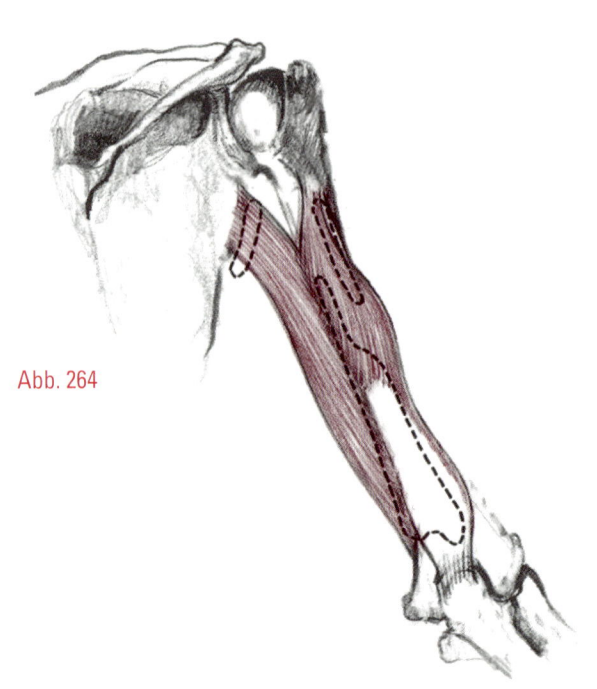

Abb. 264

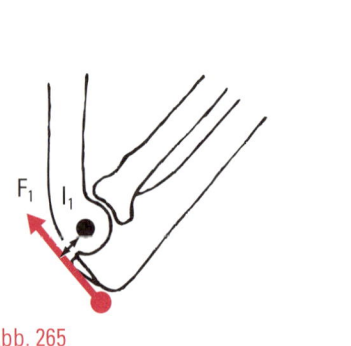

F_1 l_1

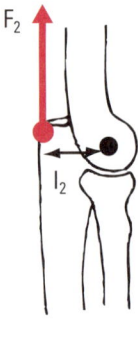

F_2

l_2

Abb. 265

400 N

350 N

500 N

Abb. 266

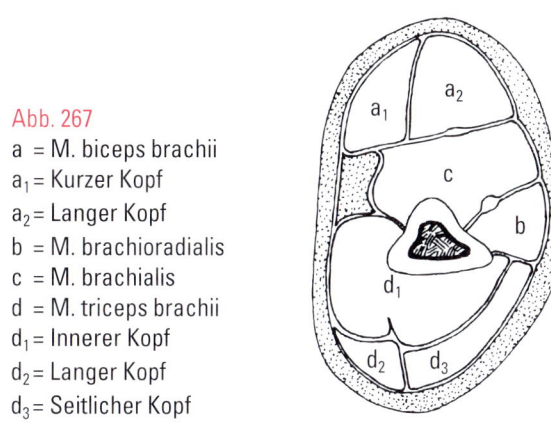

Abb. 267

a = M. biceps brachii
a$_1$ = Kurzer Kopf
a$_2$ = Langer Kopf
b = M. brachioradialis
c = M. brachialis
d = M. triceps brachii
d$_1$ = Innerer Kopf
d$_2$ = Langer Kopf
d$_3$ = Seitlicher Kopf

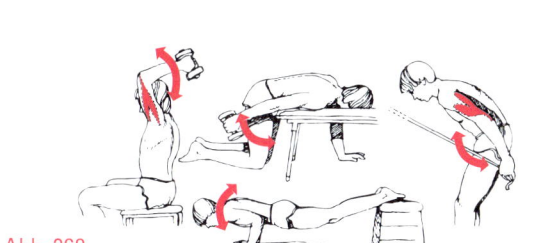

Abb. 268

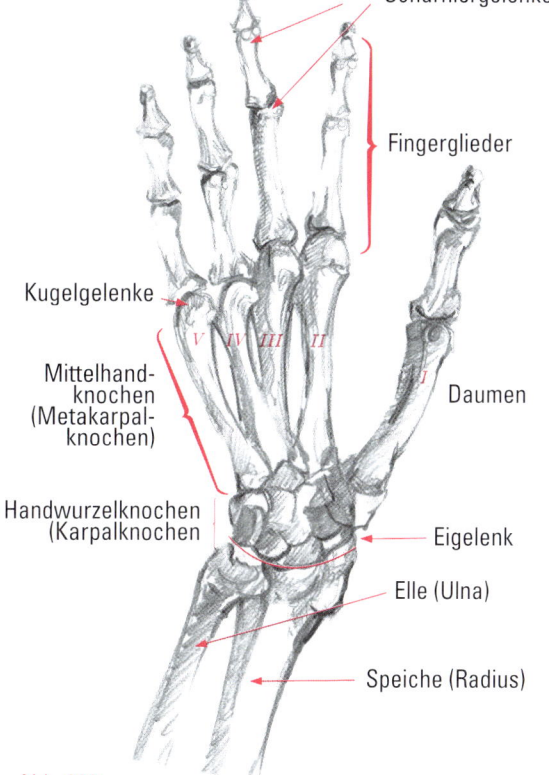

Abb. 269

Rechte Hand von der Seite der Handfläche aus gesehen (supiniert gemäß Abb. 270 f).

C Handgelenk

Das Handskelett besteht aus acht Handwurzelknochen, fünf Mittelhandknochen sowie den Fingergliedern (Abb. 269).

Die Bewegungen der Hand (Abb. 270) finden in dem Eigelenk statt, das von den vier Handwurzelknochen gebildet wird, die mit der Speiche (Radius) in einer gelenkigen Verbindung stehen.

Die Bewegungen im Handgelenk sind Palmarflexion, Dorsalflexion, Radialabduktion und Ulnarabduktion. Die Drehbewegungen der Hand werden Pronation und Supination genannt. Sie finden nicht im Handgelenk, sondern ausschließlich zwischen den beiden Knochen des Unterarmes statt (in dem in Abb. 254 gezeigten Radgelenk).

Die Muskeln, die den Unterarm und damit die Hand drehen, werden als Pronatoren bzw. Supinatoren bezeichnet. Die Abbildungen 271 bis 273 zeigen die wichtigsten dieser Muskeln.

Der stärkste, die Hand supinierende Muskel ist jedoch der M. biceps brachii (s. S. 92).

Die Supinatoren sind stärker (haben ein größeres Drehmoment) als die Pronatoren. Aus diesem Grund haben z.B. Schrauben ein Rechtsgewinde.

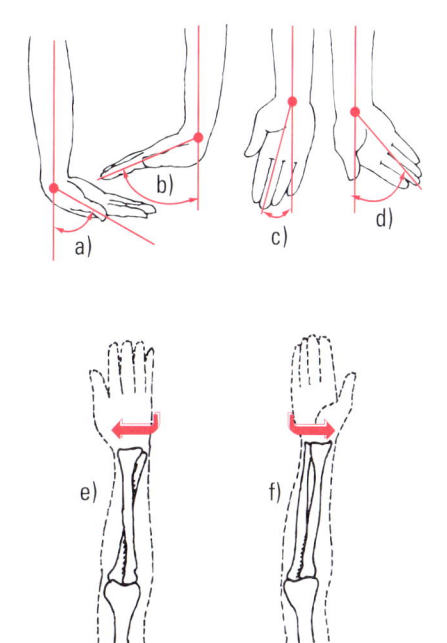

Abb. 270

Bewegungen im Handgelenk: a = Palmarflexion, b = Dorsalflexion, c = Radialabduktion, d = Ulnarabduktion. Die Drehbewegungen der Hand werden Pronation (e) und Supination (f) genannt.

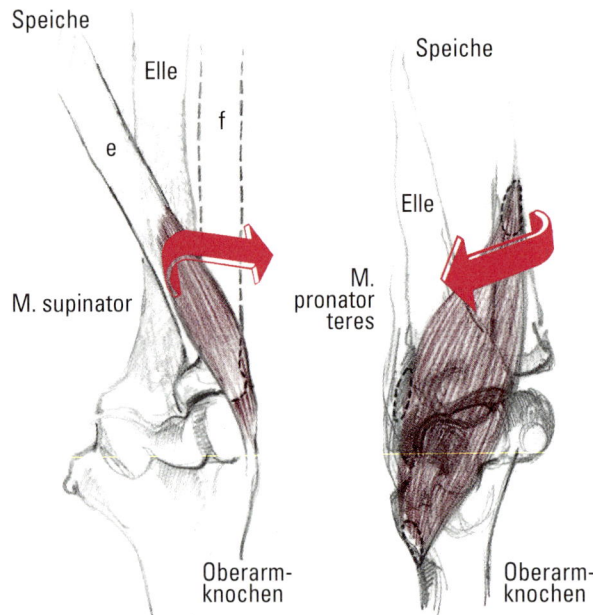

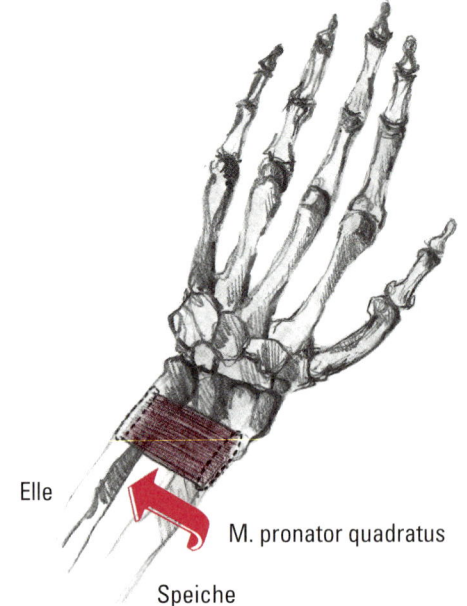

Abb. 271 Der rechte Ellenbogen in der Stellung von Abb. 270 e).
Abb. 272 Rechter Ellenbogen von vorn gesehen.

Abb. 273 Rechte Hand von der Handfläche her gesehen.

Beim Anziehen einer Schraube arbeitet eine rechtshändige Person mit supinierenden Bewegungen und die Muskeln arbeiten konzentrisch. Man kann dabei sehr deutlich fühlen, wie der M. biceps brachii mit großer Kraft an der Bewegung teilnimmt. Ist das Anziehen der Schraube so beschwerlich, daß man nicht genügend Kraft dazu hat, sperrt man das Handgelenk (man läßt die Supinatoren statisch arbeiten, was vorteilhafter ist). Dadurch kommt die Drehbewegung durch eine Auswärtsrotation im Schultergelenk mit gleichzeitig gebeugtem Ellenbogen zustande.

Von den etwa 20 Muskeln, die die Bewegungen des Handgelenkes steuern, kommen die größten und wichtigsten von den Gelenkknorren des Oberarmes (Humerus). Vom äußeren Knorren kommen die Muskeln, die das Handgelenk radialabduzieren und dorsalflektieren.

Abbildung 274 zeigt einige Muskeln, die u.a. bei einer Tennisrückhand, beim Heben eines Hammers usw. beansprucht werden. Bei einem sog. Tennisarm ist der Ursprungsbereich dieser Muskeln geschädigt.

Von den inneren Gelenkknorren kommen jene Muskeln, die das Handgelenk ulnarabduzieren bzw. palmarflektieren. Dies geschieht u. a. bei allen Formen des Werfens, des Schlagens sowie beim Vorhand-Smash usw. Schäden als Folge von Über-

anstrengung bei solchen Aktivitäten nennt man Speerarm, Golfarm usw.

Die Abbildungen 275 und 276 zeigen Muskeln, die von den inneren Gelenkknorren kommen. Man kann z.B. einem Tennisarm durch vorsichtiges Krafttraining vorbeugen. Die Übungen müssen mit leichter Belastung durchgeführt werden. Sie sollen statisches wie auch dynamisches Training bewirken. Nehmen Sie z.B. Hanteln (Schläger, Keulen) in die Hand, und bewegen Sie das Handgelenk in verschiedene Richtungen (Abb. 277 u. 278).

Für geschmeidige Handgelenke und eine gleichzeitige Dehnung der Muskeln in Richtung des Handgelenkes sind die folgenden Bewegungen empfehlenswert (Abb. 279):

a) Kreisen Sie mit leicht verschränkten Händen im Handgelenk.

b) Stützen Sie die Hände auf den Boden, üben Sie mit den Armen einen leichten Druck auf die Hände aus und versuchen Sie, einen Winkel von mind. 90° in den Handgelenken zu erreichen.

c) Die gleiche Übung wie b), jedoch mit dem Handrücken gegen eine Wand gestützt, oder mit Hilfe der anderen Hand.

Beachten Sie, daß die Beweglichkeit bei der Palmarflexion c) etwas geringer ist als bei der Dorsalflexion b).

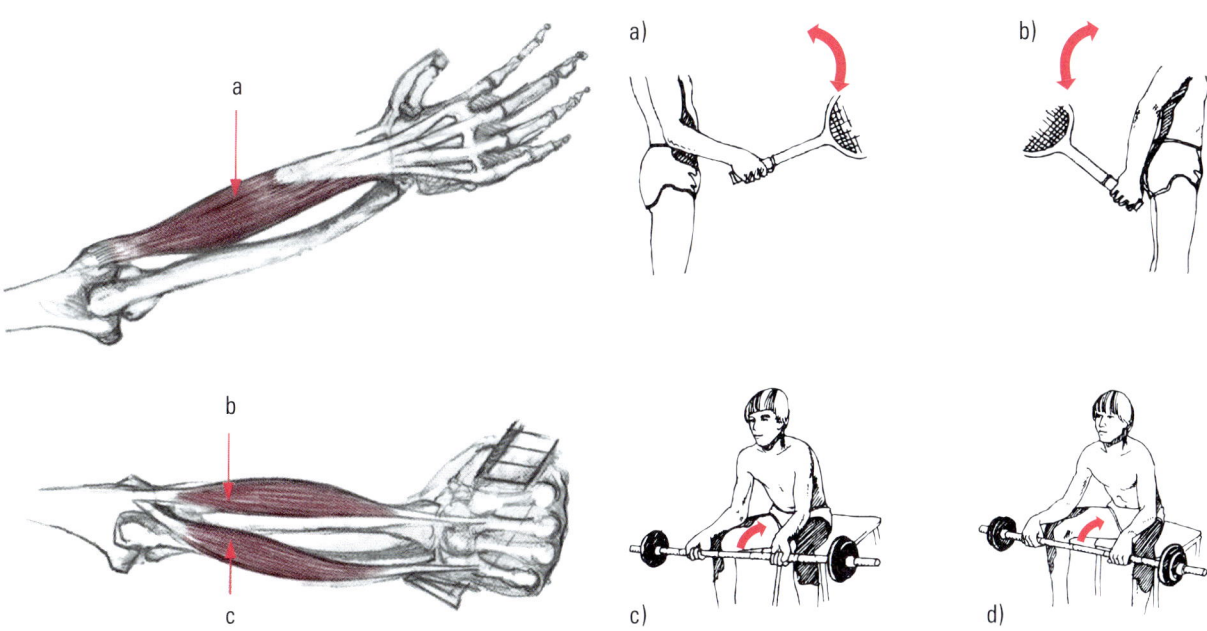

Abb. 274
Rechter Arm von hinten gesehen.
a = Fingerstrecker (M. extensor digitorum),
b = langer radialer Handstrecker (M. extensor carpi radialis), der längs der Speiche verläuft,
c = ulnarer Handstrecker (M. extensor carpi ulnaris), der längs der Elle verläuft.

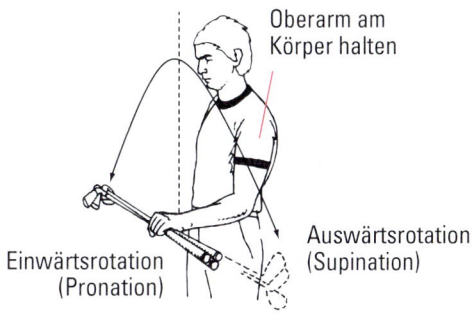

Abb. 277
Bewegung des Handgelenks
a) in Richtung des Daumens (Radialabduktion),
b) in Richtung des kleinen Fingers (Ulnarabduktion),
c) Beugung (Palmarflexion),
d) Streckung (Dorsalflexion).

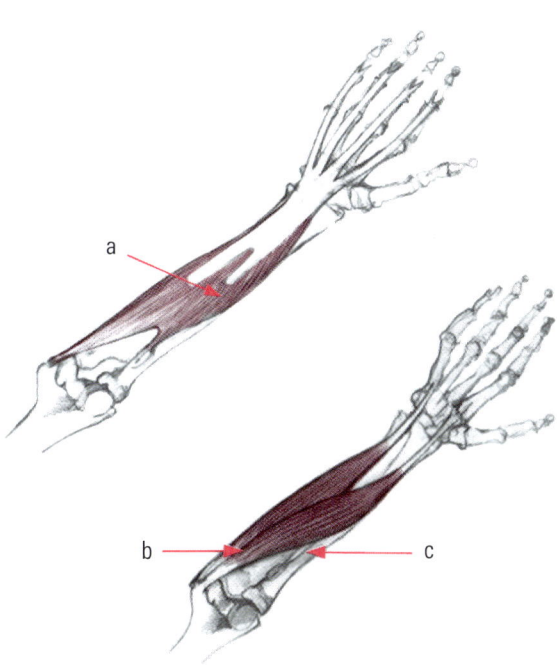

Abb. 275 und Abb. 276
Rechter Arm von der Handflächenseite gesehen.
a = Fingerbeuger (M. flexor digitorum),
b = ulnarer Handbeugemuskel (M. flexor carpi ulnaris),
c = radialer Handbeugemuskel (M. flexor carpi radialis).

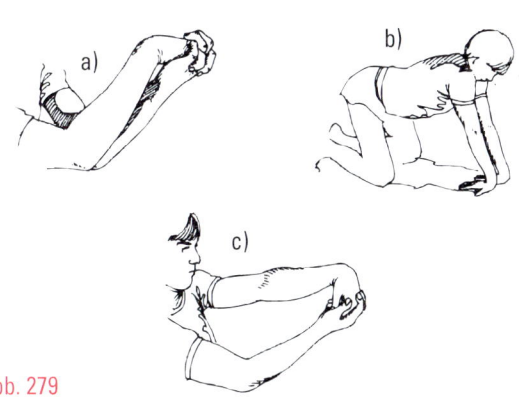

Oberarm am
Körper halten

Einwärtsrotation
(Pronation)

Auswärtsrotation
(Supination)

Abb. 278
Ein- und Auswärtsrotation des Handgelenks.

Abb. 279

6 Biomechanik im Sport

Um Bewegungen eingehend studieren zu können, sind Kenntnisse über die Gesetze der Mechanik erforderlich. Erst damit kann man die Übungen, die man analysieren oder ausführen will, ausreichend verstehen. Eine Beschreibung von sportlichen Übungen mit Hilfe von Gesetzen aus der Mechanik artet jedoch leider meist in allzu theoretischen Überlegungen aus.

In diesem Kapitel werden daher nur einige wenige Begriffe genannt, die direkt und praktisch anwendbar sind, damit man versteht, wie und warum eine Übung in einer bestimmten Art und Weise ausgeführt wird.

Der Begriff Drehmoment wurde bereits im Kapitel 2 sowie in mehreren Beispielen im Anatomieteil behandelt und wird daher in diesem Kapitel nur durch weitere Beispiele erläutert.

In diesem Kapitel werden folgende Begriffe behandelt:

A. Kräfte
B. Schwerpunkt
C. Beschleunigung
D. Impuls und Bewegungsmasse
E. Kreisförmige Bewegung
F. Trägheitsmoment und Spin

Es folgt außerdem ein Beispiel für eine Bewegungsanalyse.

A Kräfte

Im Sport unterscheidet man zwischen äußeren und inneren Kräften.

Zu den äußeren Kräften gehören (Abb. 280):

- die auf den Körper wirkende Schwerkraft (F_{mg}),
- die auf den Körper wirkende Gegenkraft der Unterlage = Normalkraft (F_N),
- die Reibungskraft der Unterlage (F_μ),
- der Luftwiderstand (F_l),
- die Zugkräfte in Seilen, Geräten usw. (F_D).

Zu den inneren Kräften gehören (Abb. 281):

- die Muskelkraft (F_m),
- die Kraft in Sehnen, Gelenken, Bindegewebe usw.

Abb. 280

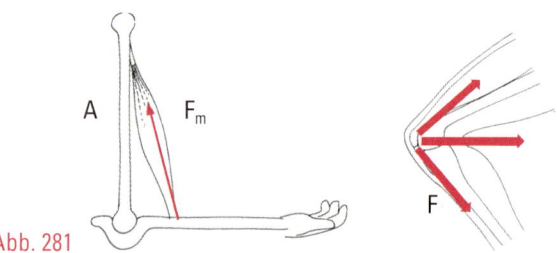

Abb. 281

Wir werden uns nun einige Eigenschaften dieser unterschiedlichen Kraftarten näher ansehen:

1. Schwerkraft (F_{mg})

Die Schwerkraft ist die Kraft, die alle Körper, die sich in der Nähe der Erdoberfläche befinden, zum Zentrum der Erdkugel hin anzieht. Je größer die Masse des Körpers ist, desto größer wird die Anziehungskraft (Abb. 282).

Newton beschloß, eine neue Krafteinheit einzuführen für die Kraft, die zu einer Erhöhung der Geschwindigkeit eines 1 kg schweren Körpers um 1,0 m/s führt.

Dieser Zusammenhang wird mit folgender Formel beschrieben (m = Masse in kg, a = Beschleunigung in m/s^2):

$$F = m \cdot a \text{ \textit{(Newtons erstes Gesetz)}}$$

Die Einheit für diese Kraft nannte er Newton. Andersherum kann man auch sagen: Wenn die Zugkraft von 1 Newton auf einen Körper mit der Masse 1 kg einwirkt, ist die Beschleunigung 1 m/s^2.

Newton entdeckte, daß die Anziehungskraft der Erde auf einen Körper mit 1 kg Gewicht 9,81 N ist, bei 2 kg Gewicht beträgt sie 2 · 9,81 N usw. Die Zahl 9,81 wird Gravitationsbeschleunigung genannt und mit dem Buchstaben g bezeichnet. Auf einen Körper, der × kg wiegt, wirkt also eine Schwerkraft mit der Größe × · g Newton ein (weitergehendes s.S. 100n).

Die Zugkraft auf einen Körper mit der Masse m = 5 kg wird demnach m · g = 5 · 9,81 N.

Die Zahl 9,81 wird oft auf 10 aufgerundet Die Schwerkraft auf einen Körper von 60 kg ist demnach etwa 600 N.

Man kann ein Gefühl dafür bekommen, was 1 N ist, wenn man einen Gegenstand von 0,1 kg in der Hand hält; die Schwerkraft, die auf 0,1 kg einwirkt, beträgt 1 N.

Die Abbildungen 283 bis 288 veranschaulichen wie die Schwerkraft gezeichnet werden kann:

Die Schwerkraft wird immer vom Schwerpunkt des Körpers aus gezeichnet und zum Zentrum der Erde hin gerichtet. Wie in der Abbildung 283 a) und b) zu sehen ist, kann der Schwerpunkt sehr wohl auch vollkommen außerhalb eines Körpers liegen. Um dies verstehen zu können, werden hier einige Situationen gezeigt, in denen sich der Schwerpunkt einer Person an unterschiedlichen Stellen befindet. Der Begriff Schwerpunkt wird auf den Seiten 142–146 weiter behandelt.

Ein Bein wiegt etwa 20% des Körpergewichtes. Pendelt man ein Bein nach vorne hoch, so werden 20% des Körpergewichtes in einer kreisförmigen Bahn nach oben verlagert (Abb. 284). Dies führt dazu, daß der Schwerpunkt des ganzen Körpers gleichermaßen verschoben wird, und zwar mit einem Radius, der 20% des Radius entspricht, der vom Schwerpunkt des Beines dargestellt wird.

Verändert eine Person ihre Position von a) zu b) so muß berücksichtigt werden, daß der Schwer-

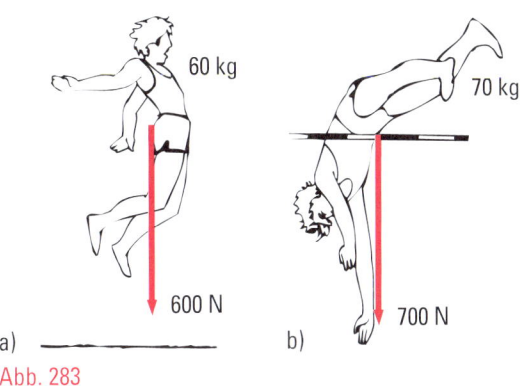

a) b)

Abb. 283

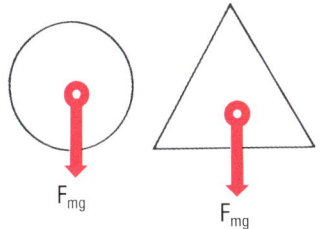

Abb. 282

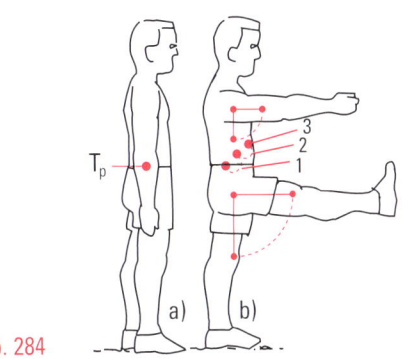

Abb. 284

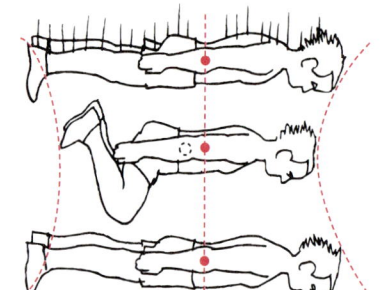

Abb. 285

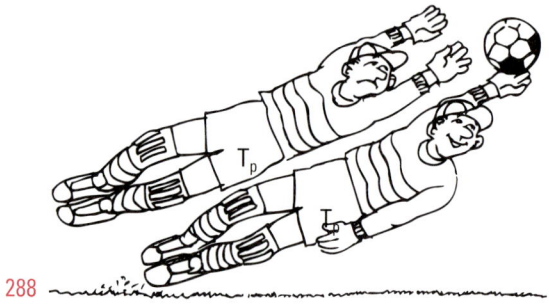

Abb. 288

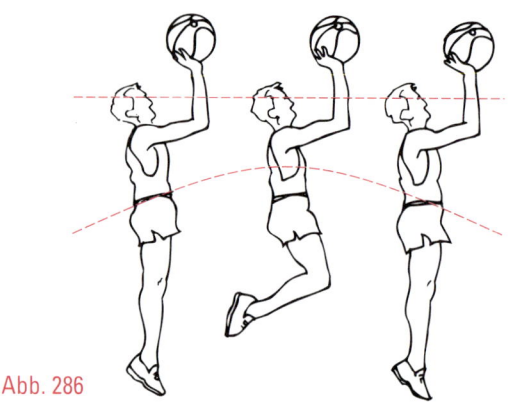

Abb. 286

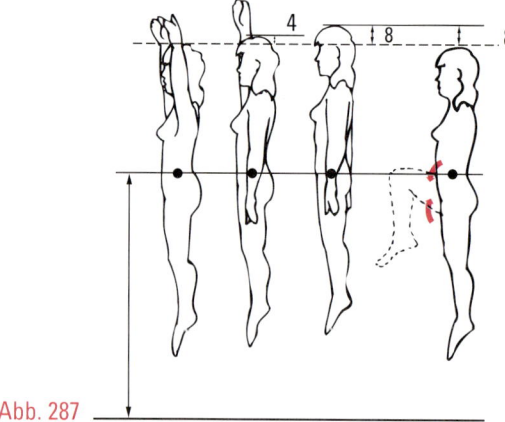

Abb. 287

Schwerpunkt ist nun zwar näher am Körper, aber der Oberkörper hat sich genau so viel in die andere Richtung bewegt. Der Schwerpunkt liegt also immer noch an der gleichen senkrechten Linie wie am Anfang. Werden die Beine wieder ausgestreckt, so nimmt auch der Kopf seine ursprüngliche Position wieder ein.

Will ein Basketballspieler in der Luft „stehen bleiben", um volle Kontrolle über den Wurf, den er machen wird, zu bekommen, so macht er bewußt oder unbewußt eine kompensatorische Beinbewegung. In der Abbildung 286 sind die Bahnen des Kopfes und des Schwerpunktes als gestrichelte Linien eingezeichnet. Dadurch, daß die Beine gegen Ende der Aufwärtsbewegung gebeugt, und am Anfang der Abwärtsbewegung gestreckt werden, wird der Kopf gezwungen, der obersten geraden Linie zu folgen. Dieses Bewegungsmuster ergibt genau im Augenblick des Wurfes die gewünschte Ruheposition.

Die Bahn des Schwerpunktes wird beim Absprung festgelegt und kann in der Luft nicht mehr geändert werden. Die Höhe des Kopfes kann allerdings mit Hilfe der Position der Arme und Beine beeinflußt werden (ein weiteres Beispiel gibt Abb. 287).

Das gleiche gilt für einen Torwart, der einen Ball erreichen will (Abb. 288). Es ist möglich mit dem einen Arm weiter zu reichen, wenn der andere Arm in die gegengesetzte Richtung gestreckt wird. Seine Beine sollen natürlich so gestreckt wie möglich sein.

Alle oben angegebenen Beispiele haben eines gemeinsam, nämlich daß der Muskel genau gleich stark am Ursprung und am Ansatzpunkt zieht. Dies ist nichts anderes als ein Spezialfall von Newtons Behauptung, daß keine Kraft auf einen Körper einwirken kann, wenn nicht eine gleich große Kraft in

punkt von 1 zu 2 aufgrund der Bewegung des Beines verlegt wird und von Position 2 zu 3 aufgrund der Bewegung des Armes. Da der Arm etwa ein Drittel des Beingewichtes ausmacht, wird der Radius der Schwerpunktsverlagerung entsprechend kleiner sein.

Nehmen wir an, eine Person fällt im freien Fall direkt nach unten zum Boden hin (Abb. 285). Zieht die Person die Beine hoch, so wird der Oberkörper in die entgegengesetzte Richtung gezogen; der

die entgegengesetzte Richtung auf einen anderen Körper wirkt. Dieses Gesetz wird das Gesetz der Aktions- und Reaktionskräfte genannt und lautet:

> Eine Kraft wird immer von einer gleich großen Kraft begleitet, die in die entgegengesetzte Richtung auf ein anderes Objekt wirkt.

Abb. 289   Abb. 290

Das Gesetz über Aktions- und Reaktionskräfte (Newtons zweites Gesetz)

Die Abbildungen 289 bis 291 sind Beispiele für sog. Aktions- und Reaktionskräfte.

1. Die Person drückt mit ihrem Gewicht die Waage nach unten. Die Waage drückt die Person mit gleicher Kraft nach oben (diese Kraft wird Normalkraft genannt) (Abb. 289).
2. Das Gas, das sich während der Pulverzündung in einer Pistole bildet, drückt sowohl auf die Kugel (Beschleunigungskraft) als auch auf die Pistole selbst (Rückstoßkraft). Die beiden Kräfte sind exakt gleich groß, wirken aber in entgegengesetzter Richtung (Abb. 290).
3. Ein Skifahrer (Abb. 291a) benutzt seine Muskelkraft und drückt den Skistock (schwarzer Pfeil) schräg nach hinten-unten in den Schnee. Der Schnee drückt mit gleich großer Kraft (roter Pfeil) schräg nach oben-vorwärts dagegen. Die Kraft, die auf den Skifahrer wirkt ist mit dem roten Pfeil dargestellt. Wenn der Golfschläger (b) einen Golfball trifft, wird die Kraft auf den Golfball genau so groß sein, wie die Kraft, die in entgegengesetzter Richtung auf den Schläger wirkt.

Die Kurven in der Abbildung 291 c) zeigen wie die Kräfte beim Kontakt zwischen Schläger und Ball beginnen zuzunehmen. Sie erreichen schnell ein Maximum, um danach wieder auf 0 zurückzugehen. Sie sind immer gleich groß, wirken aber in entgegengesetzte Richtungen.

2. Normalkraft (F_N)

Die Normalkraft entsteht, wenn ein Körper auf eine Unterlage Druck ausübt. Wenn eine 60 kg schwere

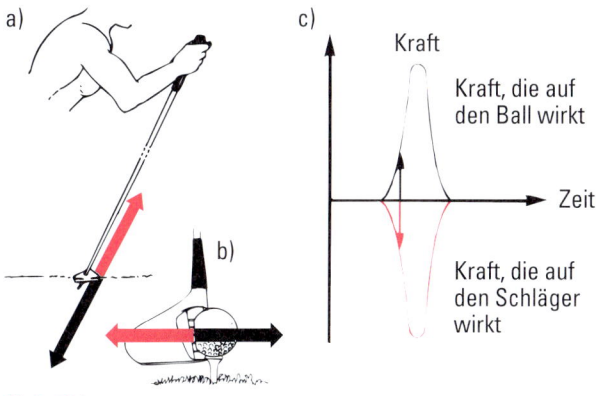

a)   c) Kraft

Kraft, die auf den Ball wirkt

Zeit

Kraft, die auf den Schläger wirkt

b)

Abb. 291

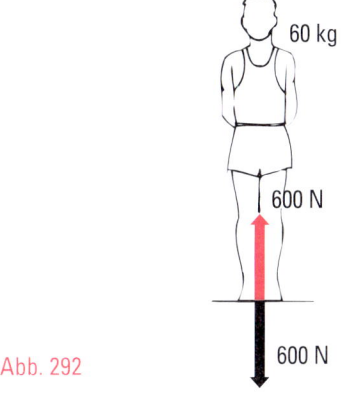

60 kg

600 N

600 N

Abb. 292

Person auf ebener Erde stillsteht, dann drückt sie mit 600 N (F_{mg}) auf den Boden. Die von der Unterlage nach oben auf die Person wirkende Gegenkraft (F_N) beträgt ebenfalls 600 N. Diese beiden, auf verschiedene Körper wirkenden Kräfte sind also gleich groß und entgegengesetzt gerichtet. Sie bilden ein sog. Kräftepaar und werden als gegenseitige Aktions-Reaktions-Kräfte bezeichnet (Abb. 292). Weitere Beispiele hierzu sind oben angegeben.

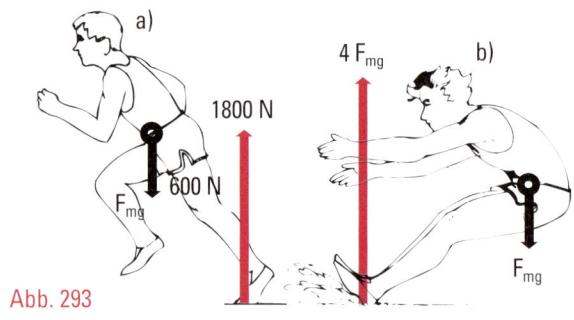

Abb. 293

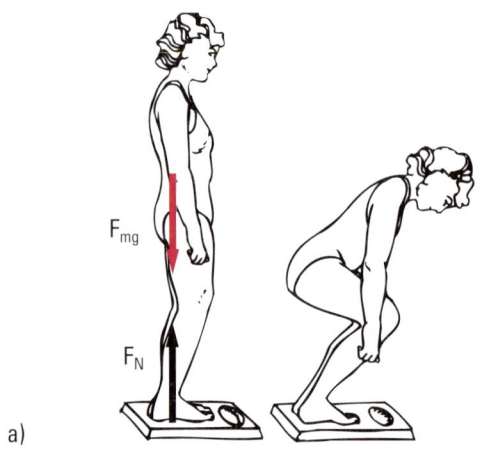

a)

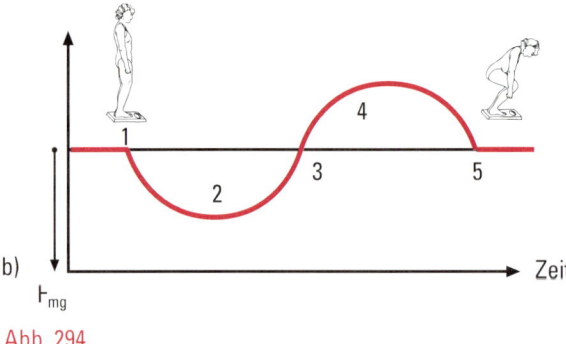

b)

F_{mg}

Abb. 294

Die Größe der Normalkraft hängt davon ab, wie stark eine Person auf die Unterlage drückt, d. h. wie schwer sie ist und wie sehr sie die in der Hüfte, im Knie und im Fußgelenk streckenden Muskeln aktiviert. Bei einem Absprung, beim Abstoßen oder bei der Landung kann die Normalkraft drei- bis viermal so groß sein wie die Gewichtskraft (F_{mg}) des Körpers (Abb. 293).

Wenn man im Stehen auf und ab wippt, verändert sich die Normalkraft. Diese Veränderungen können durch die Analyse der Arbeitsweise der Muskeln erklärt werden.

Wenn die Person in der Abbildung 294 a) eine Kniebeuge macht und danach in einer niedrigen Position verharrt, dann hat sich die Normalkraft gemäß der roten Kurve in Abbildung 294 b) verändert.

So lange die Person stillsteht, ist $F_{mg} = F_N$, wirkt aber in entgegengesetzter Richtung. Wenn sie anfängt nach unten abzusinken, ist dies darauf zurückzuführen, daß die Kraft in der Beinmuskulatur nachläßt (sie „schafft" es nicht mehr, aufrecht zu stehen). Die nach unten gerichtete Kraft F_{mg} ist größer als die nach oben gerichtete Kraft F_N. Die Bewegung nach unten wird daher beschleunigt.

Die Beschleunigung ist in Punkt 2 am größten. Am Punkt 3 haben die Muskeln wieder Kraft aufgebaut, so daß sie anfangen können, die nach unten gerichtete Bewegung abzubremsen. Am Punkt 4 wird die Bewegung am stärksten abgebremst. Am Punkt 5 ist das Abbremsen beendet und die Person steht still. Die Kurve zeigt, welchen Druck die Füße gegen die Unterlage ausüben, d. h. wie groß die Normalkraft ist. Man könnte auch sagen, daß die Kurve darstellt, wie viele motorische Einheiten in der Beinstreckermuskulatur während der Bewegung aktiv sind.

Diese Art von Kurve beschreibt alle Bewegungen, die dazu führen, daß der Schwerpunkt des Körpers von einem gewissen Niveau über dem Boden aus startet und danach absinkt, um auf einem niedrigeren Niveau stehenzubleiben. Da die Kurve den Druck beschreibt, den die Füße auf die Unterlage ausüben, kann hieraus auch abgeleitet werden, wann es am leichtesten ist, die Füße während der Abwärtsbewegung in eine neue Richtung zu drehen.

Im Punkt 2 ist es am leichtesten den Körper zu drehen, falls man sich neu ausrichten möchte. Je schneller das Absacken und je größer die Veränderung des Schwerpunktes, desto geringer wird für einen kurzen Moment F_N. Je geringer die Normalkraft ist, desto leichter wird es sein, Skier, Schlittschuhe, Tennisschuhe usw. in eine andere Richtung zu drehen. Die meisten Richtungsveränderungen werden durch Schwerpunktverlagerung so durchgeführt, daß eine momentane Entlastung zwischen Fuß und Unterlage entsteht.

Eine Entlastung kann auch dadurch erreicht werden, daß man sich aufrichtet. Sitzt man wie in der Abbildung 295 in der Hocke und richtet sich auf (1) um in Position (5) stehen zu bleiben, verändert sich die Normalkraft gemäß untenstehender Kurve.

Will man eine Aufwärtsbewegung dazu nutzen, den Druck auf die Unterlage zu verringern, so kommt die Entlastung in diesem Fall am Ende der Bewegung (4) und nicht wie beim Herabsinken am Anfang der Bewegung zustande.

Das, was die obigen Kurven darstellen, kann man ganz konkret beim Benutzen eines Aufzuges verspüren. Würde man in einem aufwärtsbewegenden Aufzug auf einer Waage stehen, so würde die Waage gerade im Moment der Aufwärtsbewegung (1), einen erhöhten Ausschlag aufweisen (man wird zu Boden gedrückt). In dem Moment in dem der Aufzug anhält (2), würde die Waage dagegen einen geringeren Ausschlag aufweisen (der Druck auf die Unterlage nimmt ab).

Der Unterschied zu einem Aufrichten gemäß Abbildung 295 ist, daß der Aufzug sich während einer gewissen Zeit mit konstanter Fahrt bewegt und die Waage während dieser Zeit das tatsächliche Gewicht anzeigt. Wenn der Aufzug wieder startet und sich nach unten bewegt, wird der Vorgang umgekehrt (Abb. 296).

Wenn wir uns eine Bewegung vorstellen, die zunächst ein Aufrichten des Körpers und unmittelbar danach ein In-sich-Hineinsacken beschreibt, dann haben wir eine Belastung auf der Unterlage, die im Prinzip einem Zusammenschieben unserer beiden Aufzugskurven zu einer einzigen Kurve entspricht (Abb. 297).

Wenn man in dieser Bewegung ein Paar Skier drehen möchte, so hat man ein Entlastungsmoment, das doppelt so lang ist, als wenn man sich nur aufrichtet. Überlegen wir, wie eine Tänzerin sich bei wiederholenden Pirouetten bewegt, oder wie das Bewegungsmuster eines Slalomfahrers in einem Normalschwung aussieht. Ein Eishockeyspieler praktiziert die gleiche Methode wenn er schnell zwischen Vorwärts- und Rückwärtsfahren wechseln will.

Für den Skiläufer in der Abbildung 298, der seine Beine beugt und streckt, gilt folgendes:

Die Muskeln arbeiten statisch solange er sich nicht nach vorne beugt. Wenn der Skiläufer 60 kg wiegt, beträgt die Normalkraft also 600 N. Beim Übergang von Position 1 zu 2 entspannt er die Muskeln etwas. Dadurch verringert sich der Druck

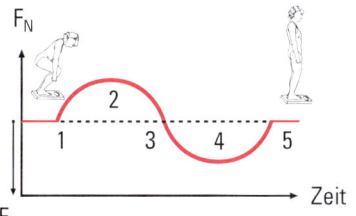

Abb. 295

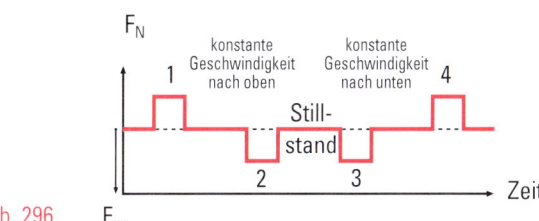

Abb. 296

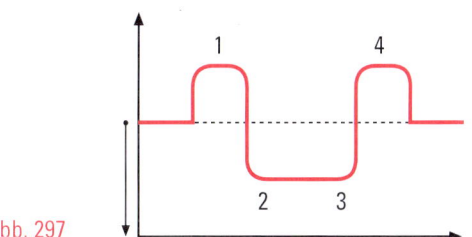

Abb. 297

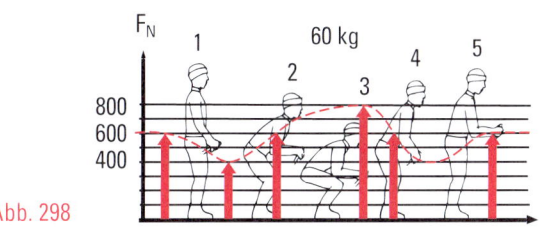

Abb. 298

auf die Unterlage, d.h. die Normalkraft nimmt ab (auf z.B. 400 N). Von Position 2 bis 3 bremst der Skiläufer die Bewegung nach unten ab, die zwischen Position 1 und 2 begonnen wurde.

Das Abbremsen geschieht über exzentrisch arbeitende Muskeln, und es entsteht ein größerer Druck auf die Unterlage. Von Position 3 bis 4 arbeiten die Muskeln konzentrisch, wobei sie weiterhin stark auf die Unterlage drücken (in unserem Beispiel maximal 800 N). Bei Position 4 hat der Skiläufer so viel Schwung nach oben, daß er Position 5 erreicht, ohne dabei einen besonders star-

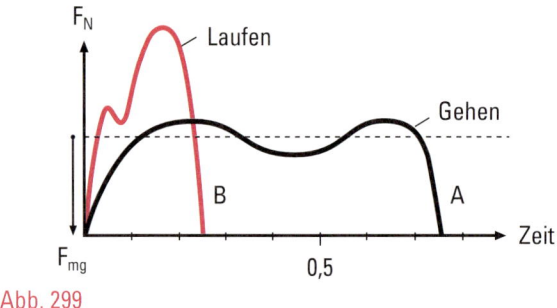

Abb. 299

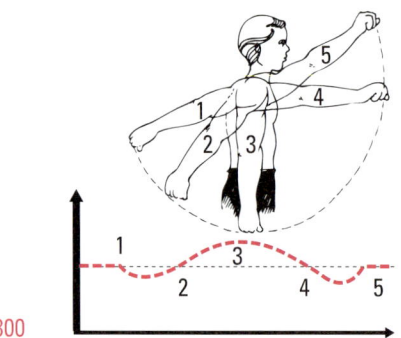

Abb. 300

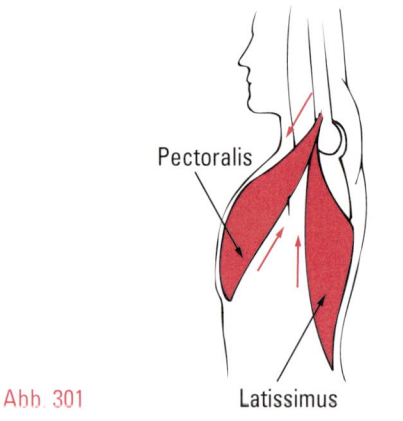

Abb. 301

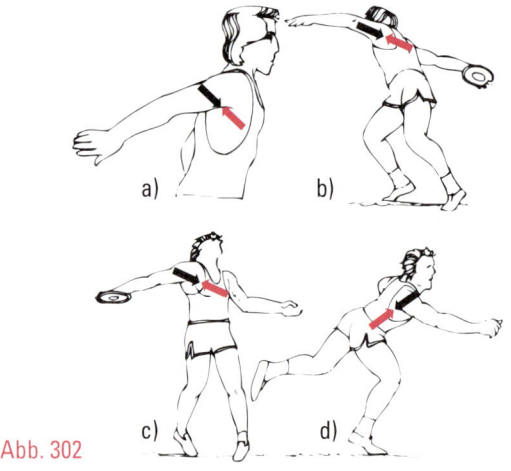

Abb. 302

ken Druck auf die Unterlage auszuüben. Er kann die Muskeln sogar leicht entspannen (400 N). Ab Position 5 steht er wieder still, und die Belastung beträgt bei statischer Muskelarbeit erneut 600 N.

Der Druck auf die Unterlage während einer Bewegung wird mit Hilfe sog. Kraftplatten gemessen, die sowohl die vertikale Kraft (Normalkraft) als auch die Seitenkräfte (Reibungskräfte) messen. Bei einem Gehschritt (A) und einem Laufschritt (B) variiert die Normalkraft gemäß den Kurven in der Abbildung 299.

Auch beim Armschwingen verändert sich die Normalkraft. Armbewegungen können dazu benutzt werden, den Druck der Beine auf die Unterlage zu erhöhen oder zu vermindern. Um diese Einwirkung verstehen zu können, muß man erst feststellen, wie sich der Schwerpunkt der Arme in senkrechter Richtung verändert. In der Abbildung 300 wird der Schwerpunkt des Armes zwischen Position 1 und 2 nach unten beschleunigt. Die Bewegung zwischen Position 2 und 3 ist ein Abbremsen gegen die Unterlage (die Arme bewegen sich nicht zur Unterlage hinunter sondern vorwärts), was zu einer Belastung führt. Der Übergang von Position 3 zu 4 stellt eine Beschleunigung dar, was ebenfalls zu einer Belastung führt. Die Bewegung zwischen Position 4 und 5 ist ein Abbremsen, was zur Entlastung führt.

Die Positionen 2 bis 4 werden u.a. von Dreisprungsportlern benutzt, um die Beine zu belasten und sie dadurch zu zwingen, maximal zu arbeiten. Dieselben Positionen helfen dem Turmspringer das Sprungbrett weiter nach unten zu drücken.

Beim Armschwingen verändert sich also die Normalkraft, dadurch dienen Armbewegungen bei verschiedenen Aktivitäten der Ent- bzw. Belastung des Körpers. Welche Bedeutung hat das Schwingen mit den Armen beim Laufen, bei Absprung und Landung, beim Passieren einer Latte, beim Skifahren, beim Tritt, bei Saltos, beim Balancieren usw.? Analysieren Sie bitte selbst eine Ihnen bekannte Bewegung und denken Sie dabei über die Funktion der Arme nach!

Allgemein gilt, daß ein Kraftaufwand notwendig ist, wenn man die Geschwindigkeit der Arme verändern möchte. Diese Kraft wirkt sowohl auf den Ursprung als auch auf den Ansatzpunkt der Muskeln, und zwar mit gleich großen, entgegengesetzt gerichteten Kräften, d.h. Arme und Körper werden in unterschiedliche Richtungen beeinflußt. Wenn der Arm z.B. mit Hilfe des großen Brustmuskels (M. pectoralis major) oder des breiten Rückenmuskels (M. latissimus dorsi) beschleunigt oder abgebremst wird, wirkt die Kraft in entgegengesetzter Richtung auf den Körper (Abb. 301).

Die Pfeile in der Abbildung 302 a) bis d) zeigen, wie der Körper von einer Veränderung der Geschwindigkeit der Armbewegung beeinflußt wird. Der schwarze Pfeil gibt die Kraft im Arm an, der rote Pfeil die Kraft auf den Oberkörper. Die Kraft verteilt sich gleichmäßig auf Ursprung und Ansatz des Muskels. Abbildung 302 zeigt die Armbewegungen, bei denen der Körper gemäß den roten Pfeilen beeinflußt wird:

a) abgebremste Bewegung nach hinten,
b) Beschleunigung nach hinten (Richtung Rücken),
c) Beschleunigung nach vorne,
d) abgebremste Bewegung nach vorne.

3. Reibungskraft (F_μ)

Die Reibungskraft ist eine weitere Kraft, die man berücksichtigen muß, um die Sportausübung zu analysieren und zu verstehen. Die Reibungskraft F_μ entsteht, wenn zwei Oberflächen gegeneinander verschoben werden. Die Ursache hierfür ist, daß jede Oberfläche, wie glatt sie auch sein mag, mikroskopisch kleine Unebenheiten aufweist. Diese winzigen Unebenheiten haken ineinander ein und erschweren so das Vorbeigleiten der beiden Oberflächen aneinander (Abb. 303).

Die Größe der Kraft, die notwendig ist, um den Oberflächen zu ermöglichen, aneinander vorbeizugleiten, hängt von zwei Faktoren ab: zum einen von der Beschaffenheit der Oberflächen (wird gewöhnlich Reibungskoeffizient m der Oberfläche genannt) und zum anderen von der Kraft, mit der die Oberflächen aneinandergedrückt werden, d.h. von der Normalkraft (F_N) die zwischen den Flächen wirkt. Die Größe der Reibungskraft wird durch die unten angegebene Formel zusammengefaßt. Sie besagt, daß die Reibungskraft das Produkt aus der Normalkraft F_N und dem Reibungskoeffizienten m ist.

$$F_\mu = F_N \cdot \mu$$

Nehmen wir an, Sie möchten einen Kasten auf dem Boden entlangziehen (oder schieben). Bevor Sie anfangen zu ziehen, wird der Kasten von F_{mg} und F_N beeinflußt. Diese gleichen einander aus, und der Kasten steht still. Wenn Sie mit einer Kraft ziehen, die nicht ausreicht, um den Kasten von der Stelle zu bewegen, liegt dies daran, daß die Reibungskraft mindestens genau so groß ist wie Ihre Zugkraft. Bei einem gewissen F-Wert wird sich aber der Kasten bewegen. Die für den Bewegungsbeginn notwendige Kraft wird voll ausgebildete Haftreibung genannt. Wirken Sie auf den Kasten mit einer Zugkraft ein, die die Reibungskraft übertrifft, wird der Kasten sich vorwärts bewegen.

Nehmen wir an, der Kasten, der in der Abbildung 304 auf dem Tisch liegt, wiegt 5 kg, die Normalkraft ist dann 50 N. Wenn wir durch Auflegen eines passenden Gewichtes (0,1 kg) in der Waagschale, eine Zugkraft von 1 N erhalten, zeigt sich, daß der Kasten sich immer noch nicht bewegt. Dies beruht darauf, daß die Reibungskraft ebenfalls 1 N ist. Die winzigen Unebenheiten in der Tischoberfläche haben sich an der Oberfläche des Kastens festgehakt und „schaffen" es, den Kasten mit 1 N festzuhalten.

Bei einer Belastung mit 2 N geschieht das gleiche, der Kasten rührt sich nicht von der Stelle. Bei einer Zugkraft von 5 N reißen vielleicht die kleinen

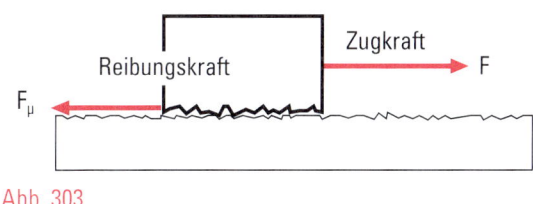

Abb. 303

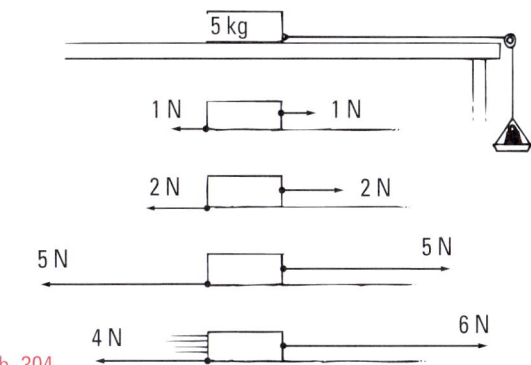

Abb. 304

Unebenheiten auf, die den Kasten festhalten. Man spricht dann davon, daß der Reibungskoeffizient zwischen den beiden Flächen 0,1 (5 N/50 N) ist. Zieht man mit mehr als 5 N, entsteht ein Überschuß an Kraft, der dazu führt, daß sich der Kasten nach vorne bewegt. (Weiter unten wird erklärt, warum ein wenig mehr Kraft für das In-Gang-Setzen der Bewegung erforderlich ist, als für die Aufrechterhaltung der Bewegung.)

Normalerweise liegt der Wert des Reibungskoeffizienten zwischen 0 und 1. Ist der Reibungskoeffizient größer als 1, wird mehr Kraft für das Schieben des Gegenstandes notwendig sein, als diesen aufzuheben und wegzutragen. Die Reibung zwischen zwei Knorpeloberflächen, die mit Synovia (Gelenkschmiere) eingeschmiert sind, hat einen der niedrigsten Werte, die uns bekannt sind. Zwischen dem Schnee und einem gut gewachsten Ski kann der Reibungskoeffizient bis auf 0,04 abnehmen. Zwischen Schlittschuhkufe und Eis kann er sogar bei 0,01 liegen. Hohe Reibungskoeffizienten sind z.B. zwischen Autoreifen und Straßenbelag erstrebenswert. Ein zu hoher Reibungskoeffizient zwischen Schuhsohle und Boden führt leicht zu Verstauchungen. Hier wird eine mäßige Gleitphase angestrebt, damit die Muskulatur Zeit hat, sich an die Belastung anzupassen und dadurch auch Zeit bleibt, das Fußgelenk zu stabilisieren.

In der Abbildung 305 wird in zwei unterschiedlichen Situationen gezeigt, wie die Reibungskraft der Hände bzw. der Füße angewendet werden kann. In der Abbildung sind auch die Normalkräfte eingezeichnet. Bei einer Addition von F_N und F_μ wird das Ergebnis als R bezeichnet. In beiden Fällen wird R Stemmkraft genannt.

Die Kurve in Abbildung 306 zeigt, was passiert, wenn ein Körper seitlich von einer kontinuierlich zunehmenden Kraft beeinflußt wird. Bei niedriger Kraft schafft es die Reibungskraft, den Gegenstand am Platz zu halten. Die Reibungskraft hat den gleichen Wert wie die Zugkraft und der Gegenstand bewegt sich nicht. Bei einem gewissen Zugkraft-Wert ist die Reibungskraft überwunden, und der Gegenstand fängt an wegzugleiten.

Diese Reibungskraft wird voll ausgebildete Haftreibung genannt. Sobald der Gegenstand sich vom Fleck bewegt hat, wird die Reibungskraft etwas niedriger und in der weiteren Bewegung Gleitreibung genannt.

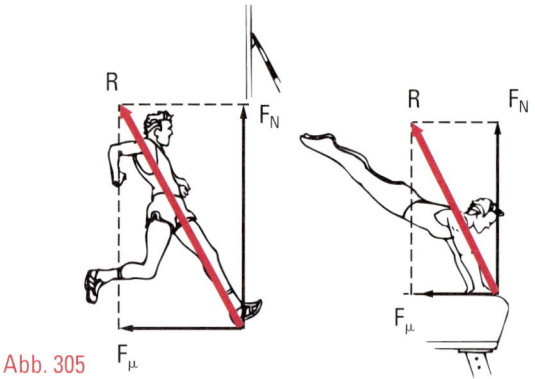

Abb. 305

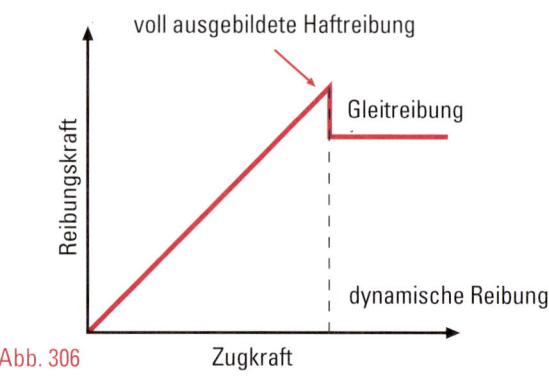

Abb. 306

Reibungskräfte funktionieren auf unterschiedliche Art und Weise, je nachdem, ob die Oberflächen trocken sind oder sich eine Flüssigkeitsschicht zwischen den Oberflächen befindet (Flüssigkeitsfilm). Man spricht in diesem Fall von einer Naßreibung im Gegensatz zu einer Trockenreibung. Beispiele für eine Naßreibung ist eine Schlittschuhkufe auf dem Eis oder ein Ski auf dem Schnee usw.

Der Grund dafür, daß die voll ausgebildete Haftreibung größer ist als die Gleitreibung, sind die kleinen Unebenheiten der beiden Kontaktoberflächen, die beim Stillstehen des Gegenstandes tiefer ineinander einsinken, als wenn die beiden Oberflächen aneinander vorbeigleiten. Rein praktisch kann man dies beim Abbremsen eines Autos feststellen. Wenn die Räder blockiert werden und über den Straßenbelag gleiten, ist die Bremskraft niedriger als wenn das Rad rollt. Beim rollenden Rad steht ja jeder Punkt, der auf die Unterlage trifft, still und die Bremskraft kann die voll ausgebildete Reibung erreichen. Bremsen mit sog. Antiblockiersystem verhindern daher viele Unfälle.

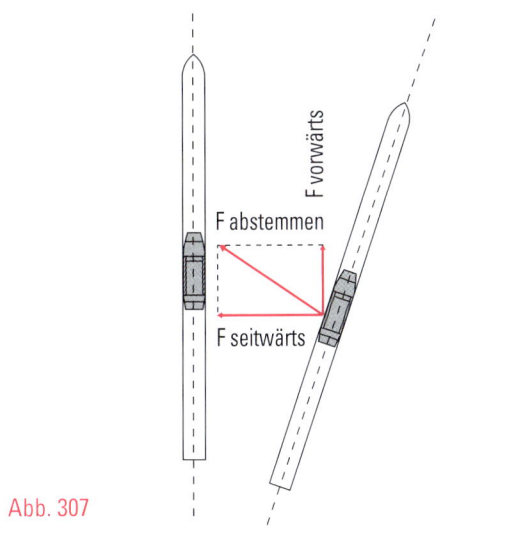

Abb. 307

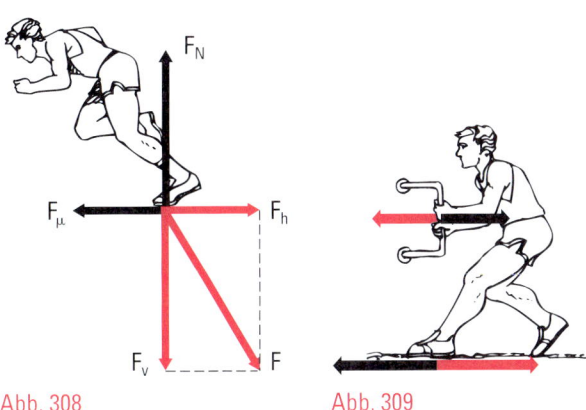

Abb. 308   Abb. 309

Beim Langskilauf (klassischer Stil) schiebt man erst dann ab, wenn der Ski zum Stehen gekommen ist. Wenn der Ski nur einen kurzen Augenblick stillsteht, haben die Unebenheiten Zeit ineinander zu sinken und man erhält einen besseren Halt. Der Profiskiläufer kann diesen kurzen zusätzlichen Stopp ohne Fahrtverlust dadurch erreichen, daß er in dem Moment eine kleine Kniestreckung macht, in dem die Gleitphase anfängt, zu Ende zu gehen. Ein ungeübter Skiläufer, der die richtige Technik nicht beherrscht, wird einen für den Wettlauf gewachsten Ski als viel zu glatt empfinden und nach hinten rutschen.

Beim „Ski-Skating" wird so gewachst, daß die Reibung so niedrig wie möglich ist. Das Abstemmen wird mit einem gleitenden Ski gemacht. Deswegen muß, um überhaupt eine Kraft ausüben zu können, rechtwinklig zur Bewegungsrichtung des

Skis abgestemmt werden. Dies führt dazu, daß nur ein Teil der abstemmenden Kraft nach vorne gerichtet ist (vgl. Abb. 307). Die Fahrt wird jedoch beim Ski-Skating schneller, weil das Abstemmen bei jeder beliebigen Geschwindigkeit ausgeübt werden kann. Beim klassischen Stil dagegen muß der abstemmende Ski erst anhalten, bevor eine vorwärts gerichtete Kraft entwickelt werden kann.

Der einzige Unterschied zwischen gewöhnlichem Schlittschuhlaufen und Skating auf Skiern ist, daß die Reibung zwischen Schlittschuhkufen und Eis beträchtlich niedriger ist als zwischen Ski und Schnee, und zwar unabhängig davon, wie gut die Skier gewachst sind. Während der Gleitphase verliert man also beim gewöhnlichen Schlittschuhlaufen nicht so viel an Geschwindigkeit.

Bei einem Laufschritt stößt der Fuß vom Boden mit einer Kraft F ab, die schräg nach hinten und unten gerichtet ist. Diese Kraft kann in zwei Komponenten aufgeteilt werden. Eine ist nach unten gerichtet und macht eine „Delle" in den Boden. Die andere ist nach hinten gerichtet und drückt Bodenmaterial wie z.B. Sand oder Kies nach hinten weg (Abb. 308).

Die Reaktionskräfte zu diesen beiden Kräften sind die Kräfte, die auf den Läufer gerichtet sind. Es ist die Normalkraft F_N und die Reibungskraft F_μ. Durch die Reibungskraft wird der Läufer vorwärts beschleunigt (ohne Reibung kann man sich nicht vom Fleck rühren). Die Normalkraft versucht den Läufer nach oben zu heben. Sein Schwerpunkt verändert sich folgendermaßen:

- Bei $F_N > F_{mg}$ wird der Schwerpunkt nach oben verlagert.
- Bei $F_N = F_{mg}$ verändert sich die Lage des Schwerpunktes nicht.
- Bei $F_N < F_{mg}$ wird der Schwerpunkt nach unten verlagert.

Wenn eine Person an einem Gegenstand zieht, stellt sich die Kraftsituation wie in der Abbildung 309 dar. Das Gesetz über Aktion und Reaktion gilt wie immer; keine Kraft existiert, ohne daß es eine gleich große Kraft auf einen anderen Körper in entgegengesetzter Richtung gibt. Die Kräfte, die durch die roten Pfeile dargestellt sind, wirken auf die Hand bzw. auf den Fuß der Person ein. Die schwarz dargestellten Kräfte wirken auf den Griff und auf die Unterlage.

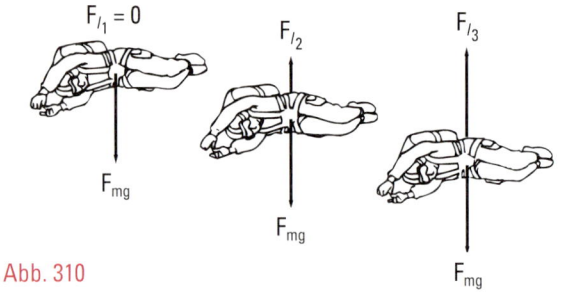

Abb. 310

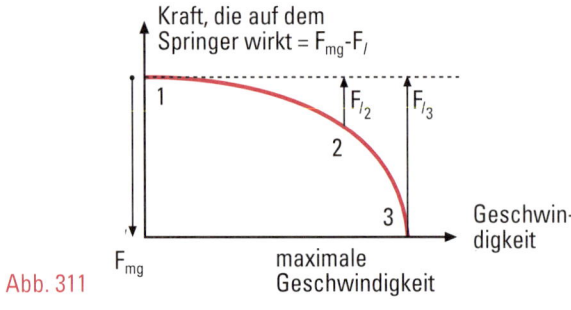

Abb. 311

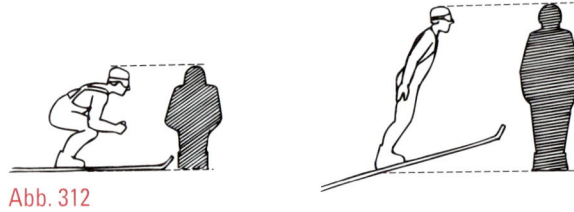

Abb. 312

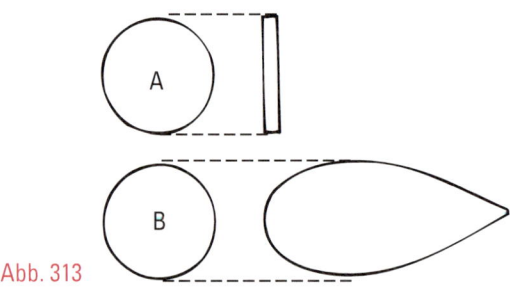

Abb. 313

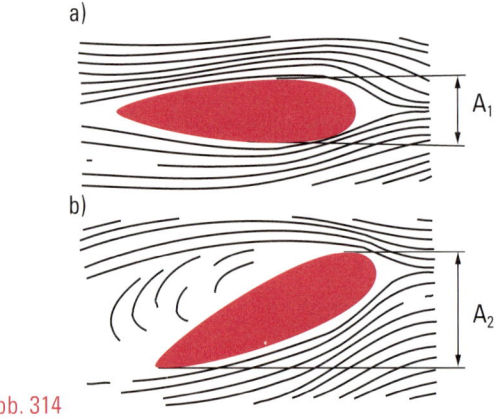

Abb. 314

4. Luftwiderstand (F_l)

Der Luftwiderstand auf einen Körper, der sich in der Luft bewegt, beruht darauf, daß die Luftmoleküle, die sich vor dem Gegenstand befinden, mit dem Gegenstand zusammenprallen. Die Moleküle gewinnen an Fahrt (gewinnen Energie) während der Gegenstand an Fahrt verliert (verliert eine entsprechende Menge Energie). Dies kann dadurch beschrieben werden, daß der Gegenstand von einer Bremskraft, die Luftwiderstand genannt wird, beeinflußt wird.

Die Abbildung 310 unten zeigt einen Fallschirmspringer, der gerade aus einem stillstehenden Helikopter gesprungen ist. Zunächst hat er keine Fahrt nach unten, prallt also nicht mit Molekülen zusammen, weshalb der Luftwiderstand auch 0 ist. Er wird von der Schwerkraft F_{mg} beeinflußt, so daß ein beschleunigter Fall nach unten beginnt. Nach einiger Zeit hat er eine gewisse Fahrt erreicht, was dazu führt, daß er eine große Menge Luftmoleküle wegschiebt. Dadurch wird er – außer von der Kraft F_{mg} – auch von der Kraft F_l beeinflußt. Die auf den Fallschirmspringer wirkende Totalkraft wird aus $F_{mg} - F_l$ berechnet, was wiederum zu einer niedrigeren Beschleunigung führt.

Berücksichtigte man den Luftwiderstand F_l, würde die totale Kraft (und dadurch auch der Luftwiderstand), die auf den Springer wirkt, mit zunehmender Geschwindigkeit abnehmen (s. Abb. 310). Da der Luftwiderstand genau in entgegengesetzter Richtung zur Schwerkraft F_{mg} wirkt, wird jede Zunahme von F_l die totale Kraft mit dem gleichen Wert reduzieren. Bei Position 1, genau zu Beginn des Sprunges, ist $F_{l_1} = 0$ und der Springer wird nur von F_{mg} beeinflußt. Bei Position 2 hat der Luftwiderstand etwa ⅓ von F_{mg} erreicht, die totale Krafteinwirkung auf den Springer ist also ⅔ mg. Bei Position 3 ist der Luftwiderstand maximal, d.h. $F_{l_3} = F_{mg}$ (Abb. 311).

Beim freien Fall aus einem Flugzeug wird ein Fallschirmspringer, dessen Schirm sich noch nicht geöffnet hat, nach etwa 10 Sekunden die maximale Geschwindigkeit erreichen. Sobald F_{mg} und F_l gleich groß sind, wird die Fahrt nicht mehr beschleunigt. Er hat die maximale Geschwindigkeit erreicht, die irgendwo zwischen 200 und 300 km/h liegt, je nachdem, welche Position der Springer einnimmt. Unterschiedliche Positionen führen zu unterschiedlichen Luftwiderständen und dadurch zu unterschiedlichen maximalen Geschwindigkeiten.

In der Abbildung 312 kann man sehen, wie die Fläche, die ein Skispringer nach vorne abbildet, verändert werden kann. Der Luftwiderstand, der auf einen Körper einwirkt, ist zum einen abhängig von der Stirnfläche des Körpers (A), die mit der Luft zusammentrifft (oder von der Luft getroffen wird), und zum anderen von der Geschwindigkeit des Gegenstandes (v). Der Luftwiderstand ist proportional zur Geschwindigkeit im Quadrat (v^2). Ein dritter Faktor ist die Form des Körpers, d. h. inwieweit er stromlinienförmig (k) ist. Die Größe des Luftwiderstandes wird mit folgender Formel ausgedrückt:

$$F = A \cdot v^2 \cdot k$$

Die Gegenstände in der Abbildung 313 unten würden von vorne gesehen, beide das gleiche Aussehen haben. Von der Seite betrachtet, sehen sie jedoch ganz unterschiedlich aus und haben, was die Stromlinienform betrifft, auch ganz unterschiedliche Koeffizienten. Die Tropfenform B) hat im Vergleich zu A) eine niedrigere Zahl. Überlegen Sie mal, wie Sie Ihre Hand beim Schwimmen formen müssen, um im Wasser so gut wie möglich „greifen" zu können. Die oben angegebene Formel gilt nicht nur in der Luft, sondern auch im Wasser.

In den Abbildungen 314 und 315 gilt, daß sowohl die Fläche (A) als auch die Stromlinienform (k) in den Abbildungen a) kleiner sind als in b).

Wenn die Fersen wie in der Abbildung 316 a) zum Körper herangezogen werden, so werden die Unterschenkel hinter den Schenkeln versteckt, was dazu führt, daß der Widerstand zum Wasser geringer wird. Bei der eigentlichen Beinbewegung b) soll eine größtmögliche Fläche im Wasser nach hinten verdrängt werden.

Wenn ein Luftstrom an einem Gegenstand vorbeiströmt, der auf allen Seiten des Gegenstandes gleich schnell ist, so ist der Druck (Kraft pro Oberflächeneinheit) auf allen Seiten gleich, und der Gegenstand bewegt sich nach vorne. Wenn der Gegenstand aber so geformt ist, daß der Luftstrom gezwungen wird, auf der einen Seite eine längere Strecke zurückzulegen, entsteht auf dieser Seite ein Unterdruck (F_u) (Abb. 317a).

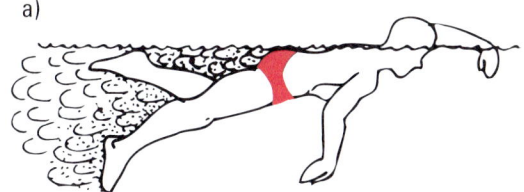

a)

b)

Abb. 315

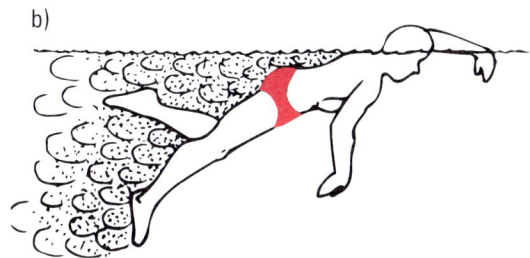

a)

b)

kleine Oberfläche   große Oberfläche

Abb. 316

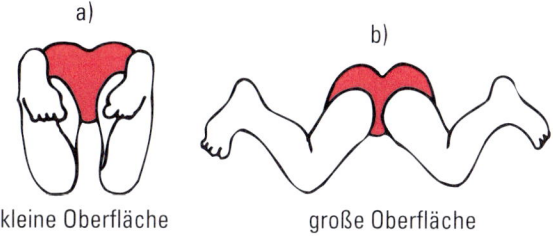

a)

F_u F_l

$\Sigma F = 0$

F_{mg}

b)

F_u F_u

Abb. 317

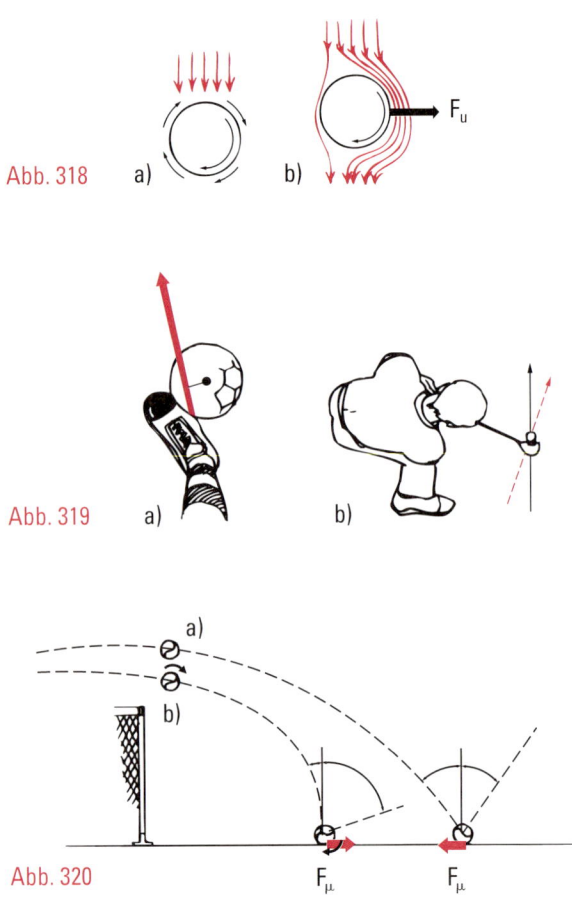

Abb. 318   a)   b) F_u

Abb. 319   a)   b)

Abb. 320 F_μ F_μ

Man spricht davon, daß die Luftmoleküle sich hauptsächlich entlang dieser Oberfläche bewegen, um gleichzeitig mit den Molekülen anzukommen, die sich auf der anderen Seite des Gegenstandes bewegen. Die schnellen Moleküle haben nicht die Zeit, genau so oft auf den Gegenstand zu hämmern, wie die langsamen Moleküle. Auf der schnellen Seite entsteht deshalb ein niedrigerer Druck und der Gegenstand möchte sich zum schnellen Luftstrom hin bewegen.

Ein Flügel oder ein Dach (Abb. 317 b) sind Gegenstände, die schnelle Luftströme und dadurch einen Unterdruck bewirken.

Führt man einen Tischtennisball in den Luftstrom eines Haarföns hinein, kann man das oben angeführte Phänomen testen. Der Ball wird in dem Luftstrom hängenbleiben, auch wenn dieser schräg zur Seite gerichtet wird. Einwirkende Kräfte sind: die Schwerkraft (F_{mg}), der Luftwiderstand (F_l) sowie eine Seitenkraft (Unterdruck, F_u), die durch den schnellen Luftstrom links vom Ball in der Abbildung 317 a) entsteht.

Wenn ein Ball sich nach vorne bewegt und gleichzeitig dreht, wird er aufgrund der Reibung zwischen seiner Oberfläche und den Luftmolekülen einen Teil des Luftstroms mit sich ziehen, der auf der gegenüberliegenden Seite hätte vorbeiströmen sollen (Abb. 318). Der Luftstrom auf der rechten Seite in der Abbildung 318 b) wird schneller, weil er eine längere Strecke in gleicher Zeit zurücklegen muß. Ein Unterdruck (F_u) entsteht, und der Ball wird in den schnelleren Strom hineingezogen. Der Ball „schraubt" sich in Richtung F_u.

Abbildung 319 a) und b) zeigt zwei unterschiedliche Situationen, bei denen eine „Schraube" entsteht.

Abbildung 320 zeigt, wie ein nichtangeschnittener Tennisball a) sich in der Luft bewegt und wie er im Vergleich zu einem angeschnittenen Ball b) vom Boden abspringt.

Wenn ein nichtangeschnittener Ball a) gegen eine Unterlage springt, wird der Ball von einer Reibungskraft und einer Normalkraft beeinflußt. Dreht sich der Ball stark angeschnitten wie z. B. in b), wird die Reibungskraft um so mehr abnehmen, je schneller der Ball sich dreht. Bei sehr hoher Rotationsgeschwindigkeit wird sich die Kontaktoberfläche zwischen Ball und Unterlage nach hinten (links in der Abb.) bewegen. Die logische Folge ist, daß die Reibungskraft nicht nur bis zum Nullpunkt abgenommen hat, sondern sich sogar gedreht und nach vorne gerichtet hat. Diese Kraft beschleunigt den Ball beim Aufprall so, daß er danach eine höhere Geschwindigkeit hat als zuvor. Das Ergebnis wird ein schneller flacher Ball sein, der für den Gegner schwer einzuschätzen ist.

5. Muskelkräfte

Muskelkräfte werden zu den sogenannten inneren Kräften gezählt. Um z.B. der Schwerkraft oder der Reibungskraft entgegenzuarbeiten oder um die Normalkraft zu erhöhen, wendet der Körper Muskelkräfte an. Die Muskeln wirken gleich stark auf Ursprung und Ansatzpunkt (Abb. 321), d. h. mit exakt gleich großen, entgegengesetzt gerichteten Kräften.

Größe und Beschaffenheit (Lage des Schwerpunktes) des Körperteiles A bzw. B sind ausschlaggebend für die Art der Bewegung. Wie die Bewegung aussehen wird, hängt aber davon ab, ob A und B frei beweglich sind oder ob einer der Körperteile auf irgendeine Weise „festgehalten" wird.

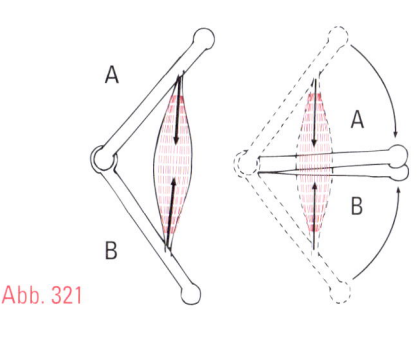

Abb. 321

■ **Beispiel 1.** Wenn A identisch mit B ist und beide vollkommen frei beweglich sind, schnappen sie wie ein Klappenmesser zusammen (Abb. 322). Ungefähr das gleiche passiert, wenn man mit gestrecktem Körper gerade hochspringt und dann in der Hüfte zusammenklappt. Der M. iliopsoas zieht dabei die Beine nach oben und den Rumpf nach unten. Da die Beine jedoch etwas leichter als der Oberkörper sind, legen sie vergleichsweise einen etwas längeren Weg zurück. Es ist jedoch unmöglich, nur die Beine zu bewegen.

■ **Beispiel 2.** Wenn B unbeweglich ist, bewegt sich nur A (Abb. 323).

■ **Beispiel 3.** Wenn die beiden Teile verschieden schwer sind, legt das Teil, das sich am leichtesten bewegen kann, den weiteren Weg zurück. Abbildung 324 zeigt Situationen, bei denen man beobachten kann, wie sich beide Teile um das gleiche Gelenk drehen, jedoch in entgegengesetzte Richtungen.

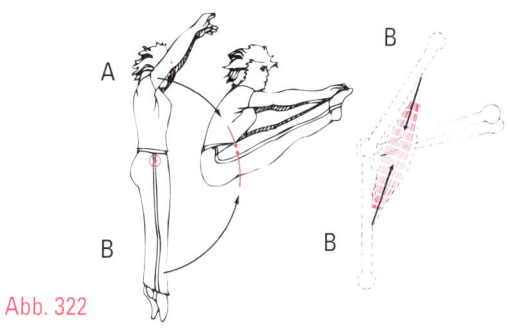

Abb. 322

Wenn sich der Oberkörper in die eine Richtung dreht, drehen sich die Skier automatisch in die andere Richtung (a). Eine Hüftstreckung (b) und ein Nach-hinten-Werfen der Beine hebt den Oberkörper beim Stabhochsprung über die Latte.

Um beim Flopstil mit den Beinen nicht die Latte zu berühren, klappt man – sobald man die Latte mit der Hüfte passiert hat – in der Hüfte so kräftig wie möglich zusammen (c). Wenn man dann beide Arme und Beine so weit wie möglich nach hinten wirft, verhindert man, daß sich der Oberkörper dreht und man auf dem Nacken landet.

In der Absprungsphase beim Weitsprung bewirkt ein Vorwärtsbeugen des Oberkörpers und ein fortgesetztes Rudern mit den Armen eine entgegengesetzte Pendelbewegung bei den Beinen (d).

Ein tüchtiger Werfer zieht bei der Vorbereitung eines Wurfes den Arm, mit dem er nicht wirft, so weit nach hinten, daß der Arm beinahe hinter dem Körper liegt. Vor dem Abwurf wird diese Bewegung abgebremst. Der Arm wird jetzt in die entgegengesetzte Richtung geführt, um auf diese

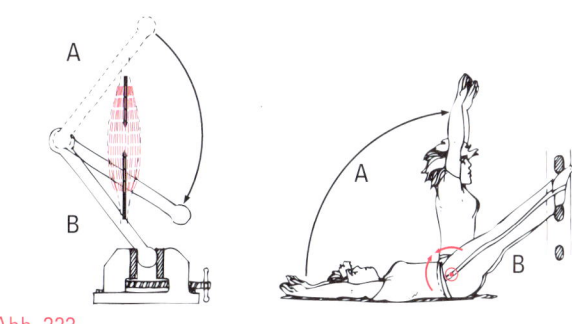

Abb. 323

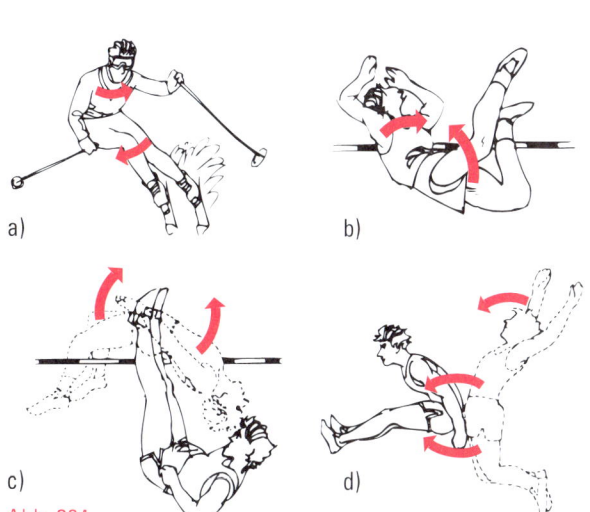

a)   b)

c)   d)

Abb. 324

Weise die Drehbewegung des Oberkörpers zu steigern und damit dem Wurfarm mehr Schwung zu geben (vgl. Abb. 359 c).

6. Kräfte in Sehnen und Bändern

Die Kräfte in Sehnen und Bändern sind passive innere Kräfte. Sie entstehen erst dann, wenn die Muskelkraft (F_m) oder äußere Kräfte die Sehne oder das Band belastet haben (Abb. 325). Bei zu starken äußeren Belastungen kann es z. B. zu einem Bänderriß (Ruptur) kommen.

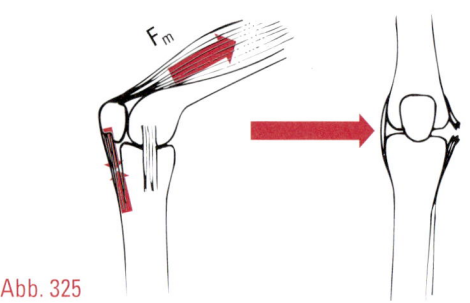

Abb. 325

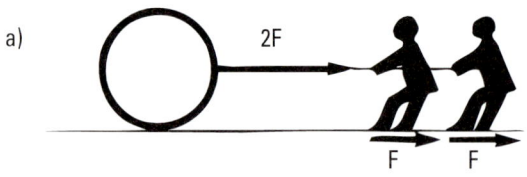

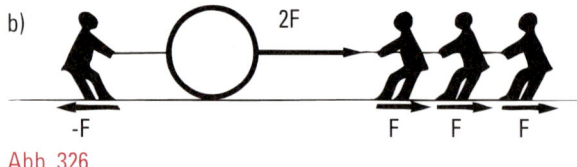

Abb. 326

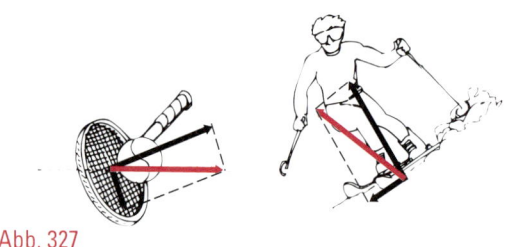

Abb. 327

Regeln für Vektoren

Bei der Erklärung, wie das Abstoßen z. B. beim Skilaufen vom Zusammenwirken zwischen Reibungs- und Normalkraft abhängt, haben wir eine Regel benutzt, die besagt, wie Kräfte addiert werden können. Wir werden uns hier ein paar Beispiele ansehen, die die Möglichkeit der Addition von Kräften erläutert. Wir werden weiterhin sehen, wie Kräfte in Komponenten aufgeteilt werden können, damit die Funktion einer Kraft noch besser verständlich gemacht werden kann.

Man sagt, daß Kräfte Vektoreneigenschaften haben. Man meint damit, daß eine Kraft zwei Eigenschaften hat, nämlich sowohl Größe als auch Richtung. Andere Physikalische Größen mit Vektoreneigenschaften, die später in diesem Kapitel behandelt werden, sind: Geschwindigkeit, Beschleunigung, Impuls, Bewegungsmasse und Spin. Im Gegensatz zu Vektoren gibt es auch Größen, die skalare Größen genannt werden und nur durch einen einzigen Zahlenwert gekennzeichnet sind. Beispiele für skalare Größen sind Masse, Volumen, Temperatur, Zeit, Länge usw. Vektoren können nach den unten aufgeführten Regeln, addiert, subtrahiert und in Komponenten aufgeteilt werden.

Addition von Vektoren

- Wenn zwei Kräfte am gleichen Punkt ansetzen und in die gleiche Richtung ziehen, wird die resultierende Kraft auch in die gleiche Richtung mit einer Kraft ziehen, die der Summe der beiden Kräfte entspricht (Abb. 326 a).
- Wenn die beiden Kräfte in unterschiedlicher Richtung ziehen, wird das Ergebnis, wie in der Abbildung 326 b) dargestellt, ausfallen.
- Wenn die beiden Kräfte einen Winkel zueinander bilden, werden sie gemäß Abbildung 327 addiert.

Die Methode, zwei Vektoren zu addieren, die einen Winkel zueinander bilden, wird Parallelogramm-Methode genannt. Die Summe der beiden Vektoren nennt man Resultante.

Da wir uns hier nur für die Prinzipien und nicht unbedingt für die exakte Resultate interessieren, begnügen wir uns damit, die in Frage kommenden Kräfte so maßstabsgetreu wie möglich zu zeichnen, und können dann die Ergebnisse direkt im Diagramm ablesen. Diese Vorgehensweise, ein Problem zu lösen, nennt man graphische Lösungsmethode.

Abbildung 328 zeigt, wie zwei verschiedene Kräfte addiert werden können, die auf ein Boot wirken, das einen Fluß überquert. Die Pfeile stellen die Kräfte des Bootsmotors sowie die Kräfte des nach rechts strömenden Wassers dar. Steuert man geradeaus, fährt das Boot schräg nach rechts. Um geradeaus zu fahren, muß man nach links steuern, so daß die Kräfte zu einer resultierenden Kraft in gewünschter Richtung addiert werden.

● Ein Vektor darf entlang seiner eigenen Richtungslinie versetzt werden, ohne daß das Ergebnis sich verändert.

Man kann einen Tisch dadurch bewegen (Abb. 329), daß man ihn entweder gemäß F_1 vor sich herschiebt oder gemäß F_2 mit einer gewissen Kraft zieht. Das Ergebnis wird in beiden Fällen das gleiche sein. Sämtliche vier Kräfte in der Abbildung sind gleich groß. F_3 und F_4 wollen beide den Tisch bewegen und ihn entgegen dem Uhrzeigersinn dre-

hen. Bezüglich des Ergebnisses gibt es zwischen F_3 und F_4 keinen Unterschied.

Untenstehendes Beispiel faßt einen Teil der Kenntnisse zusammen, die wir uns bis jetzt angeeignet haben.

Die Schwerkraft F_{mg} bei einer Person, die auf einem Bein steht, ist in Abbildung 330 eingezeichnet (600 N). Die Kraft greift innerhalb des Hüftgelenks an und muß durch eine Muskelkraft, die dagegenhält, ausgeglichen werden (sie kippt das Becken in entgegengesetzter Richtung zur Schwerkraft).

Nehmen wir an, daß der Abstand zur senkrechten 600-N-Schwerkraft-Linie dreimal so groß ist, wie der Abstand zwischen Hüftgelenk und Zugkraft der Muskeln (F_m). Dann muß der Muskel mit 1800 N arbeiten, um diese Schwerkraft auszugleichen. Wenn F_{mg} und F_m addiert werden, so zeigt sich, daß die resultierende Kraft entlang des Oberschenkelhalses und gerade durch den Gelenkkopf verläuft. Der „schräge" Oberschenkelhals ist aber nicht schräg im Verhältnis zu der Belastung, der er bei täglichen Bewegungen, beispielsweise beim Laufen, ausgesetzt ist.

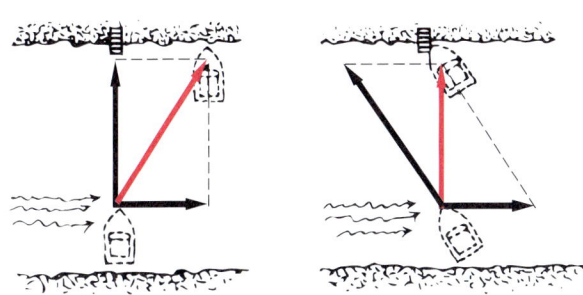

Abb. 328

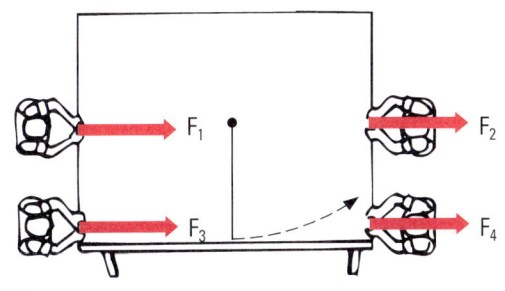

Abb. 329

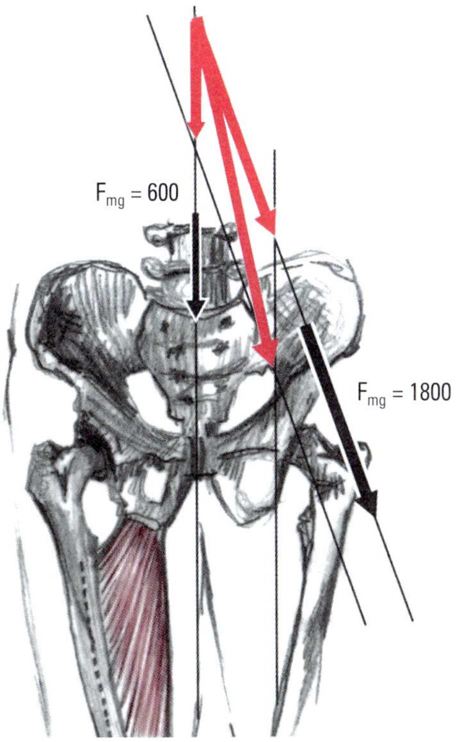

Abb. 330

Aufteilung eines Vektors in Komponenten

Eine Kraft oder eine Geschwindigkeit kann manchmal in Komponenten aufgeteilt werden, damit man leichter ermitteln kann, was während einer Bewegung geschieht. Ein Beispiel ist die Kugelbahn während des Kugelstoßes.

Nehmen wir an, daß die Kugel mit einer Geschwindigkeit von 10 m/s in die Richtung, die in der Abbildung 331 gezeigt wird, abgestoßen wird. Wenn man wissen möchte, wie schnell sich die Kugel bewegt a) parallel zum Boden und b) gerade nach oben im Augenblick des Wurfes, so teilt man den Vektor in Komponenten der gewünschten Richtungen auf. Die Verfahrensweise ist die Umkehrung von der zuvor genannten Parallelogramm-Methode. Man zeichnet ein Parallelogramm mit dem ursprünglichen Vektor als diagonalem Pfeil und den beiden Seitenpfeilen, deren Länge die zu ermittelnden Geschwindigkeiten ergeben. Mit dieser graphischen Methode kann man ermitteln, daß im obigen Beispiel a) 6 m/s und b) 8 m/s beträgt.

Man kann nun ausschließlich die horizontale Geschwindigkeit anschauen und überlegen, was damit geschieht, während die Kugel sich in der Luft befindet. Da es so gut wie gar keinen Luftwiderstand gibt, der auf die Kugel nennenswert einwirkt, wird die Geschwindigkeit nach vorne während des ganzen Fluges durch die Luft 6,0 m/s betragen.

Gleichermaßen kann man die Geschwindigkeit nach oben betrachten, und überlegen, wie die Schwerkraft diese Geschwindigkeit zunächst reduziert und später erhöht. Schauen wir uns die abwärts gerichtete Kugelbahn an, so können wir feststellen, daß die Kugel – wenn sie auf gleichem Niveau an-

gelangt ist wie zu Beginn der Bewegung – die Geschwindigkeit von 8 m/s in senkrechter Richtung wiedererlangt hat. Dies bedeutet, daß sie sich wieder mit insgesamt 10 m/s schräg vorwärts-abwärts bewegt, da die waagerechte Geschwindigkeit sich nicht verändert hat.

Beim Abstoßen mit dem Skistab wird der Skiläufer in Richtung des Stabes beeinflußt. Wird diese Kraft in zwei Komponenten aufgeteilt, so wird F_h den Teil des Abstoßes beschreiben, der den Skiläufer nach vorne beschleunigt (horizontal), während F_v (vertikal) den entlastenden Teil beschreibt, und dadurch die Normalkraft mit einem entsprechendem Wert absenkt (Abb. 332).

Der letzte Teil des Stababstoßes wirkt am stärksten beschleunigend. Auf der anderen Seite ist man aber zu Beginn der Bewegung viel stärker, weshalb der Beginn der Bewegung trotz allem am meisten Erfolg haben kann.

In der Abbildung 333 ist die Kraft eingezeichnet, mit der der Bizepsmuskel an seinem Ansatz am Unterarm zieht. Nehmen wir an, daß diese Kraft 1000 N ist. Mit welcher Kraft wird das Gelenk zusammengepreßt? Um diese Frage beantworten zu können, muß man die Kraft in zwei Komponenten aufteilen, eine Komponente (K_1) verläuft in die erfragte Richtung (d. h. in Richtung zum Zentrum des Ellenbogengelenks), und die andere (K_2) verläuft rechtwinklig zu dieser Richtung.

Die zweite Komponente wird diejenige sein, die den Unterarm am Ellenbogen drehen möchte. Aus den Konstruktionslinien geht hervor, wie die Größe von K_1 bzw. K_2 ermittelt wird.

Abbildung 334 zeigt ein Knie in zwei verschiedenen Positionen. Die Kraft im Quadrizepsmuskel ist in beiden Fällen gleich groß, nämlich 1000 N.

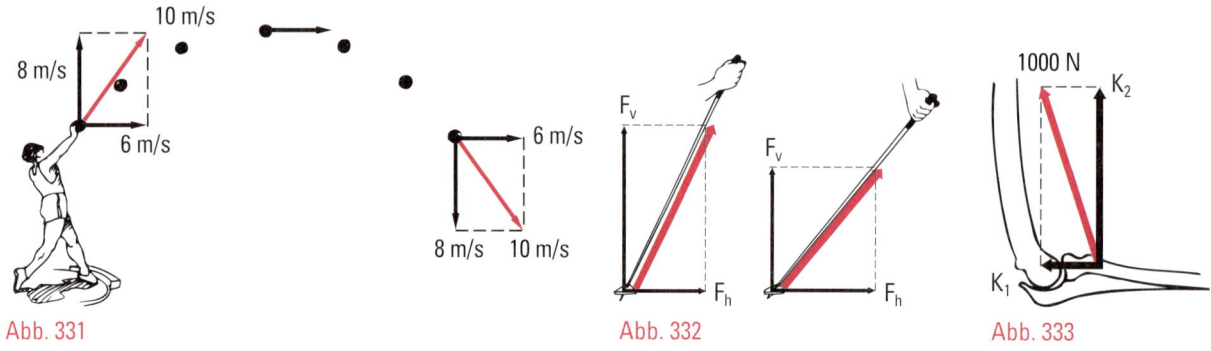

Abb. 331   Abb. 332   Abb. 333

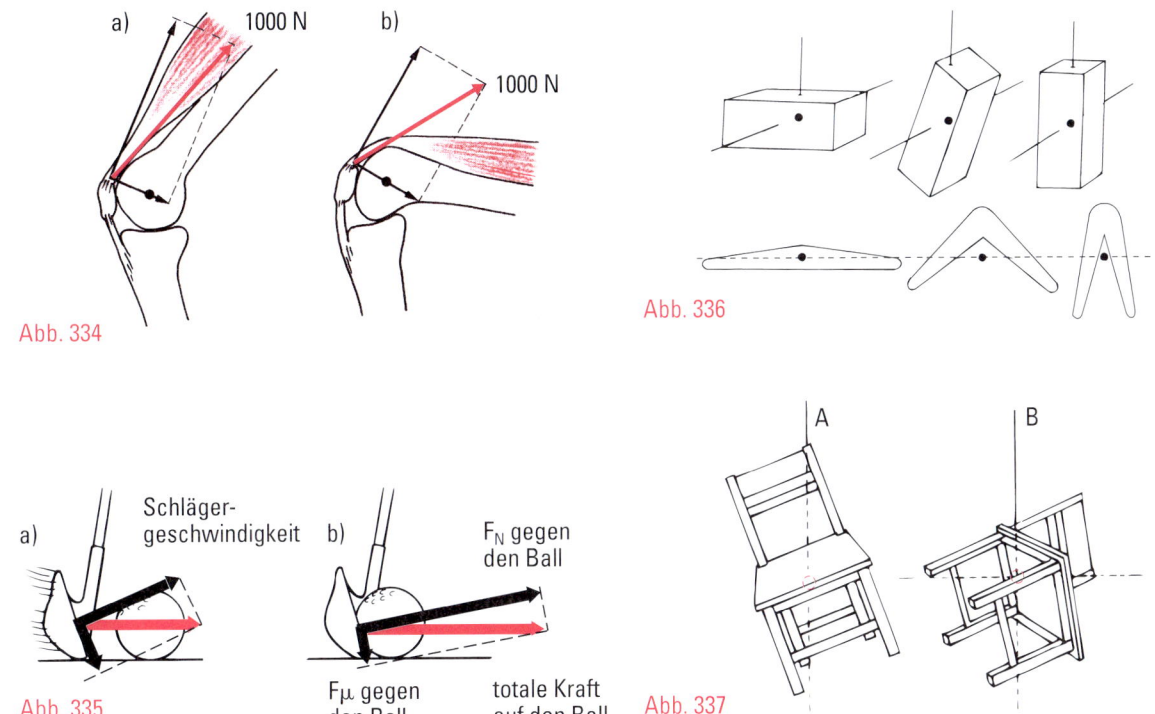

Abb. 334

Abb. 336

Abb. 335

Abb. 337

Die Abbildung zeigt, wie die Größe der Kraft konstruiert wird, die zum Zentrum des Gelenkes und zum rotierenden Teil führt. Es ist zu erkennen, daß der Druck zwischen Kniescheibe und Oberschenkelknochen umso höher und die Rotationskraft umso geringer wird, je gebeugter das Knie ist.

Abbildung 335 zeigt einen Golfschläger, der sich in horizontaler Ebene vorwärts bewegt. Auch diese Geschwindigkeit kann in zwei imaginäre Komponenten aufgeteilt werden, von denen die eine rechtwinklig zur Schlagoberfläche verläuft und die Kraft, die auf den Golfball wirkt, erzeugt (F_N). Die andere Komponente verläuft parallel zur Schlagoberfläche und erzeugt eine auf den Golfball einwirkende Reibungskraft (F_μ). Die totale Kraft auf den Golfball zeigt, daß der Ball den Schläger mit einem flacheren Winkel verläßt, als die vorgegebene Richtung an der Schlagoberfläche.

Das Anschneiden des Golfballes führt jedoch dazu, daß der Luftwiderstand, nachdem der Golfball den Schläger verlassen hat, so zu wirken beginnt, daß die Bewegung des Golfballes mehr nach oben gerichtet wird und der Ball allmählich in einer steileren Bahn fliegen wird, als die Richtung, die durch den Anschlag mit dem Schlägerkopf vorgegeben war.

B Schwerpunkt

Der Schwerpunkt eines Körpers (Sp) ist ein gedachter Punkt, an dem man den Körper so aufhängen kann, daß er sich immer im Gleichgewicht befindet, unabhängig davon, wie man ihn dreht und kippt (Abb. 336). Bei symmetrischen Körpern ist es einfach, den Schwerpunkt zu lokalisieren, bei asymmetrischen ist es schwieriger. Ein Trainer sollte jedoch aus Erfahrung oder Intuition feststellen können, wo sich bei einem Sportler in einer gewissen Situation der Schwerpunkt befindet. Dadurch wird es ihm möglich sein, korrekte Anweisungen zur Ausführung einer Übung zu geben.

Experimentell kann man die Lage des Schwerpunktes bestimmen, indem man einen Körper an einem beliebigen Punkt (A) aufhängt. Man weiß, daß der Körper so lange hin- und herpendeln wird, bis er mit dem Sp direkt unter dem Aufhängungspunkt stehenbleibt. Ebenso weiß man, daß der Sp auf einem Punkt längs der Lotlinie unter A liegt.

Durch einen weiteren Versuch mit einem neuen Aufhängungspunkt B ergibt sich eine neue Lotlinie. Der Sp liegt im Schnittpunkt der beiden Linien (Abb. 337).

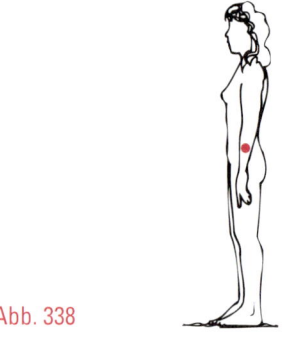

Abb. 338

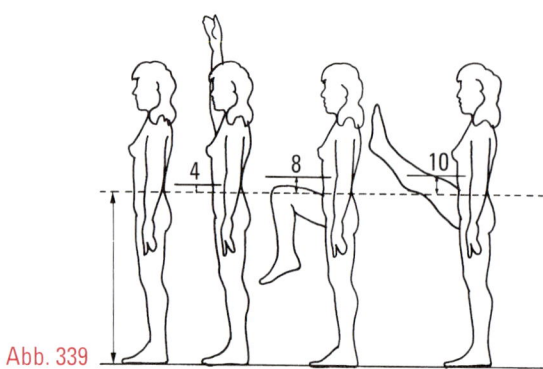

Abb. 339

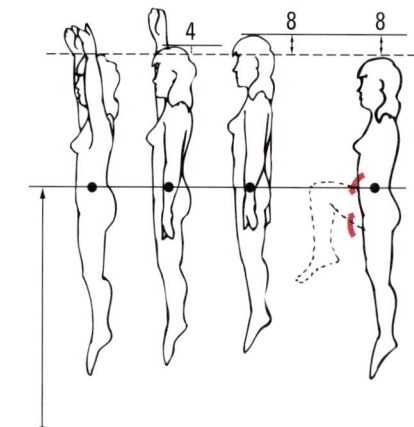

Abb. 340

Abb. 341

Der Sp eines Menschen, der in der anatomischen Grundstellung steht (Abb. 338), liegt ungefähr in der Höhe des Nabels, einige cm vor dem L_5-Wirbel.

Die Lage des Schwerpunktes verändert sich abhängig davon, ob man z. B. einen Arm hebt, auf den Zehen steht oder ein Bein hebt. Nehmen wir an, daß der Sp einer Person, die in der anatomischen Grundstellung steht, 100 cm über dem Boden liegt. Der Sp verlagert sich um etwa 4 cm nach oben, wenn die Person einen Arm hebt, um 8 cm, wenn sie sich auf die Zehen stellt usw. Die Figurenserie in Abbildung 339 zeigt die Lageveränderung des Schwerpunktes im Verhältnis zur Unterlage.

Wenn eine Person hochspringt, so daß der Sp z. B. 150 cm über dem Boden liegt, wird eine Änderung der Körperhaltung nichts an dieser Höhe ändern. Der gleiche Sprung wird immer zu 150 cm Höhe des Schwerpunktes führen, unabhängig davon, wie die Körperhaltung „auf dem Weg nach oben" variiert.

Abbildung 340 zeigt, wie der Schwerpunkt bei vier gleichen Sprüngen immer die gleiche Höhe erreicht, obwohl die Höhe der Hand und des Kopfes über dem Boden in den Schlußpositionen unterschiedlich ist. Senkt man beide Arme, geht der Körper um 8 cm nach oben. Hebt man ein Bein, sinkt der übrige Körper um 8 cm. Die Erklärung hierfür ist sehr einfach. Die Muskelgruppe (z. B. M. iliopsoas), die das Bein anhebt, wirkt nämlich auf den übrigen Körper mit gleich großer, aber entgegengesetzt gerichteter Kraft, d. h. sie zieht ihn nach unten.

Das Bewegungsmuster bei Sprungwürfen im Handball, beim Wurf in den Basketballkorb, Schmettern im Volleyball, Kopfball im Fußball, Sprung über die Latte im Hochsprung, Stabhochsprung, Hürdenlauf usw. baut auf den o. a. Prinzipien für die Lage des Schwerpunktes auf.

Beachten Sie, daß man im Augenblick des Wurfes (Abb. 341) mit vollkommen nach unten gestrecktem linkem Arm und vollkommen gestreckten Beinen die rechte Hand so weit wie möglich nach oben führt.

Mit beiden Armen und dem rechten Bein so hoch wie möglich, kommt das linke Bein so früh wie möglich auf die Unterlage, und man kann wieder zu laufen beginnen (Abb. 342).

Abbildung 343 zeigt weitere Varianten für die Lage des Schwerpunktes. Eine Hüftbewegung kann, je nach Situation, zu drei verschiedenen Lageveränderungen des Schwerpunktes führen.

Aus der Abbildung 344 a) geht hervor, wo der Sp der verschiedenen Körperteile liegt, und zwar ausgedrückt in Prozent der Länge des jeweiligen Körperteils. Der Sp des Armes liegt z. B. 40% seiner Gesamtlänge von der Schulter entfernt. Die Abbildung 344 b) zeigt die Masse der verschiedenen Körperteile in Prozent des gesamten Körpergewichtes. Der Kopf wiegt z. B. 7% des Gesamtkörpergewichts.

Aus den folgenden Abbildungen und Berechnungen geht hervor, wie man verschiedene Übungen mit Hilfe der Kenntnisse über Schwerpunkt, Drehmoment sowie Funktion und Lage der Muskeln bewerten kann. Nehmen wir an, eine Person hängt so, daß der Sp der Beine (45% der Beinlänge von der Hüfte entfernt) in Abbildung 345 a) 0,40 m und in b) und c) 0,30 m von der Hüfte entfernt liegt. Wiegt die Person insgesamt soviel, daß das Gewicht der Beine 25 kg beträgt (18,5% des gesamten Körpergewichtes pro Bein), beträgt die Schwerkraft 250 N. Das äußere Drehmoment (M) in a), b) und c) beträgt dann:

a) $M = F \cdot l$; $M = 250 \cdot 0{,}4$; $M = 100\ N$

b) $M = F \cdot l$; $M = 250 \cdot 0{,}3$; $M = 75\ N$

c) $M = F \cdot l$; $M = 250 \cdot 0{,}3$; $M = 75\ N$

Nehmen wir an, daß die Beine durch den M. iliopsoas hochgehalten werden und daß dessen Abstand zum Hüftgelenk 0,05 m beträgt. Es gilt dann:

a) $F \cdot 0{,}05 = 100$; $F = 2000\ N$

b) $F \cdot 0{,}05 = 75$; $F = 1500\ N$

c) $F \cdot 0{,}05 = 75$; $F = 1500\ N$

Alle, die es schon einmal versucht haben, wissen, daß es beinahe unmöglich ist, die Position b) einzunehmen, obwohl die Muskelkraft gemäß den Berechnungen genau so groß sein müßte wie in c). Die Ursache liegt darin, daß der M. iliopsoas in c) länger ist als in b), wodurch es leichter ist, ausreichend Kraft zu entwickeln. In b) kann der Abstand zwischen Ursprung und Ansatzpunkt eventuell sogar kleiner als 50 % der Ruhelänge des Muskels sein. Daraus ergibt sich, daß der Muskel überhaupt keine Kraft entwickeln kann (s. S. 17). Außerdem werden die Hamstring-Muskeln in Position b) der-

Abb. 342

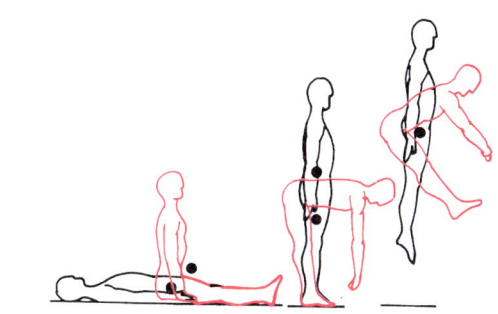

Abb. 343

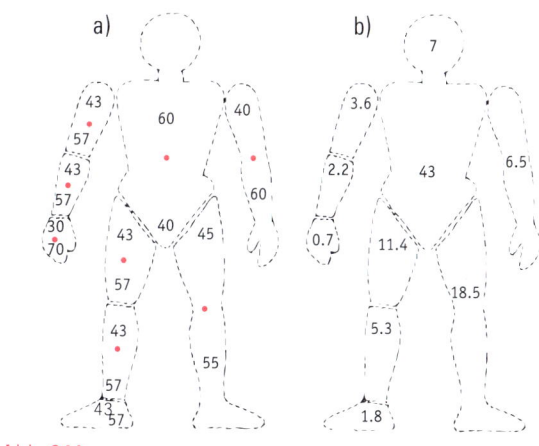

Abb. 344

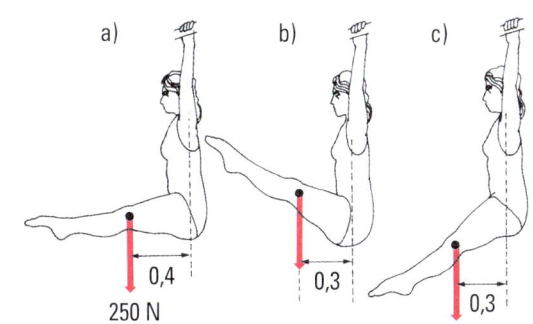

Abb. 345

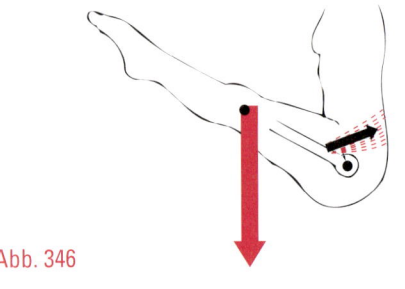

Abb. 346

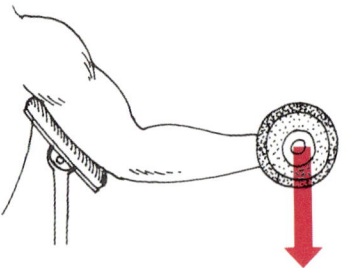

Abb. 349

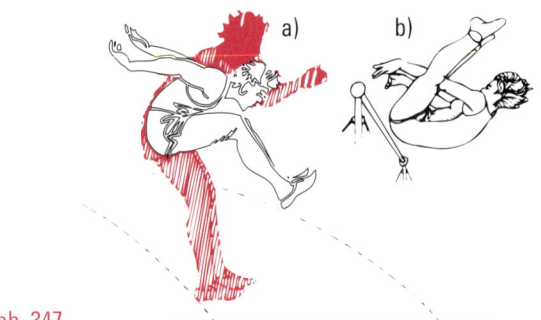

Abb. 347

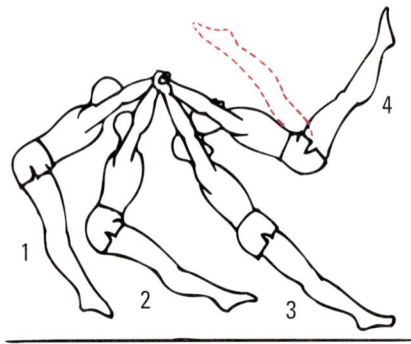

Abb. 350

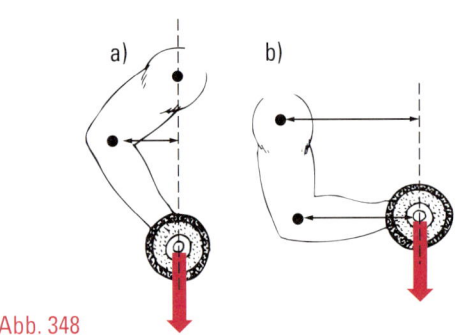

Abb. 348

art gedehnt, daß sie eine Art Gummibandeffekt entwickeln und die Beine mit großer Kraft nach unten ziehen möchten. Es ist also beinahe unmöglich, in der Stellung b) auszuharren (Abb. 346).

Abbildung 347 a) und b) zeigt Situationen, in denen das Zusammenspiel zwischen der Stärke in den Hüftbeugern und der Geschmeidigkeit in den Hamstring-Muskeln ausschlaggebend für das Bewegungsmuster ist. Ein zu frühes Nach-vorn-Kippen von Beinen und Oberkörper führt dazu, daß man die Beine nicht mehr in der für die Landung günstigsten Position halten kann. Stattdessen wird der Körper so „geöffnet", daß die Füße zu früh landen.

Zur weiteren Veranschaulichung des Schwerpunktes dient folgende Beobachtung: Wenn man einen Gegenstand hebt, beansprucht man unterschiedliche Muskeln, und zwar abhängig davon, wie man hebt. Hebt man den Gegenstand wie in Abbildung 348 a), ist die Belastung für die Beugemuskulatur des Ellenbogens geringer als in b) (kürzerer Hebelarm). Die Belastung im Schultergelenk ist in a) beinahe 0, in b) dagegen sehr hoch.

Beim Krafttraining der Ellenbogenbeuger mit dem auf einer Platte abgestützten Oberarm werden die Beugemuskeln zu maximaler Arbeit gezwungen, während die Schultermuskulatur, die sonst die Belastung für die Ellenbogenbeuger begrenzen würde, entlastet wird (Abb. 349).

Bei einem Überschlag am Reck (Abb. 350) muß man sich mit einer solchen Hüftstellung nach vorn schwingen, daß man die Beine in der vorderen Stellung schnell nach oben heben kann. Man muß also in der Position 3 die Hüfte so gestreckt wie möglich halten. Hebt man die Beine bereits in Position 1 oder 2 weit nach oben, fallen sie in 3–4 herunter, d.h. sie würden sich dann in die falsche Richtung bewegen, wenn sie gehoben werden sollten.

Unten folgen weitere Beispiele, bei denen man durch die Beurteilung der Lage des Schwerpunktes verstehen kann, wie die Muskeln arbeiten.

Der Schwerpunkt des Kopfes (Abb. 351) liegt einige cm vor dem obersten Halswirbel, was die Nackenmuskeln dazu zwingt, den Kopf durch statische Arbeit aufrecht zu halten. Der Schwerpunkt des Oberkörpers (Abb. 352 a) liegt vor dem Rückgrat, wodurch die Rückenmuskeln aktiviert sein müssen. Das Gewicht des gesamten Rumpfes liegt etwas vor dem Hüftgelenk (individuell sehr verschieden), wodurch die Glutäusmuskeln beansprucht werden (Abb. 352 b).

Der M. quadriceps femoris arbeitet der Tendenz des Körpergewichtes entgegen, die Beine im Kniegelenk zu beugen. Der M. soleus verhindert, daß wir aufgrund unseres Körpergewichtes in den Fußgelenken nach vorn kippen (Abb. 353).

All diese Muskeln arbeiten so, daß sie die stehende Stellung aufrechterhalten, und werden postural Muskeln (engl. posture = Haltung) genannt.

Die Lage des Schwerpunktes in einem Körperteil ist für dessen Bewegung von großer Bedeutung. Möchte man einen Gegenstand schwingen oder kreisen lassen, bringt man die Bewegung leichter in Gang, wenn der Schwungradius klein ist. Es ist z.B. einfacher, einen Schleuderball in einem Radius von 0,5 m kreisen zu lassen als in einem Radius von 1 m. Ein Wurfhammer mit einem 3 m langen Seil wäre vollkommen unhandlich (Abb. 354).

Damit ein Bein während eines Laufschrittes schnell nach vorn gependelt wird, muß man den Pendelradius so klein wie möglich halten. Dies erreicht man dadurch, daß man die Ferse an das Gesäß zieht (3) sobald man das Bein vom Boden abgestoßen hat (1). Das Bein wird dann mit dem Sp so nah wie möglich an der Hüfte nach vorn gependelt (Abb. 355).

Diese Lauftechnik ist typisch für das Sprinten. Beim langsameren Laufen verschwendet man hingegen keine unnötige Energie, um den Unter-

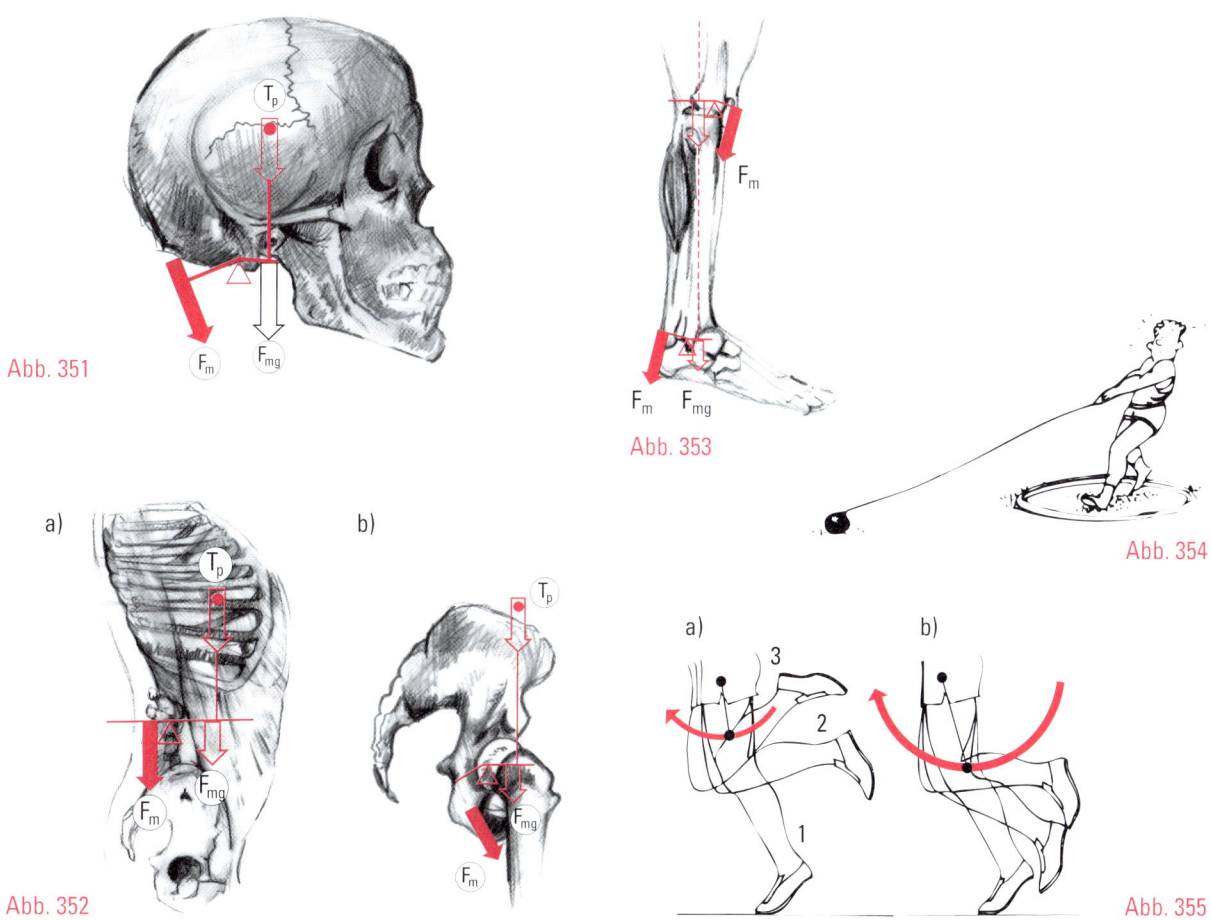

Abb. 351

Abb. 353

Abb. 354

Abb. 352

Abb. 355

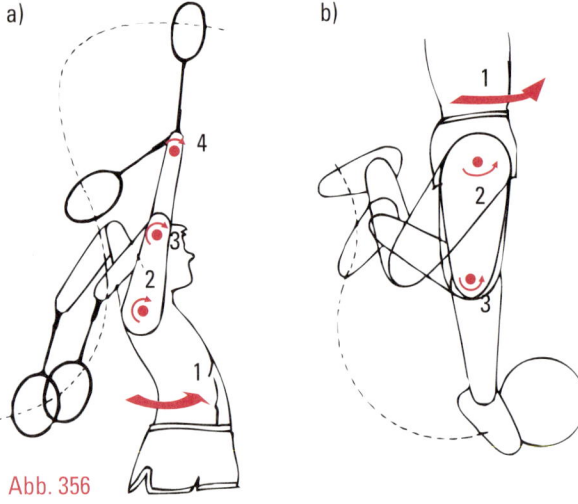

Abb. 356

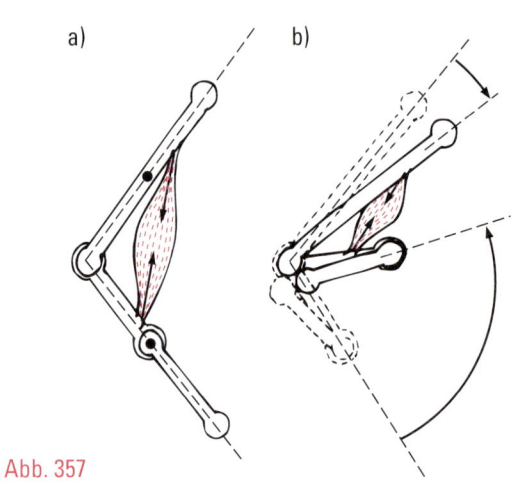

Abb. 357

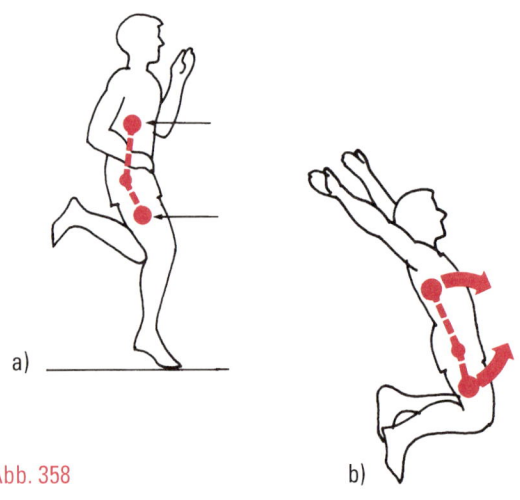

Abb. 358

schenkel so weit hochzuheben (was Stärke und Schnelligkeit in den Hamstrings erfordert). Man hat stattdessen Zeit, das Bein mit Hilfe der Schwerkraft und der Hüftbeugemuskulatur nach vorn pendeln zu lassen.

Bei der Vorbereitung der meisten Würfe (Schläge) muß der Arm gebeugt sein. Der Sp des Armes muß also in der Nähe der Schulter liegen, solange die Schultermuskulatur den Arm beschleunigt. Die Muskelgruppen werden bei einem Wurf in der Reihenfolge Bauch, Schulter, Ellenbogen aktiviert (Abb. 356).

Beim Schuß eines Fußballs handelt es sich um das gleiche Bewegungsmuster wie bei einem Wurf. Die Muskeln werden hier in der Reihenfolge Bauch, Hüfte, Knie aktiviert.

Auf Seite 91n wurde darauf hingewiesen, daß zwei gleich schwere Teile, die in einem Kreisbogen aufeinander zugezogen werden, sich mit gleich großer Winkelgeschwindigkeit bewegen. Dies trifft jedoch nur dann zu, wenn auch der Abstand zwischen Gelenk und Sp bei beiden Teilen gleich groß ist (Abb. 357 a).

Wenn man erreichen kann, daß der Sp des einen Teiles wesentlich weiter vom Gelenk entfernt liegt als der des anderen Teiles, bewegt sich das erste Teil in einem kleineren Winkel als das andere (Abb. 357 b). Dieses Prinzip wird beim Sport oft ausgenutzt. Damit man also ein Körperteil wirkungsvoll einsetzen kann, muß man das eine Körperteil (welches man bewegen möchte) so „arrangieren", daß sein Sp so nahe wie möglich am Gelenk liegt. Gleichzeitig hält man das andere Körperteil so, daß sein Sp weit vom Gelenk entfernt liegt (Abb. 357).

Die folgenden vier Beispiele (Abb. 358 a–d) zeigen dieses Prinzip, wenn es darum geht, ein Bein schnell nach vorn zu schwingen.

■ **Beispiel a.** Das maximal gebeugte Knie verlagert den Schwerpunkt des Beines in die Nähe des Hüftgelenkes. Das Bein kann dadurch leicht nach vorn geschwungen werden. Der Sp des Oberkörpers soll im Prinzip weit vom Hüftgelenk entfernt gehalten werden. Man muß also die Arme relativ gebeugt halten.

■ **Beispiel b.** Beim Nach-vorn-Schwingen der Beine beim Weitsprung werden diese maximal gebeugt (Sp in der Nähe der Hüfte), während die Arme gestreckt über den Kopf gehalten werden (Sp weit von der Hüfte entfernt).

■ **Beispiel c.** Beim Hürdenlauf versucht man, beide Arme so weit wie möglich von der Hüfte entfernt zu halten (gestreckter rechter Arm und sehr stark gebeugter linker Arm), damit die Muskelkraft bei der Hüftbeugung vom Bein ausgenutzt werden kann. Das rechte Bein soll, während es nach oben geschwungen wird, gebeugt sein und erst so spät wie möglich gestreckt werden.

■ **Beispiel d.** Bei einem Kopfball im Fußball möchte man, daß der Oberkörper sich schnell bewegt. Sein Sp muß also so nahe wie möglich an der Hüfte liegen (die Arme werden seitlich am Körper gehalten). Der Schwerpunkt der Beine hingegen soll im Augenblick des Köpfens weit von der Hüfte entfernt sein (gestreckte Beine). Versuchen Sie, sich vorzustellen, wie ein Kopfball aussehen würde, der in der in b) gezeigten Stellung ausgeführt wird.

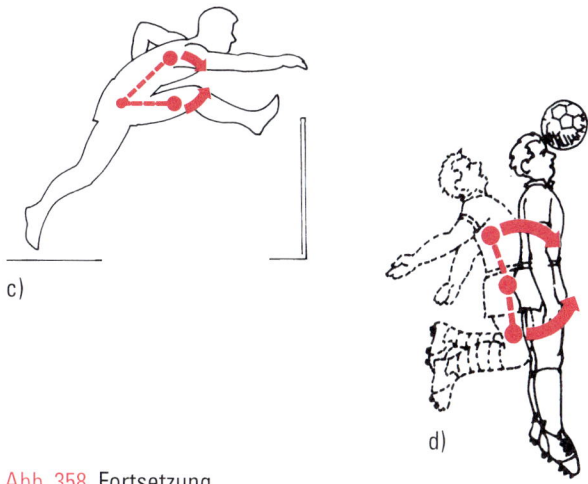

c)

d)

Abb. 358 Fortsetzung

Die folgenden Beispiele zeigen, wie man den Körper bei Bewegungen im Schultergelenk „arrangiert" (Abb. 359).

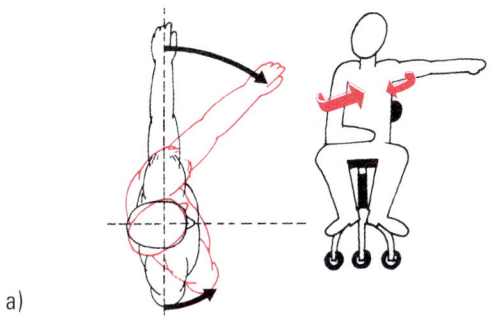

a)

■ **Beispiel a.** Wenn man den gestreckten Arm vor dem Körper in einem Kreisbogen bewegt, wird der Körper in die entgegengesetzte Richtung gezogen. Hält man den Arm gebeugt, bewegt sich der Körper weniger. Diese und ähnliche Effekte kann man leicht testen, wenn man eine gewöhnliche Drehscheibe oder einen drehbaren Bürostuhl hat.

■ **Beispiel b.** Möchte man beim Straddlestil das zweite (linke) Bein über die Latte „rollen", muß man den Arm in die entgegengesetzte Richtung ziehen. Beachten Sie, wie der Arm in Phase 2 und 3 gewendet und hinter dem Rücken nach oben gedreht wird. Er soll möglichst gestreckt und weit vom Körper weggehalten werden.

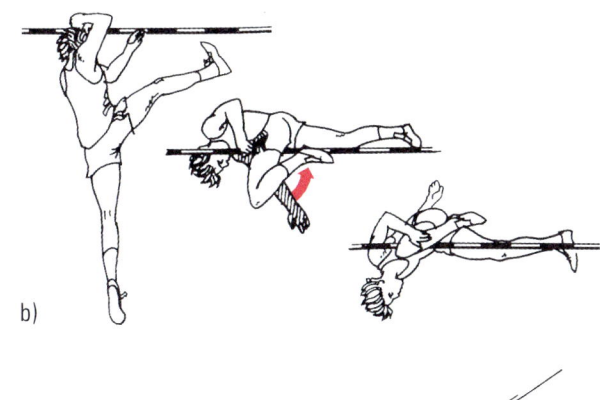

b)

■ **Beispiel c.** Ein gerader Arm, der blockiert wird und sich dann in die Drehrichtung bewegt, ist bei einem Wurf wirkungsvoller als ein angewinkelter Arm, der nur seitlich an den Körper herangezogen wird.

c)

Abb. 359

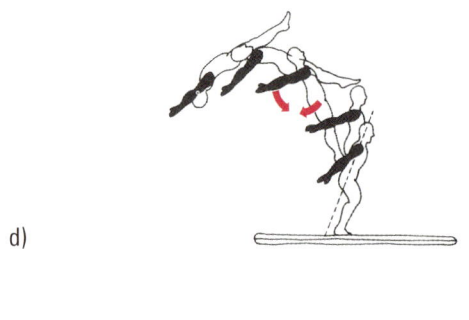

d)

e)

Abb. 359 Fortsetzung

■ **Beispiel d.** Zieht man bei der Landung die Arme rückwärts nach unten, will der Körper sich in die entgegengesetzte Richtung drehen (oder: Die Armbewegung verringert die Drehgeschwindigkeit des Körpers). Daraus ergibt sich, daß die Füße in Abbildung 359 d) weiter links landen, als wenn keine Gegenbewegung der Arme stattgefunden hätte.

■ **Beispiel e.** Werden die Arme vor dem Körper nach unten gezogen, landen die Füße in Abbildung 359 e) aufgrund der Gegenbewegung der Arme weiter rechts. Jene Muskeln, die die Arme nach unten ziehen, kommen vom Brustkorb und müssen daher den Körper „nach oben" ziehen. Gestreckte Arme bewirken eine stärkere Gegenbewegung des Körpers als gebeugte. Werden die Arme auswärts nach unten gezogen, wird die Drehbewegung des Körpers nicht beeinflußt.

C Beschleunigung

Newtons erstes Gesetz, das auf Seite 82n erwähnt wurde, besagt, daß jede Kraft, die auf einen Körper wirkt, diesen Körper zu beschleunigen versucht.

Definition: Die Beschleunigung ist die Veränderung der Geschwindigkeit pro Zeiteinheit.

Dies kann mit folgender Formel beschrieben werden:

$$a = \frac{v_1 - v_0}{t_1 - t_0}$$

t_0 = Zeitpunkt zu Beginn der Bewegungsbeobachtung

t_1 = Zeitpunkt am Ende der Bewegungsbeobachtung

v_0 = die Anfangsgeschwindigkeit

v_1 = die Endgeschwindigkeit

Die Beschleunigung wird in Meter / Sekunde · Sekunde gemessen, was auch m/s^2 geschrieben wird.

Beispiele, wie die Formel für Beschleunigung angewendet werden kann:

1. Ein 100-Meter-Läufer erreicht die Geschwindigkeit 10 m/s nach 4 s. Wie groß ist die Beschleunigung in dieser Zeit?
Die Formel ergibt:

$$a = \frac{10 - 0}{4 - 0} = 10/4 = 2,5$$

Antwort: 2,5 m/s^2.

2. Der gleiche Läufer hat die Geschwindigkeit 4 m/s schon nach 1 s erreicht. Wie groß war dann a während dieser ersten Sekunde?
Die Formel ergibt:

$$a = \frac{4 - 0}{1 - 0} = 4,0$$

Antwort: 4 m/s^2.

Die Beschleunigung a ist bei den ersten Schritten am Start am größten, weil man bei einer langsamen Bewegung eine größere Schubkraft gegen den Boden entwickeln kann, als bei einer schnellen Bewegung. Den prinzipiellen Zusammenhang zwischen Kraft und Kontraktionsgeschwindigkeit in einem Muskel finden Sie in Abbildung 42, S. 20. Bei den ersten Schritten hat man Kräfte zur Verfügung, die gleich rechts von dem in der Abbildung 42 dargestellten, statischen Maximalwert liegen. Je schneller man sich bewegt, desto geringer werden die Kräfte und dadurch auch die Beschleunigung. Die größte Beschleunigung findet während des ersten Schrittes statt.

Nehmen wir an, ein Sprinter stößt sich während des ersten Schrittes mit einer Kraft von 2000 N vom Boden ab, und zwar in die Richtung, die in Abbildung 360 gezeigt wird. Dann wird ihn nur der nach vorne gerichtete Teil dieser Kraft beschleunigen, d.h. die Komponente F_h. Der vertikale Teil, die Komponente F_v, wird den Schwerpunkt des Läufers heben. Im Schritt Nummer zwei ist die totale Anschubkraft gemäß der obigen Abbildung etwas geringer. Die Tatsache, daß die Richtung der Anschubkraft etwas mehr aufrecht ist, führt dazu, daß F_h geringer und die Beschleunigung nach vorne niedriger wird als im ersten Schritt.

Beim freien Fall ist die Beschleunigung eines Körpers immer 9,81 m/s², wenn vom Luftwiderstand abgesehen werden kann. Zu diesem Ergebnis kam Newton Ende des 17. Jahrhunderts durch das Experimentieren. Er ließ ein Gewicht von 1 kg von unterschiedlichen Höhen aus fallen, ermittelte die Fallzeiten und stellte fest, daß die Beschleunigung während des freien Falles immer 9,81 m/s² ist. Egal ob er ein Gewicht von 5 oder 10 kg fallen ließ, das Ergebnis war immer das gleiche; a = 9,81 m/s² .

Er nahm daher an, daß die Erde auf jedes kg mit einer Anziehungskraft von 9,81 in der von ihm eingeführten Krafteinheit Newton wirkt. Dies konnte nun durch eine einzige Formel – Newtons erstes Gesetz – zusammengefaßt werden:

$$F = m \cdot a$$

m wird hierbei in kg, a in m/s² und F in Newton gemessen.

Ein Versuchsprotokoll von Newtons Experiment könnte so ausgesehen haben, wie in Abbildung 361 dargestellt.

Versuch 1: Die Masse 1,0 kg fällt während 1,0 s im freiem Fall. Die Geschwindigkeit wird als exakt 9,81 m/s gemessen. Gemäß der Formel a = v_1 – v_0/t_1 – t_0 , sowie der Formel F = m · a konnte er zunächst a zu 9,81 m/s² ausrechnen und danach F zu 9,81 N. Kontrollieren Sie bitte selbst die Zahlen in Versuch 2 bis 4.

Mit Hilfe von Abbildung 361 können wir die Überlegungen zu folgendem Vorgang beschreiben: Ein Gegenstand liegt auf einer flachen Unterlage und wird mit einer Kraft F weggezogen (Abb. 362). Nehmen wir an, daß F = 300 N ist. Was passiert?

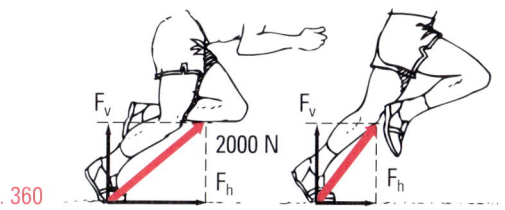

Abb. 360

Masse	Zeit	Geschwindigkeit	Beschleunigung	Kraft
1	1	9,81	9,81	9,81
2	2	19,62	9,81	19,62
10	3	30	10	100
6	0,5	5	10	60

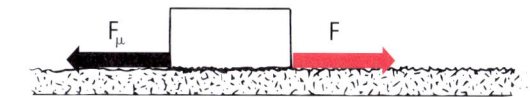

Abb. 361

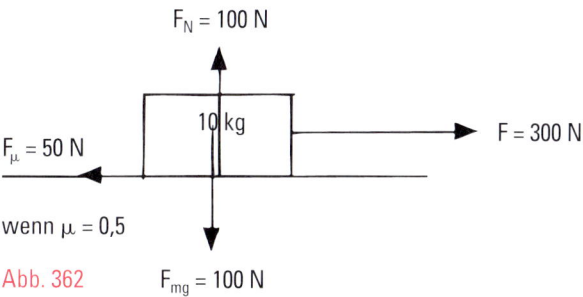

Abb. 362

Wenn der Gegenstand 10 kg wiegt, wird er durch die Anziehungskraft der Erde mit einer Kraft von 100 N zur Unterlage hin angezogen. Die Unterlage hält mit einer Kraft dagegen, die Normalkraft genannt wird und ebenfalls 100 N beträgt.

F_μ ist die Reibungskraft, die nach links gerichtet ist und in diesem speziellen Moment eine Bewegung nach rechts zu verhindern versucht. Wenn die Normalkraft 100 N und der Reibungskoeffizient 0,5 ist, dann ergibt sich für die voll ausgebildete Haftreibung 50 N. Die Formel, die dies beschreibt, wurde auf Seite 105 erläutert und lautet $F_\mu = F_N \cdot \mu$.

Die Reibungskraft wird in diesem Abschnitt aufgenommen, um zu zeigen, wie sie von der Beschleunigung eines Gegenstandes beeinflußt wird. Der Begriff Reibung wurde auf den Seiten 105–107 behandelt.

In der Abbildung 362 ist die Zugkraft 300 N und die Reibungskraft 50 N. Die beschleunigende Kraft beträgt dann 300 – 50 = 250 N ist. Die Formel F = m · a ergibt 250 = 10 · a und damit eine Beschleunigung a = 25 m/s². Dauert die Bewegung z. B. 0,2 s an, würde der Kasten eine Geschwindigkeit von 5 m/s erreichen:

v = a · t; v = 25 · 0,2; v = 5,0 m/s.

■ **Übung 1.** Bestimmen Sie die Beschleunigung und Endgeschwindigkeit, wenn alle Angaben oben die gleichen sind, und nur die Zugkraft F auf einen Wert von 120 N herabgesetzt ist.
Antwort: a = 7 m/s² und v = 1,4 m/s.

■ **Übung 2.** Nehmen wir an, wir legen auf den Kasten zusätzlich 5 kg. Auch in diesem Fall ziehen wir – wie in der Abbildung – mit 300 N. Welche Zahlen verändern sich und welche Werte erhalten a und v?
Antwort: a = 15 m/s² und v = 3,0 m/s.

■ **Übung 3.** Nehmen wir an, der Kasten wiegt 60 kg, der Reibungskoeffizient ist 0,2 und die Zugkraft ist 150 N. Was passiert?
Antwort: a = 0,5 m/s² und v = 0,1 m/s

■ **Übung 4.** Nehmen wir an, der Kasten wiegt 100 kg, der Reibungskoeffizient ist 0,4 und die Zugkraft 800 N. Was passiert?
Antwort: a = 4,0 m/s² und v = 0,8 m/s

■ **Übung 5.** Nehmen wir an, der Kasten wiegt 40 kg, der Reibungskoeffizient ist 0,1 und die Zugkraft 30 N. Was passiert?
Antwort: Der Kasten bewegt sich nicht (man muß 40 N überschreiten, bevor sich der Kasten bewegt).

D Impuls und Bewegungsmasse

1. Impuls

Schreiben wir die o.g. Kraftgleichung folgendermaßen um:

F = m · a wird mit t multipliziert, was F · t = m · a · t oder F · t = m · v (da a · t = v) ergibt. Dadurch wird in der Kraftgleichung die Wirkungszeit der Kraft F mit berücksichtigt. Man kann dann gleich die Höhe der Geschwindigkeit (v) ermitteln, die in dieser Zeit aufgebaut wird. Wie oft in der Physik, werden Ereignisse oder Eigenschaften eines Körpers mit einem oder mehreren Begriffen beschrieben, die voneinander abhängig sind. Der linke Teil der Formel (F · t) wird Impuls genannt. Wenn ein Körper von einer Kraft F während einer gewissen Zeit (t) beeinflußt wird, sagt man, daß der Körper einen Impuls erhalten hat. Die Größe des Impulses hängt von der Größe von F und t ab.

■ **Beispiel 1.** Nehmen wir an, ein Sprinter stößt sich gegen den Startblock mit der Kraft 2000 N während der Zeit 0,1 s ab. Der Impuls wird dann 2000 · 0,1 = 200 Ns sein.

■ **Beispiel 2.** Ein Turmspringer wird in der Luftphase von der Schwerkraft 600 N z. B. 1,2 s lang beeinflußt. Der erhaltene Impuls ist dann 720 Ns.

2. Bewegungsmasse

Der rechte Teil in der obigen Gleichung (m · v) wird Bewegungsmasse genannt.

■ **Beispiel 3.** Ein Basketball, der 0,5 kg wiegt und sich mit einer Geschwindigkeit von 15 m/s bewegt, hat demnach eine Bewegungsmasse von m · v = 0,5 kg · 15 m/s = 7,5 kgm/s.

■ **Beispiel 4.** Wenn der Sprinter im Beispiel 1 50 kg wiegt, wird er durch den Abstoß eine Geschwindigkeit von 2000 · 0,1 = 50 · v; 200 = 50 · v; v = 4 m/s erreichen. Die Bewegungsmasse ist 200 kgm/s.

■ **Beispiel 5.** Ein Hochspringer, der im Sprung einen Arm gestreckt nach oben pendelt, hat dem Arm eine Bewegungsmasse von 15 kgm/s gegeben wenn der Arm 5 kg wiegt und der Schwerpunkt des Armes die Geschwindigkeit im Augenblick des Absprungs 3 m/s beträgt.

Die Formel F · t = m · v besagt mit anderen Worten, daß ein Impuls eine Bewegungsmasse verursacht. Die Formel kann auch rückwärts gelesen werden, d.h. eine Bewegungsmasse kann in einen Impuls übertragen werden.

■ **Beispiel 6.** Um einen Körper mit der Bewegungsmasse 150 kgm/s völlig abzubremsen, ist ein Impuls von 150 Ns notwendig.

■ **Beispiel 7.** Ein Turner (Abb. 363), der 60 kg wiegt, hat bei der Landung die Geschwindigkeit 5 m/s. Die Bremszeit wurde mit 0,2 s gemessen. Die vom Turner entwickelte Bremskraft kann berechnet werden, wenn man weiß, daß jegliche Bewe-gungsmasse „verschwunden" ist, d. h. m · v = F · t. Wir setzen voraus, daß der Turner nach dem Sprung stillsteht. m · v = F · t ergibt dann 60 · 5 = F · 0,2; 300 = F · 0,2; F = 1500. Der Mittelwert der Bremsung war 1500 N.

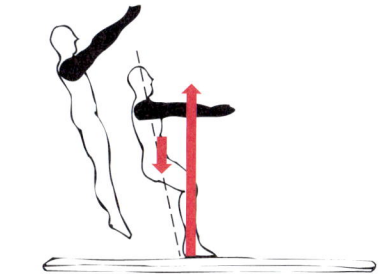

Abb. 363

Den Begriff Impuls verwendet man also, um zu beschreiben, wie ein Gegenstand von einer Kraft beeinflußt wird. Es gibt eine Vielzahl von Situationen im Sport, in denen der Sportler oder die Sportgeräte während einer kurzen oder längeren Zeit von Kräften beeinflußt werden. Man kann den Begriff Impuls bei fast allen erdenklichen Sportsituationen anwenden; z. B. beim ersten Abstoßen beim Sprinter-Startblock, beim Absprung im Weitsprung, bei der Armbewegung, die dem Tennisschläger Geschwindigkeit gibt, im Augenblick wenn der Tennisschläger den Ball trifft, während einer Schwimmbewegung usw.

Auch der Begriff Bewegungsmasse findet Verwendung, wenn man beschreiben möchte, wie Teile des Körpers oder Sportgeräte sich bewegen. Ein schwerer Ball mit niedriger Geschwindigkeit kann schwerer zu fangen sein als ein leichter Ball mit hoher Geschwindigkeit. Während eines Eishockeyspieles von einer leichten Person mit niedriger Geschwindigkeit angerempelt zu werden, wird uns nicht so schnell umwerfen wie die Bewegungsmasse eines schweren Spielers mit hoher Geschwindigkeit.

Folgende Situationen können bei der Überlegung hilfreich sein:

Ein Medizinball der 4,0 kg wiegt, kommt uns mit 5 m/s entgegen. Die Bewegungsmasse des Balles beträgt m · v = 20 kgm/s. Der Impuls, der den Ball aufhalten soll, muß dann 20 Ns sein.

a) Beim Versuch wird die Bremszeit mit 0,05 s geschätzt: 20 = F · 0,05; F = 20/0,05; F = 400. Jeder solche Bremsvorgang zwingt die Trizepsmuskeln den Medizinball exzentrisch mit einer Kraft von ca. 400 N zu bremsen (Abb. 364).

b) Wenn wir den Ball weicher und mit doppelter Bremszeit auffangen, sinkt der Bedarf an Bremskraft zur Hälfte, d. h. zu 200 N.

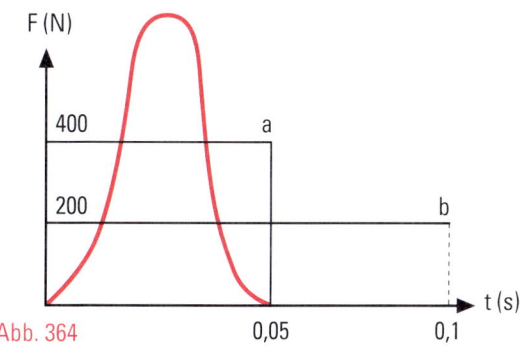

Abb. 364

Der Impuls wird oft durch das Aufzeichnen eines Diagramms beschrieben, in dem das Verhältnis zwischen Kraft (F) und Zeit (t) dargestellt wird. Die zwei Möglichkeiten, den Medizinball aufzufangen, werden dann durch die Linien a und b in Abbildung 364 beschrieben.

In der Wirklichkeit ist die Kraft, mit der der Medizinball aufgefangen wird, während der Bremszeit nicht konstant 400 N, sondern nimmt von 0 auf einen Maximalwert zu, um danach wieder abzunehmen. Der Wert 400 N ist der durchschnittliche Wert der Bremskraft. Eine realistischere Bremskurve würde daher wie die rote Kurve in der Abbildung aussehen.

Rein visuell kann der Wert des Impulses, der den Gegenstand beeinflußt hat, durch die Fläche unterhalb der Kraftlinie im F-t-Diagramm dargestellt werden. Je größer die Fläche ist, desto höher ist auch der Impuls.

Die Kurven in der Abbildung 365 zeigen, wie eine Person, die 45 kg wiegt, beim Laufen bzw. beim Gehen eine Kraftplatte beeinflußt. Gemessen wird der Wert, wenn die Person mit einem Fuß auf die Platte steigt.

Der Begriff Bewegungsmasse wird oft angewendet, um den Vorgang zu erklären, wenn ein Gegenstand mit einem anderen Gegenstand zusam-

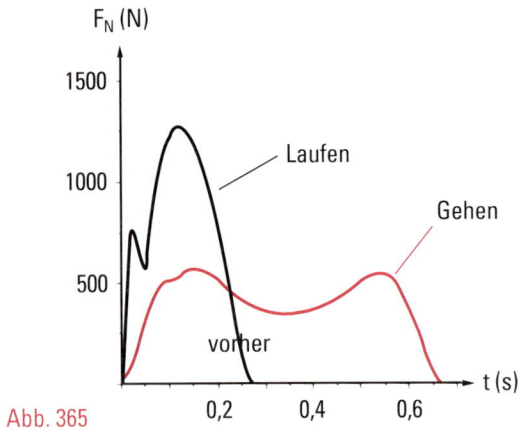

Abb. 365

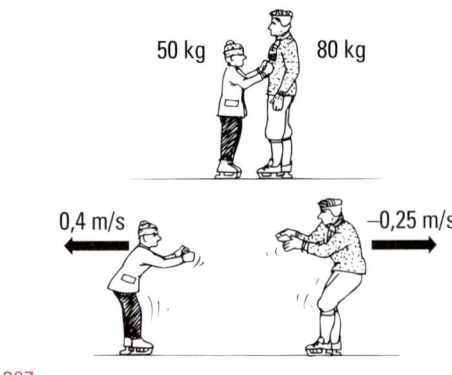

Abb. 367

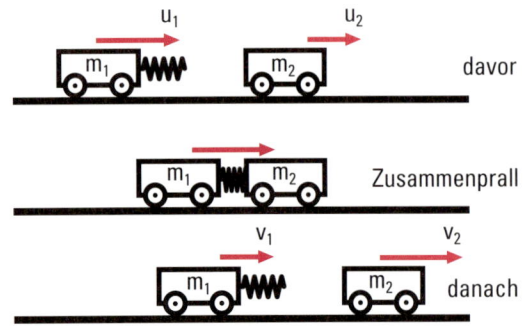

Abb. 366

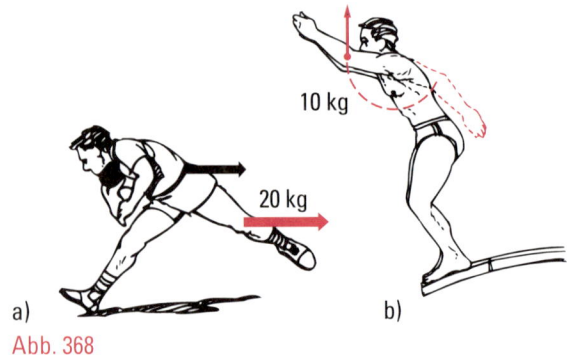

Abb. 368

menprallt oder sich an ihm festhakt. In Abbildung 366 kommt ein Wagen mit der Masse m_1 und der Geschwindigkeit u_1 angerollt. Der Wagen prallt mit einem anderen Wagen mit der Masse m_2 und der Geschwindigkeit u_2 zusammen.

Beim Aufprall entsteht eine Kraft auf den ersten Wagen und eine Kraft mit gleicher Größe auf den anderen Wagen, die aber in entgegengesetzte Richtung wirkt (alles gemäß Newtons Gesetz über Aktion und Reaktion). Der eine Wagen erhält vom anderen Wagen einen Impuls, d.h. der Impuls des einen Wagens nimmt mit dem gleichen Wert zu, wie der des anderen Wagens abnimmt.

$$m_1 \cdot u_1 + m_2 \cdot u_2 = m_1 \cdot v_1 + m_2 \cdot v_2$$

Die Bewegungsmasse vor dem Zusammenprall ist gleich der Bewegungsmasse nach dem Zusamenprall (u steht hier für die Ursprungsgeschwindigkeit und v für die Endgeschwindigkeit). Diese Formel gilt für alle unterschiedlichen Werte für Massen und Geschwindigkeiten.

In Abbildung 367 ist eine Situation dargestellt, bei der die Formel über die Beständigkeit der Bewegungsmasse angewendet werden kann. Wenn der Mann den Jungen so anstößt, daß der Junge mit 4,0 m/s rückwärts gleitet, gilt folgendes:

$50 \cdot 0 + 80 = 50 \cdot 0{,}4 + 80 \cdot v_1$

$0 = 20 + 80 \cdot v_1;\ v_1 = -20/80;\ v_1 = -0{,}25$

Der Mann gleitet also mit einer Geschwindigkeit von 0,25 m/s in entgegengesetzter Richtung.

Nehmen wir an, daß der Kugelstoßer in Abbildung 368 sein linkes Bein, das 20 kg wiegt, mit einer Geschwindigkeit von 5,0 m/s nach hinten wirft. Sobald das Bein völlig gestreckt ist, wird es den übrigen Körper, der beispielsweise 80 kg wiegt, mit sich reißen. Das Bein wird dadurch gebremst und verliert an Bewegungsmasse. Dem übrigen Körper wird aber exakt der gleiche Wert an Bewegungsmasse zugeführt. Die Zahlen sehen dann folgendermaßen aus:

$20 \cdot 5{,}0 + 80 \cdot 0 = 100 \cdot v_1;\ 100 = 100 \cdot v_1;$

$v_1 = 1{,}0$

Abb. 369   Abb. 370

Der ganze Körper wird sich mit der Geschwindigkeit 1,0 m/s nach hinten in Stoßrichtung bewegen.

Die Bewegung, die aus dem Abstoß des rechten Beines, aus der Drehung des Oberkörpers und nicht zuletzt aus der Streckung des Armes entsteht, wird als Geschwindigkeit auf den Kugelstoßer, auf die Kugel und auf sein linkes Bein übertragen.

Die gleiche Überlegung (Abb. 368 b) erklärt, wie man mit Hilfe der Arme den Körper so beeinflussen kann, daß ein Sprung höher und länger ausgeführt werden kann.

Die Formel für die Beständigkeit der Bewegungsmasse kann auch das Phänomen erklären, das in Abbildung 369 angedeutet wird. Wenn ein Mann sich in einem leichten, stillstehenden Boot aufrichtet und nach vorne läuft, wird das Boot schnell nach hinten weggleiten. Bevor er anfängt zu laufen, ist die Bewegungsmasse 0. Der Mann bewegt sich mit Hilfe der Reibung gegen den Bootsboden nach vorne. Mit jedem Schritt wird das Boot mit dem gleichen Impuls (F · t) beeinflußt wie der Mann. Das Boot erhält also die gleiche Bewegungsmasse nach hinten, wie der Mann nach vorne. Die Bewegungsmasse ist demnach immer noch 0.

Wenn das Boot viel schwerer ist als der Mann, wird das Boot sich nur langsam vom Steg wegbewegen. Ist es um einiges leichter, wird es sich schneller vom Steg entfernen als der Mann läuft.

E Kreisförmige Bewegung

Bisher haben wir uns mit Körpern beschäftigt, die sich hauptsächlich geradeaus bewegen (lineare Bewegung). Die gewählten Formeln und Beispiele haben noch nicht erläutert, was den Körper dazu bringt, von der geradlinigen Bewegung abzubiegen.

Man kann zwischen Bewegungen unterscheiden, bei denen sich etwas auf der Stelle dreht (Pirouette) und Bewegungen bei denen es gleichzeitig eine Versetzung und eine Richtungsveränderung (Kurvenlauf) gibt. Solche Bewegungen nennt man Zentralbewegungen. Bei dieser Art von Bewegung beschreibt man normalerweise die Schnelligkeit der Umdrehung, z. B. durch Angabe der Anzahl Umdrehungen pro Minute (U/min), Anzahl Grad pro Sekunde (°/s) oder andere Einheiten, die passende, handliche Zahlen ergeben.

Ein Körper, der von keiner Kraft beeinflußt wird (oder an dem sich alle Kräfte einander aufheben), bewegt sich geradlinig und mit konstanter Geschwindigkeit. Wenn man einen Körper mit einer Kraft beeinflußt, der rechtwinklig zur Bewegungsbahn des Körpers wirkt, so wird der Körper sich auf einer Kreisbahn bewegen. Damit es eine kreisförmige Bahn wird, muß die Kraft die ganze Zeit zum Zentrum des Kreises hin gerichtet sein. Die Größe der Kraft (F_c) bestimmt den Radius (r), den ein Körper mit einer gewissen Masse (m) und einer gewissen Geschwindigkeit (v) erhält. Die Kraft wird *Zentripetalkraft* genannt und wird mit F_c abgekürzt.

Der Zusammenhang ist folgender: $F = \dfrac{m \cdot v^2}{r}$

■ **Beispiel 1.** Um einen Wurfhammer (Abb. 370) von 7 kg in einem Bogen mit 2 m Radius und einer Geschwindigkeit von 20 m/s in Bewegung zu setzen, ist eine nach innen gerichtete Kraft Fc notwendig.

Diese Kraft beträgt $F_c = \dfrac{m \cdot v^2}{r} = 7 \cdot 20^2 = 1400$ N.

■ **Beispiel 2.** Wenn ein Skiläufer (Abb. 371) um die Slalommarkierung schwingt, fährt er für einen Augenblick in einer Kreisbahn. Wenn der Skiläufer 70 kg wiegt, der Radius seines Schwungs 15 m ist

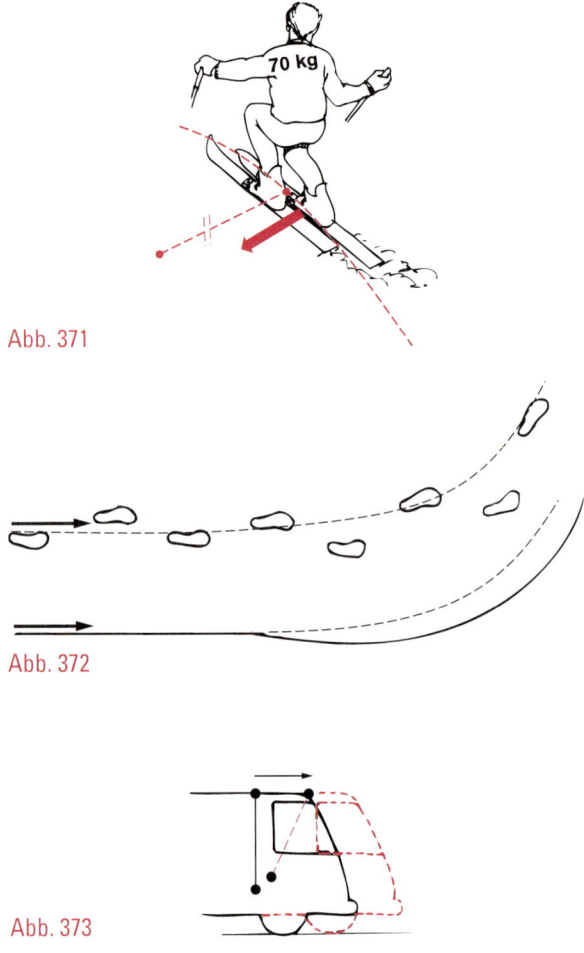

Abb. 371

Abb. 372

Abb. 373

Komponente der Reibungskraft fungiert in diesem Fall als Zentripetalkraft. In der Abbildung 372 ist zu sehen, wie die Füße zunächst in die „falsche Richtung" steuern, um eine nach innen gerichtete Kraft zu erzeugen.

Analysiert man einen scharfen Schwung beim Slalom-, Schlittschuh- oder Fahrradfahren, sind ebenfalls durch die „Spuren" Initiierungskurven in die falsche Richtung festzustellen. Diese Kurve führt dazu, daß der Körper schnell nach innen kippt und die Neigung erhält, die für das Halten des Gleichgewichts und die Schaffung der richtigen Zentripetalkraft notwendig ist. Bei der Analyse von Sportbewegungen, die Drehungen oder Kurven beinhalten, wird der Begriff Zentrifugalkraft oft fälschlicherweise verwendet. Man muß sich darüber im Klaren sein, daß *eine Zentrifugalkraft nicht existiert*.

Die Zentrifugalkraft wurde von Physikern erfunden, um eine gewisse Art von Berechnungen zu vereinfachen. Um dies zu verdeutlichen, werden wir uns zwei bekannte Situationen anschauen.

Nehmen wir an, daß wir einen Gegenstand, z. B. ein Maskottchen im Auto an der Decke aufhängen (Abb. 373). Wenn das Auto sich nicht bewegt (oder mit konstanter Geschwindigkeit fährt) hängt das Maskottchen gerade nach unten. Wenn das Auto jedoch beschleunigt, passiert etwas.

Der Befestigungspunkt des Fadens fängt an, sich schneller zu bewegen, während das Maskottchen sich mit gleicher Fahrt wie vorher bewegt. Fast unmittelbar nachdem die Beschleunigung begonnen hat, zieht der Faden, der jetzt schräg in der Luft steht, das Maskottchen mit sich. Die Zugkraft des Fadens ist größer geworden und die nach vorne gerichtete Komponente ist genau so groß, daß das Maskottchen genau so viel beschleunigt wird wie das Auto.

Sitzt man im Auto und wird selbst mit dem Auto beschleunigt, meint man, daß das Maskottchen nach hinten pendelt, was es in der Tat aber nicht tut. Das Maskottchen bewegt sich nur vorwärts, jedoch während eines kurzen Augenblicks, bevor der Faden Zeit hat sich zu spannen, fährt das Auto vom Maskottchen weg.

Stellt man sich vor, das Auto stünde still, so müßte eine Kraft das Rückwärtspendeln des Maskottchens verursachen. Diese Kraft, die jedoch fiktiv ist, wird Trägheitskraft genannt. Das Maskott-

und er mit einer Geschwindigkeit von 10 m/s fährt, so ist eine nach innen gerichtet Kraft mit folgendem Wert notwendig: $F_c = 70 \cdot 15^2 = 1575$ N.

In beiden Beispielen ist eine erhebliche Kraft erforderlich, um mit der Belastung fertig zu werden, der die Beine ausgesetzt sind. Beim Skifahren wird die Belastung hauptsächlich von einem Bein getragen, nämlich von dem Bein, das im Schwung nach außen gerichtet ist. Dieses Bein ist viel gestreckter im Kniegelenk und hat mehr Kraft, um fest nach innen zu drücken. Das sehr gebeugte innere Bein befindet sich dagegen in einer viel schlechteren Position und kann zur Zentripetalkraft kaum beitragen.

Wenn ein geradeaus rennender Läufer seine Richtung verändern will, muß er die Kurve dadurch initiieren, daß er einen Fuß seitlich zur bisherigen Laufrichtung setzt, und zwar den Fuß, der in der Kurve außen sein wird. Die nach innen gerichtete

chen wird nicht wirklich von einer nach hinten gerichteten Kraft beeinflußt. Es handelt sich nur um eine erfundene Kraft, die das Erklären der Situation in einem beschleunigten Auto vereinfacht.

Betrachtet man den Vorgang mit dem Maskottchen im Auto, wenn das Auto, das bis dahin geradeaus gefahren ist, sich in eine Kurve begibt, so geschieht folgendes: Das Maskottchen hängt so lange gerade nach unten wie das Auto mit konstanter Geschwindigkeit vorwärts fährt. Sobald der Fahrer das Lenkrad dreht, werden die Reibungskräfte der Reifen das Auto in die Kurve bringen. Diese Reibungskraft ist zum Zentrum der Kurve hin gerichtet. Der Aufhängungspunkt des Maskottchens fährt in der Kurve mit, das Maskottchen selbst aber bewegt sich zunächst immer noch vorwärts. Keine Seitenkraft beeinflußt das Maskottchen am Anfang der Kurve. Unmittelbar zu Beginn der Kurve wird der Faden gestreckt und das Maskottchen wird in die Kurve mitgezogen.

Von außerhalb des Autos betrachtet, sieht es so aus, als würde sich das Maskottchen in der Kurve nie nach außen bewegen, und nie von einer nach außen gerichtete Kraft beeinflußt. Das Maskottchen hat sich in der Tat nur ein klein wenig länger als das Auto geradeaus bewegt und ist danach von dem nunmehr schräg hängenden Faden nach innen gezogen worden.

Abbildung 374 zeigt wie dies aussieht. Die Spannung im Faden (F$_s$) kann in zwei Komponenten aufgeteilt werden. Es zeigt sich, daß die nach innen gerichtete Kraft (F$_c$) exakt so groß ist, daß das Maskottchen in die vom Auto gefahrene Kurve mitgeführt werden kann. Der nach oben gerichtete Teil der Fadenspannung stimmt exakt mit der Schwerkraft (F$_{mg}$) überein.

Ohne die nach innen gerichtete Reibungskraft könnte das Auto nie in eine Kurve fahren und ohne die nach innen gerichtet Kraft im Faden würde das Maskottchen nie mitgezogen werden. Es gibt keine nach außen gerichteten Kräfte, weder auf das Auto noch auf das Maskottchen. Sitzt man im Auto und will beschreiben, warum das Maskottchen schräg hängt, so sollte man eigentlich den ganzen obigen Gedankengang nachvollziehen.

Eine andere Möglichkeit ist, eine Kraft einzuführen, die das Maskottchen nach außen zieht. Diese nach außen gerichtete Kraft ist erfunden, es

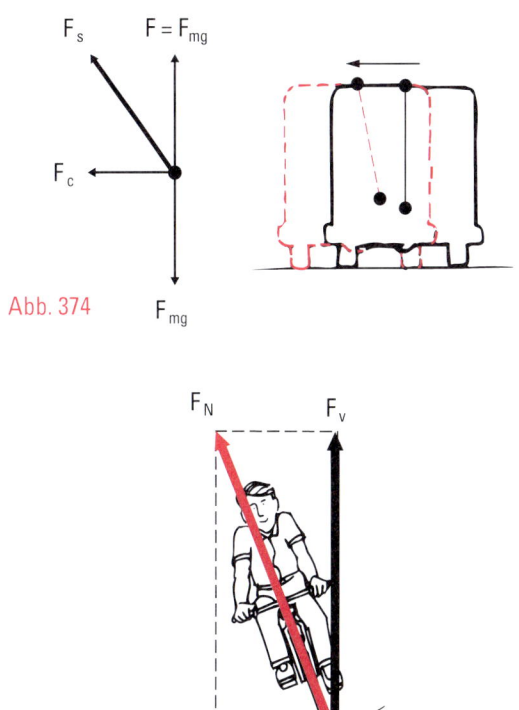

Abb. 374

Abb. 375

gibt sie nicht. Sie wird jedoch fleißig verwendet, um die Beschreibung von Geschehnissen im Inneren von beschleunigten (abbiegenden) Systemen zu vereinfachen. Diese erfundene Kraft wird Zentrifugalkraft genannt.

Im Sport soll dieser Begriff nicht verwendet werden, denn im allgemeinen, führen Sportler keine Übungen in beweglichen Räumen aus, die beschleunigt werden oder sich auf einer Kurvenbahn bewegen.

Um die Geschwindigkeit oder die Richtung eines Körpers zu verändern, sind Kräfte in die gewünschte Richtung notwendig. Entgegengesetzte Kräfte existieren nicht.

Untenstehendes Beispiel erläutet dieses Problem weiter.

■ **Beispiel 1.** In einer dosierten Kurve (Abb. 375) ist es die Normalkraft F$_N$, die mit ihrer nach innen gerichteten Komponente als Zentripetalkraft fungiert. Kurven auf der Trabrennbahn, Fahrradvelodrome, scharfe Kurven für Innenaschenbahnen usw., sind so gebaut, daß die Neigung der von den Sportlern zu erwartenden Geschwindigkeit angepaßt ist. Das Prinzip dabei ist, daß man eine Bahn schaffen will, bei der durch den Neigungswinkel

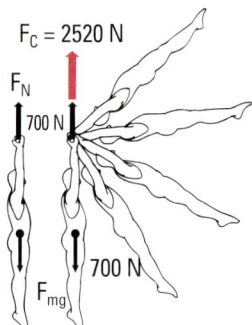

Abb. 376

keine Reibungskraft mehr notwendig ist. (Es ist gut, daß eine niedrige Reibungskraft trotz allem doch existiert, sonst würde die Bahn nur mit einer gewissen vorgegebenen Geschwindigkeit befahren werden können. Bei falscher Geschwindigkeit würde man entweder nach oben oder nach unten rutschen, je nachdem ob die Geschwindigkeit zu hoch oder zu niedrig wäre.)

■ **Beispiel 2.** Wenn ein Turner, der 70 kg wiegt, an einer Reckstange gemäß Abbildung 376 stillhängt, wird er von einer Schwerkraft F_{mg} sowie von einer Normalkraft F_N beeinflußt. Diese sind gleich groß, wirken aber in gegensätzlicher Richtung. Schwingt der Turner um die Stange, und sein Schwerpunkt passiert die senkrechte Linie mit einer Geschwindigkeit von 6 m/s und der Radius des Schwerpunktes ist 1,0 m, dann ist die notwendige

Zentripetalkraft $F_c = \dfrac{m \cdot v^2}{r}$; $F_c = \dfrac{70 \cdot 6^2}{1}$

$= 70 \cdot 36 = 2520$ N.

Die totale Kraft an den Händen ergibt somit: 2520 + 700 = 3220 N.

F Trägheitsmoment und Spin

Je weiter sich ein Körperteil vom Rotationszentrum entfernt befindet, um so schwieriger wird es sein, eine Umdrehung in Gang zu setzen. Die Muskeln müssen mehr Arbeit leisten, wenn der Schwerpunkt eines Beines weit vom Hüftgelenk entfernt ist, als wenn das Bein gebeugt ist und somit der Schwerpunkt des Beines sich näher am Gelenk befindet. Die Masse (das Gewicht) des Körperteiles ist dabei natürlich auch entscheidend. Je schwerer das Kör-

perteil ist, desto mehr Kraft ist zum Beschleunigen (oder zum Abbremsen) erforderlich.

Wenn es darum geht, einen Gegenstand in Bewegung zu setzen, verwendet man in der Physik den Begriff Trägheitsmoment, um den Einfluß sowohl der Masse eines Körpers als auch des Drehradius zu berücksichtigen. In der Physik steht der Buchstabe I für den Begriff Trägheitsmoment (lat. inertia). Das Trägheitsmoment wird mit folgender Formel berechnet (r steht hier für Dreh- bzw. Rotationsradius):

$$I = m \cdot r^2$$

Sämtliche Körper in der linken Spalte der Abbildung 377 werden in Stellungen gezeigt, deren Trägheitsmomente niedriger sind als in den entsprechenden Stellungen in der rechten Spalte. Diese Tatsache leuchtet sicher von selbst ein.

In Abbildung 378 wurden die Zahlenwerte für verschiedene Körper mit Hilfe der Formel für das Trägheitsmoment berechnet. Manche Antworten wurden unterstrichen. Sie beleuchten sowohl die Tatsache, daß nicht nur z.B. ein gebeugter Arm leichter um das Achselgelenk zu schwingen ist als ein gestreckter Arm, sondern machen auch deutlich, wie groß dieser Unterschied ist: $I = 0{,}2$ kgm^2 bei gebeugtem Arm und $I = 0{,}45$ kgm^2 bei gestrektem Arm. Diese Zahlen besagen, daß mehr als doppelt so viel Kraft erforderlich ist, um einen gestreckten Arm zu drehen als einen gebeugten.

Um herauszufinden, wie Körper reagieren, wenn sie sich in der Luft drehen, muß das Trägheitsmoment des sich um seinen eigenen Schwerpunkt drehenden Körpers berechnet werden. Alle Körper rotieren um den eigenen Schwerpunkt herum, wenn sie sich frei in der Luft drehen.

Die Berechnungen werden nach den Angaben in Abbildung 379 durchgeführt. Daraus ergibt sich, daß sich das Trägheitsmoment je nach Körperposition verändert. In Abbildung 380 werden die Trägheitsmomente der verschiedenen Körperpositionen mit dem Wert einer Durchschnittsperson, die sich um ihre eigenen Achse dreht (Pirouette), verglichen.

Legt man während der Umdrehung die Arme seitlich an (I), ist die Trägheit etwa die Hälfte des Wertes, der bei der Umdrehung mit zur Seite gestreckten Armen (2I) entsteht.

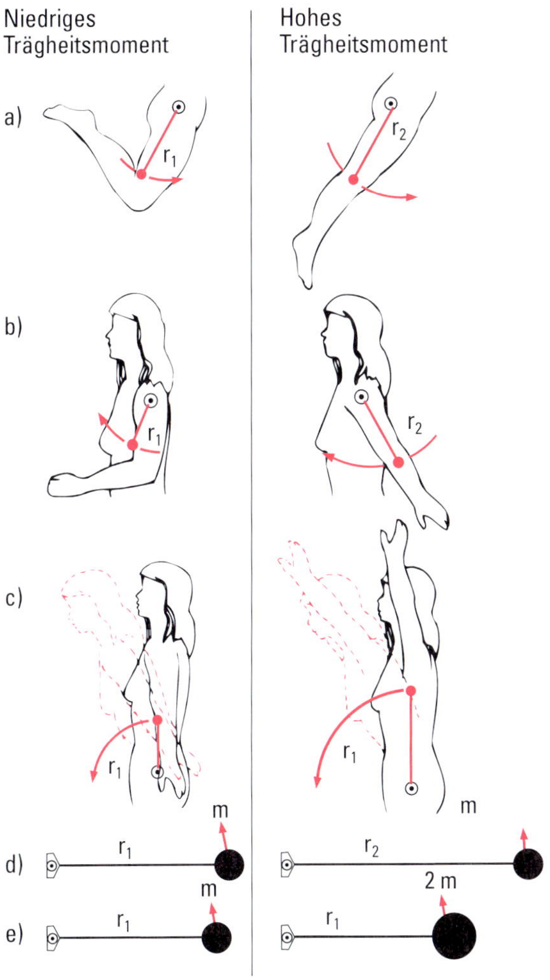

Niedriges
Trägheitsmoment

Hohes
Trägheitsmoment

a)

b)

c)

d)

r_1

r_2

m

m

e)

r_1

r_1

m

r_2

2 m

m

r_1

Abb. 377

a)

3 m

5 kg

r = 3 m   m = 5 kg $I = 5 \cdot 3^2 = 5 \cdot 9 = 45 \, kgm^2$

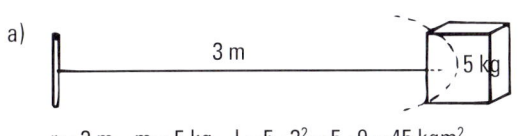

b)

2 m

10 kg

r = 2 m   m = 10 kg $I = 10 \cdot 2^2 = 10 \cdot 4 = 40 \, kgm^2$

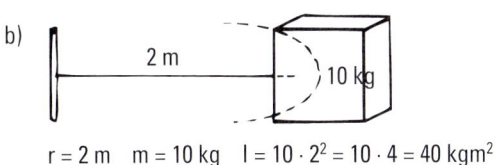

c)

5 kg

2 m

2 m

5 kg

$I = (5 \cdot 2^2) + (5 \cdot 2^2) = (5 \cdot 4) + (5 \cdot 4) = 40 \, kgm^2$

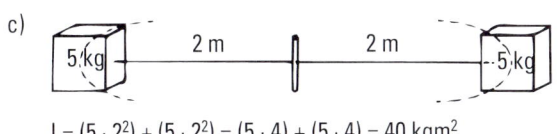

Abb. 378 a–c

d)

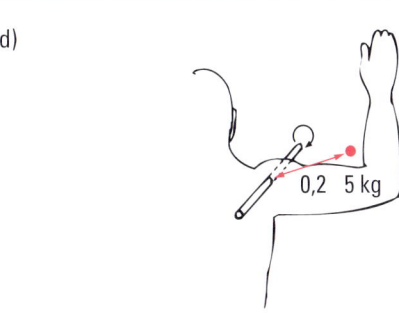

0,2   5 kg

$I = 5 \cdot 0,02^2 = 5 \cdot 0,04 = 0,2 \, kgm^2$

e)

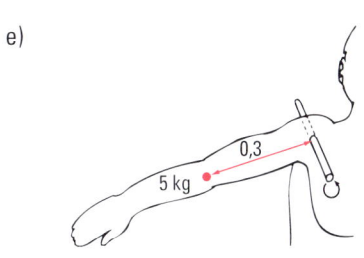

0,3

5 kg

$I = 5 \cdot 0,3^2 = 5 \cdot 0,09 = 0,45 \, kgm^2$

f)

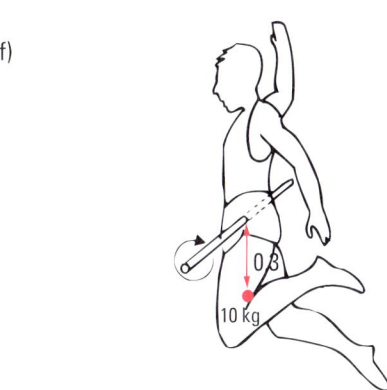

0,3

10 kg

$I = 10 \cdot 0,3^2 = 10 \cdot 0,09 = 0,9 \, kgm^2$

Abb. 378 d–f

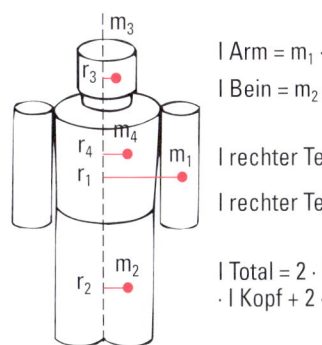

m_3

r_3

m_4

r_4

r_1

m_1

r_2

m_2

I Arm = $m_1 \cdot r_1^2$

I Bein = $m_2 \cdot r_2^2$

I rechter Teil des Kopfes = $m_3 \cdot r_3^2$

I rechter Teil des Körpers = $m_4 \cdot r_4^2$

I Total = 2 · I Arm + 2 · I Bein
· I Kopf + 2 · I Körper

Abb. 379

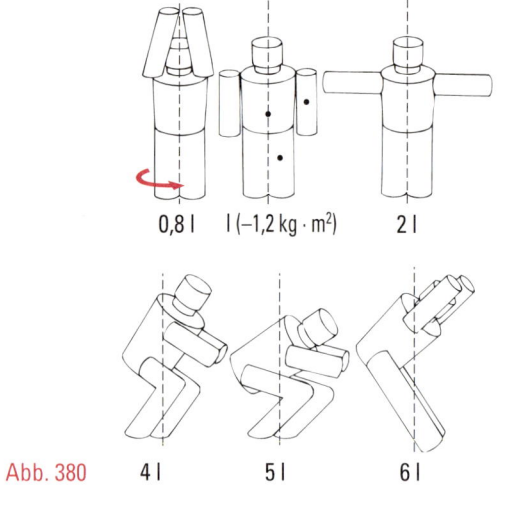

0,8 I   I (~1,2 kg · m²)   2 I

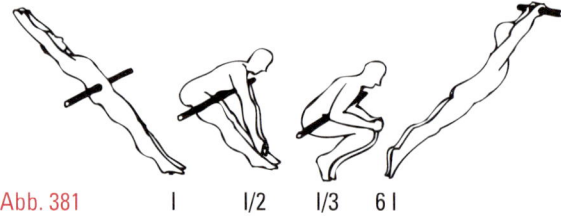

Abb. 380   4 I   5 I   6 I

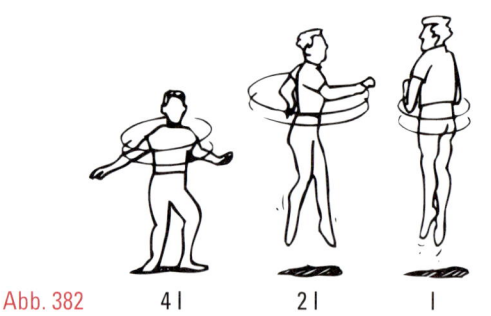

Abb. 381   I   I/2   I/3   6 I

Abb. 382   4 I   2 I   I

Abb. 383   4 I · ω   2 I · 2 ω

2 I · 2 ω

4 I · ω

Abb. 384

Das Trägheitsmoment wird umso größer, je mehr Körperteile von der Rotationsachse entfernt sind (Abb. 381).

Man hat experimentell gezeigt, daß die Winkelgeschwindigkeit (ω) eines Körpers, der von einer Kraft in Rotation versetzt wird und danach ohne äußere Einwirkung bleibt, von der Stellung des Körpers abhängt. Das Produkt aus Trägheitsmoment und Winkelgeschwindigkeit ändert sich ungeachtet der Körperposition jedoch nicht:

$$I \cdot \omega = \text{konstant}$$

Folgende Beispiele sollen obige Behauptung noch weiter erläutern.

■ **Beispiel 1.** Die bei einer Drehung mit seitlich angelegten Armen (I) entstehende Winkelgeschwindigkeit (ω), nimmt um die Hälfte ab (ω/2), sobald die Arme zur Seite gestreckt werden (2I), da $I \cdot \omega = 2I \cdot \omega/2$. Die Werte I und 2I wurden der Abbildung 380 entnommen. Geht die Person in eine hockende Stellung, vergrößert sich das Trägheitsmoment zu 4I, wodurch die Winkelgeschwindigkeit sich weiterhin zu ω/4 verringert, da $I \cdot \omega = 4I \cdot \omega/4$.

Ein Beispiel ähnlicher Veränderungen ist beim Absprung zu einer Pirouette zu beobachten (Abb. 382). Startposition ~4I verändert sich zunächst zu ~2I und dann zu ~I. Die erzeugte Rotationsgeschwindigkeit wird dabei vervierfacht.

■ **Beispiel 2.** Bei einigen Schwungarten beim Skilaufen beginnt man in einer tiefen Stellung ~4I und richtet sich dann während des Schwunges auf ~2I (Abb. 383). Auf diese Weise erhöht sich die am Anfang erzeugte Rotation auf das Doppelte.

In Abbildung 384 wird deutlich, wie man beim Auslauf eines Schwunges die Rotationsgeschwindigkeit um die Hälfte herabsetzen kann (von 2I auf 4I), indem man in die Knie geht. Dadurch wird es einfacher, in die neue Fahrtrichtung zu wechseln.

■ **Beispiel 3.** Beim Absprung zum Straddle-Hochsprung kommt der Körper in eine Stellung mit einem sehr großen Trägheitsmoment für die Rotation um die eine Schulter (Abb. 385 a). Dadurch, daß der Springer den Körper gerade und die Hände seitlich am Körper hält, wenn er über die Latte fliegt (Abb. 385 b), ist das Trägheitsmoment wesentlich geringer als in a). Durch eine Gegenbewegung mit dem rechten Arm wird er eine schnellere Drehbewegung um die Latte erzeugen, und so verhindern, daß er mit dem hinteren Knie die Latte herunterreißt.

Abb. 385

■ **Beispiel 4.** Der Hochspringer in der Abbildung 386 rotiert schneller über die Latte, wenn er den Körper nach hinten biegt als wenn er die Hüfte streckt. Er kann eine Seitwärtsdrehung leichter vermeiden, wenn er die Arme seitlich vom Körper weghält als wenn er sie dicht am Körper hält.

■ **Beispiel 5.** Ein Werfer (Abb. 387) erhöht die totale Drehgeschwindigkeit dadurch, daß er sich in der Schlußphase des Wurfes aus einer niedrigen Körperstellung erhebt und den freien Arm zum Körper hin einzieht.

Abb. 386

■ **Beispiel 6.** Ein Schwimmer beginnt einen Überschlag, indem er mit Armen und Beinen nach unten gegen das Wasser drückt (das Wasser übt einen Widerstand aus, und es entstehen zwei Gegenkräfte gemäß den kräftigen roten Pfeilen in Abb. 388). Indem der Schwimmer die Hüfte nach oben beugt, drückt das Wasser auf den Rücken des Schwimmers, und der Überschlag wird initiiert. Diese drei Kräfte ergeben zusammen eine Winkelgeschwindigkeit, die sich schnell verdoppelt, wenn der Schwimmer sich maximal zusammenkauert.

Abb. 387

■ **Beispiel 7.** Es ist schwerer für eine Turnerin, einen Felgumschwung am Reck zu machen, wenn sie den Körper vollkommen gestreckt hält (Abb. 389 a), als wenn sie in der Hüfte leicht gebeugt ist (b). Bei einer leichten Beugung liegt der Schwerpunkt (Sp) näher an der Stange, was zu einem niedrigeren Trägheitsmoment und somit zu einer schnelleren Rotation führt. Ein Anfänger neigt rein instinktiv dazu, den Kopf zur Unterstützung der Drehung nach hinten (c) zu neigen. Dies führt zu einer schwachen Körperkrümmung nach hinten, und dazu, daß der Schwerpunkt noch weiter von der Stange wegverlagert wird, was wiederum eine Herabsetzung der Geschwindigkeit bedeutet.

Abb. 388

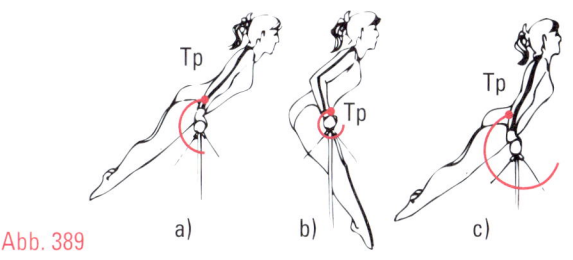

Abb. 389   a)   b)   c)

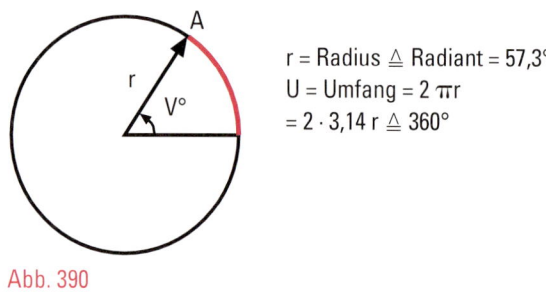

r = Radius $\triangleq$ Radiant = 57,3°
U = Umfang = 2 πr
= 2 · 3,14 r $\triangleq$ 360°

Abb. 390

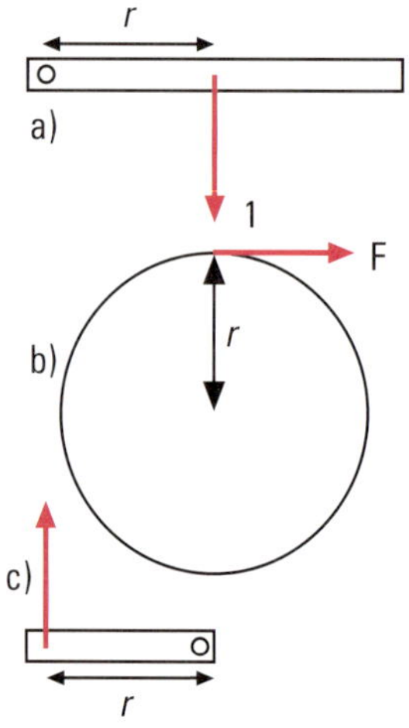

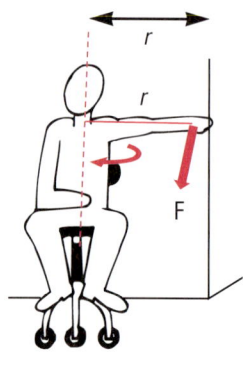

a)

b)

c)

Abb. 391

Abb. 392

S | ω
(kgm²/s) (kgm²) (rad/s)

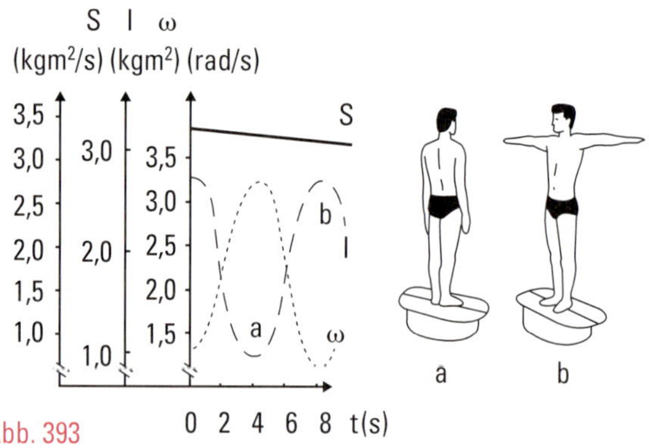

Abb. 393

Wenn man beschreibt, wie schnell ein Körper sich dreht, müssen unterschiedliche Einheiten verwendet werden, je nachdem was beschrieben werden soll. Manchmal eignet sich Umdrehungen pro Minute (U/min) am besten, manchmal aber auch Umdrehungen pro Sekunde (U/s) oder Grad pro Sekunde (°/s).

Verwendet man die o.a. Formeln, muß man eine noch ungewöhnlichere Einheit benutzen, nämlich Anzahl Radianten pro Sekunde.

Wenn wir uns vorstellen, daß der Zeiger A in der Abbildung 390 sich so dreht, daß die Spitze des Zeigers 1 Sekunde Zeit hat, eine Bogenlinie zu zeichnen, die genau so lang ist wie der Zeiger selbst, dann spricht man von der Rotationsgeschwindigkeit 1 Radiant pro Sekunde. Dies entspricht einer Rotationsgeschwindigkeit von 57,3°/s (da der Umfang eines Zirkels 2πr d.h. 2π Radien, oder 2 · 3,14 Radien, d.h. 6,28 Radien ist). (360° $\triangleq$ 6,28 Radien; 1 Radius $\triangleq$ 57,3°.)

Abbildung 391 a–c) zeigt drei Gegenstände, die mit drei gleich großen Kräften in Gang gesetzt werden und drei gleiche Hebelarme haben. Sie sind also alle dem gleichen Drehmoment ausgesetzt (M = F · l). Da sie aber alle unterschiedliche Trägheitsmomente haben, wird die erzeugte Winkelgeschwindigkeit unterschiedlich ausfallen.

Es können einige Parallelen zwischen der Ingangsetzung von linearen und rotierenden Bewegungen gezogen werden:

Lineare Bewegung
F = m · a
(a = lineare Beschleunigung)

Rotationsbewegung
M = I · a
(a = Rotationsbeschleunigung, I = Trägheitsmoment)

Wenn die Kraft während einer bestimmten Zeit t (in Sekunden) wirkt, gilt folgendes:
F · t = m · a · t
F · t = m · v (da a · t = v)
F · t wird Impuls genannt

M · t = I · α · t
M · t = I · ω (da a · t = ω)
M · t (F · l · t) wird Impulsmoment oder Spin (S) genannt

Um zu verdeutlichen, was der Begriff Spin in der Praxis bedeutet, nehmen wir einen Klavierstuhl (Abb. 392), oder noch besser eine mittels Kugellager leicht bewegliche Platte wie in der Abbildung 393 zu Hilfe. Um eine Rotation zustande zu bringen, ist eine äußere Kraft notwendig, die auf die Person auf dem Stuhl oder auf der Platte wirkt. Jemand kann die Person in Gang setzen, oder die Person kann die notwendige Kraft selbst erzeugen, indem sie etwas ergreift.

Ausschlaggebend für die entstehende Winkelgeschwindigkeit ist die Kraft, mit der die Bewegung in Gang gesetzt wird (F), deren Hebelarm (l) sowie die Zeit während der die Kraft wirkt (t), d.h. $F \cdot l \cdot t$.

Die Winkelgeschwindigkeit (w) hängt außerdem vom Trägheitsmoment der Person ab, d.h. welche Position sie einnimmt. Folgender Zusammenhang besteht:

$$F \cdot l \cdot t = I \cdot \omega$$

Wenn die Kraft aufgehört hat zu wirken, kann die entstandene Rotation durch Änderung der Körperposition verändert werden. Ein vermindertes Trägheitsmoment ergibt eine schnellere Rotation und umgekehrt.

Abbildung 393 zeigt, was passieren kann, nachdem man eine Person auf einer Rotationsplatte in Drehbewegung gesetzt hat.

Der Spin (S) beträgt offenbar 3,4 kgm²/s und nimmt nach 10 Sekunden auf 3,2 kgm²/s ab. Der Spin nimmt wegen der Reibung auf der Platte sowie wegen des auf die Person minimal wirkenden Luftwiderstandes ab. Ohne diese Kräfte würde der Spin in unendlicher Zeit 3,4 kgm²/s betragen. In der Praxis gibt es immer Kräfte, die zur Abnahme des Spins führen.

Die zweite Kurve (I) zeigt wie das Trägheitsmoment sich dadurch verändert, daß die Arme zum Körper hin (a) und wieder zur Seite (b) gezogen werden. Die dritte Kurve (ω) zeigt, wie die Rotationsgeschwindigkeit sich durch verschiedene Armpositionen verändert.

Am Anfang der Rotation ist I ~ 2,8 und ω ~ 1,2. Durch die Formel S = I · ω ergibt dies 3,4 = 2,8 · 1,2. Mit den Armen entlang der Körperseite wird S = I · ω wiederum 3,4, jetzt mit den Werten I = ~1,0 und ω = ~ 3,4.

Folgender Vergleich macht die Formel $F \cdot l \cdot t$ = I · ω verständlich.

Nehmen wir an, wir füllen ein U-Rohr gemäß Abbildung 394 zur Hälfte mit Wasser auf. Die eine Hälfte des Rohres stellt das Trägheitsmoment (I) dar und die andere Hälfte die Rotationsgeschwindigkeit (w). Wasser in das Rohr zu gießen kann damit verglichen werden, daß ein Körper in Drehbewegung gesetzt wird.

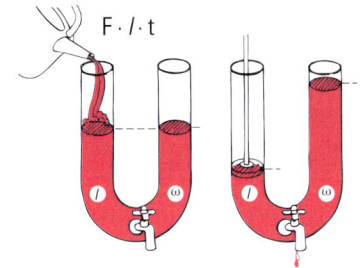

Abb. 394

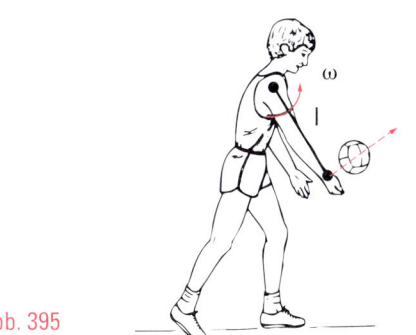

Abb. 395

Mehr Wasser bedeutet entweder mehr Kraft (F) oder besseren Hebelarm (l) oder längere Zeit (t). Je größer der $F \cdot l \cdot t$-Wert ist, desto mehr Wasser. Nachdem die gewünschte Menge Wasser in das Rohr gegossen wurde, kann das Niveau mit einem Kolben so reguliert werden, daß z.B. I herabgesetzt wird, was automatisch zu einer Erhöhung der Winkelgeschwindigkeit (ω) führt. Je mehr Wasser von Anfang an vorhanden ist (mehr Spin), desto höher wird die Säule auf der Rotationsseite. In der Praxis werden äußere Kräfte wie Reibung und Luftwiderstand den Spin verringern. Dies kann durch ein leicht undichtes U-Rohr dargestellt werden.

Unten folgen einige Beispiele wie die Formel $F \cdot l \cdot t$ = I · ω in verschiedenen Situation interpretiert werden kann.

■ **Beispiel 1.** Nehmen wir an, daß Sie einen Volleyball gemäß Abbildung 395 dadurch schlagen werden, daß Ihr rechter Arm in Drehbewegung gesetzt wird und später den Ball abschlägt. F ist dann die Kraft, mit der Ihre Muskeln im Schultergelenk arbeiten. l ist der Hebelarm, mit dem dieser Muskel (hauptsächlich der Deltamuskel) arbeitet und t ist die Zeit, während der die Muskeln arbeiten. I ist das Trägheitsmoment des gestreckten Armes und ω ist die Rotationsgeschwindigkeit des Armes während der Ingangsetzung der Bewegung.

Abb. 396

Abb. 398

Abb. 397

Abb. 399

■ **Beispiel 2.** Wenn ein Tänzer (Abb. 396) einen Sprung mit Pirouette machen wird, muß er vor dem Absprung – solange er die Füße auf dem Boden hat – einen ausreichenden Spin erzeugen, der für eine oder mehrere Umdrehungen ausreicht. Die Kraft ist eine Reibungskraft (F_μ) zwischen Fuß und Boden. Der Hebelarm (l) hängt davon ab, wo er seinen Fuß im Verhältnis zu seinem Schwerpunkt auf dem Boden aufsetzt. Um diesen Punkt wird er sich später drehen. (t) ist die Zeit, die zwischen dem Anlaufnehmen und dem Abheben der Fußzehen vom Boden vergeht.

Wenn die Arme weit vom Körper gehalten werden und die Hüfte gebeugt ist, wird die Ingangsetzung wegen der recht großen Trägheit ziemlich langsam vor sich gehen. Dies bedeutet, daß seine Muskeln Zeit haben, mehr Kraft (F) aufzubauen, und daß (t) zunimmt. Diese Tatsachen führen gemeinsam dazu, daß der Spin (mehr Wasser im U-Rohr) zunimmt.

Durch ein Aufrichten in der Hüfte und das Einziehen der Arme so nah wie möglich an die Rotationsachse erhöht der Tänzer dann die Geschwindigkeit zum Maximum.

■ **Beispiel 3.** Ein ähnliches Bewegungsmuster wie beim Tänzer ist beim Diskuswerfer (Abb. 397) zu beobachten. Wenn beide Füße Bodenkontakt haben und die Drehbewegung in Gang gesetzt wird, sollen beide Arme so weit wie möglich nach außen gestreckt sein.

Dies ergibt einen Widerstand für die Rotation und läßt den Füßen Zeit, eine maximale Kraft während einer „langen" Zeit aufzubauen. Wenn der Werfer seinen äußeren Fuß zum Drehen hochhebt und den nächsten Abwurf vorbereitet, zieht er seinen freien Arm zur Brust hin. Dadurch kann er sich so schnell wie möglich drehen und den Fuß, der nun zu arbeiten beginnt, wieder absetzen, um zusätzliche Geschwindigkeit in der zweiten Umdrehung zu erzeugen. Bei fast allen Würfen ist es ein Bein, das die erstrebte Drehbewegung in Gang setzt.

■ **Beispiel 4.** Der Werfer versucht eine so träge Position wie möglich einzunehmen (Abb. 398) um eine Zunahme der Zeit und der Kraft zu erreichen und dadurch „viel Wasser in das U-Rohr zu gießen".

Nachdem das Bein seine Arbeit getan hat, richtet sich der Werfer auf und zieht den freien Arm vor den Körper. Dadurch verringert er die Trägheit, und die Rotationsgeschwindigkeit beim Wurf wird maximal erhöht.

■ **Beispiel 5.** Wenn ein Turner, Turmspringer oder Hochspringer seinen letzten Schritt macht, ist schon vorbestimmt, was für ein Sprung es werden wird. In Abbildung 399 wird gezeigt wie die Körperposition in a) dazu führt, daß die Absprungkraft hinter dem Schwerpunkt verläuft, was zu einer Rotation im Uhrzeigersinn führt. Dadurch entsteht ein Salto nach vorne. Verläuft die Kraft wie in b) entsteht eine Rotation entgegen dem Uhrzeigersinn, was zu einem Salto rückwärts führt.

Ohne äußere Kräfte ist es nicht möglich, eine konstante Rotation zu erzeugen. Hingegen kann man einen Teil des Körpers drehen, was aber zu einer entgegengesetzten Drehung an einem anderen Körperteil führt. Ein Fußballspieler z. B., der mit einem Bein mit maximaler Kraft den Ball trifft, muß diese Bewegung dadurch kompensieren, daß er beide Arme und den Oberkörper in die entgegengesetzte Richtung dreht. Um das Gleichgewicht nach dem Schuß gut beibehalten zu können, muß I · w für das eine Bein dem I · w für die Körperteile oberhalb des Hüftgelenkes entsprechen.

Wird der Körper von keiner äußeren Kraft beeinflußt, ist der Spin konstant.

Dies hat folgende Bedeutung:

- Wenn S = 0 ist, kann eine Bewegung nicht ohne Hilfe von äußeren Kräften in Gang gesetzt werden. Man kann z. B. weder Saltos noch Pirouetten in der Luft beginnen, wenn man vorher gerade nach oben ohne Drehbewegung abgesprungen ist.

- Wenn S = 0 ist, können Veränderungen der Körperposition nur durch Gegenbewegungen erzeugt werden. Dabei dreht sich ein Körperteil in die eine und ein anderer in die entgegengesetzte Richtung.

- Wenn S > 0 ist (d. h. man hat nach dem Absprung einen Spin), wird dies während der ganzen Zeit in der Luft beibehalten. Man kann die Winkelgeschwindigkeit zwar durch Änderung des Trägheitsmoments verändern, der Spin bleibt jedoch konstant.

- Wenn ein Turner nach dem Absprung einen Spin hat (z. B. dadurch, daß er einen Salto

macht), kann der Turner durch Veränderung der Körperposition einen Teil des Spins zu einer Seitwärtsrotation benutzen (der Salto wird etwas langsamer, aber dafür entsteht eine Schraube).

Die Katze in der Abbildung 400 kann sich, wenn sie zu Boden fällt, auch ohne Rotation in der Luft wenden und auf ihren Pfoten landen. Folgt denn die Katze nicht den Gesetzmäßigkeiten, die besagen, daß eine Rotation in der Luft nicht entstehen kann, wenn sie nicht von Anfang an begonnen wurde?

Die Katze löst das Problem elegant, ohne Kenntnisse der physikalischen Gesetzmäßigkeiten, die sie trotz allem befolgt. Dabei geht sie folgendermaßen vor:

Die Katze faltet sich so zusammen, daß ihr Oberkörper rechtwinklig zum Unterkörper ist. Sie zieht ihre Vorderpfoten zum Brustkorb ein und streckt die Hinterbeine aus. Sie kann nun mit Leichtigkeit den vorderen Teil des Körpers um 180° entgegen dem Uhrzeigersinn längs der rot markierten Rotationsrichtung drehen (eine Katze ist sehr beweglich). Währenddessen rotiert der hinterer Teil ihres Körpers einige Grade im Uhrzeigersinn (diese Bewegung ist wesentlich geringer, da der hintere Körperteil der Katze sich in

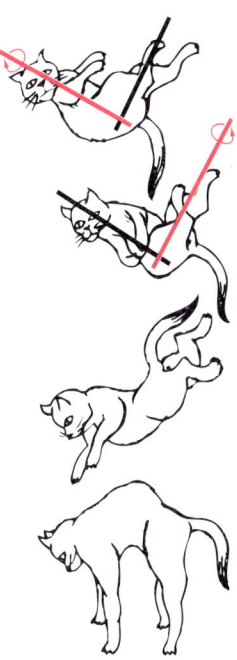

Abb. 400

einer Lage befindet, in der das Trägheitsmoment für seine Rotation sehr groß ist).

Jetzt wird es Zeit für die Katze ihre Vorderfüße auszustrecken und die Hinterbeine einzuziehen. Dies ermöglicht eine 180°-Rotation des hinteren Körperteils entlang seiner Rotationsrichtung (die zweite rote Markierung). Dabei dreht sich der vordere Körperteil ein wenig in die entgegengesetzte Richtung, aber nicht viel, denn das Trägheitsmoment für diese Bewegung ist in diesem Augenblick groß.

Wenn die Drehung nicht perfekt gelungen ist, kann die Katze mit ihrem Schwanz immer noch eine Korrektur vornehmen. Eine Bewegung des Schwanzes in jeder Richtung bewirkt eine Gegenbewegung mit dem Körper, so daß eine perfekte Landung erfolgen kann.

G Beispiel für eine Bewegungsanalyse

In untenstehendem Text zeigen wir an einem Beispiel, wie eine sportliche Leistung mit Hilfe der Kenntnisse über Anatomie und mechanische Gesetze analysiert werden kann. Aus einer solchen Analyse heraus sollten Kraft- und Beweglichkeits-Trainingsprogramme aufgestellt und an den Bedarf verschiedener Sportler angepaßt werden.

Als Analysebeispiel nehmen wir einen Weitsprung (Abb. 401), den wir der Reihe nach betrachten: Anlauf, Absprung, Flug und Landung. Wir werden für jede Phase bestimmen, welche Muskeln wie arbeiten (konzentrisch, exzentrisch oder statisch).

Außerdem werden wir feststellen, welche Muskeln sehr dehnbar sein müssen, mit welchen also Beweglichkeitstraining durchgeführt werden muß.

Anlauf

Man muß darauf achten, daß der Fuß gerade nach vorn in die Laufrichtung gerichtet wird. Setzt man den Fuß gleich mit der ganzen Fußsohle auf oder richtet man den Fuß etwas nach außen, können leicht Beschwerden mit Schmerzen im Unterschenkel (Knochenhautentzündung, s. S. 68) entstehen. Ein guter Laufschritt erfordert beim Abstoß, vor allem aber beim Aufsetzen des Fußes, eine starke Kniestreckermuskulatur (M. quadriceps femoris, s. S. 58) (Abb. 402). Beim Abdrücken sollen die Hüftbeuger (M. iliopsoas, s. S. 52) so gedehnt und entspannt sein, daß sie dem dabei stattfindenden kräftigen Abstoß, d.h. Hüftstreckung mit nach vorn gedrücktem Becken, nicht entgegenarbeiten.

Da man beim Abstoß auf dem vorderen Teil des Fußes steht, muß die Wadenmuskulatur (M. triceps surae, s. S. 64) so stark sein, daß man, während Knie- und Hüftstrecker arbeiten, nicht „nach hinten" sinkt. Der Wadenmuskel arbeitet in der Anfangsphase des Abstoßes exzentrisch und in der Schlußphase konzentrisch. Während der Pendelphase soll die Ferse so früh wie möglich zum Gesäß hochgezogen werden, d.h. konzentrische Arbeit für die Kniebeuger (Hamstrings, s. S. 61) und Geschmeidigkeit für die Kniestrecker (M. quadriceps femoris, s. S. 58), damit das Trägheitsmoment des Beines beim Vorwärtspendeln so gering wie möglich ist. Die Schnelligkeit beim Vorwärtspendeln hängt also sowohl von der Kraft der Hüft- und

Abb. 401

Kniebeuger als auch von der Beweglichkeit der Kniestrecker ab.

Das Training sollte sich demnach auf Folgendes einrichten:
1. Kräftigen von M. iliopsoas, Hamstrings, M. quadriceps femoris und M. triceps surae,
2. Dehnung von M. iliopsoas und M. quadriceps femoris.

Abb. 402

Absprung

Beim Absprung hat der Körper seine Höchstgeschwindigkeit erreicht. Damit ein Körper mit einer gewissen Geschwindigkeit so weit wie möglich kommt, müßte der Absprungswinkel beim Weitsprung theoretisch 45° betragen (Abb. 403).

In der Praxis muß sich der Weitspringer jedoch gegen die Geschwindigkeit stemmen, sie also abbremsen, um nach oben zu kommen. Um einen Absprungswinkel von 45° zu erreichen, müßte die Stemmkraft so groß und so weit nach hinten gerichtet sein, daß der nach vorne gerichtete Schwung nach dem Absprung viel zu gering werden würde. Die Schwierigkeit beim Absprung besteht also darin, genügend an Höhe zu gewinnen, ohne daß der Schwung nach vorn dabei zu stark abnimmt.

Theoretisch kann ein Absprung ohne Geschwindigkeitsverlust nach vorn nur dann durchgeführt werden, wenn die Stemmkraft gerade nach oben gerichtet ist. Dabei müßte blitzschnell ein Abstoßen aus einer niedrigen Stellung heraus erfolgen.

Einige Absprungstechniken gehen davon aus, daß man durch einen langen „dritt-letzten Schritt" den Schwerpunkt weit nach unten verlagert und durch einen relativ kurzen letzten Schritt die Stemmkraft so gerade wie möglich einsetzt (Abb. 403). Aus dieser niedrigen Stellung heraus hat man eine gewisse Möglichkeit, den Körper sogar in der Schlußphase des Absprunges abzudrücken, d. h. den Körper aufwärts-vorwärts zu beeinflussen.

Versucht man auf diese Weise, ohne größeren Geschwindigkeitsverlust an Höhe zu gewinnen, erhält man einen Absprungswinkel von etwa 20–25° und einen Geschwindigkeitsverlust von etwa 30 %. Dieser Stil erfordert ein explosives Abstoßen in der Hüfte, im Knie und am Knöchel.

Man kann auch auf eine andere Art an Höhe gewinnen, wenn man sich durch einen langen letzten Schritt mit dem Absprungsbein (Abb. 404) gegen

letzter Schritt kurz

Abb. 403

letzter Schritt lang

Abb. 404

die Geschwindigkeit, die man hat, stemmt. Das Bein wird dabei gestreckter gehalten und der Absprung wird mehr durch die Hüftmuskulatur (Glutäusmuskeln, s. S. 48) als durch die Kniestreckermuskeln ermöglicht.

Die beiden Stilvarianten können mit dem Straddle- bzw. Flopstil beim Hochsprung verglichen werden. Beim Straddlestil sind die Kniebeugung und die Pendelbewegungen mit Armen und Beinen tiefer. Beim Flopstil ist die Geschwindigkeit höher und das Abstemmen beim Absprung

a)   b)

Abb. 405   Abb. 406

kräftiger, wobei die Stärke in der Hüftpartie ausschlaggebend ist. Man kann z.B. auch Vergleiche zwischen Absprüngen im Volleyball bzw. Fußball (Kopfball) machen, bei denen man eine geringe bzw. hohe Geschwindigkeit hat.

Flug

Die verschiedenen Absprungstile beim Weitsprung führen zu unterschiedlich starken Rotationen nach vorn. Diese Rotationen können gewöhnlich dadurch „aufgehoben" werden, daß man entweder a) im Hangstil oder b) im Sprungstil springt (Abb. 405).

a) Befindet sich der Springer in einer starken Drehbewegung nach vorne, muß er ausgestreckt in der Luft liegen, damit er nicht zu lange rotiert und dadurch in eine für die Landung ungünstige Stellung kommt. Da die Drehgeschwindigkeit vom Trägheitsmoment des Körpers (s. S.129) bestimmt wird, ist die Rotation um so größer, je mehr sich der Springer zusammenkrümmt. Je kleiner die beim Absprung entstandene Rotation ist, desto früher kann der Springer eine im Hinblick auf den Luftwiderstand günstige Position einnehmen.

b) Wenn die Rotation „zu groß" ist, muß sie durch Gegenbewegungen, d.h. durch Drehbewegungen der Arme und Beine in die entgegengesetzte Richtung, aufgehoben werden. Eine Arm-

bewegung gemäß dem Pfeil in der Abbildung führt dazu, daß der Körper sich im Schultergelenk in die entgegengesetzte Richtung bewegt, d.h. die Rotation nach vorne wird aufgehoben. Ein Nach-hinten-Pendeln des Beines in Pfeilrichtung führt dazu, daß das Becken im Hüftgelenk in die andere Richtung kippt, d.h. die Rotation nach vorne aufgehoben wird.

Landung

Bei der Landung ist eine große Beweglichkeit in den Hamstrings und im unteren Teil des Rückens erforderlich. Für die extrem starke Hüftbeugung vor der Landung sind lange Muskeln an der Rückseite des Oberschenkels erforderlich, damit die Fersen nicht unnötig früh auf die Unterlage treffen. Eine maximale Sprunglänge wird dann erreicht, wenn die Fersen an dem Punkt aufkommen, an dem der Schwerpunkt gelandet wäre. Kommen die Fersen jedoch zu weit vorn auf, fällt man nach hinten. Treffen die Fersen näher am Absprungbalken auf, wird erstens das Sprungresultat schlecht und zweitens rotiert der Weitspringer bei der Landung nach vorne (Abb. 406).

Bei einer perfekten Landung wird der Weitspringer wie eine Ziehharmonika zusammengedrückt, wobei die Belastung für die Knie extrem stark ist. Ein Aufbautraining mit tiefen Kniebeugen ist also zur Vermeidung akuter Schäden notwendig.

Einige Ratschläge für das Stretching

Im Anschluß an die Beschreibung der einzelnen Körperteile werden Beispiele für Kraft- und Dehnungsübungen für die verschiedenen Muskelgruppen gegeben. Die folgenden Abbildungen sind eine Zusammenstellung und Ergänzung der Körperstellungen, mit denen man die Muskeln verlängern und damit das Bewegungsausmaß des Körpers vergrößern kann. Für ein und dieselbe Muskelgruppe werden manchmal mehrere Stellungen gezeigt. Es ist dabei wichtig, daß Sie die Stellung oder Stellungen auswählen, mit denen Sie am besten zurechtkommen. Wenn Sie „steif" sind, eignen sich für Sie vielleicht andere Stellungen als wenn Sie bereits ziemlich beweglich sind.

Auf den Seiten 16 und 17 werden einige Arten des Dehnungstrainings, nämlich *elastische Dehnungen, das Stretching* und *die PNF-Methode* beschrieben. Bei allen Formen des Beweglichkeitstrainings geht es darum, einen elastischeren Körper zu bekommen. *Die Zielsetzungen sind also Dehnungen bis an die äußerste Grenze.* Das Stretching eignet sich hervorragend dazu, die ursprüngliche Länge eines (durch Verletzung oder falsches Training) verkürzten Muskels wiederzuerhalten. Wenn der Muskel seine Normallänge wieder erreicht hat, kann man ihn durch Beweglichkeitsübungen und elastische Dehnungen dazu „erziehen", funktionell richtig zu arbeiten.

Tänzer haben seit mehreren Jahrhunderten ihre Beweglichkeit durch Dehnungen gefördert und sind ein ausgezeichnetes Beispiel für das gute Resultat dieser Trainingsmethode. Es kann nicht deutlich genug darauf hingewiesen werden, daß das Aufwärmen für intensive Sportleistungen sehr wichtig ist. Durch statische Kontraktion (die ein Aspekt der PNF-Methode ist) wird zwar die Temperatur in den kontrahierten Muskeln erhöht, für einen umfassenden Temperaturanstieg sowie eine allseitige Belastung der verschiedenen Gelenke im Körper muß man jedoch sportliche Aktivitäten immer mit einem wohldurchdachten „Lauf-Gymnastik-Programm" beginnen.

1. Bauen Sie einige Stretchingübungen in Ihr Aufwärmprogramm vor dem Fußballtraining, der Turnstunde usw. ein. Ersetzen Sie jedoch das Aufwärmen nicht gänzlich durch Stretching. Haben Sie keine Angst davor, einen Muskel nach z. B. 30 s Stretching elastisch bis an die äußerste Grenze zu dehnen. Die Spindeln im Muskel reagieren sowohl auf Stellung (Stretching) als auch auf Geschwindigkeit (elastische Dehnungen), und der Muskel muß sich daran gewöhnen, mit geringer Geschwindigkeit an die äußerste Grenze zu kommen.

2. Wenden Sie Stretching oder die PNF-Methode in solchen Trainingspassagen an, bei denen es darum geht, eine bestimmte Muskelgruppe zu verlängern. Diese Trainingsdurchgänge sollte jeder Sportler nach einer Einweisung außerhalb des Mannschaftstrainings allein durchführen können (dreimal pro Woche zur Steigerung und ein- bis zweimal zur Erhaltung der Beweglichkeit).

3. Machen Sie Stretchingübungen (leichte Lockerungsübungen) nach harten Trainingspassagen. Dies hat die gleiche Wirkung wie eine leichte Muskelmassage, und Sie vermeiden dadurch Steifheit, Schmerzen und Muskelkater am nächsten Tag.

Halten Sie sich die ganze Zeit das Hauptziel, einen *beweglicheren* Körper zu bekommen, vor Augen.

1. Stellungen für Stretching und elastische Dehnungen von Muskeln

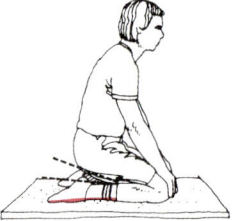

■ **Vorderseite des Fußgelenkes.** (Extensoren s. S. 66, Abb. 407) Fällt es Ihnen schwer, sich bequem auf die Fersen zu setzen, so liegt dies an Ihren Knien. Versuchen Sie nicht, mit Gewalt auf die Ferse zu drücken, wenn dies in den Knien weh tut. Zielsetzung: Gestreckter oder etwas überstreckter Rist.

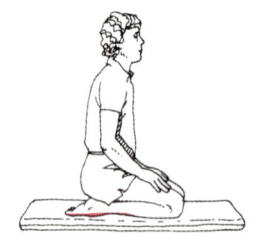

Abb. 407

■ **Hinterseite des Fußgelenkes.** (Flexoren s. S. 64, Abb. 408) Zielsetzung: Die Muskeln an der Rückseite dürfen die natürliche Beweglichkeit im Fußgelenk nicht beeinträchtigen. Kurze Wadenmuskeln führen zu erhöhter Spannung in den Muskeln an der Vorderseite des Unterschenkels, wodurch es zu „Knochenhautbeschwerden" kommen kann.

■ **Kniegelenk und Vorderseite der Hüfte.** (Vierköpfiger Schenkelmuskel und Lenden-Darmbein-Muskel s. S. 57 u. 52, Abb. 409) Zielsetzung: Das Bein (beim Sprinten, Schuß im Fußball) aus einer nach hinten gezogenen Stellung heraus nach vorn pendeln können.

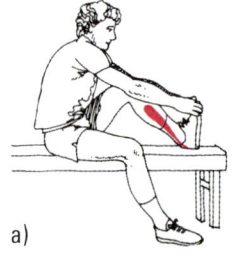
a)

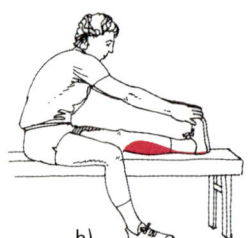
b)

■ **Kniegelenk und Rückseite der Hüfte.** (Hamstring-Muskeln s. S. 61, Abb. 410) Zielsetzung: Sich eine solche Beweglichkeit verschaffen, daß man sich aus der Hüfte heraus (nicht durch eine unnötige Beugung im Rücken) nach vorn beugen kann. Kurze Muskeln an der Ruckseite des Oberschenkels führen im allgemeinen zu Rückenbeschwerden.

■ **Außenseite der Hüfte** (Abduktoren s. S. 48, Abb. 411) Zielsetzung: Die Beweglichkeit in der Hüfte fördern sowie den Sehnenstrang dehnen, der vom Darmbeinkamm zur Außenseite des Knies (Tractus iliotibialis, Abb. 128) zieht. Ein zu straffer Sehnenstrang kann dazu führen, daß das Knie z.B. beim Langstreckenlauf am äußeren Oberschenkelknorren reibt und dadurch verletzt wird („runners knee").

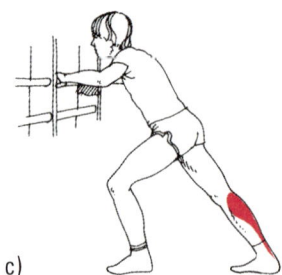
c)

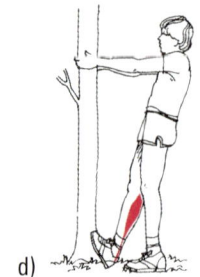
d)

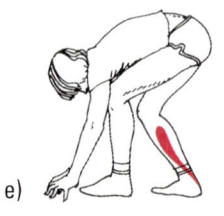
e)

f)

Abb. 408

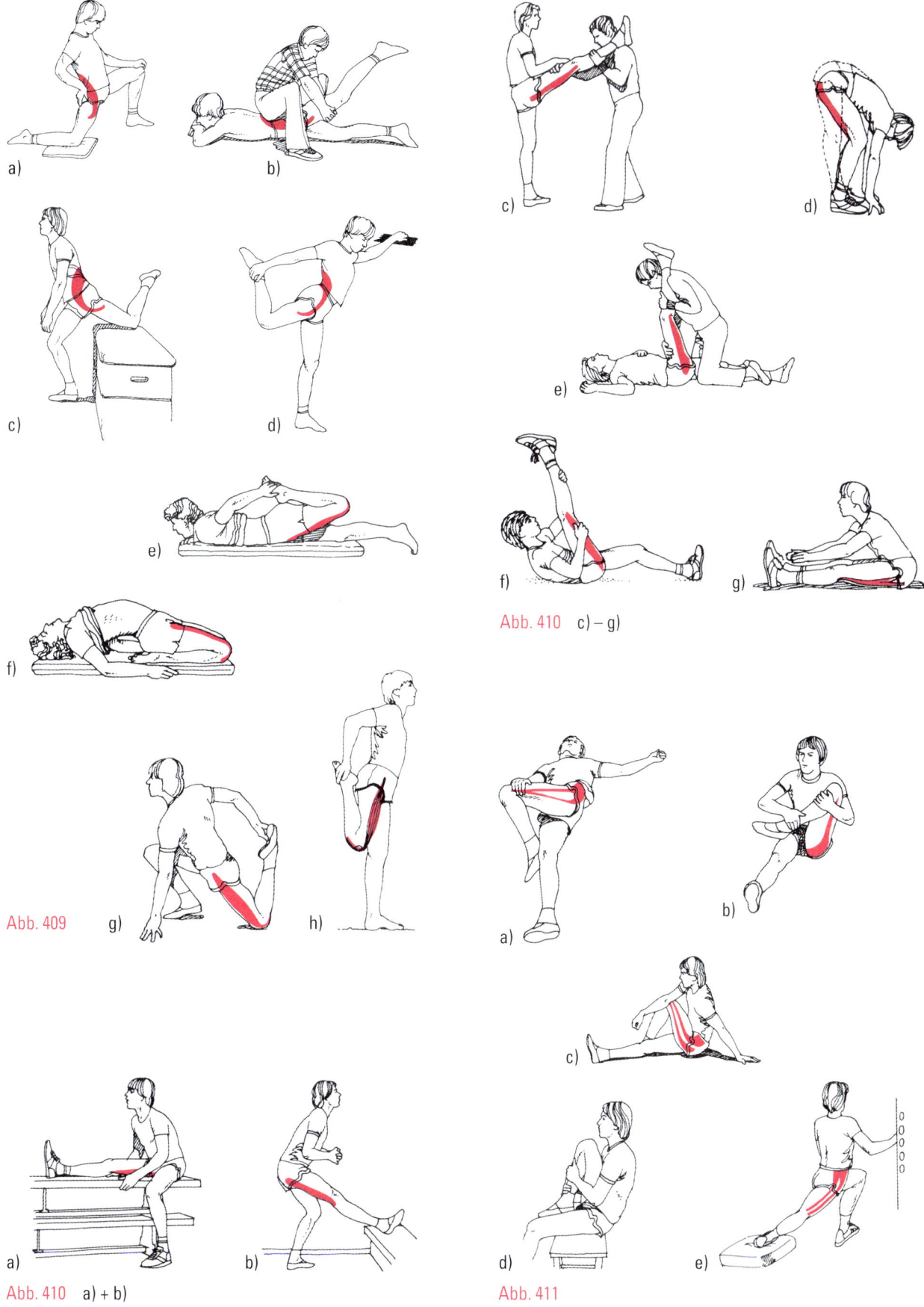

a)

b)

c)

d)

c)

d)

e)

e)

f)

f)

g)

Abb. 410   c) – g)

Abb. 409   g)

h)

a)

b)

c)

a)

b)

Abb. 410   a) + b)

d)

e)

Abb. 411

■ **Innenseite der Hüfte.** (Adduktoren s. S. 50 u. 51, Abb. 412) Zielsetzung: Erhöhte Beweglichkeit zur Vermeidung von Leistenverletzungen. Die größere Beweglichkeit ermöglicht einen längeren Laufschritt, besseres Abstoßen beim Schlittschuhlaufen, einen längeren Stoppschritt beim Ausfallschritt im Badminton, Tennis usw.

■ **Rücken und Bauch.** (Erector spinae und Abdominalmuskeln s. S. 76–83, Abb. 413 u. 414) Zielsetzung: Die Abbildung 413 zeigt Stellungen, die die Beweglichkeit bei der Beugung des Rückens nach vorn steigern. Die Stellungen ermöglichen sowohl leichte Dehnungen als auch Entspannung.

Die Abbildung 414 zeigt Dehnungen und Stellungen für das Zur-Seite-Beugen und die Rotation im Rücken.

■ **Schultergelenk.** (S. S. 85–91, Abb. 415) Zielsetzung: Größere Beweglichkeit in der Schulterpartie, wie sie z. B. beim Badminton, Tennis, Golf, Handball, Schwimmen usw. erforderlich ist.

■ **Handgelenk.** (S. S. 97, Abb. 416) Zielsetzung: Beweglichkeit vor allem bei der Dorsalflexion. Wichtig bei Racketsportarten.

a)   b)   c)   d)

Abb. 412

a)   b)   c)   d)

e)   f)   g)   h)   i)

Abb. 413

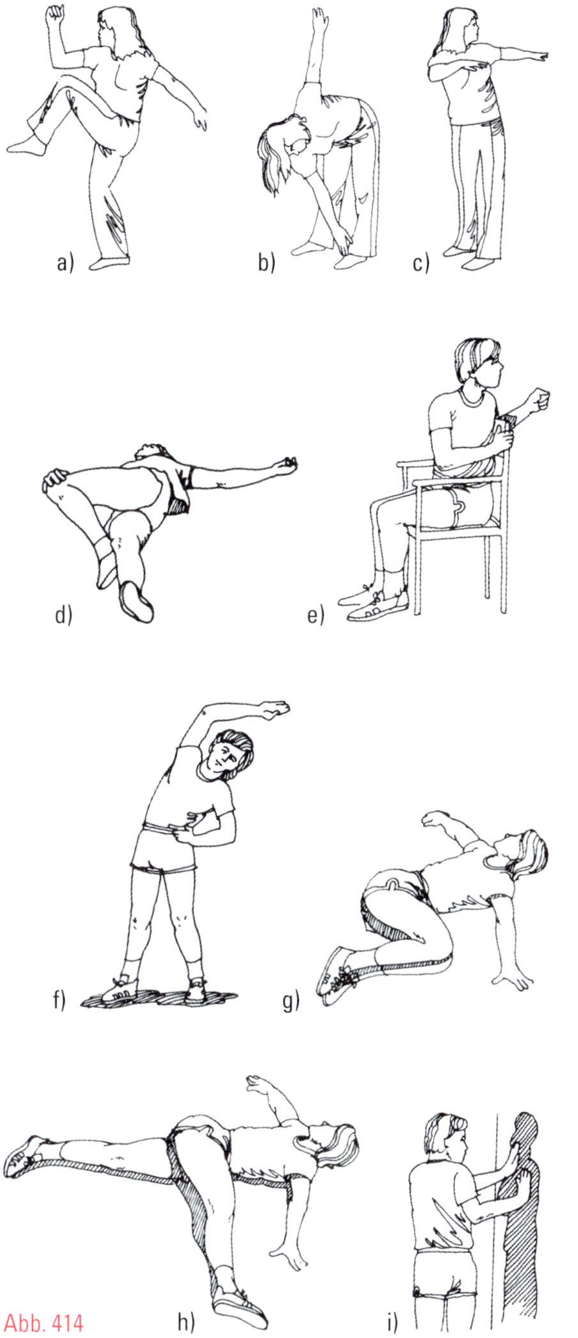

a)

b)

c)

a)

b)

d)

e)

c)

d)

e)

f)

g)

f)

g)

h)

Abb. 414   h)   i)

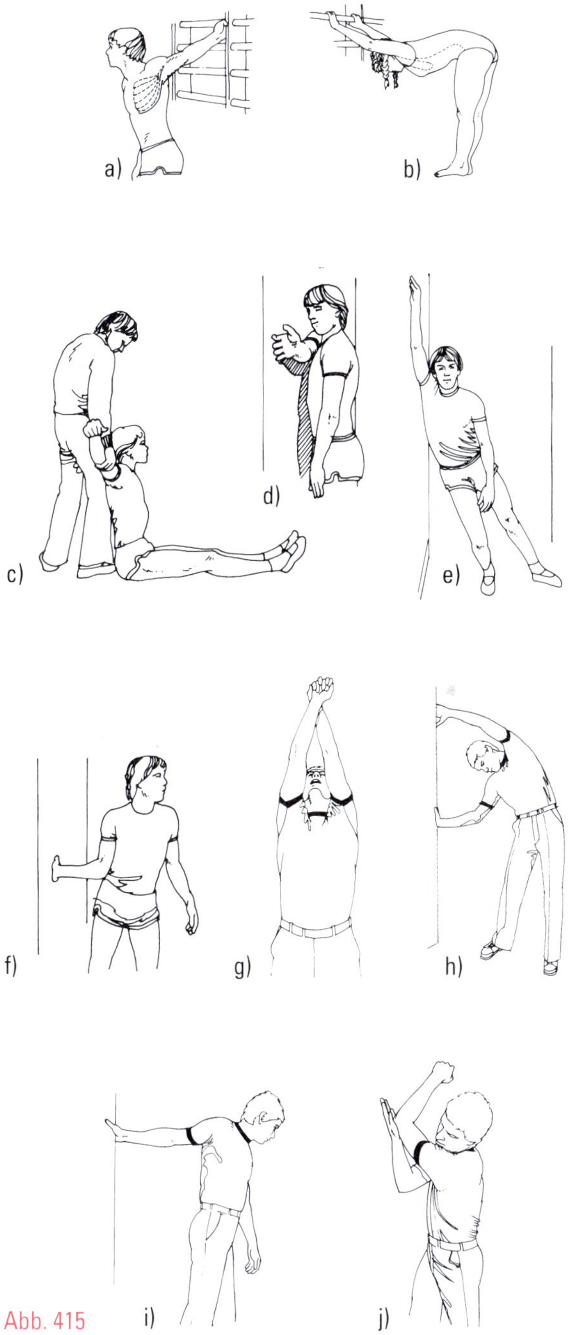

Abb. 415   i)   j)

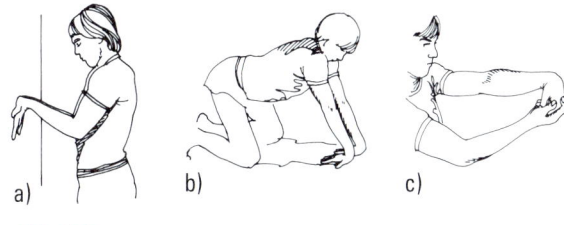

a)   b)   c)

Abb. 416

2. Das Handtuchprogramm

Mit einem Handtuch kann man leicht ein wirkungsvolles Kraft- und Beweglichkeitstraining durchführen.

Die folgenden vier Übungen (Abb. 417) sind Beispiele dafür, wie man durch dynamische Arbeit die Stärke und Beweglichkeit in der Schulterpartie erhöhen kann.

Die Stellung in der Übung 3 eignet sich sehr gut zum Stretching des Armstreckers (M. triceps brachii). Für die Muskeln, die das Ellenbogengelenk passieren, sind Stretchingübungen selten notwendig.

Mit ein bißchen Fantasie kommen Sie leicht auf eigene Übungen. Es ist vorteilhaft, wenn Sie zu zweit trainieren. Sie werden mit Sicherheit eigene Übungen entdecken, die Kraft erfordern, und bei denen Sie sich gegenseitig Widerstand leisten können.

Übung 1

Halten Sie das Handtuch gespannt und „trocknen Sie sich hinter dem Nacken ab". Versuchen Sie, das Handtuch dabei so zu greifen, daß Sie mit dem einen Arm eine Zugwirkung auf den anderen Arm ausüben und somit dessen Beweglichkeit jedes Mal etwas vergrößern. 20- bis 30mal.

Übung 2

Halten Sie das Handtuch so breit, daß Sie beide Arme gleichzeitig über den Kopf und das Handtuch abwechselnd an die Vorder- bzw. Rückseite des Oberschenkels führen können. Die Arme sollen dabei gestreckt und das Handtuch gespannt sein. Verringern Sie den Abstand zwischen den Händen umso mehr, je geschmeidiger Sie geworden sind. 20- bis 30mal.

Übung 3

„Trocknen Sie sich am Rücken ab". Ziehen Sie den oberen Arm mit Hilfe des unteren nach unten. Ziehen Sie dann den unteren Arm mit Hilfe des oberen zusätzlich ein kleines Stück nach oben. 10mal mit dem linken Arm und 10mal mit dem rechten Arm oben.

Übung 4

a) Halten Sie das Handtuch mit einem so breiten Abstand zwischen den Händen, daß
b) das Handtuch abwechselnd vor bzw. hinter dem Körper geführt werden kann. Mit einer Schwimmbewegung wie beim Rückenkraulen führt man das Handtuch hinter den Rücken. Eine Schwimmbewegung in die andere Richtung führt das Handtuch in die Ausgangslage zurück. Machen Sie dies mit jedem Arm 20mal.

Abb. 417

8 Die Muskeln des Bewegungsapparates

A Übersicht über die Muskeln

Muskeln, die in den Abbildungen 418, 419 und 420 gezeigt werden:

Deutscher Name	Lateinischer Name
1. Kopfwender	1. M. sternocleidomastoideus
2. Kappenmuskel (Kapuzenmuskel)	2. M. trapezius
3. Deltamuskel	3. M. deltoideus
4. Großer Brustmuskel	4. M. pectoralis major
5. Zweiköpfiger Armmuskel	5. M. biceps brachii
6. Armstrecker	6. M. triceps brachii
7. Oberarmspeichenmuskel	7. M. brachioradialis
8. Radialer Handstrecker	8. M. extensor carpi radialis
9. Fingerstrecker	9. M. extensor digitorum
10. Ulnarer Handstrecker	10. M. extensor carpi ulnaris
11. Ulnarer Handbeuger	11. M. flexor carpi ulnaris
12. Breiter Rückenmuskel	12. M. latissimus dorsi
13. Großer Rundmuskel	13. M. teres major
14. Untergrätenmuskel	14. M. infraspinatus
15. Kleiner Rundmuskel	15. M. teres minor
16. Obergrätenmuskel	16. M. supraspinatus
17. Großer Rautenmuskel	17. M. rhomboideus major
18. Kleiner Rautenmuskel	18. M. rhomboideus minor
19. Schulterblattheber	19. M. levator scapulae
20. Seitlicher Sägemuskel	20. M. serratus anterior
21. Äußerer schräger Bauchmuskel	21. M. obliquus externus abdominis
22. Gerader Bauchmuskel	22. M. rectus abdominis
23. Schenkelbindenspanner	23. M. tensor fasciae latae
24. Schneidermuskel	24. M. sartorius
25. Großer Gesäßmuskel	25. M. glutaeus maximus
26. Lenden-Darmbein-Muskel	26. M. iliopsoas
27. Kamm-Muskel	27. M. pectineus
28. Langer Schenkelanzieher	28. M. adductor longus
29. Schlanker Muskel	29. M. gracilis

30. Halbsehnenmuskel
31. Plattsehnenmuskel
32. Gerader Oberschenkelmuskel
33. Innerer Schenkelmuskel
34. Äußerer Schenkelmuskel
35. Zweiköpfiger Schenkelmuskel
36. Zwillingswadenmuskel
37. Schollenmuskel
38. Langer Wadenbeinmuskel
39. Kurzer Wadenbeinmuskel
40. Vorderer Schienbeinmuskel
41. Langer Großzehenstrecker
42. Langer Zehenstrecker
43. Hinterer Schienbeinmuskel
44. Langer Großzehenbeuger
45. Langer Zehenbeuger

30. M. semitendinosus
31. M. semimembranosus
32. M. rectus femoris
33. M. vastus medialis
34. M. vastus lateralis
35. M. biceps femoris
36. M. gastrocnemius
37. M. soleus
38. M. fibularis longus
39. M. fibularis brevis
40. M. tibialis anterior
41. M. extensor hallucis longus
42. M. extensor digitorum longus
43. M. tibialis posterior
44. M. flexor hallucis longus
45. M. flexor digitorum longus

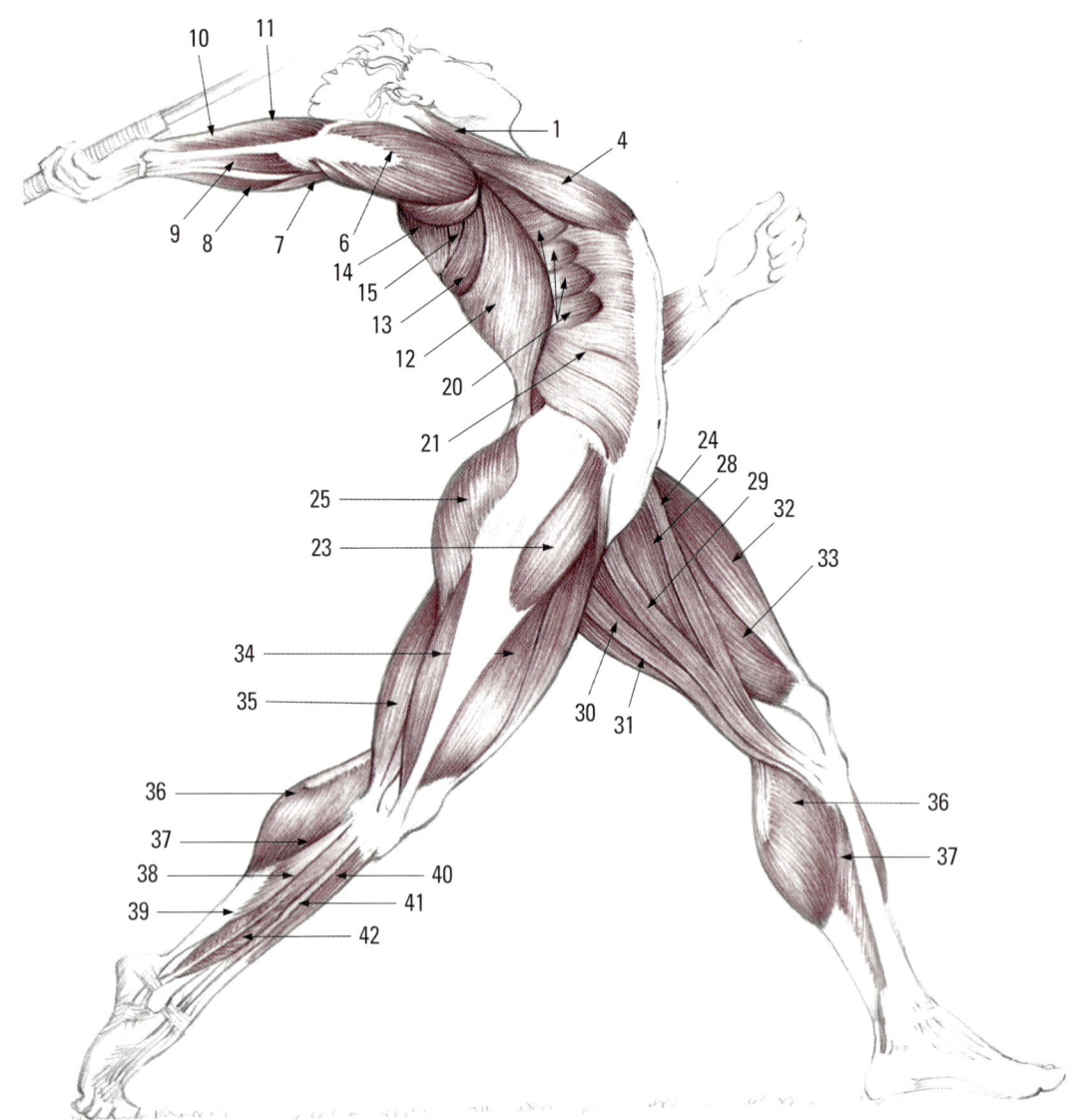

Abb. 418

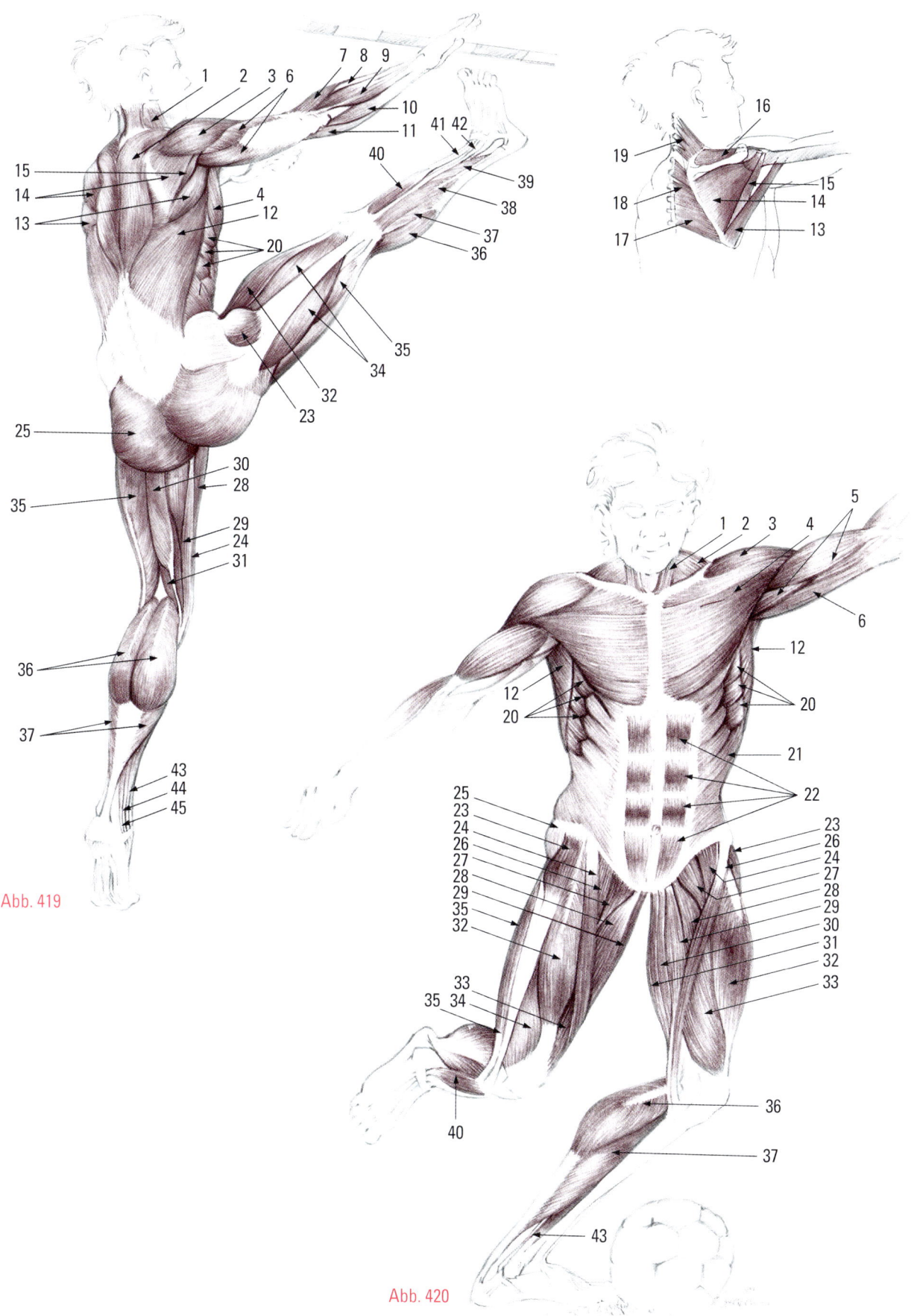

Abb. 419

Abb. 420

B Tabellen und Abbildungen mit Ursprung, Ansatzpunkt und Funktion der wichtigsten Muskeln

Muskel	Ursprung (U)	Ansatzpunkt (A)	Funktion
Muskeln, die nur am Hüftgelenk vorbeiziehen (s. S. 48–52)			
Großer Gesäßmuskel (M. glutaeus maximus)	Hinterer Teil des Darmbeinkammes, Kreuzbein und Steißbein	Außenseite des Oberschenkels und kräftiger Sehnenstrang an der Außenseite des Oberschenkels (Tractus iliotibialis)	Streckt in der Hüfte, rotiert den Oberschenkel nach außen und nimmt an der Streckung des Kniegelenks teil
Mittlerer Gesäßmuskel (M. glutaeus medius)	Außenseite des Darmbeins	Großer Rollhügel (Trochanter major)	Nimmt an allen Bewegungen im Hüftgelenk, außer am Nach-innen-Pendeln, teil. Ist vor allem ein Abduktionsmuskel
Kleiner Gesäßmuskel (M. glutaeus minimus)	Außenseite des Darmbeins gleich unterhalb des Ursprungs für den mittleren Gesäßmuskel	Großer Rollhügel	Gleiche Funktion wie der mittlere Gesäßmuskel. Beide Muskeln sind beim Gehen aktiv und stabilisieren das Becken
Kamm-Muskel (M. pectineus)	Oberer Schambeinast	Weit oben an der Rückseite des Schenkelbeins (Linea pectinea)	Adduziert, beugt und rotiert in der Hüfte nach außen
Kurzer Schenkelanzieher (M. adductor brevis)	Unterer Schambeinast	Oberschenkelleiste (Linea aspera)	Adduziert und rotiert in der Hüfte nach außen
Langer Schenkelanzieher (M. adductor longus)	Schambein in der Nähe der Schambeinfuge	Oberschenkelleiste (Linea aspera)	Adduziert in der Hüfte
Großer Schenkelanzieher (M. adductor magnus)	Teile des Scham- und Sitzbeins	Oberschenkelleiste sowie am inneren Oberschenkelknorren	Adduziert und kann auch im Hüftgelenk strecken und einwärtsrotieren
Großer Lendenmuskel (M. psoas major)	Brustwirbel 12 sowie die Lendenwirbel 1–5	Diese beiden Muskeln haben den gemeinsamen Namen M. iliopsoas. Er setzt am kleinen Rollhügel (Trochanter minor) an	Beugt im Hüftgelenk Rotiert das Bein auswärts und kann das Rückgrat zur Seite beugen
Darmbeinmuskel (M. iliacus)	Gesamte Innenfläche der Darmbeinschaufel (Fossa iliaca)		
Muskeln, die sowohl am Hüft- als auch am Kniegelenk vorbeiziehen (s. S. 57–61)			
Gerader Oberschenkelmuskel (M. rectus femoris)	Vorderer unterer Darmbeinstachel (Spina iliaca anterior inferior)	Schienbein (Tuberositas tibiae)	Beugt in der Hüfte und streckt im Knie
Schlanker Muskel (M. gracilis)	Schambein (Os pubis)	Innerer Oberschenkelknorren (Condylus medialis tibiae)	Adduziert in der Hüfte. Beugt das Knie und rotiert es einwärts
Schenkelbindenspanner (M. tensor fasciae latae)	Außenseite des vorderen oberen Darmbeinstachels	Im kräftigen Sehnenstrang der Oberschenkelfaszie (Tractus iliotibialis)	Beugt und abduziert in der Hüfte. Streckt im Knie
Zweiköpfiger Oberschenkelmuskel (M. biceps femoris)	Sitzbeinknorren (Tuber ischiadicum) sowie Oberschenkelleiste	Wadenbeinköpfchen (Caput fibulae)	Streckt in der Hüfte. Beugt und rotiert das Knie auswärts
Halbsehnenmuskel (M. semitendinosus)	Sitzbeinknorren	Innenseite des Schienbeines in der Höhe des Schienbeinknorrens	Streckt in der Hüfte. Beugt und rotiert das Knie einwärts
Plattsehnenmuskel (M. semimembranosus)	Sitzbeinknorren	Setzt an drei Stellen am inneren Gelenkknorren des Schienbeines an	Streckt in der Hüfte. Beugt und rotiert das Knie einwärts

Muskel	Ursprung (U)	Ansatzpunkt (A)	Funktion
Schneidermuskel (M. sartorius)	Vorderer oberer Darmbeinstachel (Spina iliaca anterior superior)	Innenseite des Schienbeins in der Höhe des Schienbeinknorrens	Beugt, adduziert und rotiert in der Hüfte auswärts. Beugt und rotiert im Knie einwärts
Muskeln, die nur am Kniegelenk vorbeiziehen (s. S. 57)			
Innerer Schenkelmuskel (M. vastus medialis)	Rückseite des Oberschenkels	Schienbein (Tuberositas tibiae)	Die Muskeln bilden zusammen mit dem geraden Oberschenkelmuskel den sog. vierköpfigen Schenkelmuskel (M. quadriceps femoris). Die Vastusmuskeln strecken im Knie. Der gerade Oberschenkelmuskel beugt außerdem in der Hüfte
Mittlerer Schenkelmuskel (M. vastus intermedius)	Vorderseite des Oberschenkels	Schienbein (Tuberositas tibiae)	
Äußerer Schenkelmuskel (M. vastus lateralis)	Rückseite des Oberschenkels	Schienbein (Tuberositas tibiae)	
Kniekehlenmuskel (M. popliteus)	Rückseite des äußeren Oberschenkelknorrens	Rückseite des inneren Oberschenkelknorrens	Beugt und rotiert im Knie einwärts. („Sperrt" das Kniegelenk bei der Beugung des gestreckten Beines)
Muskeln, die sowohl am Knie als auch am Fußgelenk vorbeiziehen (s. S. 63 u. 64)			
Zwillingswadenmuskel (M. gastrocnemius)	Rückseite des inneren und äußeren Oberschenkelknorrens	Fersenbein (Tuber calcanei)	Beugt im Knie und streckt im Fußgelenk (Plantarflexion)
Muskeln, die nur am Fußgelenk vorbeiziehen (s. S. 66 u. 67)			
Schollenmuskel (M. soleus)	Vom Wadenbeinköpfchen und schräg nach unten an der Rückseite des Schienbeines	Fersenbein. Der Muskel vereint sich mit dem Zwillingswadenmuskel und bildet den Drillingsmuskel (M. triceps surae)	Plantarflexion
Vorderer Schienbeinmuskel (M. tibialis anterior)	Oberer Teil der äußeren Fläche des Schienbeines	Mittleres Keilbein sowie Mittelfußknochen I	Dorsalflektiert und supiniert
Langer Großzehenstrecker (M. extensor hallucis longus)	Vom Wadenbein und von der Membran zwischen Waden- und Schienbein	Große Zehe	Dorsalflektiert, proniert im Fußgelenk und streckt die große Zehe
Langer Zehenstrecker (M. extensor digitorum longus)	Membran zwischen Waden- und Schienbein sowie Unterschenkelfaszie	Alle Zehen außer der großen Zehe	Dorsalflektiert, proniert im Fußgelenk und streckt die Zehen
Langer Wadenbeinmuskel (M. fibularis longus)	Oberer Teil des Wadenbeines	Die Ansatzsehne zieht hinter dem äußeren Fußknöchel unter den Fuß und setzt an der Innenseite des Fußes an	Baut die Fußwölbung auf. Dorsalflektiert und proniert im Fußgelenk
Kurzer Wadenbeinmuskel (M. fibularis brevis)	Unterer Teil des Wadenbeines	Mittelfußknochen V	Dorsalflektiert und proniert im Fußgelenk
Langer Großzehenbeuger (M. flexor hallucis longus)	Rückseite des Wadenbeines	Unterseite der großen Zehe	Plantarflektiert, supiniert und beugt die große Zehe
Langer Zehenbeuger (M. flexor digitorum longus)	Rückseite des Schienbeines	Unterseite der Zehen (nicht der großen Zehe)	Plantarflektiert, supiniert und beugt die Zehen
Hinterer Schienbeinmuskel (M. tibialis posterior)	Rückseite des Schien- und Wadenbeines	Unterseite des Kahnbeines (Os naviculare)	Plantarflektiert und supiniert

(Rückenmuskeln sowie Bauchmuskeln s.S. 76–81)

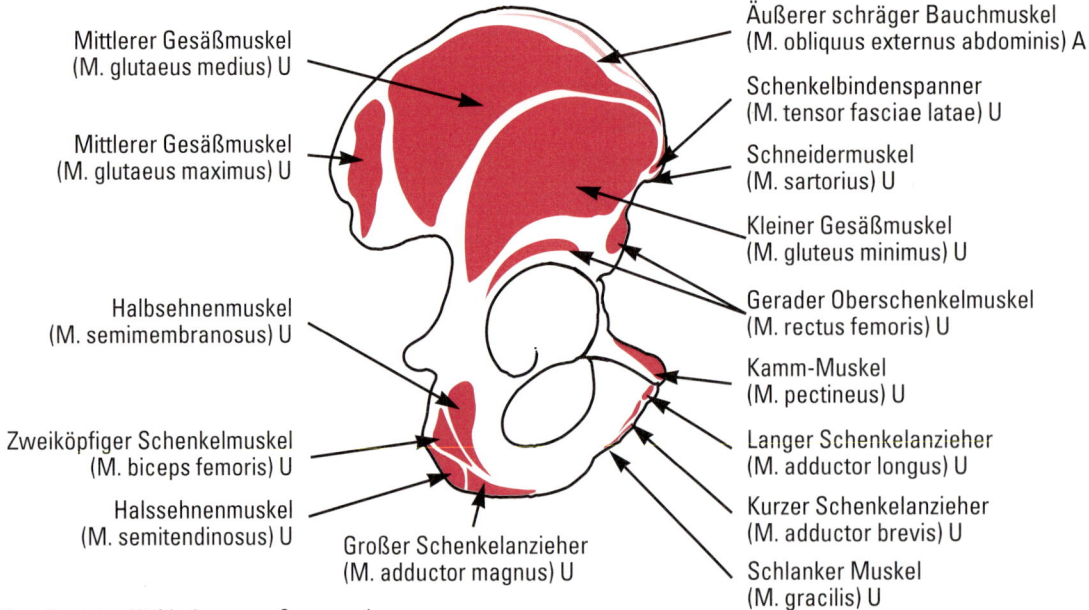

Mittlerer Gesäßmuskel
(M. glutaeus medius) U

Mittlerer Gesäßmuskel
(M. glutaeus maximus) U

Halbsehnenmuskel
(M. semimembranosus) U

Zweiköpfiger Schenkelmuskel
(M. biceps femoris) U

Halssehnenmuskel
(M. semitendinosus) U

Großer Schenkelanzieher
(M. adductor magnus) U

Äußerer schräger Bauchmuskel
(M. obliquus externus abdominis) A

Schenkelbindenspanner
(M. tensor fasciae latae) U

Schneidermuskel
(M. sartorius) U

Kleiner Gesäßmuskel
(M. gluteus minimus) U

Gerader Oberschenkelmuskel
(M. rectus femoris) U

Kamm-Muskel
(M. pectineus) U

Langer Schenkelanzieher
(M. adductor longus) U

Kurzer Schenkelanzieher
(M. adductor brevis) U

Schlanker Muskel
(M. gracilis) U

Abb. 421.   Rechtes Hüftbein von außen gesehen

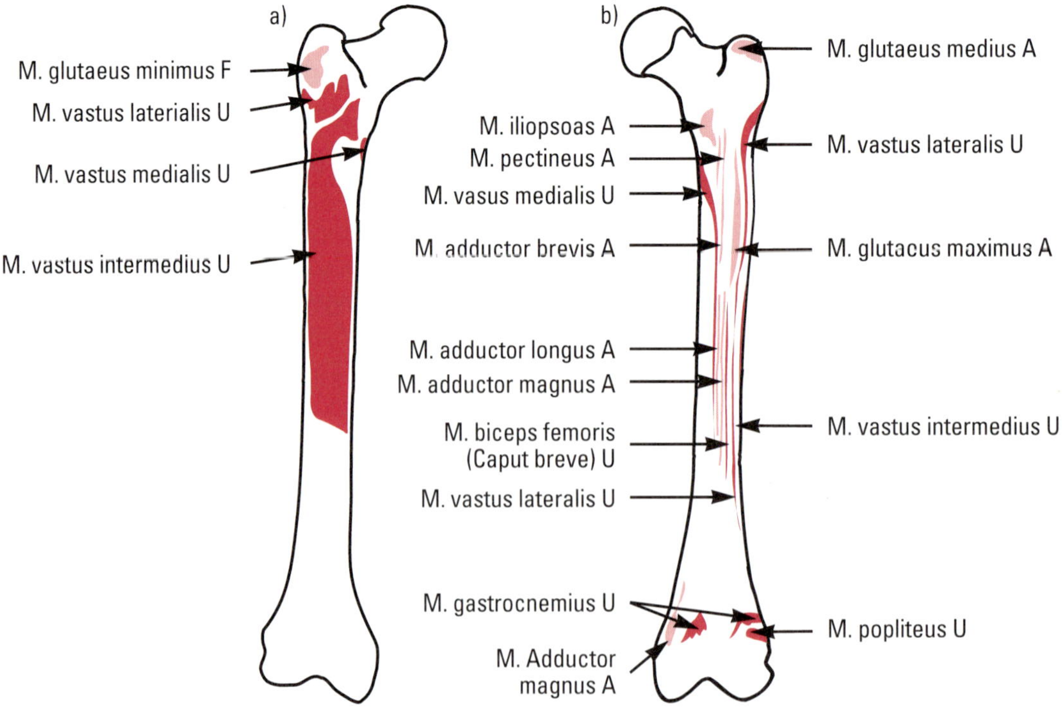

a)

M. glutaeus minimus F

M. vastus lateralis U

M. vastus medialis U

M. vastus intermedius U

b)

M. iliopsoas A
M. pectineus A
M. vasus medialis U
M. adductor brevis A

M. adductor longus A
M. adductor magnus A

M. biceps femoris
(Caput breve) U

M. vastus lateralis U

M. gastrocnemius U

M. Adductor
magnus A

M. glutaeus medius A

M. vastus lateralis U

M. glutacus maximus A

M. vastus intermedius U

M. popliteus U

Abb. 422.   Rechter Oberschenkel
a) von vorn,
b) von hinten gesehen

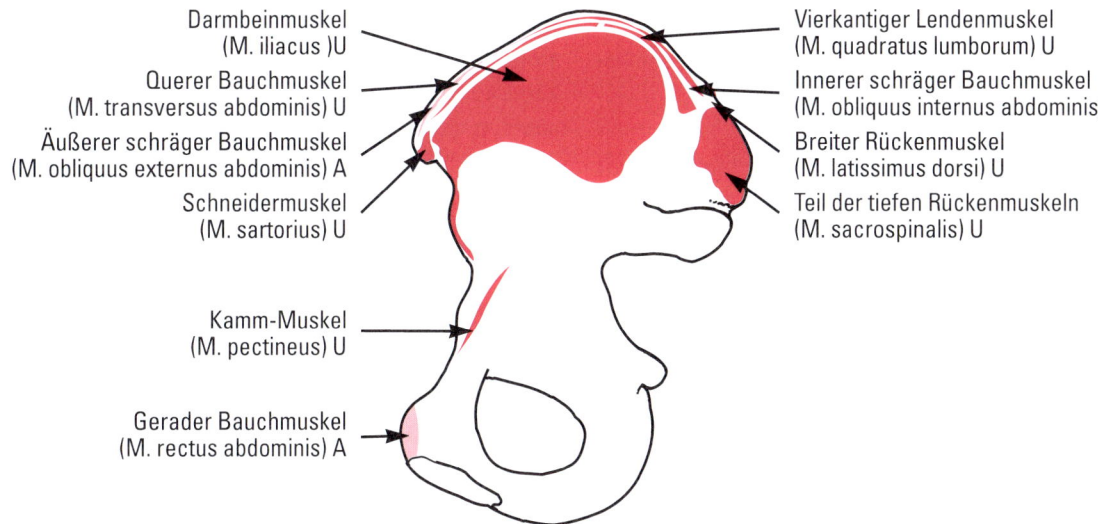

Darmbeinmuskel
(M. iliacus)U

Querer Bauchmuskel
(M. transversus abdominis) U

Äußerer schräger Bauchmuskel
(M. obliquus externus abdominis) A

Schneidermuskel
(M. sartorius) U

Kamm-Muskel
(M. pectineus) U

Gerader Bauchmuskel
(M. rectus abdominis) A

Vierkantiger Lendenmuskel
(M. quadratus lumborum) U

Innerer schräger Bauchmuskel
(M. obliquus internus abdominis) U

Breiter Rückenmuskel
(M. latissimus dorsi) U

Teil der tiefen Rückenmuskeln
(M. sacrospinalis) U

Abb. 423. Rechtes Hüftbein von innen gesehen

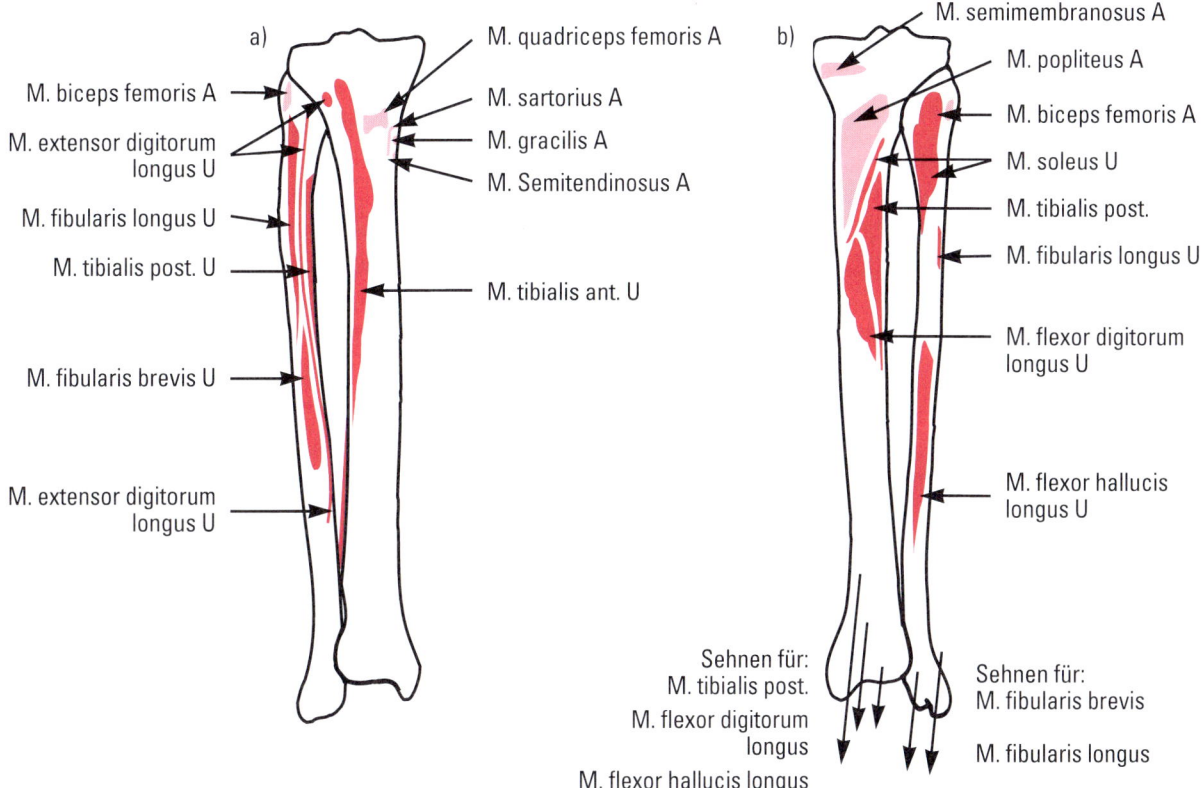

a)

M. biceps femoris A

M. extensor digitorum
longus U

M. fibularis longus U

M. tibialis post. U

M. fibularis brevis U

M. extensor digitorum
longus U

M. quadriceps femoris A

M. sartorius A

M. gracilis A

M. Semitendinosus A

M. tibialis ant. U

b)

M. semimembranosus A

M. popliteus A

M. biceps femoris A

M. soleus U

M. tibialis post.

M. fibularis longus U

M. flexor digitorum
longus U

M. flexor hallucis
longus U

Sehnen für:
M. tibialis post.
M. flexor digitorum
longus
M. flexor hallucis longus

Sehnen für:
M. fibularis brevis

M. fibularis longus

Abb. 424. Rechter Unterschenkel
a) von vorn,
b) von hinten gesehen

Muskel	Ursprung (U)	Ansatzpunkt (A)	Funktion
Muskeln, die am Schulterblatt entspringen und am Oberarm ansetzen (s.S. 86 u. 87)			
Obergrätenmuskel (M. supraspinatus)	Obergrätengrube (Fossa supraspinata)	Großer äußerer Höcker am Oberarmknochen (Tuberculum majus)	Abduziert und rotiert den Arm auswärts.
Großer Rundmuskel (M. teres major)	Unterer Schulterblattwinkel (Angulus inferior)	Vorderseite des Oberarmes (Crista tuberculi minoris)	Adduziert und rotiert den Arm einwärts. (Unterstützt den breiten Rückenmuskel in seiner Arbeit.)
Untergrätenmuskel (M. infraspinatus)	Großer Teil der Untergrätengrube (Fossa infraspinata)	Großer äußerer Höcker (Tuberculum majus)	Rotiert den Arm auswärts.
Kleiner Rundmuskel (M. teres minor)	Äußerer Rand des Schulterblattes (Margo lateralis)	Großer äußerer Höcker (Tuberculum majus)	Rotiert den Arm auswärts.
Unterschulterblattmuskel (M. subscapularis)	Gesamte Innenfläche des Schulterblattes (Fossa subscapularis)	Kleiner vorderer Höcker (Tuberculum minus)	Rotiert den Arm einwärts.
Hakenarmmuskel (M. coracobrachialis	Rabenschnabelfortsatz (Processus coracoideus)	Innenseite des Oberarmes	Pendelt den Arm nach vorn.
Muskeln, die am Rumpf entspringen und am Schulterblatt ansetzen (s.S. 87 u. 88)			
Schulterblattheber (M. levator scapulae)	Halswirbel 1–4	Oberer Schulterblattwinkel (Angulus superior)	Hebt das Schulterblatt.
Rautenmuskel (M. rhomboideus)	Halswirbel 6, 7 Brustwirbel 1–4	Innerer Rand des Schulterblattes (Margo medialis)	Adduziert und rotiert das Schulterblatt einwärts.
Kappenmuskel (M. trapezius)	Hinterer Teil des Nackenbandes, Hals- und Brustwirbel	Schulterblattgräte und äußerer Teil des Schlüsselbeines	Adduziert und rotiert das Schulterblatt auswärts. Dreht den Kopf und beugt den Nacken nach hinten.
Seitlicher Sägemuskel (M. serratus anterior)	Rippen 1–9	Innerer Rand des Schulterblattes (Margo medialis)	Stabilisiert das Schulterblatt, wenn die Hand auf einen Gegenstand drückt.
Kleiner Brustmuskel (M. pectoralis minor)	Rippen 3–5	Rabenschnabelfortsatz (Processus coracoideus)	Senkt das Schulterblatt.
Muskeln, die am Rumpf entspringen und am Arm ansetzen (s.S. 89–91)			
Großer Brustmuskel (M. pectoralis major)	Innerer Teil des Schlüsselbeines, Teile der Rippenknorpel	Großer äußerer Höcker am Oberarm (Tuberculum majus)	Adduziert und rotiert den Arm einwärts. Zieht den Arm aus allen Lagen vor der Brust einwärts.
Deltamuskel (M. deltoideus)	Äußerer Teil des Schlüsselbeines und Schulterblattgräte (Spina scapulae)	Außenseite des Oberarmes (Tuberositas deltoidea)	Nimmt an allen Bewegungen des Oberarms teil.
Breiter Rückenmuskel (M. latissimus)	Brustwirbel 6–12, Kreuzbein, hinterer Teil des Darmbeinkamms sowie die Rippen 9–12	Unterhalb des kleinen vorderen Höckers am Oberarm (Crista tuberculi minoris)	Pendelt den Arm nach hinten und rotiert ihn einwärts.
Muskeln, die am Schulter- und Ellenbogengelenk vorbeiziehen (s.S. 92–94)			
Zweiköpfiger Armmuskel (M. biceps brachii)	Rabenschnabelfortsatz Rauhigkeit oberhalb der Schultergelenkpfanne (Tuberculum supraglenoidale)	An der Vorderseite der Speiche (Tuberositas radii). Ist außerdem über einen Sehnenstrang mit der Elle (Ulna) verbunden.	Beugt und supiniert im Ellenbogen. Pendelt im Schultergelenk nach vorn.
Armstrecker (M. triceps brachii)	Rauhigkeit unter der Schultergelenkpfanne (Tuberculum infraglenoidale) Hinterfläche des Oberarmes	Ellenhaken (Olecranon) und in der Gelenkskapsel	Streckt im Ellenbogen und spannt die Gelenkskapsel, so daß sie nicht im Gelenk eingeklemmt wird.

Muskeln, die nur am Ellenbogen vorbeiziehen (s. S. 96 u. 97)			
Armbeuger (M. brachialis)	Größter Teil der Vorderseite des Oberarms	Elle (Tuberositas ulnae)	Beugt im Ellenbogen.
Oberarmspeichenmuskel (M. brachioradialis)	Äußere Oberarmkante (Margo lateralis humeri)	Griffelfortsatz an der Speiche (Processus styloideus)	Beugt im Ellenbogen. Kann sowohl pronieren als auch supinieren,abhängig von der Ausgangslage.
Knorrenmuskel (M. anconeus)	Rückseite des Oberarmes	Rückseite der Elle	Streckt im Ellenbogen.
Auswärtsdreher (M. supinator)	Äußerer Oberarmknorren (Epicondylus lateralis humeri)	Außenseite der Speiche	Supiniert den Unterarm.
Runder Einwärtsdreher (M. pronator teres)	Innerer Oberarmknorren (Epicondylus medialis humeri)	Außenseite der Speiche	Proniert den Unterarm.
M. pronator quadratus	Innenseite der Ellenbogenknochen	Außenseite der Speiche	Proniert den Unterarm.
Muskeln, die auf Unterarm und Handgelenk wirken (s. S. 97)			
Fingerstrecker (M. extensor digitorum)	Äußerer Oberarmknorren (Epicondylus lateralis humeri)	Rückseite der Fingerknochen (ohne Daumen)	Streckt die Finger und dorsal- bzw. ulnarflektiert im Handgelenk.
Langer und kurzer radialer Handstrecker (M. extensor carpi radialis longus und brevis)	Äußerer Oberarmknorren	Rückseite der Mittelhand- knochen 2 bzw. 3	Dorsal- und ulnarflektiert im Handgelenk.
Ulnarer Handstrecker (M. extensor carpi ulnaris)	Äußerer Oberarmknorren	Rückseite des Mittelhand- knochens 5	Dorsal- und ulnarflektiert im Handgelenk.
Oberflächlicher Fingerbeuger (M. flexor digitorum superficialis)	Innerer Oberarmknorren und Vorderseite der Ellenbogen- knochen	Mittelphalanx der Finger	Beugt im Ellenbogen und in den Fingern. Palmar- und ulnarflektiert im Handgelenk.
Radialer Handbeuger (M. flexor carpi radialis)	Innerer Oberarmknorren	Vorderseite der Mittelhand- knochen 2, 3	Beugt im Ellenbogen und palmar- und radialflektiert im Handgelenk.
Ulnarer Handbeuger (M. flexor carpi ulnaris)	Innerer Gelenkknorren und Innenseite des Ellenhakens (Olecranon)	Hakenbein (Os hamatum) und Mittelhandknochen 5	Palmar- und ulnarflektiert im Handgelenk.

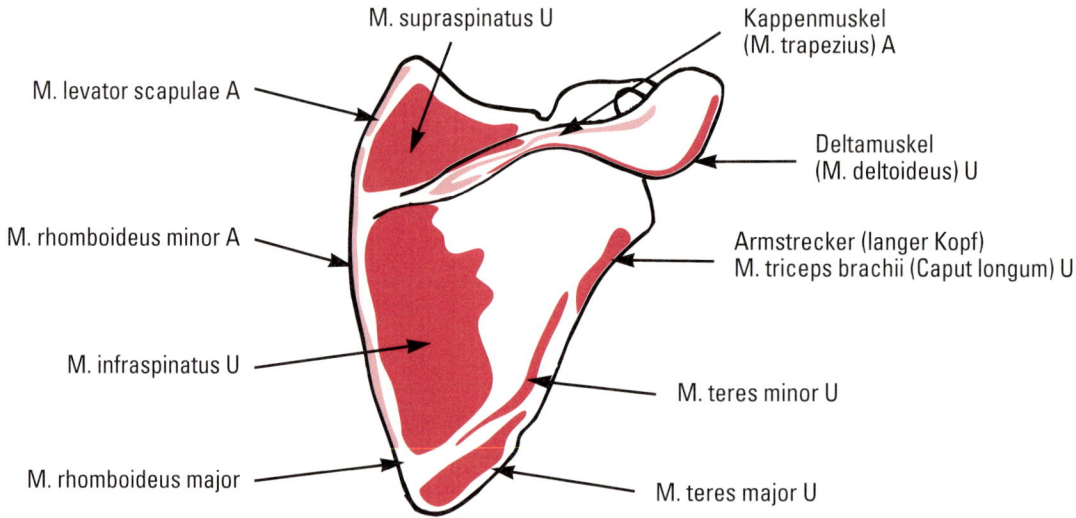

M. supraspinatus U

Kappenmuskel
(M. trapezius) A

M. levator scapulae A

Deltamuskel
(M. deltoideus) U

M. rhomboideus minor A

Armstrecker (langer Kopf)
M. triceps brachii (Caput longum) U

M. infraspinatus U

M. teres minor U

M. rhomboideus major

M. teres major U

Abb. 425   Rechtes Schulterblatt von hinten gesehen

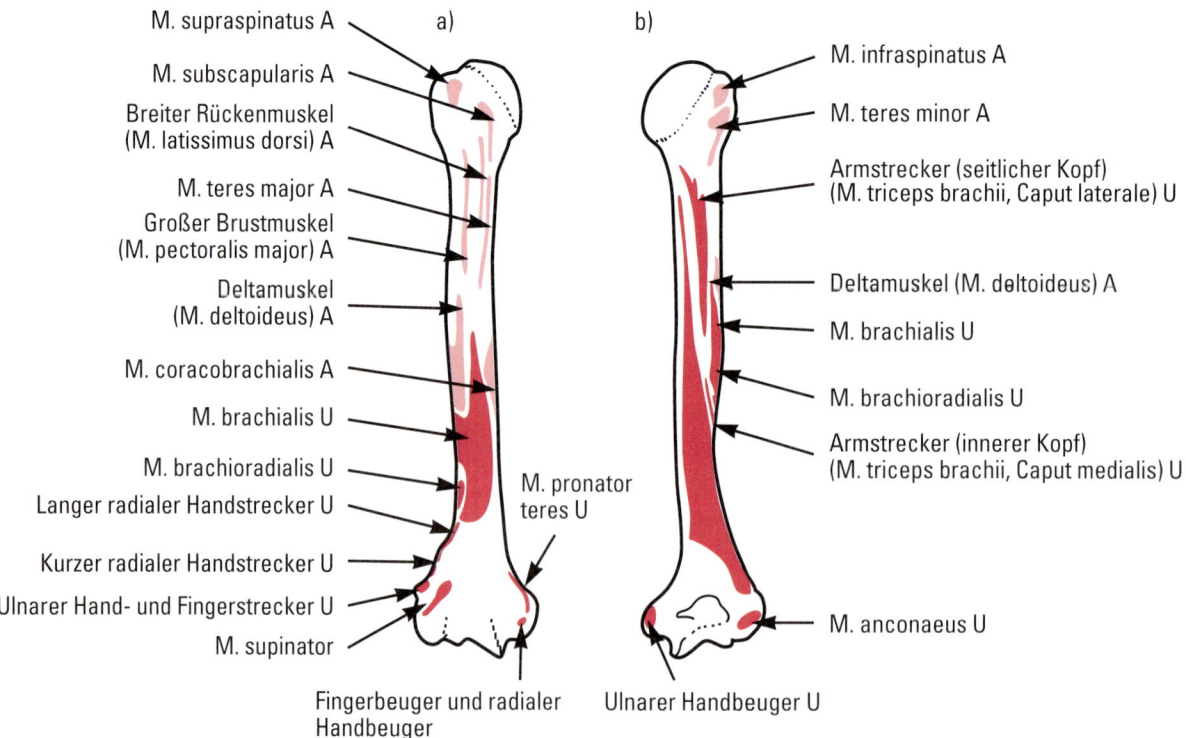

M. supraspinatus A

a)

b)

M. infraspinatus A

M. subscapularis A

M. teres minor A

Breiter Rückenmuskel
(M. latissimus dorsi) A

Armstrecker (seitlicher Kopf)
(M. triceps brachii, Caput laterale) U

M. teres major A

Großer Brustmuskel
(M. pectoralis major) A

Deltamuskel
(M. deltoideus) A

Deltamuskel (M. deltoideus) A

M. brachialis U

M. coracobrachialis A

M. brachioradialis U

M. brachialis U

Armstrecker (innerer Kopf)
(M. triceps brachii, Caput medialis) U

M. brachioradialis U

Langer radialer Handstrecker U

M. pronator
teres U

Kurzer radialer Handstrecker U

Ulnarer Hand- und Fingerstrecker U

M. supinator

M. anconaeus U

Fingerbeuger und radialer
Handbeuger

Ulnarer Handbeuger U

Abb. 426   Rechter Oberarmknochen
a) von vorn,
b) von hinten gesehen

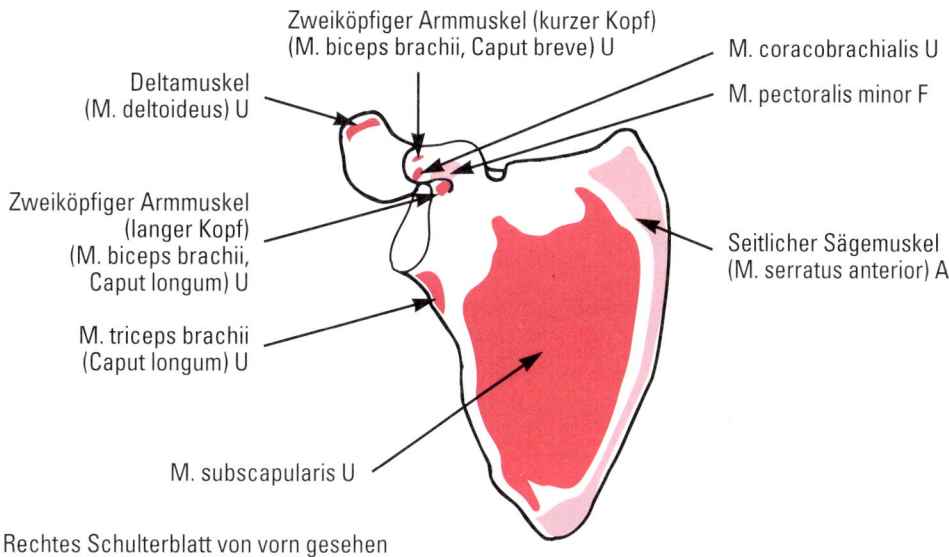

Zweiköpfiger Armmuskel (kurzer Kopf)
(M. biceps brachii, Caput breve) U

Deltamuskel
(M. deltoideus) U

M. coracobrachialis U

M. pectoralis minor F

Zweiköpfiger Armmuskel
(langer Kopf)
(M. biceps brachii,
Caput longum) U

M. triceps brachii
(Caput longum) U

Seitlicher Sägemuskel
(M. serratus anterior) A

M. subscapularis U

Abb. 427   Rechtes Schulterblatt von vorn gesehen

Kappenmuskel
(M. trapezius) A

Deltamuskel
(M. deltoideus) U

Gelenkfläche des Schlüsselbeins

Großer Brustmuskel
(M. pectoralis major) U

Abb. 428   Rechtes Schlüsselbein von vorn gesehen

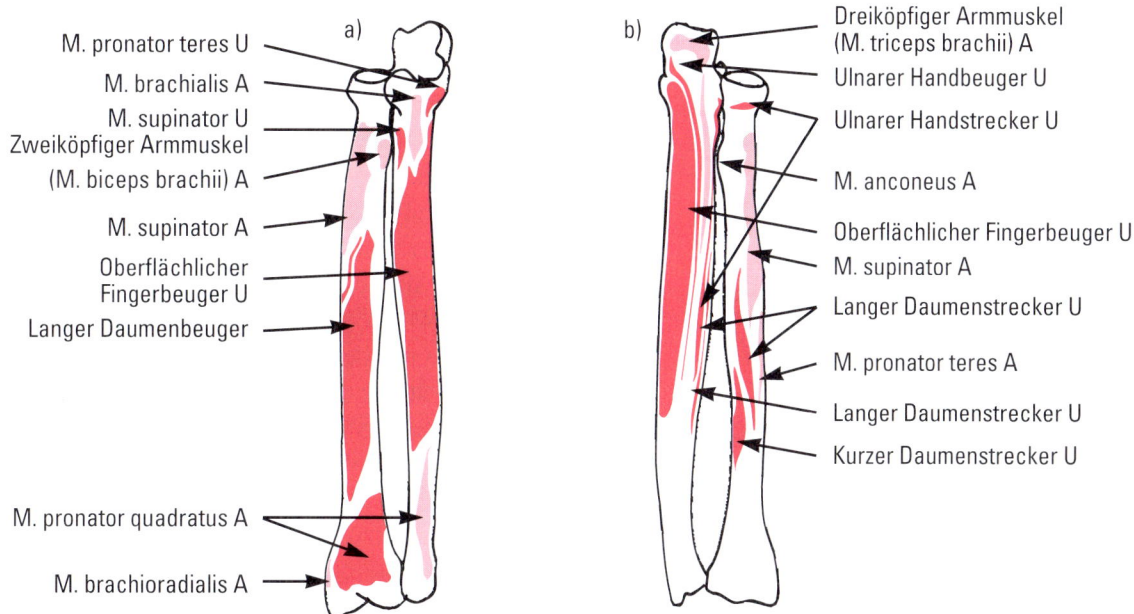

M. pronator teres U

M. brachialis A

M. supinator U

Zweiköpfiger Armmuskel
(M. biceps brachii) A

M. supinator A

Oberflächlicher
Fingerbeuger U

Langer Daumenbeuger

M. pronator quadratus A

M. brachioradialis A

a)

b)

Dreiköpfiger Armmuskel
(M. triceps brachii) A

Ulnarer Handbeuger U

Ulnarer Handstrecker U

M. anconeus A

Oberflächlicher Fingerbeuger U

M. supinator A

Langer Daumenstrecker U

M. pronator teres A

Langer Daumenstrecker U

Kurzer Daumenstrecker U

Abb. 429   Rechter Unterarmknochen
a) von vorn,
b) von hinten gesehen

Weiterführende Literatur

Ahonen J, Lahtinen T, Sandström M, Pogliani G, Wirhed R. Sportmedizin und Trainingslehre. Stuttgart: Schattauer 1994.

Ballreich R, Baumann W. Biomechanik des Sports: Eine Einf hrung in die Forschungsmethoden. Berlin: Bartels & Wernitz 1995.

Beigel K, Gruner St, Gehrke Th. Gymnastik falsch und richtig. Hits für einen gesunden Körper. Reinbeck bei Hamburg: Rowohlt Taschenbuchverlag 1993.

Boeckh-Behrens W-U, Buskies W. Fitness-Krafttraining. Die besten Übungen und Methoden für Sport und Gesundheit. Reinbeck bei Hamburg: Rowohlt Taschenbuchverlag 2000.

Dyson G. The Mechanics of Athletics. London: University of London Press 1962.

Ebashi S. Maruyama K. Endo M. Muscle contraction. Its regulatory mechanisms. Berlin, Heidelberg, New York: Springer 1980.

Frankel-Burstein. Orthopaedy Biomechanics. Philadelphia: Lea & Febiger 1970.

Hay JG. The Biomechanics of Sports Techniques. Englewood Cliffs: Prentice Hall 1978.

Herzog K. Körperbau und Bewegung. Stuttgart: Enke 1981.

Hochmuth G. Biomechanik sportlicher Bewegungen. Berlin (DDR): Sportverlag 1981.

Hollmann W, Hettinger Th. Sportmedizin – Grundlagen für Arbeit, Training und Präventivmedizin. Stuttgart: Schattauer 2000.

Hollmann W. Zentrale Themen der Sportmedizin. Berlin, Heidelberg, New York: Springer 1977.

Hort W, Flöthner R. Die Muskulatur des Leistungssportlers. Erlangen: perimed 1983.

Kendall & Kendall et al. Muscles and Function. Baltimore: Williams & Wilkins 1971.

Kieser W. Ein starker Körper kennt keinen Schmerz. Gesundheitsorientiertes Krafttraining nach der Kieser-Methode. München: Heyne 2000.

Kleinmann D. Laufen. Sportmedizinische Grundlagen, Trainingslehre und Risikoprophylaxe. Stuttgart: Schattauer 1996.

Knebel K-P. Funktionsgymnastik. Reinbeck bei Hamburg: Rowohlt Taschenbuchverlag 1985.

Kuhn W. Funktionelle Anatomie des menschlichen Bewegungsapparates. Schorndorf: Hofmann 1981.

Meusel H. Sport für Ältere. Bewegung – Sportarten – Training. Stuttgart: Schattauer 1999.

Nöcker J. Physiologie der Leibesübungen. Stuttgart: Enke 1980.

Prokop L. Einführung in die Sportmedizin. Stuttgart: Fischer 1979.

Rohen JW. Funktionelle Anatomie des Menschen. Stuttgart: Schattauer 2001.

Rohen JW. Topographische Anatomie. Stuttgart: Schattauer 2000.

Rohen JW, Yokochi Ch, Lütjen-Drecoll E. Anatomie des Menschen. Stuttgart: Schattauer 1998.

Sobotka R. Formgesetze der Bewegungen im Sport. Schorndorf: Hofmann 1974.

Tittel K. Beschreibende und funktionelle Anatomie des Menschen. Stuttgart: Fischer 1994.

Weineck J. Sportanatomie. Darstellung des passiven und aktiven Bewegungsablaufs. Erlangen: perimed 1990.

DIE SPORTMEDIZIN-STAFFEL VON SCHATTAUER

Ahonen/Lahtinen/Sandström Pogliani/Wirhed

Sportmedizin und Trainingslehre

1994. 288 Seiten, 442 Abbildungen, 44 ganzseitige Farbtafeln, 21 Tabellen, geb. DEM 69,–/ATS 504,–/CHF 69,– ISBN 3-7945-1027-5

Sportmedizinern, Sportwissenschaftlern, Trainern und Sportlern bietet dieser Band umfassende Antworten auf wesentliche Fragen aus dem Bereich der Sportmedizin und Trainingslehre. Neben den medizinischen Grundlagendisziplinen beschäftigen sich spezielle Beiträge mit Aspekten präventiver und therapeutischer Maßnahmen im Rahmen der Betreuung von Breiten- und Spitzensportlern.

„Das vorliegende Werk verknüpft in hervorragender Weise wichtige theoretische Grundlagen der Anatomie und Physiologie mit praktischen Richtlinien für Training, Betreuung und Behandlung. Selbst komplizierte biomechanische Zusammenhänge sind leicht verständlich dargestellt und anhand zahlreicher Abbildungen anschaulich erklärt."

Der Fußball Trainer, Reutlingen

Kleinmann

Laufen

Sportmedizinische Grundlagen, Trainingslehre und Risikoprophylaxe

1996. 284 Seiten, 79 Abbildungen, 23 Tabellen, kart. DEM 30,–/ATS 219,–/CHF 28,– ISBN 3-7945-1623-0

→ Ein spannender und unterhaltsamer Ratgeber für Mediziner, Sportlehrer und Trainer, Physiotherapeuten und anspruchsvolle Läufer

→ Der Autor: Internist, Sportmediziner und aktiver Marathonläufer

→ Eine detaillierte Darstellung physiologischer Zusammenhänge

→ Einprägsame Beispiele aus der Praxis

→ Präzise Anleitungen zum Verhalten vor Wettkämpfen, bei körperlichen Problemen, unter Hitze- und Kältebedingungen, in großer Höhe u.v.m.

Meusel

Sport für Ältere

Bewegung • Sportarten • Training

Handbuch für Ärzte, Therapeuten, Sportlehrer und Sportler

1999. 375 Seiten, 114 Abbildungen, 71 Tabellen, geb. DEM 98,–/ATS 715,–/CHF 89,– ISBN 3-7945-1851-9

Das vorliegende Handbuch zeigt, wie ältere und selbst hochbetagte Menschen ihr Defizit an Bewegung mit Gewinn für ihr Wohlbefinden und ihre Leistungsfähigkeit im Alltag ausgleichen können. In über 100 Sportarten und Übungsgebieten werden alle Fragen behandelt, mit denen sich die internationale Forschung derzeit befasst: Sportmedizinische Untersuchung und sportmotorische Tests, Vorbereitung und technische Ausführung der Sportarten durch Ältere, Trainingsprogramme für unterschiedliche Leistungsniveaus, Risiken und Vorsorgemaßnahmen, Ausgleichssport und Unfallverhütung, Wettkampftraining und Wettkampfpraxis, Eignung einzelner Sportarten für ältere Anfänger, Wiederbeginner und Umsteiger.

http://www.schattauer.de

„DIE BIBEL DER SPORTMEDIZIN"

Deutsches Ärzteblatt, Köln

Hollmann/Hettinger
Sportmedizin
Grundlagen für Arbeit, Training und
Präventivmedizin

unter Mitarbeit von Heiko K. Strüder

4. Auflage!

4., völlig neu bearbeitete und erweiterte Auflage 2000. 720 Seiten, 693 meist mehrfarbige Abbildungen in zahlreichen Einzeldarstellungen, 101 Tabellen, geb.
DEM 198,–/ATS 1445,–/CHF 176,–
ISBN 3-7945-1672-9

Das von überzeugten Lesern oft als **„Bibel der Sportmedizin"** apostrophierte Werk „Sportmedizin" von Wildor Hollmann und Theodor Hettinger beschreibt wissenschaftlich fundiert und umfassend alle medizinischen Aspekte des gesunden und des kranken Menschen in der Bewegung – ausgehend von funktionellen Gesichtspunkten der motorischen Haupt- und Nebenbeanspruchungsformen mit ihren leistungsbegrenzenden Faktoren, Messmethoden und Möglichkeiten zur spezifischen Leistungsverbesserung. Dazu im einzelnen:

▶ Entwicklungsgeschichtliche, anatomisch-physiologische, medizinische und ergometrische Grundlagen

▶ Physiologie von Muskeln und Muskelfasern, nervale und humorale Steuerung, aerober und anaerober Stoffwechsel

▶ Lactat-, Glukose-, Lipid-, Proteinstoffwechsel

▶ Motorische Beanspruchungsformen: Koordination, Flexibilität, Kraft, Schnelligkeit, Ausdauer

▶ Spezielle Trainingsmethoden für den Schul- bis zum Freizeitsport, für den Behinderten- bis zum Hochleistungssport und für präventive und rehabilitative Zwecke

▶ Umfangreiches Literaturverzeichnis als Grundlage für weiterführende Lektüre und wissenschaftliches Arbeiten

Die vorliegende 4. Auflage wurde völlig neu bearbeitet. Vor allem die präventivmedizinischen Grundlagen, die gesundheitlichen Aspekte von Bewegung und Bewegungsmangel wurden noch stärker berücksichtigt. Didaktische Gesichtspunkte waren maßgeblich für die komplette Neugestaltung von Text und Abbildungen.

Ein unverzichtbares Lehrbuch und Nachschlagewerk für alle Ärzte, die in den Bereichen Prävention, Rehabilitation, Bewegungstherapie und Leistungsdiagnostik tätig sind, für Sportmediziner, Kur- und Badeärzte, Arbeitsmediziner sowie für Trainer, die an den medizinisch-wissenschaftlichen Grundlagen ihrer Tätigkeit interessiert sind.

Irrtum und Preisänderungen vorbehalten